Nieves Concostrina

Menudas historias de la Historia

Anécdotas, despropósitos, algaradas y mamarrachadas de la humanidad

la esfera de los libros

Primera edición: mayo de 2010
Decimooctava edición: enero de 2019

Avenida de Alfonso XIII, 1, bajos
28002 Madrid
Teléf.: 91 296 02 00 • Fax: 91 296 02 06
www.esferalibros.com

ISBN: 978-84-9734-982-6
Depósito legal: M. 19.949-2010
Fotomecánica: Unidad Editorial
Impresión: Anzos
Encuadernación: De Diego
Impreso en España-*Printed in Spain*

IDAS Y VENIDAS DE REYES Y POLÍTICOS

A Meli, mi hermana.

Agradecimientos

A mi compañero Jesús Pozo, porque sin sus ideas, sus críticas, su brío y su incondicional empuje este proyecto no hubiera sido posible. Ni éste… ni los anteriores. Ni los que están por venir. El éxito de mi trabajo en la radio y su posterior repercusión en papel no es mío, es nuestro. Indiscutiblemente nuestro. Gracias, Jesús.

Dedicatoria

Quiero dedicar este libro a todos los profesores de Historia que me cayeron en suerte durante mi esponjosa infancia y que se empeñaron en hacerme aprender de memoria tratados, concilios, fechas y retahílas de reyes, que yo olvidaba en el primer cuarto de hora de recreo con mi bocata de fuagrás en la mano. Con su falta de entusiasmo me hurtaron la diversión y la simpatía que la Historia guarda entre líneas y que, sin duda, me hubieran ayudado a situarme en el tiempo y en el espacio, a comprender y a hilar acontecimientos más allá de sesudas conclusiones que había que plasmar en un examen. Ninguno sonrió jamás en clase. Va por ellos.

Nota de la autora

Aunque las fechas señaladas intentan ser exactas y contrastadas, la consulta de distintas fuentes lleva sin remedio a localizar varias para el mismo acontecimiento. No lo tengan en cuenta. Día arriba, día abajo no cambiaría el curso de la Historia. Ejemplo: Franco habría sido igual de nefasto si se hubiera pronunciado el 18 o el 20 de julio.

Nadie vea en los siguientes textos pretensiones eruditas inexistentes. Un rápido vistazo deja a la vista exactamente lo contrario. He intentado única y exclusivamente facilitar un acercamiento a determinados episodios, serios unos y absurdos otros, a los que la inmensa mayoría profana no hemos podido aproximarnos por la frontera que nos marcaron los textos académicos. Se trata sólo de pequeñas pinceladas que únicamente pretenden ser útiles para aguijonear la curiosidad y empujar, ojalá, a beber en fuentes más doctas.

SEÑOR, SEÑOR…
QUÉ CRUZ

El animado concilio de Pisa

Hablar del concilio de Pisa suena, de entrada, a petardo, pero aquel concilio que comenzó el 25 de marzo del año 1409, el que intentó poner fin al famoso Cisma de Occidente, es cualquier cosa menos petardo, porque fue uno de los más broncas y animados que se recuerdan. Se trataba de acabar con un problema grave: había dos papas reinando en la cristiandad. Bueno, pues cómo sería la que allí se montó, que cuando terminó el concilio en vez de dos papas había tres.

Como el Cisma de Occidente merece capítulo aparte, sólo decir que en el año que nos ocupa, 1409, la situación de la Iglesia pasaba de castaño oscuro. Hacía treinta años que había dos papas mandando en paralelo, uno desde Aviñón y otro desde Roma. Cada vez que se moría uno de los dos papas, los cardenales de cada bando elegían sucesor, con lo cual el cisma seguía y seguía y no se solucionaba nunca. Aquello era insostenible; hasta que el rey de Francia Carlos VI dijo «ya basta». La única forma de solucionar esto era retirar toda obediencia a los dos y deponerlos; y, por cierto, uno de los dos papas era el nuestro, Benedicto XIII, el aragonés, el *Papa Luna*.

Los cardenales de uno y otro bando se alarmaron ante el enfado del rey francés, aparcaron sus diferencias un rato y se reunieron a ver qué hacían. De esta reunión salió el concilio de Pisa. Muy bien, pero resulta que el único que puede reunir un concilio y firmar todo lo acordado es el papa. Y como había dos y ninguno quería ceder el poder, aquel concilio era como de juguete. Lógico, ninguno de los papas contendientes iba a convocarlo para facilitar su expulsión. Los papas se mantuvieron en sus trece (esta frase hecha procede precisamente de entonces, porque Benedicto XIII fue el que se mantuvo en sus ídem), así que el seudoconcilio los declaró herejes, los separó de la Iglesia y eligió a otro papa para sustituirlos, Alejandro V. No hay dos sin tres.

Y Alejandro V tuvo que buscarse otra sede, porque en Aviñón y Roma seguían amarrados a la silla los otros dos papas. Se fue a Bolonia, donde la mortadela, y allí pasó su pontificado sin pena ni gloria hasta que lo envenenaron. Los otros dos estuvieron todavía cinco años más peleados.

Juan Pablo I: caso abierto

El 28 de septiembre de 1978 es una fecha negra en el Vaticano, y no sólo porque se les muriera un papa. Al fin y al cabo se les han muerto doscientos y pico y lo tienen bastante asumido. Pero las dudas que surgieron en torno a aquella muerte aún no se han disipado, ni mucho menos se ha solucionado la crisis interna que arrastró. Albino Luciani, Juan Pablo I, murió a los 34 días de pontificado. Aún no les había dado tiempo a recoger todo lo del entierro de Pablo VI, cuando tuvieron que sacarlo de nuevo para los funerales del papa efímero.

Ahora que el Vaticano ha desclasificado los documentos del pontificado de Pío XI para que el mundo sepa qué datos del nazismo, la Guerra Civil española y el fascismo italiano se guardaron con tanto secreto, es de esperar que en algún momento alguien explique exactamente de qué murió Juan Pablo I. Haciendo un cálculo, así por encima, no nos toca enterarnos hasta, más o menos, el año 2076.

El papa Luciani murió en algún momento de la noche del 28 al 29 de septiembre. Se prohibió la realización de autopsia, nunca se pudo saber qué cenó la noche anterior, las cuatro monjas que asistieron al papa fueron trasladadas al Santo Oficio con la prohibición de hacer declaraciones, y no hubo un boletín médico que explicara claramente las causas de la muerte. El médico que certificó el deceso dijo que probablemente se debió a un infarto de miocardio. Pero aquel infarto no convenció.

La negativa a hacer autopsia se basó en que la Constitución Apostólica promulgada por Pablo VI en 1975 lo prohibía, pero en realidad ni lo prohíbe ni lo ordena, lo omite. O sea, ni sí ni no, ni todo lo contrario. La omisión de autopsia se entiende cuando el papa muere tras una enfermedad tratada por los médicos o cuando se le conoce una dolencia crónica. Pero es que Juan Pablo I no estaba enfermo y apareció muerto en su cama cuando la noche anterior se había acostado más ancho que largo.

Aún hoy hay voces que piden que se exhume y que se investigue. Por pedir…

La polémica Inmaculada Concepción

El 8 de diciembre de 1854 un papa, el noveno de los Píos, Pío Nono, definió como obligatorio para los católicos creer que la Virgen fue concebida libre del pecado original, ése que transmitieron a todo homo sapiens cristiano Adán y Eva. La Inmaculada Concepción es uno de los símbolos más característicos del catolicismo, pero también ha sido uno de los más polémicos. En contra estuvo Santo Tomás de Aquino. A favor, los franciscanos; y mucho más en contra que Santo Tomás, los dominicos. La guerra interna por demostrar si la Virgen nació o no con el pecado original puesto trajo más de un insulto entre religiosos.

Los argumentos a favor de la inmaculada concepción de María no eran muy poderosos cuando se empezó a discutir sobre ello, allá por el siglo XII, pero como encontró un magnífico altavoz en la devoción popular durante los siguientes siglos, la creencia arraigó. En contra había argumentos más elaborados. Primero, que aquí el único ser humano concebido libre de pecado era Jesucristo; segundo, que hacer una segunda excepción con María daba lugar a graves problemas teológicos; y tercero, si estaba aceptado que fue Jesucristo quien redimió a su madre del pecado original y resulta que María también nació libre del pecado, ¿de qué la redimió su hijo?

Fueron los dominicos quienes mantuvieron durante siglos que tal idea era una paparruchada producto de la «plebe indocta», arrastrada por religiosos interesados que rehuían el debate. La chispa definitiva para conseguir el dogma se prendió en Sevilla, después de que un dominico rechazara en público la pura concepción de la Virgen. Los sevillanos se encabritaron, y el enfado saltó al resto de España y luego a la Europa católica. El asunto de la Virgen se convirtió casi en una campaña electoral de los franciscanos y el clero sevillano. Se organizaron procesiones diarias, responsos, por no llamarlos mítines, y hasta pegada de carteles por toda la ciudad en los que se leía «María, sin pecado original».

La respuesta popular fue masiva y, aunque varios papas se resistieron a definir el dogma, Pío Nono acabó haciéndolo a mediados del XIX. Desde entonces, se acabó la discusión. La buena noticia es que, gracias a aquella decisión, ese día es fiesta.

El cabreo de Lutero

El 31 de octubre del año 1517 un monje muy cabreado agarró un martillo, cuatro clavos y se fue a la iglesia de Witenberg, en Alemania. Sacó un papel con noventa y cinco cláusulas escritas, lo dejó clavado en la puerta y se volvió a su convento agustino con el martillo, pero más desahogado. El monje se llamaba Martín Lutero y ese día, con aquel monumental enfado, nació la Reforma protestante. ¿Por qué renegó Lutero de la fe establecida? Porque Roma era un despiporre. Los papas eran unos negociantes, corruptos la mayor parte de las veces. El que no tenía cinco hijos al retortero tenía tres amantes. Compraban Estados, vendían indulgencias, se asesinaban unos a otros, se robaban las novias... Y aquel 31 de octubre Lutero dijo «hasta aquí hemos llegado».

En Roma, al principio, no le tomaron muy en cuenta. No era la primera vez que alguien se quejaba. Pero al papa León X se le escapó un pequeño detalle en esta ocasión. La imprenta ya estaba en marcha y cualquier cosa tenía repercusión. Eso ocurrió con las noventa y cinco tesis de Lutero, que en poco tiempo las conoció toda Alemania. Y si algo enfadaba especialmente a los alemanes era la venta de indulgencias, un invento papal de lo más rentable que no servía absolutamente para nada.

En aquel siglo XVI, la muerte estaba más que presente. Todo el mundo andaba muy preocupado por no acabar en el purgatorio, un estado intermedio inaugurado por el Vaticano en el siglo XIII, situado entre el cielo y el infierno y con lista de espera para ir a uno u otro sitio. Como en Roma necesitaban hacer caja, se dijeron: pues para que la gente no se muera tan preocupada les vendemos una milonga. O sea, las indulgencias. Al que las compre le colamos en el purgatorio y le aseguramos plaza en el cielo. Y la gente compraba. Y Roma prosperaba.

El camelo de las indulgencias no fue lo único que enfrentó a Lutero con Roma. Dijo también que qué era eso del celibato, así que fue y se casó. Y encima se casó con una monja. Pero es que luego predicó la Biblia en lengua vulgar, porque en latín no había Dios que la entendiese. Y así una tras otra. Lutero quiso incordiar hasta después de muerto y redactó un epitafio que no se atrevieron a poner: «Durante mi vida fui tu peste, papa. Con mi muerte, seré tu muerte». La maldición no se ha cumplido, pero sí hizo bastante la puñeta. El Vaticano perdió la mitad de la clientela.

Thomas Becket, el contestón

Sólo cinco datos para resumir la historia del inglés Thomas Becket: vivió en el siglo XII, se hizo cura, se metió en política, mandó más de la cuenta y acabó en la tumba. Pese a todo, le hicieron santo. Thomas Becket murió asesinado el 29 de diciembre del año 1170.

El rey Enrique II y él eran íntimos, y Thomas Becket acabó siendo arzobispo de Canterbury, el cargo eclesiástico más importante de Inglaterra. Pero Becket le salió respondón al monarca y la relación acabó en trifulca, porque no se ponían de acuerdo sobre quién tenía que mandar más en el país: Dios o el rey. El arzobispo salió por pies de Inglaterra y luego regresó ante una aparente reconciliación. Pero como volvió a levantarle la voz a Enrique II, acabó pagando caros sus gritos.

Enrique II siempre negó haber ordenado asesinar a Thomas Becket. Dijo que sólo hizo un comentario. Algo así como: «¿Será posible que nadie me quite de encima este clérigo pesado?». Cuatro pelotas de la corte lo oyeron y se fueron a por el arzobispo. Le sorprendieron rezando en el altar de la catedral de Canterbury. Allí mismo lo asesinaron y allí mismo fue enterrado.

El crimen indignó a los católicos ingleses y la historia corrió por toda Europa. La tumba de Becket se convirtió en lugar de peregrinación y, tres años después de su muerte, el arzobispo fue declarado santo. Los ánimos se calmaron durante un tiempo, hasta que llegó Enrique VIII, aquel rey orondo que cuando no estaba casándose o cortando la cabeza de alguna de sus esposas se entretenía en discutir con el papa de Roma. Y tanto discutió, que Enrique VIII acabó desterrando el catolicismo y erigiéndose en principal cabeza de la Iglesia de Inglaterra. ¿Quién continuaba incordiándole desde la tumba? Santo Tomás Becket.

Enrique VIII ordenó destruir todos los sepulcros de santos católicos y quemar sus huesos, y puso especial interés en el de Santo Tomás. Se supone que aquí se pierde el rastro de los huesos, aunque todavía hoy muchos se empeñan en que los frailes de Canterbury no eran tan estúpidos como para esperar sentados a que se cumpliera la orden del rey. Que sacaron los huesos, los sustituyeron por otros y escondieron los originales. Pues vale, pero los debieron de esconder mejor que el dinero de Marbella, porque de Santo Tomás nunca más se supo.

Nace la Guardia Suiza

Julio II es uno de los papas con peor genio que ha pasado por el Vaticano. Fue aquel que se pasó media vida discutiendo con Miguel Ángel y la otra media reconciliándose con él. Cuando no tenían una bronca por la Capilla Sixtina, la tenían por el gran mausoleo que el artista tenía que hacerle al papa y que nunca terminó. Julio II era un belicoso, nacido para la conquista y la dominación. Un príncipe del Renacimiento, ávido de grandeza, de gloria y de inmortalidad, y alguien así necesita guardaespaldas. Por eso, el 22 de enero de 1506 Julio II recibió a los primeros 150 miembros de su propia empresa de seguridad privada, la Guardia Suiza, el Prosegur vaticano del siglo XVI.

¿Por qué Julio II decidió que fueran soldados suizos? Porque eran los mejores mercenarios de la época. Si eran o no católicos era lo de menos. Lo importante es que defendieran la vida del papa y las posesiones vaticanas, aunque esto, evidentemente, ha cambiado en los últimos cinco siglos. Porque ahora los guardias suizos deben ser fieles católicos, tener entre diecinueve y treinta años, medir más de 1,74 y no estar casados. El celibato no es condición indispensable, pero si están solteros y enteros, miel sobre hojuelas.

La actual Guardia Suiza la componen unos cien soldados. A saber: setenta alabarderos, veintitrés mandos intermedios, cuatro oficiales, dos tamborileros para poner ritmillo a los desfiles y un capellán, que no haría mucha falta porque si algo hay en el Vaticano son curas.

La autoría del diseño del uniforme que tanta gracia nos hace a todos, lleno de colorines, algunos la atribuyen a Miguel Ángel, lo que tiene su sentido, porque hubiera sido una forma de venganza contra Julio II. Pero no, no los diseñó Miguel Ángel. Las bandas amarilla y azul de los trajes están ahí porque eran los colores de la familia Della Rovere, la familia del papa Julio II. Pero luego llegó otro papa, León X, y también quiso meter cuchara, por eso añadió el color rojo, el color de su dinastía, la de los Medici. El resultado es que ahora tenemos unos señores bastante estrafalarios, pero todos de muy buen ver, que ganan mucho en cuanto se quitan el uniforme.

El ejército más ridículo del mundo por su número y por su vestimenta.

Calixto III, primer papa español

Día grande para España en el Vaticano el 9 de abril de 1455, porque en esa fecha el cardenal Alonso de Borja fue elegido papa, el primer español que aposentó sus reales en el solio pontificio. Y para ser el primer papa exportado, no estuvo mal. Ha dado mucho juego a la historia, sobre todo porque dejó bien colocado al resto de la familia, léase su sobrino y futuro papa Borgia, Alejandro VI, y a los hijos de este disipado pontífice, entre ellos los famosos Lucrecia y César Borgia. Los papas, por aquel animado siglo XV, gustaban de tener mucha y variada descendencia.

El primer papa español tomó trascendentales decisiones, pero la más extravagante y cómica, no de su papado, sino de toda la historia del Vaticano, fue la excomunión de un cometa. Calixto III excomulgó al cometa Halley, ese que sólo se deja ver cada setenta y tantos años y que tuvo la mala suerte de pasar justo cuando estaba Calixto III. Pero el asunto no quedó en mera anécdota, porque además de excomulgar al cometa, el papa ordenó a la cristiandad que el rezo del Ángelus, además de al amanecer y al anochecer, se hiciera también al mediodía. Y hasta hoy.

Cuando el papa llevaba un año en el trono, los astrónomos corrieron a advertirle que en la bóveda celeste había un cometa grande y terrible, con una cola de color amarillo que parecía una llama ondulante. Textual. Calixto III buscó sus propias explicaciones al fenómeno: aquello era un signo de la ira de Dios porque los turcos acababan de apropiarse de Constantinopla. Así que tomó varias medidas: primera, excomulgar al cometa; segunda, que todos los príncipes cristianos se unieran contra la invasión musulmana; y tercera, decretar que todos los católicos rezaran el Ángelus a mediodía para hacer desaparecer el cometa o, en su defecto, provocar su caída sobre Constantinopla para exterminar a los turcos de un golpe.

El cometa, afortunadamente, se tomó en serio lo de la excomunión y se largó, porque si llega a caer en Constantinopla, se van a hacer gárgaras no sólo los turcos, también los Borgia, el Vaticano y la cristiandad al completo.

El último auto de fe en Sevilla

Mira que le gustaban a la Inquisición los autos de fe. Se lo pasaban pipa quemando herejes, y el 13 de abril de 1660 se verificó en Sevilla uno muy animado: quemaron a ochenta judíos. No todos estaban allí, porque los autos de fe permitían quemar en persona o en estatua. Es decir, si el judío era espabilado y salía por pies del país antes de que lo pillaran, se libraba, pero no por ello la Inquisición iba a dejar de carbonizarle. Se le condenaba en rebeldía, se hacía una estatua representativa y la quemaban en su lugar. El caso era quemar algo.

El auto de fe de Sevilla de 1660 se celebró en la plaza de San Francisco, a espaldas de donde está ahora el Ayuntamiento y donde termina la calle Sierpes. Se necesitaban espacios grandes, porque el espectáculo concitaba multitudes enfervorizadas al calor sagrado de las llamas, y también para instalar las gradas donde se sentaban la jerarquía pirómana, la nobleza, las autoridades civiles y las militares. La mayoría de los ochenta judíos quemados en el auto sevillano fueron ejecutados en persona. Pero hubo uno, el poeta Antonio Enríquez Gómez, que fue quemado en estatua porque se largó a Ámsterdam con suficiente tiempo para huir del Santo Oficio.

Hay una anécdota en torno a este episodio. Cuenta que un amigo se topó en Ámsterdam con Antonio Enríquez días después de su figurada ejecución y que le dijo: «Señor Enríquez, vi quemar vuestra estatua en Sevilla». Y el escritor respondió: «Allá me las den todas». La Inquisición, y esto hay que decirlo en su favor, al menos ofrecía al hereje la opción del arrepentimiento para abrazar la indiscutida fe: si el pecador se arrepentía, lo ahorcaban. Si no se arrepentía, lo quemaban vivo. Era un piadoso detalle.

La Santa Inquisición continuó dos siglos más celebrando autos de fe para enmendar sacrílegos en territorio español y ultramarino. De hecho, la última víctima cayó en Valencia en pleno siglo XIX (ver *La última víctima de la Inquisición*). Fue un profesor que no llevaba a los alumnos a misa; ocurrió en este país, conviene no olvidarlo, no hace ni dos siglos.

El saco de Roma

Lo que sucedió en Roma el 6 de mayo de 1527 no entraba en cabeza humana. Cómo podía imaginar nadie que el beato emperador Carlos V, el mayor defensor de la fe católica, el que se pasaba media vida rezando y la otra media batallando, reuniera sus tropas y se fuera directamente a por el papa. Quién podía sospechar que el emperador del Sacro Imperio Romano fuera a saquear y destruir la capital de la cristiandad. Pues lo hizo. Puso Roma patas arriba con la ayuda de Dios.

Hay que contar a vuela pluma los antecedentes para entender por qué Carlos V atacó Roma y apresó al papa, ese señor que, según la propia fe del emperador, era intocable. Carlos V mandaba mucho, y esto no hacía pizca de gracia ni al rey francés Francisco I ni al papa Clemente VII. Estos dos se aliaron y organizaron la Liga de Cognac o Liga Clementina para quitarle los territorios italianos al emperador. Carlos V dijo: «¿Cómo?»; aparcó la fe y añadió: «Os vais a enterar». Movilizó un ejército de treinta y cinco mil hombres y lo envió a Roma a las órdenes del condestable Carlos de Borbón.

Cuando Clemente VII vio la que se le venía encima, intentó negociar, pero ya era tarde, porque la soldadesca imperial andaba escasa de víveres y encima llevaba meses sin cobrar; así que estaba deseando llegar a Roma, con riquezas más que apetecibles, para rapiñar lo que encontrara a su paso. No quieran imaginar la que se montó. Se saquearon las casas, se robó en todas las iglesias, se prendió fuego a media ciudad, todos los palacios fueron desvalijados y el papa salió por pies con toda la curia y se refugió en el castillo de Sant'Angelo. Fue una orgía de sangre y, como los males nunca vienen solos, al saqueo o saco de Roma le siguió el hambre y una epidemia de peste.

¿Consecuencias? Pues nada, que al final el papa y el emperador quedaron como amigos cuando se firmó la paz. Clemente VII pasó por ser un bobo al haber provocado al emperador. Carlos V consolidó su poder en toda Italia. Dios volvió a ser el objetivo común de los dos, y aquí paz y después gloria.

Decisiones tridentinas

Desde que San Pedro convocó el primer concilio, la Iglesia ha celebrado veintiuno, que no es que sean muchos en dos mil años, pero es que tampoco cambian tanto las cosas como para celebrar más. El más pesado de todos fue el de Trento, que se celebró en tres fases, y el día 29 de noviembre de 1560 se convocó la última. El concilio había comenzado en 1545 y discurrió a lo largo de dieciocho años, con nivel amarillo, circulación lenta con paradas intermitentes y cinco papas por medio.

Una de las decisiones tridentinas que ahora está más de actualidad es la del celibato. No es que se decidiera en Trento, porque la supuesta obligatoriedad del celibato venía desde el concilio de Letrán, pero en Trento se insistió, por si a algún cura se le había olvidado. Y esto tiene gracia, porque el papa que convocó el concilio de Trento tenía cuatro hijos.

El de Trento ha sido, quizás, el más trascendental de la historia de la Iglesia, porque daba respuesta a la Reforma protestante. Es imposible resumir las decisiones tridentinas, pero lo que más suena a los profanos es que quedó claro que, además del ADN, el pecado original también se hereda y si no te bautizas vas de cabeza al infierno. Quedó sentado que las Escrituras no las interpreta cualquiera, sólo la Iglesia; que a los santos hay que rendirles culto; que el purgatorio existe sin posibilidad de recalificación; que había que crear seminarios para educar al clero; y que los obispos tenían que trabajar más y mejor. Nada de acumular diócesis y no aparecer por ellas.

Para entender por qué se hizo tan pesado el concilio de Trento hay que conocer a los cinco papas que reinaron en aquellos dieciocho años. Lo convocó Pablo III, un pontífice con genio y sin escrúpulos célibes, porque éste es el de los cuatro hijos. No le dio tiempo a rematarlo. Y tampoco pudo el siguiente, Julio III, un papa con poco espíritu y menos coraje. Subió después al papado Marcelo II, que, como sólo duró tres semanas, no tuvo tiempo ni de cogerle gusto al papado. Llegó un cuarto papa, Pablo IV, pero salió respondón. Dijo que qué era eso de concilios ecuménicos para revisar doctrinas y disciplinas. Que si la máxima autoridad era el papa, él se bastaba y se sobraba para dictar lo que había que hacer. Menos mal que también se murió y, por fin, un quinto papa, Pío IV, logró concluir el concilio de Trento, el más accidentado de la historia de la Iglesia y el que más le gusta a Benedicto XVI porque no deja casarse a los curas.

Dieta de Worms

Qué tensión la que se vivió el 17 de abril de 1521 en la ciudad alemana de Worms. Se vieron las caras el emperador Carlos V, con sólo veintiún añitos, y Martín Lutero, el monje alemán y respondón que traía de cabeza a Roma y que terminó por dividir a la cristiandad: los que estuvieran de su parte, protestantes, y los que no, católicos. Aquel día compareció Lutero ante la asamblea presidida por Carlos V, conocida como la Dieta de Worms, y ante la que se supone que debía retractarse de todo lo dicho contra el papa, sus concilios y su jerarquía. Era el último intento para meterle en cintura.

El papa León X ya había excomulgado meses antes a Lutero por hereje, pero no sirvió de nada. Cuanto más le reprendían, más adeptos se sumaban a la Reforma protestante. Como además Lutero no atendía las llamadas de Roma, el papa dijo, bueno, pues vamos a reunirnos en su terreno, en Alemania. Pero que vaya el emperador del Sacro Imperio Romano Germánico, porque si Carlos V no puede con él, ya no puede nadie.

Lutero expuso al emperador los argumentos de su protesta. A saber, que Roma se había convertido en una corte dirigida por el vicio, la política y el despilfarro; que el único mediador ante el Supremo era Jesucristo, ni los cientos de vírgenes ni los miles de santos inscritos en la nómina vaticana; que la Biblia tenía que predicarse en lengua vulgar, porque el latín era un peñazo; que los curas podían casarse, que debían trabajar... en fin, que Carlos V escuchó y luego dijo: «¡Que te retractes!». Y Lutero, que no. «Mira que te condeno». «Pues vale, pero no me retracto». Y le condenó.

Pero la chispa que encendió las iras de Lutero fue la escandalosa venta de indulgencias, una especie de título que se vendía por una millonada y que aseguraba la salvación eterna. ¿Por qué vendía Roma las indulgencias? Por algo que tiene mucho que ver con un acontecimiento que recoge la siguiente historia menuda: la colocación de la primera piedra de la basílica de San Pedro. Ahí empezó el lío.

Primera piedra de San Pedro

El papa Julio II era un gran vanidoso, y su petulancia le llevó a encargar el más majestuoso sepulcro de toda la cristiandad. Se lo confió a Miguel Ángel, y el artista diseñó un mausoleo de tales dimensiones que no entraba en ningún sitio. Solución: había que remodelar el pequeño templo de San Pedro para que el sepulcro de Julio II pudiera lucir con todo su esplendor. El 18 de abril de 1506 Julio II colocaba la primera piedra de la basílica de San Pedro. En resumen, más de un siglo de trabajos y un daño colateral: el nacimiento de la Reforma protestante.

Construir la basílica de San Pedro llevó ciento veinte años y, claro, como no hay arquitecto que viva tanto, se iban sucediendo unos a otros. El que venía corregía lo que había hecho el anterior, y el siguiente corregía sobre lo corregido. Bramante fue el primero. Luego Rafael modificó el proyecto de Bramante, Antonio Sangallo el de Rafael y Miguel Ángel el de Sangallo. Y así continuó el asunto con un par de arquitectos más.

Pero la construcción de la nueva basílica de San Pedro no se llevó sólo mucho tiempo, también necesitó mucho dinero. Así que había que sacar cuartos de donde fuera.

El mejor invento se hizo durante el papado siguiente a Julio II, el de León X, y consistió en la venta de indulgencias, un negocio que funcionó como sigue. El papa vendía por cantidades astronómicas a los arzobispados la posibilidad de predicar y vender títulos de indulgencias, que a su vez los arzobispados vendían a los católicos que querían asegurarse un lugar en el cielo. En aquel siglo XVI los cristianos vivían aterrorizados por el temor al infierno, así que casi nadie se oponía a pagar por un título que les librara de las llamas eternas.

Ese dinero llegaba a la banca Fugger, que era la que estaba financiando las obras de San Pedro. El negocio soliviantó al monje Lutero, Alemania se negó a pagar las indulgencias y el gran cisma de la cristiandad quedó visto para sentencia. Conclusión: la construcción de San Pedro provocó la pérdida de millones de fieles, y todo porque Julio II se empeñó en meter su tumba dentro. Total, para que al final acabara enterrado en un sepulcro más pequeño y en otra iglesia.

Comienza la Hégira

Día clave, fundamental, el 16 de julio del año 622 en el calendario musulmán, porque en esa fecha Mahoma salió sin prisa pero sin pausa camino de Medina con un puñado de seguidores. En La Meca, vaya por Dios, no gustaba su prédica. Esta migración a Medina marcó el inicio del calendario musulmán.

La tradición musulmana cuenta que a Mahoma se le apareció el arcángel Gabriel, enviado por Alá para hacerle las revelaciones que luego quedarían plasmadas en el Corán. Y esto es curioso, porque fue el mismo Gabriel quien reveló la palabra de Dios a los judíos y el mismo que anunció el nacimiento de Cristo. Así que no se entiende por qué discuten tanto judíos, cristianos y musulmanes si tuvieron el mismo interlocutor.

Mahoma, al principio, guardó secreto sobre las revelaciones que recibía, porque a él mismo le asustaban y no estaba seguro de que fueran bien recibidas. Entre otras cosas porque los valores que predicaba entonces eran la igualdad, la generosidad y el cuidado de los más débiles. En resumen, una sociedad más justa, cosa esta que no cuadraba con el capitalismo instalado en La Meca.

¿Quiénes fueron los primeros y escasos seguidores de Mahoma? Pues los esclavos, los pobres y los que no tenían nada que perder. Nadie más se apuntó al islam. Ni siquiera su familia. Tanto se cerró el cerco en La Meca, que Mahoma negoció con Medina su llegada a la ciudad con ciento cincuenta seguidores para transmitir el mensaje de Alá. Aquel día de julio partieron y esa partida se conoce como Hégira.

No alcanzaron la ciudad hasta septiembre, y nada más llegar a Medina, Mahoma dejó libre su camello y allí donde se detuvo construyó la primera mezquita del islam y orientó los rezos hacia Jerusalén, porque Jerusalén era el centro del monoteísmo y porque el Profeta buscaba el apoyo de los judíos. Luego tuvieron sus diferencias, sus discusiones y Mahoma dijo. «Pues ahora lo cambio, todo el mundo mirando a La Meca». Ahí se lio el asunto y la madeja no ha parado de enredarse en catorce siglos.

La bronca de Savonarola

El 21 de septiembre de 1452 nació al norte de Italia, en Ferrara, un crío que empezó berreando y no terminó de hacerlo hasta que lo hicieron callar por la fuerza ya mayorcito. Lo bautizaron como Girolamo Maria Francesco Matteo Savonarola, el mismo que se metió luego a fraile dominico y acabó en la hoguera por exaltado y hereje. Girolamo Savonarola se propuso a lo largo de su vida eclesial reformar la Iglesia, acabar con los príncipes corruptos y los papas caraduras. Hasta que se dio de bruces con el papa Borgia. Reformadores a él…

Savonarola era un tipo listo, consecuente con su fe, gran orador… hasta que se le fue la cabeza. Al principio sus esfuerzos se dedicaron, sobre todo, a devolver a la Iglesia su sentido de pobreza, obediencia y castidad. Pero a nadie se le ocurre en pleno Renacimiento italiano decirles a papas y cardenales que se estén quietos. El fraile Savonarola, en cuanto obtuvo un mínimo de poder entre los dominicos, comenzó sus reformas en Florencia.

Al principio fue prudente: prohibió la ostentación en los conventos e impuso que los frailes tenían que trabajar para asegurarse el sustento. El monje fue cogiendo confianza y acabó metido a político. Llegó a gobernar Florencia cuando los Medici fueron expulsados, y ahí se creció y perdió del todo las formas.

Ordenó la quema de libros, prohibió cantar y bailar, requisó cosméticos, espejos, peines, ropas coquetas, instrumentos musicales... todo lo que oliera a vanidad mandó quemarlo, y a los vanidosos también los quemó. Fue la famosa hoguera de las vanidades. No fue la única ni la primera, pero sí la más famosa. Los florentinos, evidentemente, acabaron cabreados con Savonarola, y el papa Alejandro VI dijo: «Ésta es la mía».

Excomulgó a Savonarola, pero a Savonarola no se le movió una pestaña y fue él quien excomulgó al papa y le acusó de pecador, incestuoso y mentiroso. Lo cual era verdad, pero no por ello se libró de la hoguera. Aquí fue cuando Girolamo Maria Francesco Matteo Savonarola dio su último berrido, cuarenta y seis años, ocho meses y dos días después de haber dado el primero.

Querella de las Investiduras

Los desencuentros entre Iglesia y Estados no son nuevos. Vienen de antiguo, porque se trata de ver quién manda más. Pero si en algún momento se enzarzaron a muerte fue a finales del siglo XI, en la famosa Querella de las Investiduras, a raíz de la cual papas y emperadores se tiraron de los pelos durante cincuenta años. El 9 de febrero del año 1111, todo unos, se firmó el tratado con el que se pretendió poner fin a la guerra. Pero sólo fue un amago, porque volvieron a enzarzarse.

Todo el embrollo comenzó cuando llegó al papado Gregorio VII. Hasta ese momento el nombramiento de cargos eclesiásticos los hacía directamente el emperador de turno del Sacro Imperio. Como era el emperador el que pagaba, el que los mantenía y el que facilitaba las tierras para que se instalaran, también se guardaba el derecho de nombrar a los cargos eclesiásticos. No hacía falta ser un buen cura, sólo caerle bien al emperador para que te nombrara obispo y darte la vida padre. Hasta que Gregorio VII dijo que sanseacabó: publicó veintisiete axiomas, y tres de ellos levantaron en armas al emperador Enrique IV. Uno decía que el papa era el señor absoluto de la Iglesia; otro, que también era señor supremo del mundo, y que, por tanto, príncipes, reyes y emperadores le debían sometimiento. Y el tercero decía que la Iglesia nunca se había equivocado y que seguiría sin hacerlo por los siglos de los siglos.

Enrique IV despidió a Gregorio VII y el papa excomulgó al emperador. Así se tiraron unos años, hasta que Enrique IV se fue a Roma, acorraló a Gregorio VII y al papa se le acabaron las ínfulas de ser señor supremo del mundo.

La Querella de las Investiduras duró mucho más tiempo, hasta después de que el papa y el emperador que la iniciaron estuvieran criando malvas. Aquel 6 de febrero se firmó una paz, más o menos apañada, entre Enrique V y el pontífice Paulo II, por el que el emperador dejaba de nombrar obispos a cambio de que el papa devolviera tierras al imperio civil. Pero fue sólo un conato. La Querella de las Investiduras continuó, y algunos, aún hoy, están dispuestos a continuarla.

Pedrada al papa Lucio II

¿Conocen a algún papa que haya muerto de una pedrada en la cabeza? Pues hubo uno, Lucio II, y ocurrió el 15 de febrero del año 1145. El papa Lucio intentaba hacerse con el poder civil en Roma, por aquel entonces constituida en comuna y libre del poder papal. Los romanos, atrincherados en el Capitolio, vieron acercarse a Lucio II al frente de un pequeño ejército y, en plan Intifada, se liaron a pedradas. Ahí se le acabó el papado.

Lucio II sufrió las consecuencias de una época muy convulsa. La Iglesia acababa de salir de uno de sus numerosos cismas, una época en la que los papas no duraban ni un año en la silla de Pedro y en la que a veces reinaban dos o tres a la vez. El papa Lucio estaba ya instalado en el solio pontificio, cuando un cura reformista y respondón, Arnaldo de Brescia, se erigió como guía espiritual de los romanos.

Lucio II ya llevaba mal que Roma fuera una república comunal regida por un Senado y que nadie le hiciera caso, pero que le saliera competencia de un sacerdote rebelde lo llevó aún peor. Arnaldo de Brescia propugnaba una Iglesia austera, la lucha contra los clérigos caraduras y, sobre todo, que el pontífice dejara de involucrarse en asuntos políticos.

El papa decidió entonces disolver el Senado por la fuerza, a lo que el poder civil respondió con una revuelta y con la constitución de otro Senado. Los romanos se hicieron fuertes en el Capitolio, instalado por aquel entonces en una de las siete colinas, justo en la misma en la que ahora está la Alcaldía de Roma.

Lucio II sabía que iba a tener difícil el asalto al Capitolio, así que pidió ayuda a Conrado III, emperador del Sacro Imperio Romano Germánico. Pero Conrado estaba en sus cosas y no envió el socorro requerido por el papa.

Al final, Lucio II se arriesgó solo en el asalto al frente de un pequeño ejército, pero calculó mal el poder laico. Lo recibieron a pedradas y una lo dejó en el sitio. Aquella victoria republicana fue tan contundente que el papa siguiente, Eugenio III, se pasó casi todo su pontificado de ocho años exiliado de Roma. Por si acaso no se les había pasado el enfado y aún les quedaban piedras.

Bula contra el Temple

La disolución de los templarios fue uno de los episodios más extravagantes de la historia de la Iglesia, y fue el 21 de marzo de 1312 cuando el papa Clemente V promulgó la bula *Vox in Excelso* ordenando la desaparición de la orden. Otras fuentes señalan el 3 de abril, pero fue hace tantos siglos que igual da semana arriba o abajo. Lo importante es que, gracias a aquella decisión, las editoriales siguen sin dar abasto a vender tanto libro repleto de misterios templarios. El patrón de los editores es San Juan Bosco, pero conste que Clemente les ha salido más rentable.

Lo que hizo el papa Clemente fue dar legitimidad divina a los desbarres terrenales que ya llevaba cometiendo el rey francés Felipe IV desde un lustro antes. ¿Por qué tenía tal servidumbre Clemente V hacia el rey? Porque el papa había llegado a papa gracias a los tejemanejes y las intrigas de Felipe IV, y había llegado el momento de pagar los favores. Fue durante el concilio de Vienne, en Francia, cuando se promulgó la bula *Vox in*

Excelso, que decretaba la supresión de la Orden del Temple, aunque se supone que aquel concilio llevaba otros asuntos más importantes en el orden del día, como, por ejemplo, qué demonios hacer para recuperar Tierra Santa de una vez por todas y alguna que otra reforma de la Iglesia. Pero esto sólo fue una tapadera. El verdadero objetivo del concilio era borrar del mapa a los templarios con todas las bendiciones apostólicas.

Se habían vuelto demasiado poderosos, demasiado ricos, demasiado de todo. Los templarios eran un Estado dentro de los Estados donde vivían y otra iglesia dentro de la propia Iglesia. Había que hacerlos desaparecer. En aquel 1312, Felipe IV ya llevaba cinco años deteniendo y quemando templarios para quedarse con todas sus propiedades y riquezas, que era el fin último de la estrategia, pero él insistía en tener un documento oficial que avalara sus desmanes. Así que el rey le dijo a Clemente, mira, móntate un concilio, redáctate una bula y ya los quito de en medio con todas las de la ley. Dicho y hecho, el Temple se fue a hacer gárgaras.

El catecismo imperial

A Napoleón, ya se sabe, le dabas la mano y se tomaba el pie, y cuando te dabas cuenta ya habías perdido el brazo y la pierna. Eso le pasó al papa Pío VII cuando, primero, aceptó firmar un concordato con Francia y, después, ungir al Bonaparte como emperador. Cuando se percató de lo que se venía encima, Napoleón le había redactado hasta un nuevo catecismo. El 4 de abril de 1806 se publicó un decreto por el que se impuso a la Iglesia en Francia el catecismo imperial.

El catecismo imperial amenazaba con la condenación eterna a quien no sirviese de buen grado al emperador y, encima, exigía amar a Napoleón como a Dios, por encima de todas las cosas. Y lo más grande es que el Vaticano aceptó el catecismo imperial. Tal sumisión tenía un origen.

Tras la Revolución francesa, la Iglesia en Francia había quedado para el arrastre, y fue Napoleón quien, mediante un concordato con la Santa Sede, restableció la religión católica en el país y una serie de privilegios perdidos. Como este hombre no daba puntada sin hilo, consiguió que la Iglesia, a cambio de recuperar y mantener una serie de beneficios a costa del Estado, aceptara que entre los deberes cristianos estuviera adorar al emperador.

Encima logró que el propio papa le ungiera como emperador en Notre Dame, con lo cual Pío VII, al aceptar que Napoleón era emperador por orden divina, también reconocía una obligación divina, la sumisión a Napoleón. En resumidas cuentas, que el Bonaparte enredó al papa. Cómo sería, que hasta logró que los curas leyeran desde los púlpitos los boletines oficiales del ejército napoleónico e incluso metió en el ajo al propio San Pablo. A la pregunta «¿Qué hay que pensar de aquellos que faltaran a su deber hacia nuestro emperador?», el catecismo imperial respondía «Según el apóstol San Pablo, se resistirían al orden establecido por Dios mismo y se harían dignos de la condenación eterna».

Y, por supuesto, el Bonaparte no se iba a quedar sin su propio santoral: el 15 de agosto sustituyó la Asunción por San Napoleón. Con un par.

La guerra de los obispos

¿Creen que Franco siempre estuvo a partir un piñón con el Vaticano? Al principio sí, pero el enamoramiento duró sólo hasta la elección del cardenal Montini como el papa Pablo VI. En ese momento las relaciones entre Franco y el Vaticano se enfriaron hasta menos cero, y el origen del desencuentro se situó el 7 de junio de 1941, el día en que España firmó un acuerdo con la Santa Sede por el cual Franco señalaría con el dedo a los obispos españoles que el Vaticano debería nombrar. Pablo VI pidió al dictador que abandonara tal privilegio y Franco dijo que nones. Comenzó la guerra de los obispos.

La Santa Sede aceptó en 1941 que Franco eligiera a los obispos porque aún no se había celebrado el aperturista concilio Vaticano II. Era un año en que Iglesia y Estado se besaban en la boca, porque estaban de acuerdo en que había que volver a cristianizar España después de haberla exorcizado con la Guerra Civil. El Estado asumió la sustentación económica de la Iglesia, desde los salarios de los curas hasta la reconstrucción de los templos, desde el mantenimiento de los seminarios hasta la financiación de las misiones. A cambio, el Vaticano concedió el derecho de señalar los obispos a nombrar.

Pero las cosas cambiaron tras el concilio Vaticano II y el nombramiento de Pablo VI, un papa que caía fatal a Franco porque lo consideraba un progresista. Ver para creer. Pablo VI le pidió al dictador que, de acuerdo con las resoluciones del concilio, abandonara por las buenas su privilegio de nombrar obispos. Pero Franco se negó, porque si los obispos le debían el cargo difícilmente harían oposición, dado que no todos estaban de acuerdo con cómo se estaban haciendo las cosas.

Pablo VI lo intentó todo, incluso ofreció una visita oficial a España que Franco rechazó. Y las delegaciones diplomáticas estuvieron años de idas y venidas intentando apaciguar los ánimos. No hubo forma. El papa y España se retiraron la palabra y Pablo VI decidió esperar a que Franco se muriera para salirse con la suya. Así se entiende por qué en treinta y seis años de dictadura tan católica ni un solo papa pisara este país.

El motu proprio de Pío X

El recuerdo siguiente es un poco simple, pero en su momento tuvo su enjundia, porque el 23 de julio de 1911 el papa Pío X emitió un motu proprio reduciendo el número de días festivos. Y está bien escrito, motu proprio, porque se dice así, aunque todos digamos «motu propio», malamente dicho. Un motu proprio es un documento que expide el papa por propia voluntad, porque así lo considera, aunque aquel en que se redujeron los días de fiesta en España el gobierno le animó a que lo hiciera, porque en este país estábamos más tiempo de vacaciones que trabajando.

Para entendernos, España tiene actualmente nueve fiestas nacionales, a las que cada comunidad puede añadir dos más y cada pueblo otras dos, siempre y cuando no pasen en total de catorce al año. A estas catorce se añaden los domingos, lo que se traduce en sesenta y un días festivos. Pues resulta que en el siglo XIX en España había noventa y un fiestas de guardar, treinta más que ahora, y a las que luego había que añadir fiestas extraordinarias, rogativas para que lloviera y alguna otra que se le antojaba al obispo de turno y que se imponía por el artículo 33. ¿Qué pasaba? Que en este país no se trabajaban tres días seguidos.

Ni había forma de gobernar, porque los funcionarios se tomaban todas las fiestas, ni la productividad era la deseada en comercios y fábricas. Y como las fiestas eran de las llamadas «de guardar», impuestas por la Iglesia, eran obligatorias.

Pío Nono ya redujo las festividades a petición del gobierno español en 1867. Pero luego llegó Pío X aquel 23 de julio y las redujo tanto que se pasó. Quitó la del Corpus, la de la Purificación, la de la Anunciación del 15 de agosto, la de la Natividad de la Virgen, la de San José y la mayoría de las fiestas locales. Por supuesto, ni Dios le hizo caso, porque, por ejemplo, en Valencia, consideraron que una cosa era reducir fiestas y otra muy distinta que les birlaran las de San Vicente y San José.

Los valencianos hubieran sido capaces de organizar una cremá en el Vaticano antes de consentir que les quitaran las Fallas.

La última víctima de la Inquisición

Allá va una efeméride con dos caras, una buena y otra mala. Primero, la mala. El 31 de julio de 1826 fue ejecutado en Valencia, con la recurrente excusa de la ley de Dios, Cayetano Ripoll, un maestro de escuela catalán que no llevaba a misa a sus alumnos. Y ahora, la parte buena. Aquél fue el último auto de fe que pudieron celebrar los diabólicos tribunales eclesiásticos que se repartían por España y que vigilaban la observancia de la fe católica. Cayetano Ripoll fue la última víctima de la barbarie, pero a él, la verdad, le dio igual llevarse a la tumba tan dudoso honor.

No fue la Inquisición quien ordenó ejecutar a Cayetano Antonio Ripoll, porque la Inquisición, aunque seguía existiendo, se había visto obligada trece años antes a suspender sus maléficas prácticas por orden de las Cortes de Cádiz. Pero como la Iglesia de aquel tiempo buscaba mil recovecos para seguir haciendo de las suyas con el beneplácito del Borbón Fernando VII, en sustitución del anestesiado Santo Oficio se crearon las Juntas de Fe, que venían a ser el mismo perro con distinto collar. Y le tocó a Cayetano.

Fue el Tribunal de la Fe del arzobispado de Valencia, presidido por el infausto obispo Simón López García —Satanás lo tenga en su gloria—, quien firmó la sentencia del maestro Cayetano Ripoll, acusado de leer libros malos (o sea, los de la Ilustración francesa), de tener cierto tufillo a masón y de no llevar a sus alumnos a misa, y acusado también por haber sustituido, no se lo pierdan, el tradicional saludo de «Ave María» por el de «Alabado sea Dios». Con argumentos tan contundentes en la mano, se le tachó de hereje y se le condenó a la horca, aunque para conseguir la oportuna puesta en escena al reo se le subió a un barril con llamas pintadas para que figurara una hoguera, y el cadalso fue adornado con caras de demonios y fuegos infernales. Todo muy teatrero.

Cayetano Antonio Ripoll, buen hombre y buen maestro, fue la última víctima de aquella pesadilla inquisitorial. No obstante, todavía hubo que esperar ocho años más para que la Inquisición y los Tribunales de la Fe se fueran definitivamente al infierno.

Pío XI, el negociador

El 6 de febrero de 1922 Damiano Achille Ratti ocupó la cátedra de San Pedro con el nombre de Pío XI. ¿Y qué tiene esto de especial? Aparentemente nada, sólo es uno más de los doscientos y pico papas que ha tenido la Iglesia. Pero el fondo de su política es más que reseñable, porque con él, con Pío XI, el Vaticano adquirió la condición de Estado independiente. El Estado con el índice de natalidad más bajo del mundo.

Bien es cierto que fue Pío XI quien consiguió un Estado para la Iglesia. Pero de no haber sido él hubiera sido otro, porque ya tocaba llegar a un acuerdo por doble interés: Mussolini quería arrimarse las simpatías de los católicos y el papa quería de una vez por todas un Estado reconocido en el panorama internacional. Le tocó reinar a Pío XI y por eso le tocó también a él firmar con Mussolini los pactos de Letrán, de donde salió Ciudad del Vaticano.

La bronca venía de antiguo, aunque tampoco conviene remontarse a cuando los papas eran señores feudales y dueños de media Italia en nombre de los Estados Pontificios. Pero el Estado italiano y el papa se retiraron la palabra definitivamente en 1870, cuando el rey Víctor Manuel II anexionó a Italia esos Estados Pontificios; o sea, Roma, porque los papas querían Roma toda para ellos. Pontificaba por aquel entonces Pío Nono, que ante la decisión del rey agarró el canasto de las chufas y decretó el auto-cautiverio en el Vaticano. Esto suena raro, pero fue así. Es lo que vulgarmente llamamos un encierro.

A partir de Pío Nono los papas se encerraron y le retiraron a todo el mundo la bendición *urbi et orbi*. Hasta que Pío XI, elegido aquel 6 de febrero, pudo reanudar conversaciones con Mussolini, y Mussolini le dio el completo gobierno de un territorio llamado desde entonces Ciudad del Vaticano. Por lo demás, muy poco que añadir, salvo que Pío XI pactó con Hitler, bendijo a las tropas fascistas italianas y se hizo amiguete de Franco. De izquierdas, seguro, no era.

¡Qué momento!

«Eppur si muove»

«Maldigo y reniego de mis errores y herejías, y juro que en el futuro no diré jamás ni afirmaré, de palabra ni por escrito, que la Tierra se mueve alrededor del Sol». Más o menos con estas palabras y puesto de rodillas ante los inquisidores de Roma, el anciano y achacoso Galileo Galilei tuvo que abjurar el 22 de julio de 1633 de la teoría heliocéntrica. Después de mucho pensarlo, casi cuatro siglos después, la Iglesia por fin reconoció que metió la pata hasta el corvejón y que Galileo tenía razón. Que por mucho que diga la Biblia, la Tierra no es el centro del universo.

El origen de todo el proceso a Galileo fue la publicación de su obra *Diálogo sobre los dos máximos sistemas del mundo, tolemaico y copernicano*, donde defendía con nuevos datos la teoría heliocéntrica de Copérnico sobre los movimientos de los cuerpos celestes. La obra tenía el permiso para imprenta, pero dio igual, los envidiosos denunciaron a Galileo ante la Inquisición por contradecir a las Sagradas Escrituras.

El hombre, que ya no estaba para muchos trotes, tuvo que hincar la rodilla como pudo para decir que, de lo dicho, nada de nada. Que la Tierra era el centro de todo, que no se movía de donde la había puesto Dios y que el resto del universo giraba a nuestro alrededor.

Fue entonces, después de su famosa abjuración, cuando dijo aquello de «*eppur si muove*», que traducido viene a ser «sin embargo, se mueve». O dicho de forma más coloquial, vale, para ti la perra gorda, pero la Tierra, moverse, se mueve. Era la pataleta de Galileo ante los inquisidores que le obligaron a renegar de la verdad. Unos cuentan que lo dijo por lo bajini y otros aseguran que lo soltó a voz en grito, pero Galileo, casi con total seguridad a decir de los expertos, no dijo nada de esto, porque en aquella época de clérigos con cerebro de mosquito le hubieran quemado allí mismo.

Galileo vio prohibidos sus escritos, fue recluido para los restos y humillado por saber ver más allá de sus narices. La Iglesia rehabilitó a Galileo a finales del siglo XX, quizás porque tardó casi cuatro siglos en entender eso de la teoría heliocéntrica.

La entelequia de los Derechos Humanos

El 10 de diciembre de 1948 cuarenta y ocho países miembros de Naciones Unidas votaron en París a favor de una Declaración Universal que protegiera los derechos del hombre. Ya saben, la libertad, la justicia y todas esas cosas que quedan tan majas sobre el papel. Son treinta artículos muy bonitos, con su preámbulo y todo. Treinta artículos que el país que quiere los cumple y el que no, pues no pasa nada.

Nos vamos más de seis décadas atrás, cuando Naciones Unidas creó en 1946 una Comisión de Derechos Humanos a la que pidió que pusiera sobre el papel en qué consistían las libertades fundamentales. Presidió aquella comisión formada por ocho países Eleanor Roosevelt, y se lo tomaron con calma, porque tardaron dos años en decidir nuestros derechos inalienables. Y conste que eso que nos hace tanta gracia cada vez que alguien dice aquello de «persona humana», está puesto tal que así en la Declaración de Derechos Humanos. Dos años discutiendo para declarar que las personas son humanas.

La Declaración Universal salió adelante porque votaron a favor cuarenta y ocho países miembros, pero ocho se abstuvieron y otros dos decidieron directamente no ir a votar tonterías que no pensaban cumplir. ¿Dónde está la trampa de esta enternecedora Declaración de Derechos Humanos? Pues en que no es un documento de obligado cumplimiento. Lo dicho, quien quiere los respeta y quien no, pues se los salta a la torera. Ahí tienen a las mil doscientas personas ejecutadas en 2007 por países miembros de la ONU. Ahí están las mujeres lapidadas por países miembros de la ONU. Y ahí están también ochocientos cincuenta y cuatro millones de personas torturadas por el hambre en países miembros de la ONU.

La Declaración Universal de los Derechos Humanos es el texto traducido a más idiomas del mundo. Está en trescientas treinta y siete lenguas, pero muchos aún no lo han entendido.

Laika se va al espacio

El 3 de noviembre de 1957, una perra mil leches, feúcha y de padres desconocidos se llevó la gloria de ocupar con nombre propio un espacio en las enciclopedias. Se llamaba Laika, era moscovita y fue el primer ser vivo que salió a orbitar la Tierra. El primer ministro soviético, Nikita Krushchev, quiso dar a los americanos con un triunfo en las narices a la vez que celebraba el cuarenta aniversario de la Revolución bolchevique, y ese triunfo era ganarles la carrera espacial con la primera criatura viviente astronauta.

Laika ladraba en vez de hablar, pero eso era lo de menos. Lo importante era que, a las diecinueve horas y doce minutos de aquel 3 de noviembre, la Unión Soviética pudo entonar el chincha rabiña mirando a Washington. Pero hicieron trampa.

El *Sputnik 2*, una cápsula cónica de cuatro metros de alto con una base de dos metros de diámetro, se lanzó con Laika dentro. El plan era matarla después de diez días en órbita con una emisión de gas o con una ración de comida envenenada, porque era del todo imposible hacerla regresar viva. La tecnología no daba para tanto. La cápsula iba a pulverizarse cuando volviera a entrar en contacto con la atmósfera, y se trataba de proporcionar a Laika una muerte dulce. Ahora viene la trampa.

Los soviéticos hicieron creer al mundo que Laika había muerto, según los planes, unos días después del despegue y con la misión cumplida, pero la pobre perra murió a las siete horas de viaje. La verdadera causa de la muerte de Laika se conoció en 2002: fue el estrés y el sobrecalentamiento de la cápsula. La nave *Sputnik* dio 2.570 vueltas a la Tierra antes de desintegrarse el 4 de abril de 1958, pero Laika llevaba ya cinco meses en el otro barrio. Después de Laika no se organizó otra misión tripulada por perros mientras no se pudiera asegurar el regreso del animal vivo. Eso ocurrió dos años después: otras dos perras soviéticas, Belka y Strelka, regresaron con éxito de su misión. Yuri Gagarin ya fue sobre seguro. En la Ciudad de las Estrellas, un pueblo al noroeste de Moscú, está el monumento con estatuas de los astronautas rusos. Laika asoma entre las piernas de uno de ellos.

Después de Laika, al espacio se mandaron chimpancés, moscas, tortugas, escarabajos, renacuajos, macacos, amebas, abejas, esporas... No enviaron camellos por si se quedaban traficando con el polvo estelar.

César cruza el Rubicón

Cruzar el Rubicón. Casi todos hemos usado esta frase alguna vez para decir que vamos a emprender algo de arriesgadas consecuencias y sin posibilidad de marcha atrás. La sentencia viene de antiguo, del 12 de enero del año 49 antes de Cristo. El día en que Julio César se la jugó cruzando el río Rubicón con un único objetivo: plantarle cara a Pompeyo, cargarse la República y erigirse como el dictador de Roma. Por eso cruzó el Rubicón y por eso dijo nada más cruzarlo aquello de *Alea jacta est.* Y que los dioses nos pillen confesados.

Julio César era el gobernador de las Galias. Lo sabemos porque sus tropas traían frita a la aldea de Astérix, y cuando el general ya había ganado todo lo que tenía que ganar en la guerra de las Galias reclamó a Roma la promesa que le hicieron de ser nombrado cónsul. Pero había dos problemas. Uno, que en Roma no lo querían y dos, que César ya había sido cónsul antes, y la ley decía que tenían que pasar diez años antes de un nuevo nombramiento. Así que el Senado le dijo que nada de cónsul por el momento, que licenciara a sus tropas y se volviera a Roma, pero sin el cargo. La respuesta mosqueó mucho a César, porque si se plantaba en Roma sin el suficiente poder,

Pompeyo y el Senado se lo cargarían en cualquier momento. Por eso cruzó el Rubicón.

Y el Rubicón es en realidad un río bastante escuchimizado, un riachuelo de caudal ridículo comparado con la grandeza con la que ha pasado a la historia. Pero en la antigua Roma, el Rubicón tenía un significado crucial, porque marcaba el límite del poder del gobernador de las Galias. Si se cruzaba por las buenas, en plan paseo bucólico, vale, pero si se atravesaba con las tropas y malas intenciones significaba declararle la guerra a la República de Roma. Cesar, cabreado por no haber sido nombrado cónsul, en vez de disolver sus tropas, las reunió y cruzó el Rubicón. Aunque cuentan que se paró en la orilla gala y dijo, lo cruzo… no lo cruzo. Venga. *Alea jacta est*. Ese día murió la República de Roma.

El ascenso de Torquemada

Qué buen día el 11 de julio de 1486 para Tomás de Torquemada. Qué contento se puso cuando el papa de Roma lo confirmó como inquisidor general de España. Ya lo era, porque llevaba ejerciendo como tal desde tres años antes, cuando le nombró la que en realidad llevaba los pantalones en España, Isabel la Católica. Lo que pasa es que le hizo especial ilusión que fuera el papa quien le confirmara con poder divino el cargo del que ya disfrutaba gracias al poder civil. Y encima le felicitó por lo bien que lo estaba haciendo. Nadie quemaba judíos con tanto arte como él.

La verdad es que Torquemada cumplió al milímetro los objetivos de la corona. Fue nombrado inquisidor general para neutralizar, o sea, para mandar a la hoguera, a todos los herejes que pululaban por el país, y hereje era todo aquel que protagonizara una acción o pronunciase una sola palabra al margen de las creencias y dogmas de la Iglesia católica. Pero sobre todo para detectar a los judíos mentirosillos que aseguraban haberse convertido sin haberlo hecho. Y aquí residía la mayor habilidad de Torquemada y sus secuaces, en hacer cantar *La Traviata* a los falsos conversos.

Los métodos que utilizaban eran tan efectivos, que alguno confesó incluso haber matado a Manolete. La defensa ante la acusación de herejía era tan imposible de rebatir, que en la hoguera acabaron judíos conversos, católicos convencidos, cristianos reconocidos y cualquiera que se le metiera a Torquemada entre ceja y ceja.

De sus pesquisas no se libraba nadie. Sólo los obispos estaban fuera de su jurisdicción, porque sólo Roma podía juzgarlos, aunque eso no les salvaba de ser acusados de ser presuntos judíos y Torquemada consiguió que varios fueran llamados a capítulo por el papa.

La lucha por la supervivencia en aquella España del siglo XV se centró en escapar de las garras de Torquemada, aquel tonsurado consumido por el odio que se ha convertido en el paradigma universal de la crueldad, la intolerancia y la represión. Isabel la Católica lo tenga en su gloria.

A hacer puñetas el Muro

Aquel 9 de noviembre de 1989 era jueves. Medio mundo se quedó boquiabierto cuando un miembro del Politburó de la República Democrática Alemana anunciaba por sorpresa, en directo, en televisión, que caía el Muro de Berlín. Sólo unos minutos después, miles de alemanes de uno y otro lado se agolpaban en los puestos de paso cuando ni siquiera los guardias habían recibido la orden de abrir las puertas. Aún sin tenerla, a las once de la noche el Muro cayó simbólicamente y los alemanes lo atravesaron. Al día siguiente cayó a golpes de pico y libertad.

A quién no se le puso la carne de gallina en aquellos días viendo a los alemanes más felices que unas pascuas, escalando el Muro y abriendo agujeros. La decisión se tomó aquella misma jornada. Nadie lo esperaba. A las siete menos tres minutos de la tarde de aquel 9 de noviembre terminó una rueda de prensa transmitida en directo por televisión, donde Günter Schabowski, del Politburó, dijo que todos los pasos del Muro quedarían abiertos. Un periodista, el único que reaccionó al *shock*, preguntó: «Pero ¿cuándo?». Y Schabowski contestó: «En cuanto lo diga. Ya». El grito que corrió por toda Alemania, ya casi, casi unificada, fue «¡El Muro está abierto!». Hubo cerveza gratis en los bares cercanos, los desconocidos se abrazaban entre sí... la gente enloqueció.

En la memoria y en la vergüenza quedaban aquellos ciento y pico kilómetros de hormigón y las más de doscientas personas que habían dejado la vida intentando saltar lo que las autoridades de la RDA llamaron «barrera protectora antifascista», el eufemismo más bobo jamás inventado después de «cese temporal de convivencia conyugal». Como si las ideologías se frenaran con un muro.

Muchos tenemos un trocito de hormigón del Muro de Berlín, y todos creemos que el nuestro es auténtico. Sin embargo, con esto del Muro pasa como con las reliquias de la cruz de Cristo: que si se juntaran todas saldrían 18 cruces, pero si uniéramos todos los trozos del Muro de Berlín nos saldría otra Gran Muralla China.

Esclavitud, divino tesoro

Cada vez que se juntan varias potencias mundiales y acuerdan algo, ya se sabe que lo primero que va a ocurrir es que la mitad de los acuerdos no se van a cumplir y ha sucedido siempre, pasa ahora y continuará ocurriendo. El 8 de febrero de 1815 las potencias europeas reunidas en el Congreso de Viena acordaron acabar con el tráfico de esclavos... pero ojo, no con la esclavitud. Cincuenta años después, aquellos acuerdos eran papel mojado. Lo más gracioso de aquel Congreso de Viena es que el fin de la trata de negros lo firmaron todos los países presionados por Inglaterra, gran experta en el tráfico de seres humanos mientras pudo. Pero, claro, es que aquel acuerdo tenía trampa.

Inglaterra guardaba detrás de su petición, aparentemente humanitaria, un par de maniobras políticas magistrales. Primera: Gran Bretaña apenas tenía intereses en América, y lo que quería era agotar la rentabilidad económica que tenía el Nuevo Mundo. Si faltaban esclavos, mano de obra, menos ganancias tendrían los países con intereses en América. Y segunda maniobra: con la prohibición de la trata de negros, la marina británica tendría la excusa perfecta para inspeccionar cualquier barco, con lo cual se haría con la hegemonía total en el Atlántico.

Ahora bien, no perdamos de vista a los compañeros españoles del siglo XIX, porque a Cuba llegaban diez mil esclavos anuales cincuenta años después de la abolición de la trata de negros. Insisto en que lo que se prohibió en Viena fue el comercio, pero no la esclavitud en sí. O sea, el que tuviera esclavos, pues muy bien. Santa Rita, Rita, lo que se da no se quita.

Todavía en 1870, Emilio Castelar se batía el cobre en el Congreso de los Diputados para acabar con los negreros en Cuba.

Le restregó al ministro de Ultramar un anuncio en un periódico cubano que decía: «Se venden dos yeguas de tiro y dos negras, hija y madre; las yeguas, juntas o separadas; las negras, separadas o juntas».

Sufragio universal en Francia... pero sólo un rato

El 12 de febrero de 1932 fue un buen día en Francia, pero lo fue sólo un rato. Aquel día, por fin, después de muchos años de lucha, la Asamblea Nacional francesa aprobaba el voto femenino... se aceptaba el sufragio universal. Pero el triunfo duró menos que un globo de cumpleaños, porque luego llegó el Senado y dijo que qué era eso de que las mujeres votaran, así que tiró la ley a la basura. ¿Dónde está la maldita gracia de la efeméride? En que las francesas fueron las primeras en empezar a luchar por el sufragio universal y acabaron siendo de las últimas en conseguirlo.

La primera lucha del mundo por el voto femenino precisamente comenzó en plena Revolución francesa, en 1789. Porque mucha *liberté*, mucha *egalité* y mucha *fraternité*, pero sólo para los señores. Comenzaron las primeras protestas, argumentando que si las mujeres podían ser guillotinadas por sus actividades políticas, no tenía sentido que no pudieran votar. Ni caso.

De hecho, la principal sufragista de aquella época, llamada Olimpia de Gouges, murió guillotinada por decir tonterías. Luego llegó Napoleón y su código civil, donde dejó muy clarito que el hogar era el ámbito exclusivo de la actuación femenina. Fuera de él, las mujeres sólo podían pasear palmito, a ser posible, empujando el carrito de un bebé.

Las sufragistas francesas tampoco tuvieron mucho apoyo del exterior. Por referir sólo un caso, el poeta, periodista y diplomático nicaragüense Rubén Darío, después de una gira por Francia, dejó escrita su opinión sobre las sufragistas. Escribió el diplomático: «Tengo a la vista unas cuantas fotografías de esas políticas. Como lo podréis adivinar, todas son feas y la mayor parte más que jamonas. Estos marimachos merecen el escarmiento».

Las francesas no consiguieron su derecho a votar hasta 1945, después de la Segunda Guerra Mundial. Hasta las españolas pudieron votar antes que ellas, lo que pasa es que luego Franco llegó con las rebajas y volvió a impedirlo, aunque bien es cierto que iban en el mismo saco hombres y mujeres. Pero la verdad es que daba igual. Total, no había nada que votar.

Canal de Panamá: el buen ojo de Carlos V

Carlos I de España y V de Alemania no tenía un pelo de tonto. Es más, sentido del negocio tenía un rato, porque el 20 de febrero de 1534 firmó el decreto por el que ordenaba al gobernador regional de Panamá estudiar muy seriamente cómo unir el Atlántico con el Pacífico a través del istmo de Panamá. Textualmente, el emperador pidió que «se abriera una vía que uniera los dos océanos», y el encarguito recayó en el gobernador Antonio de la Gama. La idea inicial no fue de Carlos I, sino del navegante español Saavedra y del portugués Galvao, que estaban hartos de dar la vuelta a América por abajo, cuando los dos océanos sólo estaban separados por un miserable hilillo de tierra de 50 kilómetros.

La idea era buena, buenísima, porque así España podría llegar en línea recta a sus posesiones asiáticas navegando hacia el oeste, sin pasar por el infernal estrecho de Magallanes. Pero una cosa es que la idea fuera brillante y otra cómo y quién la hacía. El gobernador le pasó la patata caliente al regidor de Panamá, a Pascual de Andagoya, y le dijo, anda, hazme un estudio topográfico para ver cómo podemos para llegar en barco al otro lado. Andagoya se mordió la lengua para no hacerle una rima y a cambio emitió un informe totalmente desfavorable. Argumentó que se trataba de una obra, más que gigantesca, desmesurada, y que no había dinero en el mundo para realizarla.

El proyecto no se materializó, pero los españoles, durante la realización del estudio topográfico construyeron caminos pavimentados con guijarros que el tiempo ha demostrado que circulan muy cerca de donde ahora está el Canal de Panamá. Descaminados no iban, pero en aquellos años resultó materialmente imposible convertir en navegable aquella franja mínima de tierra. Y continuó siendo imposible durante los cuatrocientos ochenta y cinco años siguientes. Hasta que en agosto de 1914 el buque a vapor *Ancón* inauguró oficialmente el Canal. Entró por el Caribe y salió al Pacífico. Panamá se había partido en dos a cambio de acercar un poco más el mundo, pero Carlos I no lo vio.

El regreso de *La Pinta*

Tres carabelas partieron de España en busca de las Indias, pero sólo regresaron dos de aquel primer viaje. El 1 de marzo de 1493 *La Pinta* llegaba al puerto de Bayona, en Pontevedra, comandada por Martín Alonso Pinzón, muy contento porque había conseguido tocar tierra antes que Colón, que iba en *La Niña* y que atracó días más tarde en Lisboa. Como Pinzón y Colón ya habían tenido más de una bronca en América, venían de morros. De hecho, Martín Alonso intentó comunicar a los Reyes Católicos el descubrimiento, pero como eran muy protocolarios, no le dejaron. El único que podía dar parte era el almirante.

La Pinta llegó a Galicia con sus bodegas hasta los topes. Y por supuesto con oro. Pero, además, por primera vez vimos el maíz, aunque no le hicimos mucho caso, porque se comenzó a cultivar sólo para dárselo al ganado. *La Pinta* traía también maní, cacahuetes, que tampoco nos debió de gustar mucho por aquel entonces, porque sólo se les echaba a los cerdos. Llegaron además la guindilla, la batata y la planta del algodón, aunque era muy parecida a la que ya habían introducido los árabes en España siglos antes. Y animales, también trajeron animales exóticos, pero pocos porque se mareaban. De los pocos que trajo *La Pinta* sólo se salvaron de la travesía unos cuantos papagayos.

Pero *La Pinta* trajo otra cosa sin saber que la traía: la sífilis, consecuencia del despiporre que los marineros tuvieron con las indígenas. Toda Europa echó la culpa a los españoles por haber introducido la sífilis, y Martín Alonso Pinzón, el capitán de *La Pinta,* pasó a la historia como la primera víctima mortal y oficial de la enfermedad. Murió sólo días después de su regreso a España, en el monasterio de la Rábida, en Palos (Huelva), su tierra. Colón seguía tan enfadado con él que ni siquiera fue a verle. Pinzón no tuvo tiempo de contar su versión del descubrimiento. Por ligón.

El «Yo acuso» de Zola

Imaginen que escriben una carta al director de un periódico para protestar por algo y al día siguiente se la encuentran en la primera página de ese diario de gran tirada a seis columnas y bajo el título «Yo acuso». Eso mismo le ocurrió al escritor francés Emilio Zola el 13 de enero de 1898. Su carta abierta para protestar por una de las mayores vergüenzas que salpicaron a Francia salió en la portada del diario *La Aurora* y aquella carta se convirtió en uno de los artículos más celebrados de toda la historia del periodismo. El origen de todo fue el «caso Dreyfus».

El «caso Dreyfus», ocurrido en Francia a finales del siglo XIX, fue uno de los mayores sinsentidos que se recuerdan. Un caso que dividió Francia y provocó una crisis social y política tremenda, porque jueces, militares, gobernantes y clero la emprendieron con un joven capitán, al que acusaron de ser espía de los alemanes. No repararon en gastos para demostrar que aquel oficial era un judío traidor, cuando el pobre tenía una trayectoria intachable. En el fondo subyacía un descomunal odio a los judíos y Alfred Dreyfus fue el chivo expiatorio. Se manipularon pruebas y se compraron delatores; Dreyfus fue humillado, degradado y condenado.

Aquella farsa, la mayor idiotez que cometió Francia, dividió a toda la opinión pública. Nadie quedó al margen, pero había tanto manipulador de las altas esferas implicado que hubo una negativa en rotundo a revisar el caso, porque entonces tendrían que reconocer la pantomima que habían orquestado. Emilio Zola fue uno de los que se infló y escribió aquel «Yo acuso», porque, dijo, no quería ser un ciudadano cómplice de aquel espantoso crimen judicial. Por supuesto, el texto le costó a Zola el exilio, pero movió muchas más conciencias y quedó para los anales del periodismo.

Si fue trascendente el «caso Dreyfus» que aquello desembocó en la separación definitiva de la Iglesia y el Estado en Francia y puso la semilla del sionismo y la creación del Estado de Israel. Con eso está todo dicho.

La Pepa

«¡Viva La Pepa!» Así saludó el pueblo de Cádiz la proclamación de la primera Constitución española el 19 de marzo de 1812. Lo de La Pepa es evidente, porque aquel día era San José. Proclamar aquella Constitución tuvo mucho mérito, pero también fue muy raro, porque se redactaron unos preceptos liberales en un país que todavía llevaba a cuestas el Antiguo Régimen. Y encima, el preámbulo de aquella Carta Magna que comenzaba diciendo «En el nombre de Dios Todopoderoso, Padre, Hijo y Espíritu Santo», reclamaba el regreso de Fernando VII, cautivo en Francia, para restaurarlo en el poder. Así pasó lo que pasó. Que el Padre, el Hijo, el Espíritu Santo, Fernando VII y la Libertad no hicieron buenas migas.

Pero el mérito estuvo, sobre todo, en que la Constitución de 1812 se proclamó con Cádiz asediada por las tropas de Napoleón y sacudida, además, por una epidemia de fiebre amarilla. De hecho, los diputados cayeron como moscas y muchos quedaron enterrados en Cádiz.

La Pepa trajo muchas cosas buenas: la libertad de prensa, la independencia de la Justicia, la prohibición de las pruebas de nobleza para evitar la desigualdad legal de las clases sociales y, por supuesto, la supresión del Santo Oficio, de la Inquisición. Cuando Fernando VII asentó sus reales, todo esto quedó en papel mojado.

Pero La Pepa trajo bonanzas, sobre todo para América. Sesenta de los más de trescientos diputados que formaron las Cortes de Cádiz eran americanos, y consiguieron que por primera vez se proclamara que la nación española era «la reunión de españoles de ambos hemisferios». Es decir, los españoles de España y los españoles de América serían ciudadanos con idénticos derechos. Menos los negros, claro.

Los negros siguieron siendo negros y sólo a los mulatos se les dio la nacionalidad española, aunque no la condición de ciudadanos. Había que ser más pálido para ser español y ciudadano. Lo bueno de La Pepa es que fue el principio de algo grande, cuando la mayoría de españoles no sabía lo que significaba la palabra Constitución.

La caída de Acre

A orillas del Mediterráneo, en el norte de Israel, hay una ciudad portuaria que tenía un ambientazo tremendo en el siglo XIII. Era la puerta de entrada de los occidentales a Oriente Próximo, tanto de peregrinos que iban a Jerusalén como de mercaderes de todo el mundo que hacían allí jugosos negocios. La ciudad se llamaba San Juan de Acre y era el último bastión de los cruzados. Ya no les quedaba ni un solo dominio cristiano en Tierra Santa, salvo San Juan de Acre. Pero el 18 de mayo del año 1291 vinieron los mamelucos y se acabó lo que se daba. Fin de las Cruzadas.

Un siglo antes de la caída definitiva, San Juan de Acre no era un ejemplo de ciudad cristiana. Las costumbres se fueron relajando y, salvo un puñado de caballeros templarios, el resto eran unos vivalavirgen. En Acre se juntaron mercaderes, peregrinos, judíos, musulmanes, cristianos, venecianos, francos, sirios, bizantinos... Los cruzados se desahogaron tanto que ya se ponían hasta turbantes, decoraban sus casas con alfombras, hablaban en árabe, comían con tenedor y se bañaban mucho. Aprovechando el relajo, el sultán de Egipto Saladino tomó San Juan de Acre, pero Ricardo Corazón de León pudo recuperarla para los cristianos en la Tercera Cruzada.

Pasó un siglo, y los cruzados fueron perdiendo posesiones poco a poco, hasta que sólo les quedó San Juan de Acre. Y continuaron igual de relajados. La ciudad era un enjambre humano en el que cada uno iba a lo suyo con el único objetivo de hacer dinero y buscar placer. La inseguridad ciudadana creció como la espuma, y un día un grupo de italianos mató a unos campesinos musulmanes y de rebote también murieron varios cristianos sirios. El sultán de Egipto, que necesitaba cualquier excusa para atacar la ciudad, pidió la entrega de los asesinos. San Juan de Acre dijo que nones y el sultán se plantó allí con doscientos mil soldados.

Los cruzados vendieron caro el pellejo, pero fueron literalmente aplastados. Aquel 18 de mayo las Cruzadas se fueron a hacer gárgaras, comenzó la leyenda de los templarios y las posesiones cristianas en Oriente se esfumaron para los restos.

Reparto en Tordesillas

En una fecha como la del 7 de junio de 1494 está la explicación de por qué en Brasil hablan portugués y en el resto de Iberoamérica, español. Porque ese día se firmó el famoso Tratado de Tordesillas, ratificado tiempo después por los Reyes Católicos y Juan II de Portugal. Puesto sobre el papel es un documento muy serio, pero el resumen es que los enviados de los Reyes cogieron un mapa y dijeron, de aquí para allá os lo quedáis vosotros y de aquí para acá, nosotros.

El principio de todo está en el propio descubrimiento de América. Cuando un país conquistaba nuevas tierras tenía que contar con el beneplácito del papa de turno, puesto que todo el universo estaba escriturado a nombre de Dios. Roma tenía que dar el visto bueno para que tal o cual país se quedara con las tierras, siempre a cambio de que ese país se comprometiera a evangelizarlo.

Cuando Portugal conquistó zonas de África, tuvo la aprobación de tres papas distintos. Pero como España, hasta que llegó Colón, no había descubierto prácticamente nada, no tenía ninguna bula papal que lo respaldara. Así que los Reyes Católicos se apresuraron a que Alejandro VI, el papa Borgia, aprovechando que era valenciano, les diera pleno dominio católico sobre las tierras americanas. No fuera a ser que los portugueses sacaran del cajón las antiguas bulas y dijeran que se quedaban con América entera porque ellos evangelizaban con más gracia que los españoles.

Fue entonces cuando Alejandro VI trazó la famosa línea alejandrina, por la que todas las tierras descubiertas y por descubrir hacia el Occidente, contando determinadas leguas a partir de las islas Azores, se las quedaba España. Los portugueses se mosquearon, porque eso les impedía conquistar nada en América. Al final, los Reyes Católicos aceptaron revisar la línea alejandrina para no entrar en guerra con Portugal, y fue entonces cuando en vez de tomar como referencia las Azores, se firmó en Tordesillas que la referencia fueran las islas de Cabo Verde. Al modificar la línea, un pico de América, el futuro Brasil, entró en la parte de la raya que le tocaba a Portugal. Por eso cuando lo descubrieron, se lo quedaron.

Atentado en Sarajevo

El 28 de junio de 1914 se produjo el atentado que dio pie a la Primera Guerra Mundial: los asesinatos en Sarajevo, en Serbia, del archiduque austrohúngaro Francisco Fernando y de su mujer. A los nacionalistas serbios no les caían bien los austrohúngaros, y un grupo de desquiciados que se puso por nombre La Mano Negra decidió que la mejor manera de meter el dedo en el ojo era matando a dos austriacos importantes.

Los Balcanes siempre han sido un polvorín. De hecho, el canciller alemán Bismarck vaticinó, diecisiete años antes de que ocurriera, que una gran guerra europea acabaría estallando por culpa de alguna maldita estupidez en los Balcanes. Y aquella maldita estupidez fue el atentado contra la pareja real austrohúngara en Sarajevo. Imposible resumir en una historia menuda la situación europea para que la Primera Guerra Mundial acabara reventando por culpa de este magnicidio. Pero sí conviene recordar que a muchos se les pusieron los pelos de punta cuando en 1991, con la dislocación de la antigua Yugoslavia, volvió a estallar la guerra. Otra vez los Balcanes, otra vez Europa boca abajo, otra vez las limpiezas étnicas y los nacionalismos asesinos.

Aquel 28 de junio, la pareja real hacía una insignificante visita oficial a Sarajevo. En el recorrido de la comitiva hacia el ayuntamiento se habían distribuido veinticuatro miembros de La Mano Negra, pero todos muy zoquetes. Sólo uno se atrevió al final a lanzar una granada que rebotó en el coche e hirió a doce espectadores. En el trayecto de regreso se hizo el mismo recorrido y, en un momento en que el carruaje paró, otro terrorista de La Mano Negra cosió a balazos al archiduque y a su mujer. Los dos asesinos implicados, el que tiró la granada y el que luego disparó, intentaron suicidarse según los planes tomando cápsulas de cianuro, pero el veneno estaba caducado y sólo consiguieron vomitar. Fueron juzgados y ejecutados, pero la que liaron fue fina: Austria contra Serbia, Rusia contra Austria, Alemania contra Rusia, Inglaterra contra Alemania y, al final, todos contra todos, la guerra y la muerte.

Estados Unidos independiente

Cada amanecer de cada 4 de julio comienza en Estados Unidos un día de lo más patriótico, porque ese día de 1776 se firmó el acta que hacía libres a las trece colonias que dieron origen a la confederación norteamericana. Inglaterra se quedó sin su posesión occidental más preciada.

Los ingleses comenzaron a ocupar América para evitar que los españoles se la quedaran entera, así que empezaron a instalarse en la costa este. Virginia fue la primera colonia que fundaron, bautizada así en honor de Isabel I, la reina virgen... Bueno, que decían ellos que era virgen. Luego vinieron otras doce. Nueva York, Pensilvania, las dos Carolinas...

Llegó un momento en que Inglaterra empezó a freír a impuestos a los colonos, porque los ingleses de Inglaterra pagaban mucho a Hacienda y los ingleses de allende los mares, una birria. Y aquí vino el primer mosqueo de los ingleses de América, cuando les tocaron el bolsillo. La cosa se fue complicando, porque además las colonias tenían que contribuir al mantenimiento de un ejército carísimo dedicado a protegerlas. Pero el remate fue cuando subió el precio del té enviado a las colonias. Por ahí ya no pasaron. Les podían tocar cualquier otra cosa a los colonos, pero ¿el té...? de ninguna de las maneras (ver *Motín del té*).

Las colonias se fueron haciendo más fuertes, siguieron las luchas, surgieron grandes políticos, se creó un Congreso, hasta que aquel 4 de julio quedó aprobada la Declaración de Independencia que redactó Thomas Jefferson, que, por cierto, se murió también el 4 de julio para aprovechar la celebración. No crean que todo acabó aquí, porque una cosa es declarar la independencia en un papel y otra, defenderla en el campo de batalla. Pero el caso es que aquella declaración, muy progre, muy ilustrada ella, acabó saliendo para adelante. Era bonita. Declaró a todos los hombres iguales, libres y con derecho a buscar la felicidad. Menos a los negros, evidentemente.

El *Dragon Rapide*

El golpe de Estado que arreó Franco el 18 de julio dio inicio a la Guerra Civil. Esto lo sabe todo el mundo. Pero fue el 6 de julio de 1936 cuando la maquinaria se puso en marcha. El director del diario *ABC*, Juan Ignacio Luca de Tena, llamó a su corresponsal en Londres y le dio la siguiente orden: Luis, vete a tal banco, coge todo el dinero que necesites, alquila un avión y lo llevas con todo el disimulo a Canarias. No preguntes. Pero Luis Bolín, el corresponsal del *ABC*, no tenía que preguntar lo que ya sospechaba: el avión era el que trasladaría a Franco desde Canarias al norte de Marruecos para ponerse al frente de sus leales y dar el golpe de Estado. Fue el vuelo del *Dragon Rapide*.

Algunas fuentes siempre señalan el asesinato del teniente socialista José Castillo y la inmediata represalia de los militares republicanos asesinando a su vez a Calvo Sotelo como las dos últimas gotas que colmaron el vaso de la inminente Guerra Civil.

Pero esto no puede ser así, porque Franco ya había puesto en marcha la logística de su traslado desde Canarias para ponerse al frente de los rebeldes días antes de que se produjeran estas dos muertes.

Y el alquiler en Londres de aquel avión bimotor modelo *Dragon Rapide* fue el primer paso efectivo de la guerra. El corresponsal del *ABC* en la capital británica cumplió a rajatabla la petición del director de su periódico. Tenía la ayuda y la asesoría aeronáutica del ingeniero Juan de la Cierva, y tenía la financiación de Juan March y del duque de Alba, porque todos ellos estaban en el ajo para acabar con la República.

Aquel vuelo sufrió muchos incidentes y fue bastante peliculero, desde que en él volaban dos rubias inglesas y explosivas para simular un vuelo de placer, hasta que el radiotelegrafista resultó ser un manta y hubo que orientarse en determinados tramos sobrevolando la Península con un mapa de carreteras Michelín.

Pero esto fue lo de menos, porque ganaron ellos, y el principio de todo fue el famoso vuelo del *Dragon Rapide*. El final llegó cuarenta años después.

Faraónico Napoleón

Napoleón siempre tuvo a Gran Bretaña metida entre ceja y ceja. Hubiera renunciado a la mitad de sus conquistas con tal de que los británicos acabaran hablando francés. Pero como no era tonto y sabía que no podía competir con la superioridad naval inglesa, centró sus objetivos en incordiar a los *british* todo lo posible. Pensó en quitarles la India, pero antes había que invadir Egipto, y tal cosa la llevó a cabo el 25 de julio de 1798. Ese día Napoleón entró triunfante en El Cairo. El primer paso ya estaba dado. El último no lo daría jamás.

La posesión más preciada de Inglaterra era la India, porque de este país obtenía la mayor parte de sus materias primas. Napoleón, para estrangular económicamente a los ingleses, proyectó quitarles la India, pero para ello tenía, primero, que invadir Egipto, luego, conquistar Palestina y Siria, y de aquí saltar a la India para quedársela. La campaña de Egipto al principio no se dio mal. Ganó en la famosa batalla de las Pirámides, porque los mamelucos, los guerreros que mandaban en Egipto a las órdenes de Turquía, aunque eran más y estaban en su terreno, iban armados prácticamente con tirachinas y lanzas, mientras que los franceses respondían con armas de fuego y artillería eficaz.

Aquélla fue la batalla en la que Napoleón exaltó a sus soldados con la famosa frase «desde lo alto de estas pirámides, cuarenta siglos os contemplan». Aquello debió de gustar a la tropa, porque dieron una paliza a los mamelucos.

Pero mientras Napoleón se dirigía a su siguiente objetivo, Siria, los ingleses no se quedaron quietos, porque sabían que el premio final que buscaban los franceses era la India. Al final, turcos e ingleses se unieron contra los franceses y Napoleón tuvo que largarse con viento fresco. La campaña napoleónica acabó siendo un desastre, pero el mundo de la egiptología nunca le estará lo suficientemente agradecido al emperador francés. Gracias a aquella invasión y a los expertos que Napoleón llevó consigo se sentaron las bases de la egiptología y el mundo descubrió las maravillas de la antigüedad faraónica. Lo que pasa es que esto, a Napoleón, le importaba un pito. Él quería la India, no una momia.

Semana Trágica de Barcelona

Muchos barceloneses estaban hasta el gorro aquel mes de julio de 1909. Cansados de las enormes diferencias sociales que había creado la industrialización, hartos de la indefensión laboral, enfadados con la Iglesia por su falta de apoyo a los trabajadores... La gota que colmó el vaso llegó con el embarque en el puerto de Barcelona de nuevos y pobretones soldados reclutados a la fuerza para luchar en Marruecos. Aquello lo reventó todo, y el 26 de julio de 1909 comenzó la Semana Trágica de Barcelona.

Nada se produce por un hecho aislado, pero un hecho aislado sí puede ser la chispa que encienda mucha pólvora acumulada. La pérdida de Cuba, Puerto Rico y Filipinas había sido una sangría y al gobierno conservador del momento, con una España analfabeta, sumida en una crisis social y económica tremenda, no se le ocurrió mejor cosa que volver a reclutar soldados para luchar en Marruecos y defender unas empresas mineras propiedad de grandes señorones españoles.

Pero sólo se movilizó a soldados pobres, a obreros, padres de familia que dejaban mujer e hijos sin posibilidad de sustento. Claro que, si hubieran tenido 1.500 pesetas, hubiera sido distinto, porque pagando 1.500 uno podía librarse de ser reclutado. Los ricos no iban a la guerra.

El embarque de aquellos desgraciados se produjo en Barcelona, y en el puerto las señoras de la alta sociedad, señoras que habían pagado 1.500 para que sus hijos no fueran reclutados, repartían escapularios a manos llenas y prometían rezar por ellos. Aquello fue el colmo. Los ánimos se crisparon y el embarque tuvo que suspenderse. A la vez, llegaron noticias de los primeros muertos en Marruecos y, claro, el ambiente se crispó más.

Se crearon comités obreros, se convocó una huelga general y el día 26, primero de la Semana Trágica de Barcelona, ardieron algunos edificios religiosos. El anticlericalismo tomó la calle. ¿Por qué la emprendieron contra la Iglesia? Por su nulo apoyo a las clases más desfavorecidas, por su monopolio de la educación, por la defensa que hacía de empresarios y patronos, y por su connivencia con la aristocracia. El cabreo era mucho y variado.

El 9 de termidor

Ya sabemos lo que tienen las revoluciones, que suelen empezar bien, por algo por lo que merece la pena luchar, hasta que la lidia da un giro, la lucha original se olvida y se instala la lucha por el poder. Esto ocurrió con la Revolución francesa, y el 27 de julio de 1794, día 9 del mes de termidor en el calendario republicano francés, se produjo un golpe de Estado que terminó con la época del Terror. Pero terminó a medias, porque las guillotinas siguieron echando humo.

Cuando la Revolución francesa triunfó, cuando Luis XVI y María Antonieta ya eran historia guillotinada, se instaló en la Convención Nacional una tremenda lucha de poder. Los jacobinos se dividieron en radicales y en muy radicales. Tan radicales que los llamaban rabiosos. Los girondinos eran moderados unos y otros corruptos, y al final acabaron a tortas girondinos contra jacobinos y jacobinos entre sí. El que cortaba el bacalao en Francia era Maximiliane Robespierre, aquel que se inventó el lema «Libertad, Igualdad, Fraternidad». El mismo que se manifestó al principio enemigo de la pena de muerte, pero a la que luego le sacó gustillo, porque cortaba cabezas a dos manos. Cabezas de su partido, cabezas del partido contrario... cabezas en general.

Cuando ni uno solo de los diputados se vio libre de pasar por la guillotina porque Robespierre amenazó con cargarse a todos los corruptos, decidieron unirse para acabar con él antes de que Robespierre dejara la Convención vacía. Se produjo el golpe de mano, y allí mismo, en la Asamblea, se ordenó la detención del tirano.

Como aquella misma noche sus partidarios lo liberaron, la Asamblea dio un paso más: lo declaró a él y a sus partidarios «fuera de la ley», una excusa perfecta para ordenar su inmediata ejecución sin derecho a juicio. En la noche del día siguiente, 10 de termidor, 28 de julio, las cabezas de Robespierre y veintidós de los suyos rodaron como canicas. Luego cayeron muchos más terroristas, porque así se llamó a los que impusieron el Terror francés. El término «terrorista» procede de entonces, y entonces, como ahora, los terroristas habían perdido el norte de la lucha y la revolución.

La carrera de Filípides

Al amanecer del 12 de septiembre del año 490 antes de nuestra era, persas y griegos se enzarzaron en una monumental bronca que terminó fatal para los persas. Se pegaron en la llanura de Maratón, y además de por el triunfo griego, aquella jornada se hizo memorable por el carrerón que se pegó un tipo hasta Atenas para anunciar la victoria. La leyenda impuso que el soldado que corrió fue Filípides, pero, caramba, no fue él. Fue otro. Unos tienen la fama y otros cardan la lana.

Sólo hay que irse a lo que dejó documentado el historiador Heródoto para entender de dónde viene el lío. En aquella famosa batalla de Maratón, como sucedía con todas, los ejércitos tenían correos que iban y venían a la carrera con distintos recados. Eran corredores profesionales, llamados *hemerodromos*, que, por cierto, iban hasta arriba de estimulantes porque nadie les hacía un control antidopaje al final de la misión. El correo Filípides, a donde en realidad corrió, y justo antes de la batalla, no después, fue a Esparta.

Llevaba el encargo de pedir ayuda a los espartanos para hacer frente a los persas. Pero resulta que en Esparta tenían las fiestas patronales, las Carneas, que coincidían con la luna llena y en las que estaba prohibido luchar, así que Filípides volvió a Maratón con la mala noticia. Y aquí reside el mérito, porque la distancia que recorrió Filípides fue de 240 kilómetros, 120 de ida y 120 de vuelta. Y encima no se murió.

El correo que fue hasta Atenas para anunciar la victoria sobre los persas sólo recorrió 40 kilómetros, y fue éste el que cayó derrengado y muerto después de gritar «¡hemos vencido!». Pero como nadie apuntó su nombre, la fama se la llevó el otro, Filípides. La leyenda juntó las dos historias y de ahí nació el mito. Quienes aún se empeñan en defender la autoría de Filípides en su mortal carrera hasta Atenas, lo arreglan diciendo que se murió allí porque antes ya se había dado la paliza hasta Esparta. Pero no cuela.

Y nació la Casa Blanca

Día importante para la historia estadounidense, el 3 de octubre de 1792, cuando George Washington puso la primera piedra de la Casa Blanca. Un edificio que más que un edificio es una gran olla donde se cuece todo el guiso mundial. Hasta el siglo XX se llamaba oficialmente Mansión Presidencial, pero como todo el mundo pasaba de este nombre tan pomposo y se referían a ella como la Casa Blanca tuvieron que cambiarle el nombre. De hecho, en lo único que se parece la Casa Blanca de hoy a la que se proyectó hace doscientos quince años es en el blanco de su fachada. Blanquearla es un derroche, porque se emplean más de dos millones de litros de pintura.

Cada vez que aterrizaba un presidente en la Casa Blanca se empeñaba en hacer obras y la santa esposa, en redecorarla. Theodore Roosevelt añadió la famosa ala oeste para trasladar allí a los empleados, porque no le entraban sus cinco hijos. Y también se hizo un despacho rectangular. Pero luego llegó el presidente William Taft y dijo: «No me gusta, que me lo hagan ovalado». Después apareció Franklin Delano Roosevelt y se hizo una piscina; pero más tarde llegó Nixon y construyó encima la Sala de Prensa.

La señora Lincoln compró una cama, a la señora Monroe le dio por la estética francesa, otras primeras damas compraron vajillas, cambiaron cortinas y levantaron baños... Hasta que llegó la revolución con la estilosa Jackie Kennedy. Ella fue la que le dio la vuelta a la decoración de la Casa Blanca. Y tras ellas, todas van dejando su toque personal, lo cual da la excusa perfecta a la siguiente primera dama para criticar a la anterior por su mal gusto. Sobre todo cuando la entrante es republicana y la saliente, demócrata.

Laura Bush, por ejemplo, puso a parir a Hillary Clinton, sin tener en cuenta que la señora Clinton estaba más ocupada en espantar becarias que en colocar jarrones. Sobre una de las chimeneas de la mansión está escrito el deseo de John Adams, el primer presidente que habitó la Casa Blanca: «Que sólo hombres honestos y sabios gobiernen siempre debajo de este techo». Nixon no entraba en los planes honestos. Y alguno posterior, tampoco en los sabios.

Marcha sobre Versalles

Se veía venir, porque el ambiente estaba calentito en Francia. El 5 de octubre de 1789 una horda de cinco mil mujeres muy cabreadas asaltó el palacio de Versalles. Llegaron dando voces, preguntando por el panadero y por la panadera, que no eran otros que los señoritos Luis XVI y María Antonieta. Porque en París el pan se convirtió en un artículo de lujo, y mientras, ellos, seguían ofreciendo banquetes y mofándose de una revolución recién iniciada a la que todavía no daban importancia alguna. Aquel día fue la última vez que los reyes de Francia vieron Versalles.

París se moría de hambre, los precios estaban por las nubes y la revolución ya no tenía marcha atrás. Pero Luis XVI y María Antonieta estaban a por uvas. A lo suyo. Hay un detalle que ilustra esto muy bien. Luis XVI llevaba un diario personal donde apuntaba sus cosas; bien, pues unos meses antes, el rey había escrito. «Martes, 14 de julio. Nada». ¿Cómo que nada? ¿Los parisinos habían tomado la Bastilla aquel 14 de julio y para el rey era «nada»?

Todo iba de mal en peor y el remate vino con un banquete pantagruélico que los reyes ofrecieron a los oficiales de un regimiento de Flandes recién llegado a París. Se pusieron como el Quico y al final de la comida, entre vino y copita, se fueron animando unos a otros. Acabaron pisoteando las escarapelas de tres colores, el símbolo de la revolución, y se enarbolaron sólo las blancas, el color de los Borbones. Los ecos de la juerga llegaron a París, y las primeras en tomar la iniciativa fueron las mujeres.

Se remangaron y, sin quitarse los mandiles, se fueron armadas de cuchillos y palos camino de Versalles. Al rey lo pillaron de caza y a la reina moneando por los jardines de Le Petit Trianon, pero les dio tiempo a reunirse y atrincherarse en palacio con sus hijos. Horas después, toda la familia real enfilaba camino de París sin rechistar. Fue el principio del fin de la monarquía: es lo que tiene tocarle las narices a la plebe.

Unamuno *versus* Millán Astray

Lo siguiente va de frases para la posteridad, porque el 12 de octubre de 1936 se cruzaron unas cuantas el rector de la Universidad de Salamanca, Miguel de Unamuno, y el general franquista José Millán Astray, el fundador de la Legión. El incidente que protagonizaron los dos hombres hizo que, en aquel mismo momento, Unamuno se arrepintiera en lo más hondo de haber apoyado a Franco y contribuido al golpe de Estado con cinco mil pesetas.

Se celebraba el Día de la Raza, y hasta la Universidad de Salamanca llegó Millán Astray rodeado de legionarios, el obispo de la ciudad y la mujer de Franco. Presidía el acto el rector Miguel de Unamuno. Todo discurrió dentro de lo previsible, hasta que a Millán Astray se le fue la olla. Dijo que País Vasco y Cataluña eran la anti España, cánceres en el cuerpo de la nación. Que sus valientes moros habían llegado para combatir a los malos españoles y a dar la vida por la sagrada religión de España. Para rematar la faena, sonó en el salón de actos el famoso grito de Millán Astray, «¡Viva la muerte!», que el general consumó vociferando tres veces «¡España!», para que la concurrencia contestara «¡Una!», «¡Grande!» y «¡Libre!».

El aire se cortaba cuando Unamuno tomó la palabra. «El obispo es catalán —dijo—, y yo, que soy vasco, llevo toda mi vida enseñándoos la lengua española que no sabéis». Millán Astray volvió a gritar: «¡Muera la inteligencia! ¡Viva la muerte!», esta vez jaleado por José María Pemán, que vociferó «¡Mueran los falsos intelectuales!». Todo el mundo quería que muriera alguien o algo. Pero Unamuno volvió a replicar: «Venceréis, pero no convenceréis».

A esas alturas, el obispo ya no sabía dónde meterse; la mujer de Franco, agarrada al brazo de Unamuno, tiraba de él para sacarle de allí, y cientos de brazos fascistas se alzaban en aquel templo de la inteligencia. Unamuno quedó en arresto domiciliario al día siguiente. El último día de aquel año de 1936 el escritor vasco moría al amor del brasero y no vio cumplirse su profecía. Vencieron, pero no convencieron.

Fin de los templarios

El principio del trágico fin de los templarios, esos señores mitad monjes mitad caballeros que han generado tanta y tan fantasiosa literatura, comenzó hace siglos, el 13 de octubre del año 1307. Aquel día empezaron las detenciones de cientos de ellos en toda Francia y pasaron en un santiamén de ser los héroes de la Santa Cruz a los villanos blasfemos más despreciables. Esa jornada fue viernes, viernes 13, y en Francia quedó la coincidencia del día y el número marcada para los restos como la más nefasta del calendario.

¿Qué pasó aquel viernes 13 de octubre? ¿Qué provocó que los templarios cayeran en picado después de haber disfrutado durante casi dos siglos de todos los beneplácitos reales y papales por su lucha en la recuperación de Tierra Santa? Pues pasó, haciendo un resumen simplista, que las Cruzadas se fueron desinflando; que Europa tenía problemas más graves y cercanos que luchar contra los musulmanes; que el enemigo, la orden de los hospitalarios, se la tenía jurada; que los templarios se hicieron inmensamente ricos... Pero, sobre todo, pasó que el rey francés Felipe IV se empeñó en acabar con los templarios porque sus planes no le salieron como él quiso.

En total hubo ocho Cruzadas, pero el rey francés quiso liderar la novena. Para ello necesitaba que se fusionaran todas las órdenes militares-religiosas, sobre todo la del Temple y la del Hospital. El objetivo era hacerse con los cuantiosos bienes y posesiones de los templarios, terminar con la exención del pago de impuestos del que disfrutaban y, con todo ese dinerito en el bolsillo, ponerse a la cabeza de la reconquista de Tierra Santa.

Los templarios dijeron que nanay, que no se fusionaban con los hospitalarios y que no cedían sus bienes. Resolución real: todos a la cárcel. ¿Bajo qué acusaciones? También todas las imaginables: por herejes, sodomitas, idólatras, hechiceros... Mentira cochina, pero unos mil monjes-caballeros, templario arriba, templario abajo, fueron encarcelados. Las perrerías que les hicieron no tienen nombre.

La guerra de los mundos

Hace siete décadas que a la radio se la comenzó a llamar de usted. Fue inmediatamente después del 30 de octubre de 1938, aquella víspera de Halloween en la que un jovenzuelo Orson Welles hizo creer a los neoyorquinos más despistados que los marcianos estaban atacando la Tierra. Pero todo hay que decirlo... la historia ha crecido con el paso de los años. La histeria no se apoderó de los estadounidenses porque la mayoría no oyó el programa, ni millones de oyentes acabaron de los nervios. Sólo fueron un puñado de miles, los menos espabilados; pero si aquello sirvió para que la radio dejara de ser el hermano tonto de la prensa, bienvenido sea.

Ahora se sabe que los periódicos del día siguiente exageraron con sus titulares. Vamos a ver, todos los domingos a las ocho de la tarde Orson Welles ponía en escena el guión adaptado de un libro de éxito. En eso consistía el programa y sus oyentes lo sabían. Lo había hecho con *Drácula*, con historias de Sherlock Holmes, con *El conde de Montecristo*… y lo hizo con *La guerra de los mundos*. La presentación fue como siempre: «La CBS y sus estaciones afiliadas presentan a Orson Welles y el Teatro Mercury en *La guerra de los mundos*, de H. G. Wells».

Y comenzó aquel programa de apenas cincuenta minutos. Lo que alarmó a los oyentes más aprensivos fue, primero, que algunos lo pillaron a la mitad; y, segundo, que Welles utilizó la fórmula del informativo radiofónico para relatar la historia. Cierto que algunas personas se echaron a la calle a ver si se veían ataques de hombrecitos verdes, y cierto también que hubo muchas llamadas a la policía, pero el susto duró un rato, hasta que el presentador despidió el programa diciendo: «Éste es Orson Welles, señoras y señores, fuera de personaje, para asegurarles que *La guerra de los mundos* no es otra cosa que la diversión de un día libre. Es la forma radial del Teatro Mercury de cubrirse con una sábana y aparecer detrás de un arbusto gritando ¡buu!».

No fue para tanto, pero a Orson Welles le vino de perlas.

La Noche de los Cristales Rotos

Mal día el que vivieron Alemania y Austria el 9 de noviembre de 1938. Mal día y mala noche, porque lo peor llegó cuando se puso el sol, cuando los comercios cerraron y cuando la oscuridad favoreció que una histeria nazi y antisemita recorriera los dos países de punta a punta. Aquella noche la convivencia se hizo añicos. Aquella noche pasó a la historia como la de los Cristales Rotos. El resto del mundo no supo ver que el Holocausto judío estaba a sólo un paso.

¿Por qué el nombre de la Noche de los Cristales Rotos? Pues lo cierto es que el calificativo no puede ser más definitorio: porque aquella noche del 9 de noviembre los nazis se dedicaron a romper todos los escaparates de los comercios regentados por judíos. Y ojalá la cosa hubiera quedado ahí, con unos cristales rotos y con los cristaleros tan contentos. Lo malo es que las sinagogas fueron incendiadas; los cementerios, destruidos... miles de judíos fueron arrestados, noventa acabaron asesinados y varios centenares resultaron heridos.

La Noche de los Cristales Rotos tuvo un precedente, una excusa que dio pie a la salvajada nazi. Alemania ya había realizado algunas expulsiones de judíos a Polonia, y el hijo de uno de estos judíos, cabreado por la expulsión de sus padres, atentó en París contra la vida de un diplomático alemán. Hitler, cuando conoció la muerte de su hombre, animó a las Juventudes Hitlerianas, a las SA —las Secciones de Asalto del partido nazi— y a las temibles y sanguinarias SS a que dieran un escarmiento a los judíos.

No es que se les fuera la mano, es que les tenían ganas e hicieron exactamente lo que se propusieron. Es más, el asesinato del diplomático fue sólo un pretexto para dar rienda suelta a la histeria, pero podrían haber buscado cualquier otro. Si un judío hubiera estornudado en el bigote de Hitler, la purga se habría producido igualmente.

Aquella noche de violencia y exterminio provocó que varios países rompieran relaciones diplomáticas con Alemania, pero todos fueron demasiado miopes para entender la que se venía encima.

Motín del té

Las tiranteces entre Inglaterra y sus colonos en América no tardaron mucho en manifestarse. A mediados del siglo XVIII comenzaron a mirarse de reojo, porque los impuestos que aplicaba la corona a sus súbditos del otro lado del Atlántico tenían fritos a los ciudadanos, que ya se sentían más americanos que europeos. El 16 de diciembre de 1773 saltó en Boston el primer chispazo de la revolución americana. Y la culpa la tuvo un cargamento de té.

¿Por qué un vulgar cargamento de té encendió los ánimos de los bostonianos? Porque esta infusión era carísima en las colonias americanas, debido a que Londres cargaba unos impuestos salvajes. Los colonos se buscaron la vida para conseguir de contrabando té holandés, más barato que el que suministraba la Compañía de las Indias Orientales, que era la que tenía el monopolio del producto. Para defender los intereses de la compañía, el gobierno británico aprobó la ley del té, y le permitió vender el producto directamente en América, sin pagar impuestos, con lo cual podrían ponerlo más barato que el que se vendía de contrabando. O sea, ¿que los colonos estaban fritos a impuestos, la compañía no pagaba ni un penique y encima fastidiaba los negocietes montados con el té holandés? Ni hablar.

El asunto encendió a comerciantes y contrabandistas que traían el té de Holanda. Y en mitad de todo este fregado llegaron a Boston tres barcos de la compañía con cuarenta toneladas de té. Los barcos estuvieron fondeados tres semanas sin atreverse a descargar, y los bostonianos no hacían más que merodear para evitar que el té desembarcara. Hasta que se lanzaron.

Cincuenta hombres disfrazados de indios asaltaron los barcos y allá que te fue el té, al agua. El episodio no habría pasado de mera anécdota de no haber sido porque aquel motín, el motín del té en Boston, puso de acuerdo a las colonias para iniciar la revolución y desembarazarse de Inglaterra. La peor consecuencia fue que los colonos dejaron de hablar inglés para comenzar a hablar americano. Suena casi igual, pero con un chicle en la boca.

El juicio de Núremberg

El juicio de Núremberg fue algo absolutamente extraordinario. Por primera vez en la historia los vencedores de una guerra iban a juzgar a los vencidos, y ese proceso comenzó el 20 de noviembre de 1945. Diecisiete naciones se unieron en un juicio contra el nazismo y sentaron en el banquillo a veintiún máximos representantes del Tercer Reich. Excluido Hitler, que se quitó de en medio por su cuenta. Tras nueve meses de juicio, se dictaron once penas de muerte, siete condenas a prisión y tres absoluciones. Alguno se libró de la horca con un suicidio a tiempo.

Parece mentira, pero el juicio de Núremberg se hizo gracias al empeño de Stalin. Si hubiera sido por Churchill y Roosevelt, los habrían fusilado a todos. Dos años antes de que acabara la Segunda Guerra Mundial, estos tres personajes firmaron una declaración tripartita en la que se comprometieron a juzgar a los criminales nazis en cuanto acabara la barbarie. Y allá va el chiste: Churchill y Roosevelt, aunque firmaron el acuerdo, eran partidarios de cazar a los nazis y fusilarlos en el mismo momento, pero Stalin dijo que de eso nada, que en la Unión Soviética no se ejecutaba a nadie sin juicio previo. Lo dicho, para partirse.

¿Por qué se eligió Núremberg? Pues, primero, porque los acusados tenían que ser juzgados en su propio país y, segundo, porque el palacio de Justicia de Núremberg era casi el único que seguía en pie de toda Alemania y también el único edificio capaz de acoger un proceso de tales características. Los nueve meses que duró el juicio debieron de ser para verlos. Núremberg, sin embargo, dejó un regusto amargo, porque nunca acabó de entenderse cómo pudo ser parte activa de aquel proceso la Unión Soviética, un país donde se cometían los mismos crímenes que se estaban juzgando.

Pero el juicio de Núremberg sirvió al menos para que Naciones Unidas aprobara que los crímenes de guerra, contra la paz y la humanidad pudieran ser juzgados en las personas de sus gobernantes. Lástima que algún país todavía no reconozca al Tribunal Internacional de La Haya. Estados Unidos juzgó, pero no quiere correr el riesgo de ser juzgado.

Lunatic Express

Vámonos a territorios exóticos, a África, al día 20 de diciembre de 1901, cuando los ingleses finalizaron, aunque no se lo podían creer, el Lunatic Express, un tendido ferroviario de mil kilómetros que unía Mombassa con el lago Victoria. ¿Y qué tiene de especial este hecho? Pues que su construcción fue demencial, repleta de tragedias y atravesando territorios inexplorados. Que gracias a la base de operaciones que se montó para su construcción nació la actual Nairobi, la capital de Kenia; y lo peor, que durante el tendido del Lunatic Express nació la leyenda de los leones devoradores de hombres. Se pusieron ciegos.

Inglaterra se propuso construir un ferrocarril como fuera y cuanto antes, desde Mombassa, en la orilla del océano Índico, hasta el lago Victoria, en Uganda. ¿Por qué tanta prisa y tanto interés por abrir una ruta hacia el interior? Porque a finales del siglo XIX las potencias europeas se estaban repartiendo África. En el sentido más literal: repartiéndosela. El que primero llegaba a un territorio, plantaba sus reales y se quedaba con él. Los alemanes ya estaban construyendo su ferrocarril hacia el interior de África para abrir nuevas rutas comerciales, y si Inglaterra no reaccionaba se quedaría a verlas venir.

Aquellos mil kilómetros de tendido fueron un vía crucis. Murieron cientos de trabajadores, el calor deformaba las traviesas, los cenagales se tragaban los raíles, había que subir montañas, atravesar desiertos... A los obreros, cuando no les picaban las moscas tse-tsé les breaban los mosquitos de la malaria, y cuando no caían fulminados por la disentería, les atacaban los masais.

El ingeniero jefe, George Whitehouse, no sabía si pegarse un tiro o arrojarse a los leones, que, por cierto, se comieron a más de doscientos obreros. Cinco años y siete meses después, aquel 20 de diciembre, el ferrocarril llegó a destino y a los ingleses ya no hubo quien les tosiera de Uganda a Egipto. El Lunatic Express aún funciona, pero las cosas han cambiado mucho. Los masais ya no atacan al extranjero. Ahora le cobran por dejarse hacer fotos.

Leyes de Burgos

Mucho se tardó, y no es que fuera la panacea contra los maltratados derechos humanos en la América conquistada, pero fue un primer paso. El 27 de diciembre de 1512 se firmaron en Burgos las treinta y cinco leyes que pretendían proteger a la población indígena americana de los desmanes españoles. Los indios, unas gentes que treinta años atrás disfrutaban del derecho de corretear en taparrabos y de adorar al Sol y la Luna, ahora se deslomaban al servicio de unos señores blancos y barbudos llegados del otro lado del mar. Y al que se resistía, latigazo o patíbulo.

Las Leyes de Burgos, al menos, pusieron un poquito de orden en aquel gran campo de concentración en el que se había convertido América. Pero estas leyes tuvieron un precedente que se remontaba a la Navidad del año anterior. El famoso fraile dominico Antonio de Montesinos, indignado por el trato que recibían los indios, reunió a los altos funcionarios de la isla de La Española, con el virrey Diego Colón a la cabeza, y les metió una bronca monumental durante un sermón dominical. Les dijo: «¿Cómo los tenéis tan oprimidos y fatigados, sin darles de comer ni curarlos en sus enfermedades… que los matáis por sacar y adquirir oro cada día? ¿Con qué derecho y con qué justicia tenéis en tan cruel y horrible servidumbre a estos indios? ¿Con qué autoridad habéis hecho tan detestables guerras a estas gentes que estaban en sus tierras mansas y pacíficas?».

Por supuesto, los españoles se indignaron y exigieron que el fraile se retractara, pero el dominico plantó cara. Aquel famoso sermón de Montesinos llegó a España y se dictaron deprisa y corriendo las treinta y cinco Leyes de Burgos que prohibían abusos tan descarados como hacer trabajar a mujeres embarazadas y que obligaban a dar sanidad, descanso y alimentación a los indios. Pero había contrapartidas: si se negaban a ser cristianizados, los españoles podían utilizar la violencia.

Y así, poquito a poco, América se hizo católica, apostólica y romana. Aquellas treinta y cinco leyes que se firmaron el 27 de diciembre fueron las primeras ordenanzas españolas que llegaron a América. Pero es que antes, sin leyes y sin españoles, los indios vivían mejor.

Y llegó Mendizábal con las rebajas

Decir «Desamortización de Mendizábal» recuerda al bachillerato, porque no había curso en el que no cayera la maldita pregunta en la que había que explayarse con los bienes de manos muertas y las reformas hacendísticas. Y fue el 19 de febrero de 1836 cuando se promulgó el primero de los dos decretos desamortizadores que puso en marcha Juan Álvarez Mendizábal. Al que, por cierto, llamaban Juan y Medio porque era muy alto.

La desamortización que impuso Mendizábal no fue ni la primera ni la última que tuvo España. De hecho, fue la tercera. Antes que él, Carlos III desamortizó a los jesuitas, y José I Bonaparte también desamortizó pero poco. Y después de Mendizábal, también desamortizaron el general Espartero y Pascual Madoz. En total hubo cinco, pero la más importante y la de mayores consecuencias fue la de Juan y Medio. ¿Por qué desamortizó Mendizábal? Porque las arcas del Estado estaban tiritando y porque había infinidad de latifundios improductivos en poder de la Iglesia, los bienes de manos muertas. Se trataba de que esas propiedades, confiscadas por las bravas, pasaran al pueblo, a manos que las trabajaran.

Y aunque la intención era buena, aquella desamortización se gestionó muy mal. Los bienes pasaron de manos muertas a manos muy espabiladas, porque el Estado no hizo pequeñas particiones para que el pueblo pudiera adquirir un terrenito, sino que los terrenos se vendieron en grandes bloques que el ciudadano de a pie no podía pagar. Es decir, que los latifundios fueron comprados por los pudientes, así que llovió sobre mojado. Las tierras desamortizadas se las quedaron la alta burguesía, los nobles y los campesinos más pudientes. El pueblo, otra vez, se quedó a dos velas.

Por supuesto, la Iglesia encontró un truco para poner impedimentos a la desamortización de sus innumerables posesiones: excomulgó a los que las vendieron y a quienes las compraran. Para algunos la excomunión fue un inconveniente, pero a otros muchos, la verdad, les dio exactamente igual.

Adiós, Florida, adiós

La Florida es uno de esos territorios por los que cuando no estábamos a tortas con los ingleses, nos pegábamos con los franceses y cuando no, con los estadounidenses. Al final se lo quedaron los de siempre, que además eran los mejor situados para pelear la península, porque para eso vivían en aquella parte de América. Los españoles perdimos definitivamente La Florida a favor de Estados Unidos el 22 de febrero de 1819. Dicen que nos la compraron por cinco millones de pesos fuertes, pero es mentira. No vimos ni un duro.

Lo cierto es que Estados Unidos estuvo hábil, porque supo cuándo y cómo acogotarnos. España estaba hasta las cejas de problemas internos, con Fernando VII haciendo de las suyas, los liberales dando guerra, las arcas del Estado temblando... O sea, que el menor de nuestros problemas era una península allende los mares. Estados Unidos fue poco a poco metiéndose en el territorio y asentando sus reales, y aunque España nunca entró en guerra, cuando nos quisimos dar cuenta los yanquis estaban dentro.

El que se olía lo que se avecinaba era el ministro plenipotenciario de España en Washington, Luis de Onís, que años antes de 1819 advirtió a las autoridades coloniales españolas que Estados Unidos iba a ir a por La Florida de cabeza. Fue un profeta. Aquel 22 de febrero él mismo tuvo que firmar el tratado por el que nos despedíamos definitivamente de la península. Por eso se llamó el Tratado Adams-Onís, porque lo firmaron el secretario de Estado estadounidense John Quincy Adams y Luis de Onís.

La habilidad de Estados Unidos no terminó aquí, porque el acuerdo era pagar a España por el terrenito cinco millones de pesos fuertes, pero se sacaron de la manga que los españoles habían dañado intereses particulares estadounidenses y que ese dinero se destinaría a indemnizar a los damnificados. Menos mal que al menos nos dejaron California, Nuevo México, Texas, Utah, Wyoming, Nevada, Arizona y Colorado. Dio igual, porque al final lo perdimos todo, pero si hubiéramos conservado Florida al menos no hubieran podido grabar *CSI Miami*.

El Reichstag, la excusa de Hitler

Le vino de perlas a Hitler lo que ocurrió el 27 de febrero de 1933. El Reichstag, el antiguo Parlamento alemán, ardió por los cuatro costados, y aquello fue la perfecta excusa para emprenderla contra los marxistas. Cierto es que del incendio se auto inculpó un pirómano loco perdido que además se creía comunista, con lo cual Hitler vio el cielo abierto. Ya no tenía que esperar más. A por ellos. El incendio lo provocó un holandés que actuó por su cuenta y riesgo, pero sólo aquella noche del 27 de febrero acabaron detenidos casi cinco mil comunistas.

La alegría que le entró en el cuerpo a Hitler cuando supo que el Reichstag estaba ardiendo fue tal que aún hoy algunos historiadores sospechan que fueron los propios nazis los que organizaron toda la operación. En menos de veinticuatro horas, Hitler puso en marcha la apisonadora nazi con el beneplácito de Paul von Hindenburg, el presidente de la República, que con ochenta y cinco años dio claros síntomas de demencia poniendo al frente de la cancillería al Führer. Estaban todos locos, el presidente, el canciller y el pirómano.

Al día siguiente del incendio, cuando el Reichstag todavía humeaba, se suspendieron siete artículos constitucionales. Justo los que aseguraban los derechos humanos, las libertades de reunión, de asociación, de opinión, de prensa... Y con todos estos derechos eliminados, Hitler tuvo vía libre para detener a quien le viniera en gana.

Llevaba menos de un mes como canciller y ya había puesto Alemania boca abajo. No paraba de encerrar a gente, todos supuestos comunistas, y como las cárceles no daban abasto, fue entonces cuando se inventó los campos de concentración. Sólo dos meses después del incendio del Reichstag había internadas en estos campos 25.000 personas.

Europa no daba crédito a lo que estaba pasando y tampoco supo ver que a raíz de aquel hecho nacía, sin tapujos, sin fingimientos, la Alemania nazi que ya no desaparecería hasta doce años después.

El presunto autor del incendio del Reichstag, un albañil en paro y claramente desequilibrado, acabó en la guillotina. Porque no procedía, pero Hitler, le hubiera puesto un monumento por haberle dado la excusa perfecta.

Las elecciones que perdió Alfonso XIII

País... que diría Forges. ¿Cómo se pueden convocar unas, aparentemente vulgares elecciones municipales, no generales, y que de ahí salga, no un triunfo de izquierdas o de derechas, no liberal o conservador, sino todo un cambio de régimen? Eso sucedió el 12 de abril de 1931, que los españoles fueron a votar alcaldes y acabó perdiendo las elecciones el rey Alfonso XIII. Dos días después se proclamó por arte de birlibirloque la Segunda y, de momento, última República española.

El rey tuvo un error de cálculo, porque creyó que organizando primero unas elecciones municipales los partidos favorables a la monarquía las ganarían, con lo cual luego sería pan comido triunfar en unas generales. Gran fiasco. Los monárquicos sólo ganaron en nueve de las cincuenta capitales de provincia. Estaba claro que España quería la República, y lo que comenzó siendo un intento para afianzar el trono, acabó convirtiéndose en el paso definitivo para acabar con la monarquía. Pero este error de Alfonso XIII sólo fue el último de muchos. Y el primero fue haber aceptado unos años antes, y de forma entusiasta, que un dictador como Miguel Primo de Rivera, un militar que había dado un golpe de Estado, ocupara el poder.

Pero cuando al rey le salieron mal las cuentas con Primo de Rivera, cuando el país atravesaba una tremenda crisis, social, política y económica, nombró a otro militar de su confianza para que presidiera un gobierno de transición. Otro desastre, porque el general Dámaso Berenguer no sabía dirigir un país, sólo representaba a Alfonso XIII.

El resultado de aquellas elecciones municipales del 12 de abril lo precipitó todo. Viva la República, el rey al exilio y a intentar reconstruir un país repleto de caciques. Los resultados fueron tan desconcertantes que el general Aznar, en respuesta a un periodista que le preguntó si España podía entrar en crisis tras el resultado de las municipales, contestó: «¿Qué más crisis quiere que la de un país que se acuesta monárquico y se levanta republicano?». Al general se le notaba muy, muy cabreado.

Constantinopla al garete

El 29 de mayo de 1453 vio la caída de Constantinopla. El fin de lo poco que quedaba del Imperio romano de Oriente. El fin de Bizancio. O sea, que se fue a tomar vientos el cristianismo en esa parte del mundo en beneficio de los otomanos, de los turcos. Es un episodio histórico clave, porque supuso el paso de la Edad Media a la Edad Moderna y el inicio de una nueva era en la historia del Mediterráneo. Un capítulo tan fundamental, que no había forma de librarse de él ni en un solo examen.

Resumir aquí por qué cayó Constantinopla, la actual Estambul, es del todo imposible, así que hay que ir a lo fácil. Constantinopla cayó, primero, porque los otomanos se empeñaron en conquistarla para iniciar la expansión por el Mediterráneo oriental y, segundo, porque los católicos de Roma y los ortodoxos griegos perdieron más tiempo en discutir entre ellos por ver quién mandaba más en Constantinopla que en buscar la unión contra el turco y estar ojo avizor con la que se les venía encima. También es cierto que los constantinopolitanos tenían cierta confianza en que las defensas de la ciudad funcionaran, porque lo llevaban haciendo mil y pico años. Su situación era tan estratégica que la convertía en inexpugnable.

Por tierra la defendían los famosos muros teodosianos y un poco más adentro, la muralla de Constantino; pero es que, además, unas inmensas cadenas impedían la entrada de barcos enemigos al puerto del Bósforo. ¡Ja! No contaron con la estrategia turca; una estrategia a lo bestia. Para el ataque por tierra inventaron un cañón nunca visto y que hizo papilla los muros.

Pero lo mejor fue cómo se saltaron a la torera los impedimentos para entrar al puerto. Los turcos sacaron sus barcos del agua y se los llevaron por tierra, a pulso, al otro lado de las cadenas. La suerte ya estaba echada y sólo entonces católico-romanos y greco-ortodoxos corrieron a rezar juntos a la basílica de Santa Sofía. Pero ya era tarde para unir fuerzas y confiar su destino a Dios. Aquel 29 de mayo la media luna sustituyó a la cruz en todas las iglesias de Constantinopla.

Juramento del Juego de Pelota

Decir que el 20 de junio de 1789 se realizó el famoso Juramento del Juego de Pelota podría hacer pensar a los poco avisados que en el siglo XVIII ya existía la Eurocopa. Pues no, aunque sí es cierto que aquel día comenzó a jugarse en Francia el partido del siglo, un derbi que dio la vuelta a la clasificación de la historia, porque era la fase previa de la Revolución francesa. Al final, el equipo de cola acabó en cabeza y al rey lo enviaron de farolillo rojo. Luis XVI llevó tan mal el descenso que acabó perdiendo la cabeza.

Los Estados Generales existían en Francia desde el siglo XIV, pero hacía ciento setenta y cinco años que no se reunían porque a los reyes les importaba un pito lo que decidieran o dejaran de decidir un puñado de súbditos. Luis XVI, sin embargo, resolvió volver a convocarlos a ver si le echaban un cable con la crisis financiera que atravesaba el país, pero se encontró con que una parte de los diputados se había vuelto respondona.

Los Estados Generales estaban compuestos por tres estamentos: nobleza, clero y burguesía. La burguesía tenía más del doble de diputados que los nobles y los curas juntos, pero a la hora de votar esa mayoría no servía, porque cada estamento representaba un voto. Como nobleza y clero estaban a partir un piñón, siempre ganaban por dos a uno.

La burguesía se cansó de ser el equipo de los tontos y comenzó a dar la matraca para que el rey y sus amiguetes del clero y la nobleza aceptaran cambiar las reglas del juego y que cada hombre emitiera un voto. Con este tira y afloja estuvieron mes y pico reunidos en Versalles, hasta que Luis XVI se hartó y ordenó clausurar el campo; o sea, la sala donde se reunían los Estados Generales.

El tercer estado, los burgueses, dijeron «¡conque ésas tenemos!», y se fueron a jugar a otro campo ellos solos. Se encerraron en el pabellón del Juego de Pelota, donde juraron permanecer aquel 20 de junio hasta redactar de pe a pa una constitución para Francia. Y lo hicieron. Cuando comenzó a jugarse aquel partido, en el terreno de juego peloteaban súbditos, pero de aquel campo salieron ciudadanos. Francia 1, monarquía 0.

Puente aéreo a Berlín

Cuando el mundo se repartió el control de Alemania tras la Segunda Gran Guerra, a la Unión Soviética le cayó en suerte la zona noroeste, justo donde está Berlín. Pero a su vez, también Berlín estaba divida en zonas, una para los soviéticos y otra para las potencias occidentales. A Stalin, sin embargo, no le venía bien el apaño. Quería toda Berlín para él. Los berlineses, aunque tenían poco que decir, no querían a Stalin. ¿Después de deshacerse de Hitler, ahora Stalin? Era como salir de Málaga para meterse en Malagón. Volvieron sus ojos al mundo libre y pidieron que no les abandonara a su suerte. Y no les abandonó. El 26 de junio de 1948 comenzó el puente aéreo a Berlín.

El asunto es un tanto complejo, porque entra en la órbita de la Guerra Fría, aquella época en la que nadie pegó un tiro, pero todos se miraban de reojo a ver quién pegaba el primero. Las potencias occidentales pretendían democratizar la Alemania que controlaban para que el país comenzara a andar solo y se recuperara económicamente. Y en este proyecto incluyeron a Berlín, puesto que gran parte de la ciudad estaba también bajo control occidental.

Pero Stalin estaba enrabietado. A ver por qué tenía que meter nadie las narices en Berlín, cuando Berlín estaba en el pedazo de Alemania que le tocó a él. Así que Stalin bloqueó la ciudad por tierra y agua para que los suministros no pudieran llegar desde Alemania del oeste. Los berlineses quedaron aislados, desasistidos. Ése era el plan de Stalin para que los ciudadanos acabaran rendidos por el hambre y la necesidad, cayeran en brazos soviéticos y se olvidaran del cochino capitalismo.

Pero hubo algo que escapó al control de Stalin: el aire. Estados Unidos, con ayuda británica, utilizó tres pasillos aéreos desde Bremen, Hannover y Fráncfort y estableció «el puente aéreo de la libertad». Durante once meses un constante ir y venir de aviones repletos de suministros descargaron mercancías en los aeropuertos berlineses bajo control occidental. Aquello fue una sangría de dinero y de esfuerzo humano, pero Berlín resistió y mereció la pena ver cómo a Stalin se le congeló la sonrisa en plena Guerra Fría.

La Noche Triste

La que tenían montada la noche del 30 de junio de 1520 las tropas de Hernán Cortés y los súbditos de Moctezuma. Luchaban a brazo partido en las afueras de Tenochtitlán. Los españoles y sus aliados intentando huir, y los aztecas empeñados en matarlos a todos para que no volvieran. Fue la famosa Noche Triste, la que comenzó el 30 de junio y no terminó hasta la madrugada del 1 de julio. Pasado lo peor, en el camino de Tacuba, Hernán Cortés se recostó en un árbol y lloró como un crío.

Las cosas estaban más o menos calmadas con los aztecas, siempre teniendo en cuenta que los españoles habían invadido el imperio y que tenían prisionero a Moctezuma. Pero bueno, ahí estaban. Calma tensa, que se dice. A Hernán Cortés, sin embargo, se le abrió un frente inesperado y tuvo que ausentarse un par de meses de Tenochtitlán. Resulta que el conquistador extremeño, cuando desembarcó en México, llevaba orden de explorar, sólo de explorar nuevas tierras, no de conquistar. Como él llegó y conquistó, su jefe, Diego de Velázquez, envió tropas desde Cuba para darle un escarmiento. Cortés salió al encuentro de sus camaradas españoles y dejó a un manazas a cargo de Tenochtitlán hasta su vuelta, a Pedro de Alvarado.

Qué haría este hombre, que durante la ausencia de Cortés cabreó a los aztecas más de lo que estaban, ejecutó a varios, provocó que en la refriega muriera Moctezuma y que al final la cosa se liara de mala manera. Cuando Cortés regresó, se encontró Tenochtitlán boca abajo, y dijo mejor nos vamos sin que se enteren, y ya volveremos en mejor ocasión. Pero en los planes aztecas estaba que los españoles y sus aliados no regresaran nunca. Les montaron una emboscada durante su disimulada retirada, y allí fue masacrado el 80 por ciento de la expedición de Cortés, cuatrocientos españoles, además de cinco mil indios aliados y casi todos los caballos.

La Noche Triste de los españoles fue la más feliz de los aztecas. Por eso un árbol engullido ahora por la mastodóntica Ciudad de México recuerda hoy el lugar donde Cortés lloró la masacre. Aunque luego se secó las lágrimas y volvió a por ellos.

Arde Roma

Una tórrida noche de verano, en las tiendas que rodeaban el Circo Máximo de Roma, aquel por el que correteaban los aurigas ante doscientos cincuenta mil espectadores, se declaró un incendio. Era uno más de los que se producían en los barrios populosos de la ciudad imperial, pero el de aquella madrugada del 19 de julio del año 64 no hubo quién lo parara. Las callejuelas estrechas, las casas hacinadas y el fuerte calor propagaron las llamas a una velocidad endiablada. Roma ardió por los cuatro costados. ¿Fue Nerón? Pues ni sí ni no ni todo lo contrario.

Como culpar a Nerón del incendio de Roma es lo fácil, mejor acudir a las fuentes documentales. Tres cronistas contemporáneos sitúan a Nerón en lugares distintos la noche del incendio, y según de qué pie cojeara cada informador señalaba o no al locuelo emperador como el pirómano. Parece cierto que Nerón estaba fuera de Roma cuando se declaró el incendio y que de inmediato regresó a la ciudad para comprobar cómo ardía incluso su villa palaciega, luego no parece muy sensato afirmar que él provocó el incendio.

Otra cosa es que, una vez en Roma, Nerón, a la vista del espectáculo, sacara su lira y soltara unos gorgoritos, pero esto entraba dentro de lo previsible, porque estaba como una regadera. Dicen que cantó, mal, muy mal, los versos que emulaban la destrucción de Troya.

Ahora bien, lo que sí es posible, a decir del historiador Tácito, es que Nerón fuera responsable de un segundo foco del incendio. El primero arrasó parte de Roma durante seis días consecutivos, pero cuando fue controlado, el incendio se reprodujo en otra zona de la ciudad, con lo cual terminó de quemarse lo poco que quedaba. ¿Qué interés pudo tener Nerón en terminar de arrasar Roma? Pues reconstruirla a su gusto, con calles anchas, fuentes, edificios porticados y grandes espacios. Y eso fue lo que hizo.

Es cierto que Roma mejoró mucho, pero sobre todo mejoró el pisito de Nerón, porque se hizo una pequeña villa de recreo de medio millón de metros cuadrados. A los romanos, sin embargo, no les gustó la nueva ciudad. Decían que las calles estrechas guardaban mejor el fresquito. Nunca arde a gusto de todos.

El incidente del equinoccio de otoño

Faltó el canto de un duro para que el mundo se enfrascara el 26 de septiembre de 1983 en una guerra nuclear. Un satélite ruso detectó el lanzamiento de cinco misiles balísticos estadounidenses hacia territorio soviético. Sólo la prudencia del oficial Stanislav Petrov, un técnico informático que usaba la cabeza para algo más que para rellenar la gorra de plato, evitó que comenzaran a volar misiles intercontinentales sobre nuestras cabezas. Aquello se conoció como el incidente del equinoccio de otoño.

La mala pasada la jugaron los fenómenos astronómicos, porque coincidió una extraña conjunción de la Tierra, el Sol y la red de satélites rusos que, mezclada con el equinoccio de otoño, tuvo como consecuencia que se detectaran una serie de señales térmicas que daban a entender que los yanquis estaban lanzando misiles. Pero el oficial Petrov pensó para sus adentros: «Qué país empieza una guerra nuclear con sólo cinco misiles. Mucho menos Estados Unidos, que tiene miles. Algo falla. Si en veinte minutos no impacta nada en territorio soviético, esto es una falsa alarma». Y lo era. Estados Unidos no había lanzado misil alguno, y la Guerra Fría continuó siendo eso, fría.

Stanislav Petrov fue quizás el héroe del siglo XX, pero pagó cara su sensatez. El protocolo del centro soviético de inteligencia militar obligaba a dar la alarma de inmediato para, también de inmediato, iniciar el contraataque. Petrov no dijo nada a nadie, porque si comunicaba la emergencia, sabía que se iba a liar. Y ahora viene la parte absurda: el alto mando soviético amonestó al oficial y lo relegó a puestos inferiores por pensar por su cuenta.

Menos mal que en 2006 Naciones Unidas felicitó públicamente a Petrov, hoy retirado del ejército, por haber empleado la genuina inteligencia militar, términos antagónicos casi siempre, pero que tuvieron sentido aquel 26 de septiembre de 1983. Porque se mascó la tragedia.

«España ha dejado de ser católica»

Aquel 13 de octubre de 1931 se presentaba calentito en el Congreso de los Diputados. Se debatía el proyecto de la Constitución de la Segunda República, y en la sesión de la tarde se aprobó el título preliminar, aquel que decía «El Estado español no tiene religión oficial». La bronca vino después, cuando hubo que discutir sobre las medidas específicas para que España fuera laica. Fue cuando Manuel Azaña soltó su perla más famosa: «España ha dejado de ser católica». Algunos diputados sacaron hasta las pistolas.

Quizás no se eligió un buen momento para debatir asunto tan espinoso, porque aquel día era martes y 13. El tiempo ha demostrado que la frase de Azaña era consecuente con el contexto en el que se pronunció, porque la sentencia tenía todo su sentido. Si el Congreso había aprobado que el Estado no tuviera religión oficial, en ello iba implícito que España ya no era, oficialmente, católica. Otra cosa es que muchos españoles lo fueran, pero no España como nación.

Aunque más que la implantación del laicismo, aquello fue la revolución. El presidente del Gobierno, Niceto Alcalá Zamora, católico practicante, amenazó con dimitir si se aprobaban en la Constitución asuntos como la eliminación del presupuesto destinado al clero, la disolución de algunas órdenes religiosas y la prohibición de que ejercieran la industria, el comercio y la enseñanza. Manuel Azaña montó un revuelo tremendo con su discurso de defensa de estas premisas. Hubo mucha bulla, los diputados arreaban collejas a los de los escaños de más abajo y algunos tiraron de su arma.

Al final, las propuestas de Azaña fueron aprobadas por 178 votos a favor y 59 en contra, Niceto Alcalá Zamora cumplió su amenaza de dimitir, y aquel discurso de Azaña y su frase «España ha dejado de ser católica» pasaron a los anales del Congreso.

En un tris por culpa de los misiles

El mundo estuvo en un tris de enfrascarse en otra guerra hace cuatro décadas por un quítame allá esos misiles. El 22 de octubre de 1962 John Fitzgerald Kennedy, trigésimo quinto presidente estadounidense, se plantó delante de una cámara y lanzó un mensaje televisado a la nación, aunque en realidad el recado iba para los soviéticos. Estuvo diecisiete minutos hablando y anunció el bloqueo naval a Cuba para impedir que la Unión Soviética continuara instalando petardos atómicos en la isla. El mundo pensó, ya está, ya la tenemos otra vez liada.

Sólo unos días antes, aviones espías estadounidenses habían fotografiado unas extrañas instalaciones en Cuba. Cuando las estudiaron de cerca, dijeron, carallo, si son misiles soviéticos. Y a sólo cien kilómetros de Florida.

Nikita Kruschev había prometido a su reciente amigo y aliado Fidel Castro protegerle ante un eventual ataque yanqui; hombre, y ya de paso, la Unión Soviética podría instalar armamento en las mismas narices de su mayor enemigo. Pero Estados Unidos se percató de la maniobra y decidió bloquear la isla para impedir que llegaran más misiles. Kennedy, además, les dijo a los soviéticos que ya se estaban llevando los instalados. Y rapidito.

Nikita Kruschev dijo que ni en broma. Que los barcos rusos seguirían pasando y que no permitirían registro alguno en sus buques porque a los estadounidenses no les importaba si llevaban a Cuba ositos de peluche o misiles. Pero, al final, la Unión

Soviética se arrugó. Pese al desplante de Kruschev, los barcos soviéticos cambiaron de ruta o regresaron a la espera de que volviera la calma. Kennedy y Kruschev se sentaron a negociar: Kennedy juró no invadir Cuba; el soviético prometió desmantelar los misiles, y los dos acordaron no contar nada hasta pasados seis meses para que nadie se enterara de la bajada de pantalones soviética. El mundo respiró y Fidel Castro se agarró un mosqueo de órdago.

Primer sufragio universal en España

El 22 de diciembre de 1933 las mujeres votaron por primera vez en España. Pero esto es una verdad a medias. En realidad, las mujeres votaron por segunda vez, porque ese día se celebró la segunda vuelta de las elecciones generales durante la Segunda República. La primera vuelta había sido el 19 de noviembre, y el triunfo de la derecha fue tan incontestable que se podrían haber ahorrado la segunda. ¿Quién tuvo la culpa de que perdiera la izquierda? Pues según los sesudos analistas y tertulianos de la época, las mujeres. Y se quedaron tan anchos.

Éste era el mayor temor de la izquierda desde que en 1931 se aprobara en Cortes el sufragio universal, porque las mujeres representaban más de la mitad del censo: seis millones de votos. En octubre de 2006 se celebró el 75 aniversario del famoso debate parlamentario entre dos mujeres de izquierdas, Clara Campoamor y Victoria Kent. La primera defendió el voto femenino y la segunda lo rechazaba porque, como las mujeres estaban engullidas por un exagerado espíritu católico, darían su voto a la derecha. Pero al final se aprobó, las mujeres votaron y la izquierda perdió.

Como siempre es bueno que haya un niño al lado para echarle la culpa, la izquierda señaló a las mujeres como culpables de su derrota. Pero si las mujeres se hubieran quedado en la cocina, la izquierda también habría perdido. Las razones del desastre fueron otras.

La izquierda se dispersó tanto, que su presencia en las Cortes quedó también desperdigada. Los de la Izquierda Republicana, por un lado; los socialistas, por otro; y por otro distinto, los radicales. Los federales por su lado, y por el suyo los radical-socialistas. El PCE a su bola, y mucho más a la suya los anarcosindicalistas. Enfrente, sin embargo, tenían a una derecha organizada en torno a la CEDA, la Confederación Española de Derechas Autónomas, y también perfectamente aglutinados los veintinueve partidos agrarios conservadores.

Era una cuestión de organización que les permitió aprovecharse de que la izquierda estaba a la greña. La desmesurada legislación anticlerical y la crisis económica del país completaron el desastre. Pero la culpa, por supuesto, fue de las mujeres.

Los cimientos del Congreso

Cuánto monarca veleta ha pasado por España. Hacía muy pocos años que Fernando VII había estado rebanando el pescuezo a todo el que gritara «¡Viva la Constitución!», cuando la hija hizo borrón y cuenta nueva y se lanzó a inaugurar el foro del pueblo: el 10 de octubre de 1843 una pipiola Isabel II puso la primera piedra del Congreso de los Diputados.

Cuatro mil invitados acudieron a la puesta de aquella primera piedra y, por allí abajo, por los cimientos de la Carrera de San Jerónimo debe de andar la caja de plomo que se enterró con varias monedas, un ejemplar de la Constitución de 1837, los periódicos del día y la paleta de plata con que la reina había volcado el primer cemento. En la paleta iba inscrita la siguiente frase: «Doña Isabel II, Reina Constitucional de las Españas, usó esta paleta en el solemne acto de asentar con sus reales manos la primera piedra del Congreso: 10 de octubre de 1843, cumpleaños de Su Majestad». Porque aquel día, Isabel II cumplía trece añitos.

El anecdotario parlamentario ha dado tanto juego que es imposible seleccionar alguna genialidad protagonizada por oradores irrepetibles. Pero allá va alguna. Una ocasión en la que José María Gil Robles estaba en uso de la palabra, un diputado le gritó desde su escaño: «Su señoría es de los que aún usan calzoncillos de seda». Gil Robles replicó: «Desconocía que la esposa de su señoría fuera tan indiscreta». O esta otra, cuando el diputado Ortega y Gasset subió al estrado para dar uno de sus sesudos discursos, en el hemiciclo se oyó la voz de Indalecio Prieto que decía: «Atención, habla la masa encefálica». O cuando un presidente de la Mesa le dio la Valparda al diputado Palabra.

Cuánta historia ha pasado por el Congreso y cuánto mérito tienen sólo los que se han sentado en épocas democráticas. Y esto se lo dejó muy claro el torero Joselito a Antonio Maura. Maura no sabía de qué hablar con el maestro porque no entendía de toros y sólo acertó a decir: «Pues ya es arriesgado su oficio...»; a lo que el torero contestó: «Pues anda que el suyo».

A vueltas con el arte

Una dama ilicitana en entredicho

La Dama de Elche siempre está de actualidad. Cuando no es porque la encuentran, es porque la venden; cuando no, porque la llevan y, si no, porque la traen. Pero ha llegado a ser noticia en alguna ocasión hasta por cosas que no le han pasado... Como aquella vez, cuando se le adjudicó ser víctima de un robo que jamás existió. Ocurrió el 10 de noviembre de 1906, en el Museo del Louvre de París. Alguna enciclopedia, de esas que supuestamente se actualizan cada dos por tres, aún hoy recuerda la efeméride como cierta. Pero no. El único robo que sufrió la Dama de Elche fue al estilo diplomático.

En 1898 unos franceses que daban vueltas por España para ampliar los fondos del Louvre se enteraron de que un agricultor que andaba plantando alfalfa había desenterrado en Elche una pieza ibérica inigualable a la que España no le hizo el menor caso. Los franceses le dieron cuatro mil francos al agricultor, el agricultor siguió sembrando alfalfa un poco más feliz y la pieza se fue camino de París. La Dama habló francés hasta 1941.

En 1906 un aventurero belga con ansias de protagonismo robó del Louvre dos estatuillas ibéricas, y una de ellas, aunque muy pequeñita, se daba un aire a la Dama de Elche. De hecho se la conocía como «Cabeza femenina con trenzas enrolladas». Algunos periódicos recogieron la noticia y titularon «Robada La Dama de Elche del Louvre». Y ahí se armó el entuerto, pero la buena mujer ilicitana de rodetes en las orejas seguía en su sitio. Aquel robo del 10 de noviembre en el Louvre trajo mucha cola. Primero, porque dejó al descubierto la pésima seguridad del museo y, segundo, porque Picasso y su amigo el poeta Apollinaire compraron el material robado que años después tuvieron que devolver. Ésa era la verdadera noticia.

La Dama de Elche luce palmito en el Museo Arqueológico de Madrid, y la última vez que salió de paseo fue en 2006 para viajar a su tierra y permanecer allí durante seis meses. Y aprovechando la circunstancia, conviene enderezar un entuerto más: aquel viaje a Elche, que casi todos los medios titularon como «La Dama regresa a casa cien años después de su hallazgo», no fue el primero.

La Dama fue a Elche desde el Museo del Prado en el año 1965, pero no se pierdan cómo: dentro de una caja de madera, en un Citroën destartalado y custodiada por dos guardias civiles. En 2006, la Dama fue y volvió en furgón blindado, escoltada por Policía Nacional y Benemérita; en un embalaje isotérmico con materiales de PH neutro y sondas de medición de humedad, temperatura e impacto. O nos pasamos, o no llegamos.

La juerga del *Ulises*

La novela *Ulises* del irlandés James Joyce está considerada una de las obras cumbre de la literatura universal. Se puso a la venta el 6 de diciembre de 1922 y, como nadie es profeta en su tierra, la obra nació prohibida en la tierra del autor, Irlanda y, cómo no, en Inglaterra y Estados Unidos. Y no viene mal recordar la efeméride porque, curiosamente, también un 6 de diciembre, pero de 1978 y en España, los ciudadanos ratificaron en referéndum la Constitución; esa que dice en el artículo 20 que se reconocen y protegen los derechos a expresar y difundir libremente los pensamientos, ideas y opiniones mediante cualquier medio de reproducción, un derecho que no puede restringirse mediante ningún tipo de censura previa, que es precisamente la que le aplicaron a Joyce. ¿A qué viene esto? A nada, es sólo una feliz coincidencia.

Según los puritanos, el *Ulises* de Joyce era obsceno e irreverente. Una guarrería de novela en la que se habla sin tapujos de todos los aspectos de la vida, la ciencia, los problemas raciales, los religiosos, los familiares... La primera edición completa del *Ulises* tuvo que editarse en París, y como los tipógrafos franceses se manejaban mal con el inglés, salió plagada de erratas. Dio igual, el éxito no tuvo precedentes. Si aún no lo han leído, cojan carrerilla, porque el *Ulises* tiene mil páginas.

La novela narra un día, el 16 de junio de 1904, en la vida de Leopold Bloom. La repercusión de la obra es tal, que todos los años desde 1954, cada 16 de junio, dublineses y turistas se echan a la calle para hacer el mismo recorrido que hizo por tabernas y bares el protagonista de *Ulises*. Celebran el Bloomsday.

Los más ortodoxos se visten de época y comienzan haciendo el mismo desayuno que Leopold Bloom toma en la novela: una taza de té, una rebanada de pan con mantequilla y un riñón a la plancha, pero muchos bares de Dublín sustituyen el riñón por salchichas y beicon, porque si no, no hay quien desayune.

El Bloomsday continúa luego con tentempié, almuerzo, cena… todo ello regado con varias pintas de Guinness, con lo cual es fácil imaginar que la fiesta termina de aquella manera en la madrugada del día siguiente. Pero lo que también celebran los dublineses cada año es el éxito de James Joyce sobre la hipocresía, las convenciones sociales y el puritanismo. El triunfo de la libertad de imprenta. Pues eso, que viva la Constitución.

La Traviata y el tiquismiquis de Verdi

Menudo enfado el que se agarró el gran Giuseppe Verdi aquel 6 de marzo de 1853. Estrenó *La Traviata* y a sus ojos resultó un absoluto fiasco. Así ha pasado a la historia, como el día en que se estrelló la que ahora es la opera más representada y conocida del mundo. Pero ¿por qué aquel 6 de marzo pasó a la historia *La Traviata* como un estrepitoso fracaso, si Verdi tuvo que salir varias veces a saludar al público y a la crítica puestos en pie? Pues porque a él no le gustó.

Al día siguiente del estreno en el teatro La Fenice de Venecia, Verdi escribió varias cartas, todas en el mismo tono: «*La Traviata* ha sido un fiasco; un fracaso, un auténtico fracaso». Y como ésta fue la sensación del compositor, así ha quedado para los restos.

Pero *La Traviata* no fracasó, sólo ocurrió que no tuvo los mejores cantantes, ni los mejores músicos, pero el libreto y la composición eran inmejorables. El guión de *La Traviata* está basado en *La dama de las camelias*, y el personaje principal, en Alphonsine Plessis, aquella joven de moral distraída que murió de tuberculosis e inspiró a Alejandro Dumas hijo para escribir la obra. De hecho, *traviata* significa eso, mujer disipada… una perdida.

Y precisamente Verdi vivía una situación personal parecida, porque por entonces estaba liado con una *traviata*, con Giusseppina Strepponi, una soprano retirada que había tenido cuatro hijos de otros tantos padres y todos abandonados en hospicios. Los hijos, no los padres. Con la ópera *La Traviata*, Verdi pretendió hacer una defensa de la que acabaría siendo su segunda esposa y terminar con los ataques que recibía por aquella relación. Quiso trasladar unas emociones que no llegaron como él quiso que llegaran, pero de ahí a considerar el estreno un fracaso iba no un abismo, si no dos.

A Verdi no le gustó su obra porque los cantantes no transmitieron lo que él pretendió, pero el público vio en la obra uno de los mayores éxitos del compositor. ¿Cómo iba a ser un fracaso si el teatro estuvo a reventar durante las diez representaciones programadas en Venecia? Está claro que Verdi era un tiquismiquis, porque hasta quienes sólo escuchan *heavy metal* saben tararear eso de «Libiamo, libiamo...».

La Gioconda, italiana pese a quien pese

Es el cuadro más valorado del mundo, el más estudiado, sobre el que más tonterías se han dicho, el más enigmático y el más difícil de admirar por los codazos de los turistas. Y *La Gioconda* también es el más difícil de robar, al menos ahora. En 1911 lo birlaron, pero dos años después, el 12 de diciembre de 1913, la Mona Lisa fue recuperada en Florencia con la sonrisa puesta.

El autor del robo fue el italiano Vincenzo Peruggia, un carpintero del Louvre que salió tan pancho del museo con la tabla debajo de su bata de trabajo. Lo hizo por patriotismo. Si don

Leonardo era italiano, si la dama era italiana y si el cuadro se pintó en Italia, ¿qué diablos hacía *La Gioconda* en París?

Peruggia fue el autor material del robo, pero el cabeza pensante fue un argentino que enredó al italiano diciéndole que el único interés del escamoteo estaba en devolver *La Gioconda* a su país de origen. El carpintero picó, pero el objetivo del argentino era otro. Porque, previo al robo, había encargado a un virtuoso de la falsificación seis *Giocondas*, de tal manera que cuando el italiano consumó el robo, el argentino vendió las seis copias a distintos magnates haciéndoles creer que compraban la auténtica, la robada. La jugada fue redonda, porque el argentino se embolsó 60 millones de dólares y los que habían comprado las seis falsas *Giocondas* no pudieron denunciarle.

El cuadro lo han estudiado psiquiatras, neurobiólogos, oftalmólogos, otorrinolaringólogos, cirujanos plásticos y odontólogos... y cada uno saca sus propias conclusiones. Los odontólogos dicen que la Gioconda parece que sonríe porque la modelo padecía bruxismo, esa patología que te hace apretar los dientes involuntariamente; los oftalmólogos dicen que no sonríe, que sólo es una ilusión óptica de la visión periférica cuando el espectador mira a cualquier parte del cuadro menos a la boca; los ginecólogos apuestan a que sí sonríe, pero porque estaba embarazada... Y si entramos en la identidad de la modelo, las teorías se disparan. Según unos, fue la esposa de un comerciante toscano; según otros, una amante de Leonardo, y otros dicen que era el propio Leonardo travestido y afeitado. Y justo aquí se desmontaría la hipótesis del embarazo. *La Gioconda* disfruta hoy de una sala enorme y exclusiva, iluminación especial, vitrina con climatización propia y un cristal antibalas, casi antimisiles. Si Mona Lisa aún sonríe, ya es bastante.

El Ermitage, de los zares para la plebe

El famosísimo Museo del Ermitage, en San Petersburgo (Rusia), uno de los más importantes del mundo, ahora es eso, museo, pero nació con pretensiones de colección privada para ser contemplada sólo por ojos imperiales; ya saben, zares, zarinas y amiguetes. Pero el 5 de febrero de 1852 el zar Nicolás I declaró el Ermitage museo estatal y tuvo la deferencia de abrir una puerta para que entrara el público. Ojo, no cualquier público. Sólo nobles. Pero bueno, fue un primer paso. La plebe tenía vetada la entrada, pero hay que entenderlo, porque en San Petersburgo había tanta miseria y tanta hambre fuera de los palacios imperiales, que si un pobre llega a ver un bodegón de Rembrandt, se lo come.

La primera que comenzó a coleccionar arte a golpe de talonario fue Catalina la Grande, emperatriz de todas las Rusias, en 1764. Coleccionaba arte con el mismo desparpajo que coleccionaba amantes. Ella iba de ilustrada por la vida, de déspota ilustrada, y quiso llenar el palacio de Invierno de San Petersburgo, su residencia, sobre todo de pinturas. Y lo hizo. Sólo en el comedor colgó noventa y dos cuadros. Las pinturas las compraba de doscientas en doscientas. Obras de Rafael, de Da Vinci, de Murillo, de Rubens, de Velázquez... Luego comenzó a interesarse por las antigüedades griegas, romanas y renacentistas. Y así, tacita a tacita, se fue decorando su choza.

Sus sucesores continuaron con la costumbre, hasta que a mediados del XIX se puso de moda en Europa la creación de museos estatales, y Rusia, que no quería ir a la zaga de la modernidad europea, también se propuso presumir de uno. Nació entonces el Museo del Ermitage, considerado hoy la pinacoteca más importante del mundo junto con el Museo del Prado.

Pero sus fondos se ampliaron con monedas, muebles, piezas prehistóricas, joyas, arte oriental, armas... porque la revolución rusa nacionalizó todos los palacios de la aristocracia, y obra que se quedaba el Estado, obra que engrosaba las colecciones del Ermitage. Ahora sus fondos cuentan con tres millones de piezas, y la buena noticia es que las pueden ver reyes, siervos y hasta turistas.

Un pedrusco de 3.106 quilates

El diamante en bruto más grande de la historia salió a la luz en una mina de Pretoria, en Sudáfrica, el 25 de enero de 1905. Un pedrusco como no se ha vuelto a ver otro y al que bautizaron como Cullinan. Pesaba 3.106 quilates, es decir, 680 gramos. Imposible colgárselo al cuello sin sufrir una lesión cervical crónica. Imposible también venderlo porque nadie tenía dinero para comprar más de medio kilo de joya. En resumen, el diamante más grande del mundo sólo trajo problemas.

Los dueños de la mina al principio estaban encantados, pero se les desinflaron los ánimos después de dos años intentando vender el diamante en Londres. Todo el mundo admiraba aquel prodigio de mineral; todos lo deseaban, pero nadie aflojaba los cuartos. Al final se buscó una salida diplomática: el gobierno de Transvaal, una de las provincias sudafricanas de entonces, compró la piedra por 150.000 libras y se la regaló al rey Eduardo VII el día que cumplió sesenta y seis años. Siempre llueve sobre mojado. Pero ni siquiera el rey de Inglaterra quería una joya de semejante tamaño, así que se la entregó a Robert Asscher, el mejor tallador holandés, para que pensara qué hacer con ella. Como la orfebrería es un arte que requiere paciencia, seis meses estuvieron dándole vueltas.

Del Cullinan salieron muchos diamantes, pero tres especialmente gordos. Lo interesante, sin embargo, es saber dónde están ahora. Cuando vean a la reina de Inglaterra, a doña Isabel II, con el cetro en la mano en algún acto de esos tan solemnes que se montan los británicos, fíjense en la cabeza del cetro: ahí está lo más gordo que queda del Cullinan. E inmediatamente después de mirar el cetro, miren la corona y verán que a la altura de la frente, en el centro, está el Estrella de África II. Y cuando vean a la reina en actos menos solemnes, más de *prêt à porter*, miren a la altura de su hombro izquierdo. Si ven un pedazo de pedrusco con forma de pera, estarán viendo el tercer pedazo del Cullinan.

La familia real inglesa lleva las joyas con tanta soltura, que a las piezas hechas con el Cullinan las llaman «las lascas de la abuela». Marilyn las llamaba los mejores amigos de las chicas.

23-F: el golpe de Gutenberg

El 23-F es una jornada que todos deberíamos guardar en la memoria, porque ese día, el 23 de febrero de 1455, Johannes Gutenberg comenzó a imprimir el primer libro de la historia. La imprenta empezó a funcionar y no ha parado desde hace quinientos y pico años para gozo de editoriales, libreros y lectores. Los autores también gozan, pero menos.

Gutenberg decidió que el primer libro que saldría de su infernal máquina sería la Biblia. El proceso fue lento, porque tardó cinco años en imprimir 180 biblias de 1.282 páginas cada una. Cada página llevaba dos columnas de 42 renglones, por eso se llamó «la Biblia de las 42 líneas» o «Biblia de Mazarino», porque el primer ejemplar que se descubrió estaba en la colección del político francés Giulio Mazarino.

Luego han venido las controversias. Que si Gutenberg no fue el primero, que si otros habían descubierto la imprenta antes que él, que si la Biblia tampoco fue el primer libro en ser impreso con técnicas tipográficas... Pero ya que nos han machacado a todos en la escuela con Gutenberg y que su invento caía cada dos por tres en los exámenes, mejor creer que él fue el primero.

Y como la ciencia avanza que es una barbaridad, resulta que ya no hace falta una imprenta para leer un libro, aunque Gutenberg siempre esté en el recuerdo. En el año 1971, Michael Hart desarrolló el Proyecto Gutenberg aprovechando el tirón que se le adivinaba a Internet, y que consistía en crear una biblioteca de libros electrónicos gratuitos que previamente existían en papel.

Evidentemente, son libros que no tienen derechos de autor, porque si no los escritores morirían de inanición. En el Proyecto Gutenberg ya hay recogidos 20.000 libros, pero lo malo es que están todos en inglés. Menos mal que en España está la Biblioteca Virtual Miguel de Cervantes, que ya tiene a disposición de quien quiera leerlos 11.000 libros de autores en español. Si Gutenberg levantara la cabeza no creo yo que le hiciera mucha gracia que Internet le esté comiendo terreno a su magnífica imprenta. Con el trabajo que le costó... Y total, para morir arruinado.

El Juicio Final en pelotas

Menuda polvareda se levantó en Roma el 24 de diciembre de 1541. Cuando Miguel Ángel descubrió *El Juicio Final*, pintado en la pared del altar de la Capilla Sixtina, lo más suave que se oyó es «a este tipo se le ha ido la cabeza». Todos los protagonistas del Antiguo y el Nuevo Testamento estaban en pelotas y con todas sus cositas puestas. Gestos crispados, escenas caóticas, miedo, espanto... Si eso era lo que le esperaba a un cristiano, mejor hacerse musulmán.

El Juicio Final era un festival de testículos, culos y posturas obscenas, y esto, en la Roma del siglo XVI, dejó a algún cardenal infartado. Dónde había quedado aquella armonía de las figuras que Miguel Ángel había pintado veinte años antes en la bóveda de la Capilla Sixtina. Pues se había quedado en el camino. Miguel Ángel era ya muy mayor, más pesimista, estaba de vuelta de todo, había tratado hasta con diez papas distintos y volcó todo su genio en aquel fresco convulso y caótico. Porque Miguel Ángel iba a su bola, y quien lo contratara ya sabía a lo que se exponía.

En *El Juicio Final* Miguel Ángel dio la vuelta a los cánones establecidos. Los ángeles carecen de alas, los apóstoles tienen cara de mala leche, las matriarcas de Israel están con los pechos fuera y Jesucristo, sin barba y muy joven, hace un gesto a todos como diciendo «dejadme en paz». Y todo ello en el Vaticano.

A Miguel Ángel casi se lo comen, pero le dio igual. Es más, a todo aquel que le atacó mientras pintaba, lo plantó en su obra en postura comprometida: el rostro de un alto cargo de la curia vaticana lo puso representando a Minos, el juez del averno, con una serpiente mordiéndole el pene. De lo que no se libró Miguel Ángel, aunque al menos no llegó a verlo, fue de que el Vaticano ordenara a un pintor tapar culos y genitales con trapitos y calzones. El repintador pasó a la historia como Il Braghettone. Triste currículum artístico ponerle bragas a *El Juicio Final*.

El privilegio de la segunda parte del *Quijote*

Felipe III no ha pasado a la historia por ser un rey lumbreras, pero al César lo que es del César: el día 30 de marzo de 1615 firmó el privilegio real de impresión para que Cervantes pudiera publicar la segunda parte del *Quijote*. Pero ojito, que Felipe III no se leyó el segundo libro del *Quijote* para dar su beneplácito de impresión; encargó a otro que lo hiciera y firmara la autorización en su nombre. Esto era lo habitual, y menos mal que así era, porque, dada la capacidad intelectual de Felipe III, no habría pasado de la primera página y Cervantes se habría muerto sin verlo publicado.

Conseguir el privilegio de impresión para un libro era un calvario para el autor. No es como ahora, que el escritor entrega su obra a la editorial, la editorial la imprime, la distribuye, la promociona (a veces) y la vende. Antes no. Antes, Cervantes, como todos, tuvo que entregar la segunda parte de su manuscrito a dos grupos de censores, el Consejo Real de Castilla y el vicario de la villa de Madrid. El Consejo, a su vez, se lo pasó a un censor, que aprobó su publicación porque en el libro no había cosa indigna de un cristiano ni nada que ofendiera a la decencia.

El vicario de Madrid tampoco se leyó el libro. Se lo pasó al capellán del arzobispo de Toledo, y el capellán dijo que no había nada que atentara contra las buenas costumbres. Los dos primeros obstáculos, salvados.

Llegó entonces el libro al rey, a Felipe III, y Felipe designó a un propio que en su nombre firmó el permiso para imprimir el libro. Ése era el privilegio de impresión que se logró aquel 30 de marzo para la segunda parte del *Quijote*, al que Cervantes no llamó esta vez ingenioso hidalgo, sino ingenioso caballero, porque el manchego ya había sido armado caballero por dos rameras en la primera parte.

Con todos estos agotadores permisos en la mano, Cervantes le vendió este privilegio de publicación a su editor... y no quieran saber por cuánto se lo vendió. Basta un dato: a Cervantes sólo le quedaba un año de vida y murió en la más triste miseria.

Idas y venidas del calendario azteca

Quién no conoce el famoso calendario azteca, la Piedra del Sol, que llaman en México. Pues el 27 de junio de 1964 esa gigantesca piedra redonda esculpida en lava basáltica y que pesa veinticinco toneladas iniciaba el último de sus traslados. Un milagro, que todavía ese magnífico y enigmático calendario azteca pueda ser admirado en el Museo de Antropología e Historia de Ciudad de México, porque a este disco de casi cuatro metros de diámetro le han hecho mil perrerías desde que lo desenterraron.

La Piedra del Sol estaba instalada en Tenochtitlán cuando por allí se dejó caer Hernán Cortés. Como luego el extremeño destruyó la ciudad, el calendario quedó enterrado. Hasta que a finales del siglo XVIII, haciendo unos desagües en la plaza del Zócalo, la que siempre vemos por la tele con una enorme bandera mexicana en el centro, reapareció la piedra. Se conocía su existencia, pero todos se quedaron pasmados. Allí estaban las cuatro edades en las que los aztecas dividían la vida del mundo; los 360 días del año solar, los 20 días de cada uno de los 18 meses, las semanas, la noche, el día, la predicción del futuro... Y eso que aún no se ha descubierto la mitad de los enigmas que encierra.

Al principio, la Piedra del Sol quedó expuesta sin vigilancia alguna, pero luego fue colocada en un muro de la catedral para asegurar su conservación. Mala idea. Mientras que muchos indígenas se concentraban allí para adorar su piedra sagrada, los criollos, los descendientes de europeos, se dedicaban a tirarle piedras y porquería porque la consideraban un símbolo azteca y pagano. Si se fijan, la cara del dios que aparece en el centro del calendario está molida a disparos.

La volvieron a cambiar de sitio, y esta vez la metieron dentro del antiguo Museo de Historia. Pero cuando se inauguró el nuevo, el Antropológico, se decidió que era necesario otro traslado. Un mes se tardó en desprender la piedra. Se utilizaron seis grúas para moverla y un enorme vehículo que la arrastró por la ciudad a 10 kilómetros por hora. Los aztecas serían muy brutos, pero desde luego eran mucho más mañosos moviendo piedras.

Las claves de la Piedra de Rosetta

Gran jornada en los anales de la Arqueología, la de aquel 19 de julio de 1799. Se encontró por casualidad, sin buscarla, porque nadie tenía ni idea de que existiera. Era la Piedra de Rosetta, un bloque de basalto escrito en tres idiomas que permitió descifrar a partir de entonces qué demonios querían decir los egipcios cuando pintaban un búho, una pluma y un ojo. La Piedra de Rosetta permitió transcribir la escritura jeroglífica y desde entonces no hay secreto faraónico que se resista.

La Piedra de Rosetta se descubrió de una manera muy tonta. Estaban los franceses en una de las suyas, invadiendo Egipto, cuando se pusieron a cavar trincheras en un lugar conocido como Rosetta. Un soldado dio con el pico en una piedra muy dura de metro y pico de alto por setenta y dos centímetros de ancho. Cuando la sacaron, vieron que había tres bloques de texto escritos de tres formas distintas: el de arriba, en caracteres jeroglíficos; el del medio, en demótico, que era la escritura posterior que usaron los egipcios; y el de abajo, en griego.

El texto resultó ser una sentencia del rey Tolomeo escrita de tres formas distintas, y puesto que dos de las lenguas se conocían, ya sería fácil trasladar a lenguaje común los búhos, las plumas y los ojos. Pero para hacer la traducción hizo falta que un joven cerebrito francés, Jean François Champollion, experto en multitud de lenguas desde muy jovencito, se dejara los ojos en descifrar la Piedra de Rosetta hasta enunciar los principios que regían la escritura jeroglífica.

Fue él quien descubrió que los signos se correspondían con una letra, con un grupo de letras o con un ideograma; o sea, con un dibujo que representaba exactamente lo figurado. Es decir, si pintaban una vaca, significaba eso, vaca. Pero como los egipcios mezclaban dos plumas, una garrota y la vaca, ya no se sabía qué querían decir sobre la vaca. Champollion logró descifrarlo signo a signo y el mérito de tan importante descubrimiento se lo llevaron los franceses. Ahora bien, ¿por qué la Piedra de Rosetta está en el Museo Británico, si la encontraron los franceses? Pues porque los ingleses echaron a los franceses de Egipto y se quedaron con la Piedra.

El regalo de cumpleaños de Ana Frank

Contentísima se puso Ana Frank el 12 de junio de 1942 cuando su padre se presentó con un cuaderno de tapas a cuadros.

Ana cumplía trece años, y aquel regalo, su diario, fue su desahogo durante los veinticinco meses siguientes, escondida en lo que ella llamaba «la casita de atrás», un refugio en Ámsterdam (Holanda) donde ella y su familia judía intentaban evitar caer en manos de los nazis. Los descubrieron. El testimonio de Ana, escrito con pluma madura y sensibilidad precoz, quedó tirado en el refugio, confundido en el desastre del registro, hasta que alguien lo rescató y, finalizada la guerra, lo entregó al padre. El *Diario de Ana Frank* ha vendido veinticinco millones de copias en todo el mundo.

Ana y su familia vivían en Fráncfort cuando en el Ayuntamiento de la ciudad se izó la bandera nazi. Eran judíos, o sea, que tenían una ligera idea de lo que les esperaba. Huyeron a Ámsterdam, pero hasta allí también llegaron los nazis, así que no quedó más remedio que esconderse en un cuchitril, disimulado por una estantería que tapaba la entrada, con provisiones y un poco de ropa. Y allí mismo fue donde Ana escribió las últimas líneas de su diario, justo antes de que los alemanes los descubrieran, dos años después, tras recibir un chivatazo.

Era agosto de 1944 cuando la familia Frank salía cautiva camino del campo de concentración de Auschwitz. El padre quedó allí, pero Ana, su madre y su hermana fueron trasladadas a otro encierro, el de Bergen-Belsen. Ahí se perdieron la pista y entró en juego la mala suerte. El padre fue liberado del campo cuando las tropas soviéticas llegaron a Auschwitz en enero de 1945. Pero cuando los británicos liberaron el campo de Bergen-Belsen, sólo dos meses y medio después, el resto de la familia Frank no daba señales de vida.

Bergen-Belsen no era un campo de exterminio como Auschwitz, pero el bicho nazi que lo gestionaba lo convirtió en un matadero repleto de inmundicia. El hambre, el frío y la suciedad mataron a sesenta mil judíos. Ana, su hermana y su madre habían muerto de tifus apenas unos días antes de la liberación. Hoy, Ana Frank sería octogenaria.

Petardazo al Partenón

A los griegos, entre unos y otros, los dejaron sin Partenón, la obra más imitada de la historia de la arquitectura. El mayor desastre llegó el 26 de septiembre de 1687, cuando los venecianos bombardearon el Partenón porque sabían que los turcos tenían allí su depósito de pólvora. Un petardazo y ¡pum!, el templo voló por los aires. Aquel monumento de mármol había sobrevivido al tiempo durante dos mil años y el hombre se lo cargó en menos de lo que Atenea hubiera tardado en acordarse del padre de todos los venecianos.

La Acrópolis griega, y por encima de ella el Partenón, se mantuvo en pie desde su construcción pese a las muchas perrerías que le hicieron. La invasión romana respetó aquel templo dedicado a Atenea, diosa de la guerra y la sabiduría y protectora de Atenas. Y todavía aguantó cuando fue consagrado como iglesia cristiana y luego como mezquita. Y continuó intacto cuando en la Edad Media se convirtió en una residencia cuartelera. Pero el límite de la resistencia del Partenón llegó cuando venecianos y turcos se enfrascaron en una de sus muchas guerras. Los venecianos sabían que dentro de aquel templo griego los turcos guardaban su polvorín, y la mejor manera de dejarlos sin munición era reventándolo. El general italiano Francesco Morosini pasó a la historia como el tipo que se cargó el Partenón.

Pero todavía tenían que llegar los ingleses un siglo y pico después para rematar la faena. Total, como ya estaba medio roto, decidieron arrasar con todo el arte que aún quedaba. Esculturas, trozos de frisos, columnas, bajorrelieves... Si hasta intentaron llevarse una cariátide del templo de al lado. Aquella gran estructura que supervisó Fidias, ahora sí, quedó para el arrastre.

Si quieren ver casi todo lo que le falta al Partenón, vayan al Museo Británico, que lo tienen allí a buen recaudo por mucho que los griegos reclaman que devuelvan lo que les robaron hace sólo doscientos años. Triste final para una de las más bellas obras arquitectónicas de todos los tiempos. Venecianos, turcos e ingleses tuvieron la culpa. Entre todos lo mataron y él solito se murió.

Guerreros de terracota y de pacotilla

¿Se acuerdan de Galerías Preciados? ¿Aquellos grandes almacenes que luego se quedó su gran competidor, El Corte Inglés? Pero antes de que esto ocurriera, el 24 de noviembre de 1981, el centro de Galerías en Madrid estaba encantado de anunciar que, después de Barcelona, sería el segundo de España en exponer las milenarias figuras de Xian: los famosos guerreros de terracota. Apenas unos días después, a los gestores del centro comercial se les descolgó el labio. Las figuras eran un timo.

Aquellas figuras llegadas de China estaban exponiéndose en varias muestras a lo largo y ancho de Europa. Ya habían estado en Londres, París, Basilea y Barcelona, y Madrid fue el siguiente destino. Las figuras, cinco guerreros y dos caballos, llegaron el 24 de noviembre y quedaron convenientemente instaladas para su exposición en una planta en donde, de paso, se aprovechó para vender tallarines. Pero una crónica del corresponsal de *El País* en Alemania alertó de que, según declaraciones de arqueólogos chinos y alemanes, aquellas figuras que habían recorrido media Europa eran falsas. Pues ya podrían haberlo dicho antes. Los arqueólogos, no el corresponsal.

Los responsables de Galerías Preciados dijeron que la falsedad era imposible, que las figuras estaban certificadas por el Comité Arqueológico de Pekín. Pues ya, pero es que el certificado también era falso. Se hicieron pruebas de carbono 14 y termoluminiscencia para asegurar su autenticidad, y pasó lo peor: aquellos monigotes estaban hechos con barro del siglo XX. Hubo que retirar la exposición de Madrid, suspender la prevista en Valencia y decir a los barceloneses que de lo dicho, nada de nada, que todo mentira.

Al final no quedó más remedio que esperar varios años a que llegaran los auténticos guerreros de terracota chinos. Ocurrió a finales de 2004 y, en las colas de espera que se montaron para verlos en el Fórum de Barcelona y en la Fundación Canal de Madrid, algún visitante presumía de no entender la expectación despertada. Al fin y al cabo, mucha gente ya los había visto en el año 1981.

Felipe V, Borbón y censor

La Historia de España, así, con mayúsculas, recibió el 13 de marzo de 1720 un varapalo que le arreó Felipe V, el primero de los Borbones. Ordenó el rey que se arrancaran tres hojas de una de las compilaciones históricas más serias y documentadas que se habían hecho hasta aquel siglo XVIII. Tres hojas de la *Sinopsis Histórica y Cronológica de España*, escrita por el ilustrado Juan Ferreras. ¿Y de qué hablaban aquellas tres hojas? Acabáramos… de la Virgen del Pilar.

Juan Ferreras era un erudito. Llegó a bibliotecario mayor y fue uno de los fundadores de la Real Academia de la Historia; o sea, que saber, sabía un rato largo. Escribió aquella cronología en dieciséis volúmenes con la intención de reparar los defectos que se encontraban en la historia de España, repleta, según dijo, «de fábulas y ficciones que la oscurecen». Con la Iglesia hemos dado, Sancho, porque no se le ocurrió otra cosa que decir que la imagen de la Virgen del Pilar no la habían traído unos ángeles, sino que había llegado directamente de Francia en el siglo XV. Ferreras, encima, era sacerdote, para nada sospechoso de tirar piedras contra su propio tejado, aunque eso no le impidiera revisar las fuentes históricas.

La tradición indiscutida e indiscutible decía que el apóstol Santiago estaba predicando en Zaragoza, allá por el año 40, cuando se le apareció la Virgen en carne mortal y le ordenó que edificara una iglesia. A la vez, unos ángeles le entregaron una imagen sobre un pilar de jaspe, de ahí lo de la Virgen del Pilar, y se suponía que desde entonces esa talla milagrosa se hallaba en Zaragoza.

Ferreras no negaba la existencia de la Virgen, sino la fábula de los angelitos. Además, no hacía falta ser muy listo para averiguar que el estilo de la talla coincidía con la imaginería salida de los talleres de La Borgoña, en Francia, probablemente tallada por Juan de la Huerta.

Sea como fuere, aquellas tres hojas que negaban el descenso milagroso de la imagen fueron arrancadas de cuajo por real orden. Ahora... no me digan que no tiene guasa que la imagen del Pilar, aquella que no quería ser francesa, fuera tallada, precisamente, en Francia.

Cómo birlar una Venus en Milo

Casi doscientos años llevan los expertos estudiando a la *Venus de Milo* y todavía no han averiguado en qué postura fue esculpida esta mujer. No saben si sujetaba algo con las dos manos o si con una se apoyaba en una columna y con la otra se agarraba las faldas. Sigue siendo un misterio, y el misterio arrancó el 8 de marzo de 1820, cuando un labrador arreó un golpe de azada y apareció una cabeza de mujer que sólo era la punta del iceberg. El campesino y la escultura eran griegos, pero la Venus se la quedaron los franceses.

La Venus salió a la luz en Plakas, un pueblo de la isla de Milo, y por allí se afanaban en excavar arqueólogos franceses a ver qué podían llevarse para seguir rellenando el Museo del Louvre. Era una época, a principios de aquel siglo XIX, en que ingleses y franceses andaban a tortas por rapiñar el patrimonio de las civilizaciones antiguas de Europa y Egipto para exhibirlo en París y Londres, y la *Venus de Milo* era un tesoro de primer orden.

Cuando la escultura terminó de ser desenterrada, se descubrió un pedazo de mujer de dos metros que o había perdido los brazos y lo que demonios sujetara con las manos, o empezó comiéndose las uñas y se quedó en los muñones.

A Francia no le costó mucho hacerse con la propiedad de la Venus. Pagó unos francos al agricultor que la encontró, otro puñado a las autoridades locales de Plakas y una multa que impuso Turquía por haber sacado la estatua de la isla de Milo. Porque los turcos, que en 1820 ejercían la dominación sobre la isla, ya tenían vendida la Venus por otro lado y los franceses se la birlaron en el último momento. Pero el caso es que la isla era griega, la Venus la esculpió un griego y también un griego la encontró. Pero como en Grecia mandaban los turcos, les importaba un pito que se expoliara el patrimonio arqueológico.

Los griegos del siglo XXI se consuelan ahora con una réplica exacta de la Venus, que han instalado justo en el sitio en donde fue desenterrada. Pero, además, albergan una esperanza: encontrar los brazos que nunca hallaron los franceses. Por eso siguen excavando. Como los encuentren, los franceses tendrán que negociar.

El gótico: y se hizo la luz

Qué depresión entrar a una catedral antes del siglo XII. Qué oscuridad, qué penumbra... ¡qué miedo! Pero eso se acabó el 11 de junio del año 1144, el día en que se consagró la catedral de Saint-Denis, al ladito de París; el día en el que el rey de Francia, Luis VII, acompañado de varios obispos, se quedó pasmado ante la luminosidad de aquel templo, la ligereza de su construcción y, sobre todo, porque era alto, muy alto. Ellos no lo sabían, pero estaban asistiendo al nacimiento del gótico. Cómo lo iban a saber, si ni siquiera existía el término.

Gótico significa «propio de los godos» y fue una palabreja cuya invención se atribuye al arquitecto y pintor toscano del siglo XVI Giorgio Vasari. Este arquitecto no buscó una palabra con buena intención, al contrario. Lo llamó así despectivamente, por considerar el gótico de origen bárbaro, de los godos. O sea, que el gótico nació en el siglo XII pero nadie lo bautizó hasta el XVI. Vale, pero, ¿por qué nació?, ¿quién fue el primero que se planteó que no se podía entrar a una catedral para salir deprimido perdido?

Pues fue el abad Suger, superior del monasterio de Saint-Denis, quien volvió locos a los constructores de la catedral para que le hicieran una de diseño distinto a todas. Porque para él Cristo era la luz del mundo y esa luz no entraba en las catedrales mazacotes del románico ni empujando. No se veía tres en un burro.

Los maestros de obras cavilaron cómo complacer al abad, pero para ello había que desterrar los muros macizos y pesados, necesarios para sostener las bóvedas. Había que conseguir luz y verticalidad... y se inventaron el arbotante, un arco de apoyo que todos hemos visto por fuera de las catedrales y que permitía descargar el peso hacia el exterior del edificio.

Estupendo, porque con los arbotantes, los muros principales podían ser más altos, y en ellos podrían abrirse grandes ventanales y poner rosetones de colores... y vidrieras... y mil pijaditas que antes eran impensables. Y entró la luz. Después de Saint-Denis llegó Chartres y Notre Dame y Canterbury y Burgos... sobre todo Burgos, que por algo es nuestra.

Algaradas

Castilla invade Tenerife

Hay quien cree que las islas Canarias han sido españolas de toda la vida. Pues no. En realidad, Castilla no terminó de conquistar el archipiélago hasta después de haber descubierto América, y fue la noche del 13 de noviembre de 1494 cuando comenzó la batalla que puso en manos castellanas la última de las islas por conquistar: Tenerife. Los guanches lucharon como fieras para defender su terruño, pero no pudo ser. En el cuerpo a cuerpo no había quien pudiera con ellos, pero los castellanos llevaron consigo un arma secreta: la enfermedad.

La historia de las Canarias es muy compleja, pero por resumir y llegar cuanto antes a aquel 13 de noviembre, baste decir que dos años después de haber iniciado la conquista de América, a Castilla sólo le faltaba Tenerife para completar el archipiélago. Así que, Alonso Fernández de Lugo, que, como su propio nombre indica, había nacido en Sanlúcar, en Cádiz, se fue a por la isla. El primer intento de conquista fracasó estrepitosamente. Los isleños dieron la del pulpo a los peninsulares en La Matanza del Acentejo. Los arcabuces no pudieron con el genio guanche.

Pero los perdedores volvieron, y aquel 13 de noviembre atrajeron a los guanches a una llanura. Gordo error indígena el de bajar a luchar a campo abierto en la famosa batalla de La Laguna, aunque los castellanos contaron con una ayuda extra. Los guanches fueron definitivamente derrotados después de la batalla gracias a una epidemia, una enfermedad que aún hoy es un enigma y que no afectó a un solo castellano.

Dos y dos son cuatro, y parece claro que los isleños sucumbieron a los virus, no a los invasores. Se la llamó «la modorra guanche», porque a los castellanos les pareció que aquellos guerreros tan bravos estaban así, amodorrados. Pobres, sólo estaban enfermos y por eso terminaron de perder su isla. Si no, quién sabe, a lo mejor todavía hoy deberíamos estar enseñando el pasaporte para visitar el Teide.

La batalla de Elviña

Uno de los mayores revolcones que nos dio Napoleón se produjo el 16 de enero de 1809. En realidad el revolcón se lo dio a los ingleses, que habían venido a echarnos un cable contra los franceses en la Guerra de la Independencia. Fue la famosísima batalla de Elviña, la misma que los ingleses recuerdan como Battle of Corunna y a la que los franceses llaman Bataille de Corogne. Quede claro, de cualquier forma, que tuvo lugar en La Coruña, que nos dieron por delante, por detrás y por los lados y que en mitad de aquel desastre nació un héroe: el general sir John Moore. Cualquier inglés con estudios sabe que sir John Moore nació en Glasgow, pero que murió y está enterrado en Corunna, Coruña o Corogne.

Los ingleses vinieron a echarnos una mano contra Napoleón, no porque les preocupara que en adelante habláramos francés, sino porque al Bonaparte había que pararle los pies como fuera para que abandonara sus pretensiones de invadir Inglaterra. John Moore quedó al mando de las tropas inglesas en España, pero el endiablado avance napoleónico le obligó a replegarse hacia Galicia con la intención de embarcar allí a sus tropas y volver a casita. No tuvo suficiente tiempo, porque el general francés Soult le dio alcance. En el valle de Elviña, en Coruña, ingleses y franceses se vieron las caras.

John Moore intentó cubrir el embarque de sus hombres luchando en tierra con infantería ligera y aguantando el tipo en primera línea de fuego. Su heroicidad le valió recibir un balazo de cañón por cuyas consecuencias murió la tarde de aquel mismo 16 de enero. Es decir, que John Moore quedó como un héroe en España porque luchó como un jabato contra Napoleón, pero también fue un héroe en Inglaterra porque su estrategia permitió salvar la vida de la mayor parte de sus hombres.

E igualmente fue un héroe para los franceses, porque el general Soult, cuando supo que su enemigo Moore había muerto en plena batalla cubriendo la retirada de sus soldados, ordenó que se le construyera un sepulcro de honor en la ciudad y que fuera enterrado con todos los empaques militares. Y allí sigue Moore, en el parque de San Carlos de Coruña, Corunna o Corogne.

¿Marines en la Alhambra?

¿Dónde está la isla de Granada? Esa pregunta nos la hicimos casi todos el 25 de octubre de 1983, cuando supimos que Estados Unidos la había invadido. Bueno, Reagan no hablaba de invasión; dijo que sólo intervino porque se lo pidieron varios países caribeños. Aquella minúscula isla que había que buscar con lupa, era, según Estados Unidos, un enclave estratégico para asegurar la paz mundial y el comercio internacional. La gran verdad es que Granada era un enclave marxista ligado a Cuba y la Unión Soviética. O Estados Unidos intervenía o los soviéticos acabarían quedándose con las mejores playas del Caribe.

La isla de Granada la descubrió Colón en 1498, pero la bautizó Guadalupe. Y si se hubieran estado quietos con el nombre no hubiera pasado lo que pasó. Que algunos estadounidenses se imaginaron a las tropas pisoteando los jardines del Generalife. Merece la pena recordar aquella tira cómica de Gallego & Rey en la que se veía a dos fornidos marines a las puertas de la Alhambra. Nosotros sabíamos que nuestra Granada estaba a salvo, pero también tuvimos que ir a un mapa para saber por dónde paraba esa minúscula isla de 344 kilómetros cuadrados de superficie. Casi la mitad de Ibiza. Y peor fue lo de la principal televisión soviética, que para ilustrar la noticia puso un mapa de España y una flechita en mitad de Andalucía.

Ronald Reagan reconoció que tomó la decisión de intervenir en Granada mientras jugaba al golf en Augusta con su secretario de Estado, George Shultz. En el hoyo nueve, un par cuatro de 420 metros, ya estaba claro el cuándo, el cómo y por dónde. Quinientos marines por el norte y mil *rangers* por el sur. Tampoco podían mandar a muchos, porque la isla era muy pequeña y se iban a estorbar. Estados Unidos tardó casi dos meses en salirse con la suya, y luego el que más partido sacó fue Clint Eastwood, que en su papel de oficial chusquero y macarra en

El sargento de hierro, se erigió en héroe de la toma de Granada. Al Pentágono no le gustó la peli.

Torpedos soviéticos contra el *Wilhelm Gustloff*

Hubo un naufragio mucho menos famoso que el del *Titanic*. Con pasajeros totalmente carentes de *glamour*, pero un naufragio muchísimo más costoso en vidas humanas y, sobre todo, en esperanzas perdidas. Fue una tragedia ocurrida el 30 de enero de 1945 en las aguas heladas del Báltico. Murieron seis o siete mil personas. Ni siquiera se sabe el número, porque a los refugiados no se les cuenta uno a uno. Como mucho, de mil en mil, y van que chutan. Eran refugiados civiles alemanes, la mayoría niños con sus madres, que huían de un fuego cruzado entre nazis y soviéticos.

Nos situamos en el tiempo, enero de 1945. Hitler ya ha perdido la guerra, pero aún no se quiere enterar. Se defiende como puede por el oeste frente a los aliados y por el este frente a los soviéticos. La población civil de la zona costera del Báltico ya no sabe cómo ni por dónde escapar. Por tierra, imposible, porque las patrullas soviéticas los aniquilan, no tienen alimentos y caminan a 25 grados bajo cero.

En la bahía de Dánzig, que en aquel año era ciudad alemana pero ahora es polaca por el movimiento de fronteras que se produjo, estaba la salvación. Cuatro buques alemanes estaban embarcando a personal militar y material bélico. El espacio que sobró lo llenaron con refugiados, miles de ellos, que aceptaban cualquier exigencia, cualquier soborno, con tal de embarcar.

Los ocho mil que subieron en el buque *Wilhelm Gustloff* hicieron el último viaje de su vida aquel 30 de enero. A sólo 25 millas de la costa y sólo tres horas después de haber zarpado, el barco recibió el primer torpedo soviético; luego vinieron dos más... y el pánico... y la escasez de botes salvavidas... y las aguas heladas... y la muerte. La presencia amenazadora de dos submarinos soviéticos sólo permitió el salvamento de unas mil personas. Las otras siete mil, que huían del infierno con lo puesto, desaparecieron entre el hielo.

Lo del *Titanic* fue una broma comparado con la tragedia del *Wilhelm Gustloff*.

Vikingos en París

Siempre que se habla de vikingos los imaginamos con cuernos, sembrando el terror a diestro y siniestro y navegando entre los hielos del norte. Pero resulta que de estas tres cosas sólo una es cierta: que eran temibles, pero ni llevaban cuernos en los cascos ni mucho menos sus andanzas se limitaron al mar. El 26 de noviembre del año 885 setecientos barcos vikingos atacaron París. En realidad, atacaron los veinte mil vikingos que iban dentro de los barcos. Todos muy altos, muy rubios y muy bestias.

Cuando los vikingos se hacían a la mar a ver qué pillaban había que echarse a temblar, porque llevaban todo tipo de intenciones menos la de hacer amigos. Llegaron a París remontando el río, y allí vivían los parisinos muy recogiditos en una isla del Sena, donde ahora está la catedral de Notre Dame. Y menos mal que la isla estaba amurallada, porque sólo así pudieron resistir el asedio vikingo durante tres meses. Los parisinos lucharon con uñas y dientes, y hasta arrojando aceite hirviendo mezclado con cera y betún para freír a los atacantes, pero no había forma. Los vikingos eran muy pesados.

El señor de París, el conde Eudes, no encontró otra que pedir ayuda al emperador carolingio Carlos III el Gordo. Este emperador no es que se diera mucha prisa ni tuviera ganas de guerrear, porque además de llegar cuando París estaba en las últimas, lo único que hizo fue sentarse a beber y comer durante dos días con el vikingo Sigfrido, darle una fortuna en joyas y convencerle de que se fuera a invadir Borgoña, que allí el vino era mejor.

París se libró, pero al emperador le salió cara la negociación: su pasividad, su gordura y su falta de arrojo para echar a los vikingos de Francia le costaron el reino. En su lugar subió al trono el conde Eudes, que, por dar sólo una pista, fue el que pondría en marcha la dinastía de los Capetos, la de los reyes de Francia. Hay que ver la que liaron los vikingos con la tontería de invadir París. Y eso que por aquel entonces no había mucho que ver.

La excusa del acorazado *Maine*

El hundimiento del *Maine*, el acorazado estadounidense que saltó por los aires en el puerto de La Habana (Cuba), ha pasado a la historia como una de las mayores fullerías perpetradas por Estados Unidos contra España. Ocurrió el 16 de febrero de 1898, todavía noche del 15 en La Habana. Aquel hundimiento le vino de perlas a Estados Unidos, que acusó a España del desastre, deseoso como estaba de enzarzarse en una guerra para echarnos de Cuba. Una comisión de investigación demostró que al *Maine* no lo había hundido nadie, que se había ido a pique él solito, porque prendió el carbón almacenado y el fuego alcanzó los depósitos de municiones. Estados Unidos dijo que de eso nada, que lo habíamos hundido nosotros. Y nos declararon la guerra.

Antecedentes del hecho: Cuba y España estaban enfrentadas por la independencia de la isla, y ojo avizor andaba Estados Unidos, que ayudaba bajo cuerda a los rebeldes cubanos para acabar con el dominio español y poder empezar a dominar ellos. En mitad de este fregado amarró en La Habana el acorazado *Maine*. Aquella noche de febrero, un monumental estruendo rompió la celebración del martes de Carnaval. El *Maine* había estallado. Washington acusó a España del atentado, pero España dijo que de qué estaban hablando, que nosotros no habíamos hundido nada. Estados Unidos buscaba una excusa para hacer la guerra y el hundimiento del *Maine* era inmejorable. Como las pruebas salvaban a España porque los daños del casco demostraban que la explosión había sido interna, Estados Unidos se buscó un gran aliado, la prensa.

Los dos más poderosos editores, William Randolph Hearst y Joseph Pulitzer, intoxicaron todo lo que pudieron y más hasta conseguir que todos los estadounidenses señalaran a España como la asesina de los doscientos sesenta y seis marineros que murieron con el *Maine*. La guerra estaba servida. Ahora bien, peor fue lo de la prensa española, con titulares del tipo «Los estadounidenses desertarán al oír los primeros disparos españoles». Menudo ojo. A España le quedaban dos telediarios para perder Cuba, Puerto Rico, Filipinas y la isla de Guam. Fin del imperio colonial español.

Cascos azules

A los soldados enviados por la ONU a regiones en conflicto los llamamos cascos azules, pero éste es el nombre fácil, porque en realidad se llaman, por resumir mucho, División Militar del

Departamento de Operaciones de Naciones Unidas para el Mantenimiento de la Paz, término que no utiliza nadie porque los telediarios se harían eternos. Fue el 5 de noviembre de 1956 cuando la ONU encargó a un general canadiense que se pusiera a reclutar soldados, los uniformara, les pusiera un casco azul y los enviara a Oriente Próximo a poner orden. Israel, Inglaterra, Francia y Egipto andaban a tortas por el control del Canal de Suez.

Meses antes, al presidente egipcio Nasser no se le ocurrió mejor cosa que nacionalizar el Canal de Suez, y a Gran Bretaña y Francia, las propietarias, les dio un pasmo. Y otro pasmo más gordo le dio a Israel, porque Egipto dijo que por su canal no pasaría ningún barco israelí, que rodearan África si querían llegar al Índico. La guerra se instaló en Oriente Próximo y el asunto llegó a la ONU, que aquel 5 de noviembre inició el reclutamiento de los seis mil soldados de la FENU 1, siglas de la primera Fuerza de Emergencia de Naciones Unidas para el Mantenimiento de la Paz.

En cuanto los soldados aparecieron por la península del Sinaí, la sabiduría popular los llamó cascos azules, y hasta hoy. Curiosamente, y por llevar la contraria, en el único sitio donde no llaman cascos azules a los cascos azules es en la ONU. Allí siguen empeñados en utilizar siglas para las misiones de sus soldados, y encima les ponen un nombre distinto según la misión: Lo de FENU quedó para Oriente Medio, pero luego llegaron la UNOSOM de Somalia, la MONUA de Angola, la MINUGUA de Guatemala, la UNIPOM de Pakistán o la APRONUC de Camboya... y así hasta cuarenta y siete misiones a cual más larga de nombrar. Cualquier cosa con tal de no decir «oye, que os enviamos a los cascos azules».

Una inhóspita isla llamada Iwo Jima

La batalla de Iwo Jima ha pasado a la historia por ser una de las más cruentas, míticas y cinematográficas de la Segunda Guerra Mundial. Comenzó el 19 de febrero de 1945 y resulta increíble que en aquella minúscula, inhóspita y perdida isla del Pacífico se pegaran ventidós mil japoneses contra cien mil estadounidenses. Era tanta gente en tan poca tierra que, más que luchar, se estorbaban. Dispararan donde dispararan, daban a alguien. Digo que la de Iwo Jima es una batalla mítica porque allí se hizo la famosa foto de los seis marines levantando la bandera de las barras y las estrellas atada a una tubería, y digo que fue cruenta porque en aquel mínimo pedazo de tierra de veinte kilómetros cuadrados murieron veintiocho mil hombres.

Y digo también lo de cinematográfica porque Clint Eastwood dirigió casi a la vez, no una, sino dos películas sobre el asunto. Una, *Banderas de nuestros padres*, para agradar a los estadounidenses, y otra para contar la visión japonesa del asunto, titulada *Cartas desde Iwo Jima*, ambas estrenadas en 2007.

¿Por qué era tan importante para los estadounidenses conquistar aquella agreste isla del Pacífico y por qué era aún más crucial para los japoneses conservarla? Fácil. Estados Unidos acababa de conquistar las islas Marianas y el pequeñajo islote de Iwo Jima estaba justo a mitad de camino entre las Marianas y Japón. Como los japoneses disponían en Iwo Jima de un potente radar y los bombarderos estadounidenses tenían que pasar por allí sin más remedio cuando quisieran bombardear Tokio, los nipones los pillaban a todos.

Encima, los bombarderos, los temibles B-29, tenían que ir escoltados por cazas, y estos cazas no tenían suficiente autonomía de vuelo para hacer Las Marianas-Japón, Japón-Las Marianas, así que Estados Unidos necesitaba Iwo Jima para repostar. Por eso Estados Unidos echó el resto en conquistar la isla y los japoneses sacrificaron veinte mil hombres en defenderla. La batalla duró cinco semanas, las cinco semanas más sangrientas de la guerra del Pacífico.

«Quan el mal ve d'Almansa...»

Las aspiraciones austriacas al trono de España recibieron hace poco más de trescientos años su tiro de gracia. Fue el 25 de abril de 1707 cuando se produjo en los campos de Almansa, en Albacete, la batalla decisiva para que Felipe V asentara sus reales en el trono español. No es que los austriacos dieran por perdida la lucha, porque aún plantaron cara en otras dos batallas posteriores, las de Villaviciosa y Brihuega, pero los Borbones ya se los habían merendado en la famosa batalla de Almansa.

Borbones y austriacos se disputaban el trono de España desde que en 1700 muriera Carlos II sin descendencia. El lío vino porque Carlos II era un Habsburgo, austriaco, y pese a ello dejó como heredero al trono a un Borbón, a un francés, a Felipe V. Los austriacos pensaron que Carlos II estaba tonto (que es verdad que lo estaba) y, por supuesto, no aceptaron perder una corona que monopolizaban desde hacía doscientos años. Felipe V, el Borbón beneficiado en la herencia, dijo que Santa Rita, Rita, lo que se da no se quita, y se plantó en España. El archiduque Carlos de Austria también hizo las maletas y se encajó aquí con todas sus tropas. La guerra por la sucesión quedó servida en bandeja.

En el bando de Felipe V estaban Francia y España, y en el del archiduque Carlos, Austria, Gran Bretaña, Portugal y una unión temporal de empresas formada por siete provincias del norte de los Países Bajos conocida como Provincias Unidas. En Almansa nunca habían oído hablar tantos idiomas, pero encima los almanseños tuvieron que hacer de sepultureros, enfermeros y posaderos de dos ejércitos con más de cuarenta mil hombres. Ganó el Borbón.

Y menos mal que cuando se conmemoró en 2007 el tercer centenario del encontronazo, en Valencia estaban entretenidos con la Copa América de vela, porque no les hacía ninguna gracia recordar que después de aquella batalla perdieron todos sus fueros y vieron arrasadas sus tierras por haber apoyado al austriaco. Por allí dicen que «*Quan el mal ve d'Almansa, a tots alcança*» (Cuando el mal viene de Almansa, a todos alcanza). No lo dicen por los almanseños de ahora, sino por los Borbones de entonces.

Goya, el pintor pelota

Qué desastre el que sufrió Madrid aquel 3 de mayo de 1808. Y qué calamidad la que le esperaba a España a partir de entonces y durante los siguientes años. El insaciable Napoleón invadió el país, los madrileños se levantaron y luego las tropas napoleónicas los tumbaron a bayonetazos. La resistencia madrileña del día anterior a la ocupación de veinte mil soldados napoleónicos tuvo consecuencias inmediatas: los goyescos fusilamientos del 3 de mayo. Pero, ojo, que el cuadro se pintó para hacerle la pelota a Fernando VII.

El mariscal francés Murat se cabreó muchísimo por la resistencia ciudadana. Escribió en su diario: «El pueblo de Madrid se ha dejado arrastrar a la revuelta y al asesinato. Sangre francesa ha sido derramada. Sangre que demanda venganza». No esperaría Murat que los madrileños se quedaran de brazos cruzados y empezaran a estudiar francés con entusiasmo. Cuarenta y cinco revolucionarios fueron pasados por las armas en la montaña del Príncipe Pío, los fusilamientos más famosos del 3 de mayo porque fueron los que plasmó Goya, pero también los hubo en El Retiro y en el Paseo del Prado. Todo aquel que tenía un arma con la que luchar contra los franceses fue detenido y ajusticiado. Hasta la bordadora Manuela Malasaña, que se fue a por los franceses con sus tijeras de costura.

El mayo madrileño quedó grabado en la memoria de los españoles como símbolo de resistencia, y Goya también lo tuvo muy presente cuando quiso bailarle el agua a Fernando VII una vez reinstaurado en el trono. Goya había pasado por ser un colaboracionista. Congenió muy bien con los franceses y hasta pintó a José Bonaparte.

Para reconciliarse con la monarquía y salvar su cuello, rogó, suplicó el permiso para, textual, «perpetuar por medio del pincel las escenas de nuestra gloriosa insurrección contra el tirano de Europa». A Goya se le dio la venia, su patriotismo quedó a salvo, se congració con la corte y el cuadro de los fusilamientos del 3 de mayo pasó a ser uno de los más emotivos de la historia de la pintura.

España 0, Gibraltar 1

España nunca se ha resignado a perder Gibraltar, lo que pasa es que ahora las cosas discurren por la vía diplomática. Pero el 7 de mayo de 1727 veinte mil hombres armados hasta los dientes intentaron recuperar Gibraltar por las bravas. A los pobres les dieron por todos lados, porque los británicos estaban atrincherados en las cuevas del Peñón y cada vez que los españoles disparaban daban en roca. Un mes duró el sitio de los españoles para recuperar Gibraltar, pero no hubo forma. Al final, España tragó bilis y aceptó retirar el asedio. Años más tarde volvimos a la carga.

Muy peliagudo este asunto de Gibraltar, pero es que viene de largo, y los granos y los peñones se enquistan con el tiempo. España no habría perdido Gibraltar si Carlos II hubiera tenido al menos un hijo. Aunque fuera feo y corto de luces, pero uno al menos. Al morir sin descendencia acabaron pegándose por el trono español Felipe V y el archiduque Carlos de Austria. Al austriaco le apoyó en la Guerra de Sucesión Gran Bretaña, que, aprovechando la coyuntura, instaló sus tropas en el Peñón de Gibraltar.

La guerra al final la perdió el archiduque Carlos, así que Gran Bretaña se retiró a sus cuarteles. Sin embargo, ya que estaban en el peñón, se quedaron porque hacía buena temperatura y las vistas eran inmejorables. Pero es que luego llegó el famoso Tratado de Utrecht, aquel por el cual quedaba claro que Felipe V se quedaba con el trono de España y a cambio cedía Gibraltar a los ingleses, textualmente, «en plena y entera propiedad».

Años más tarde, Felipe V tuvo oportunidad de recuperar el peñón, porque así se lo propuso el rey inglés Jorge I a cambio de que el Borbón dejara de asediar Sicilia. Pero Felipe V se empeñó con Sicilia y al final ni una cosa ni la otra: en Sicilia hablan italiano y en Gibraltar, inglés.

Pero hubo una oportunidad más: Inglaterra propuso de nuevo al Borbón recuperar el Peñón si a cambio cedíamos la parte española de la isla de Santo Domingo. Y tampoco. Como Felipe V estaba gafado, al final acabó perdiendo Santo Domingo en favor de los franceses. Este hombre, negociando, era un completo despropósito.

Waterloo antes de Abba

El fin del sueño imperialista de Napoleón se llama Waterloo, porque el 18 de junio de 1815 el emperador de Francia agachaba definitivamente las orejas frente a ingleses y prusianos en las llanuras de Waterloo, cerca de Bruselas, daba media vuelta y se largaba a Francia. Pero se rindió con la boca pequeña, porque no hizo más que llegar a París y ya la estaba armando otra vez para reunir las tropas y volver a la carga. Menos mal que los franceses ya estaban hasta el gorro de sus obsesiones invasoras y le dijeron, mira Napo, hasta aquí hemos llegado.

Desde que Napoleón quedó exiliado en la isla de Elba, en el Mediterráneo, Europa estaba más o menos tranquila. Pero cuando se escapó y retomó el poder, las naciones se pusieron de uñas y sacaron del cajón un tratado firmado un año antes por el que todas se obligaban a ser beligerantes con Francia mientras Napoleón estuviera en el poder. El Bonaparte, en realidad, no tenía muchas ganas de guerra, pero Europa no aceptaba ningún acuerdo con él. O se retiraba de inmediato o a la porra la paz: los aliados invadirían Francia.

Como no hacía falta pincharle mucho para que se animara, Napoleón reunió las tropas y dijo, vale, pues antes de que me invadáis vosotros, vuelvo a invadir yo, y primero se fue a por los ingleses. Pero, claro, invadir Inglaterra siempre ha sido muy difícil porque los ingleses están atrincherados en una isla, así que no quedó más remedio que pegarse en tierra firme, en Bélgica. Y en Bélgica esperaban a Napoleón ingleses y prusianos bastante cabreados. Las otras potencias no fueron a Bélgica porque estaban preparando sus ejércitos para invadir Francia el primero de julio. Pero tampoco se las echó de menos.

A Napoleón le dieron la del pulpo en Waterloo y luego el propio Parlamento francés lo remató cuando le obligó a abdicar por haber perdido. Fue entonces cuando le mandaron a otra isla, a la de Santa Elena, donde da la vuelta el aire en mitad del Atlántico y a 2.000 kilómetros de la costa más cercana. La única tierra que conquistó a partir de entonces fue la de su tumba.

Batallando en Montjuic

La épica catalana tiene mucho que ver con lo sucedido el 26 de enero de 1641. Se produjo la batalla de Montjuic, en la que el ejército del rey Felipe IV recibió un varapalo estrepitoso que le obligó a retirarse de Cataluña, no sin antes haber provocado que los catalanes se arrojaran en los brazos de Francia. No es que se sintieran más franceses que españoles, ni mucho menos, es que el rey de España les instaló en Cataluña un ejército de miles de hombres y les dijo, hala, los mantenéis vosotros. Y una cosa es dar un bocata a un soldado y otra muy distinta que se empadrone en casa.

Orígenes de la algarada: España estaba enfrascada en la Guerra de los Treinta Años, una sangría de dinero y de hombres. Las arcas del Estado estaban tiritando y la plebe hasta el gorro. Pero decirle a un Habsburgo español, acostumbrado a tener medio mundo en sus manos, que se ocupara más de España que de guerrear fuera era pedirle peras al olmo.

Y especialmente hastiados estaban los catalanes, porque el nefasto conde duque de Olivares convenció al manejable Felipe IV para atacar Francia desde Cataluña y que fueran los catalanes los que pusieran los recursos para mantener a los tercios. Ahí empezó el cabreo de los segadores, hartos ya de abrir sus casas y aportar sus escasos recursos para mantener una guerra sin sentido.

Una cosa llevó a otra, y el rechazo al ejército se amplió a los funcionarios reales y a los nobles. La bola creció, las relaciones se agriaron y ahí estaba Francia para aportar su interesada solución. Le dijo a los catalanes: «¿Queréis que os echemos una manita contra Felipe IV? Eso sí, a cambio de que Cataluña se ponga bajo soberanía francesa...». Y Cataluña, con tal de quitarse de encima al conde duque de Olivares y al rey, aceptó el trato. Por eso las fuerzas francesa y catalana vencieron de manera incontestable en la batalla de Montjuic de aquel 26 de enero, y durante los siguientes doce años Cataluña fue francesa. Para entender cómo empezó una bronca, a veces hay que irse siglos atrás.

Scapa Flow: todos a una

El orgullo es lo único que le puede quedar a una nación derrotada en una guerra, y el día 21 de junio de 1919 la vencida Alemania tras la Primera Mundial dio señales de ser un país más que orgulloso: hundió todos sus barcos antes que entregarlos a las naciones vencedoras. Casi todos se fueron a pique y todos a la vez. En total se auto hundieron cincuenta y un barcos entre acorazados, destructores y cruceros de batalla. Se salvaron veintitrés, pero porque estaban varados. Fue el fin de la marina imperial alemana. Años después Hitler tuvo que empezar de cero porque no tenía ni una barquita.

Alemania había perdido la Primera Guerra Mundial y las naciones vencedoras se reunieron en París para firmar el famoso Tratado de Versalles, con el que se impondrían las sanciones oportunas a los alemanes por haber liado la que liaron. A la espera de que se firmara el tratado se ordenó a toda la flota imperial alemana que se reuniera en la base británica de Scapa Flow, en las islas Orcadas, al norte de Reino Unido, donde se acaba Escocia. Los alemanes, muy obedientes porque habían perdido, reunieron allí sus setenta y cuatro buques a la espera de que el Tratado de Versalles decidiera cómo se los repartían los que habían ganado, aunque ya se sabía que la mayor parte de la flota se la iba a quedar Gran Bretaña.

Aquel 21 de junio, los ingleses que custodiaban la armada alemana se hicieron a la mar y, aprovechando la falta de vigilancia, el comandante en jefe alemán inició un plan previamente pactado con todos los oficiales de los buques: izó la bandera de su acorazado con una señal que preguntaba si estaban dispuestos a hundir sus barcos. Todos izaron sus banderas con la señal afirmativa, y el buque insignia volvió a izar otra con la orden inmediata de hundir los buques. En ese momento, todos a una, como Fuenteovejuna, abrieron las espitas y las válvulas, y se fueron a pique.

Fue el suicidio de la flota imperial alemana antes de entregarla a manos extranjeras. En aquel acto de honor, murieron nueve marineros. Las últimas víctimas de la Primera Guerra Mundial cuando ya nadie estaba en guerra.

Armada... ¿Invencible?

Han pasado cuatrocientos veinte años y a los ingleses aún no se les ha cortado la risa. La Gran Armada, la conocida irónicamente como la Armada Invencible, partió tan contenta de España para invadir Inglaterra, y el día 31 de julio de 1588 se produjo la primera escaramuza a la entrada del Canal de la Mancha. Aquel primer encuentro no fue especialmente grave, porque sólo perdimos dos barcos, pero mejor hubiera sido dar media vuelta y volver, porque ya estaba claro lo que nos esperaba.

El objetivo de la Gran Armada era recoger en Flandes a treinta mil soldados y de allí partir para invadir Inglaterra y derrocar a la reina Isabel I. Pero, claro, para llegar a Flandes había que atravesar el Canal de la Mancha, y en los planes españoles estaba hacerlo con disimulo, como mirando para otro lado, para llegar a Flandes y embarcar a los soldados. Primer fallo: los ingleses no son imbéciles. Segundo fallo: es imposible que ciento veintisiete barcos en comandita pasen por el Canal de la Mancha sin ser vistos. Tercer fallo: los soldados de Flandes no estaban preparados.

Aquella aventura se planteó, en parte, por el dominio del Atlántico, y en parte, como una cruzada, porque en el trono de Inglaterra se había instalado una reina protestante y Felipe II la quería católica. Las tripulaciones de los barcos rezaban todos los días el rosario a bordo y en los mástiles ondeaban imágenes de Vírgenes y Cristos con el lema «Álzate Señor y defiende tu causa». Pero el Señor debía de tener mejores causas que atender, porque los ingleses nos dieron la del pulpo.

La mala pericia en la navegación (porque Felipe II puso al frente de la Armada al tipo más torpe del reino, a Alonso Pérez de Guzmán, séptimo duque de Medina Sidonia), una pésima planificación y unas cuantas borrascas inoportunas dieron al traste con la expedición. De ahí la famosa excusa que se le atribuyó a Felipe II diciendo que él «había enviado a sus naves a pelear contra los hombres, no contra los vientos y las olas de Dios».

Pero Felipe II nunca dijo esto, porque se percató de que ni teniendo como aliado al anticiclón de las Azores hubiera podido invadir Inglaterra.

El primer tanque

Vaya susto se llevaron los alemanes el 15 de septiembre de 1916, en plena Primera Guerra Mundial, cuando vieron aparecer unos armatostes de hierro gigantescos que arrasaban todo lo que encontraban a su paso y con unos agujeritos de donde salían balas. Era la primera vez que veían aquel trasto infernal que se desplazaba sobre dos orugas y que pasaba por encima de las trincheras como Perico por su casa. Aquello eran tanques, los primeros carros de combate de la historia.

Fue idea de los británicos construir aquel artilugio que, además de disparar, servía de parapeto a los soldados que avanzaban a pie, aplastaba las barreras de alambre, sorteaba las trincheras y no se inmutaba ante las ráfagas de ametralladora. Eso sí, era más lento que el caballo del malo, porque avanzaba a tres kilómetros por hora. O sea, que los alemanes tenían tiempo de verlos venir.

El nombre, tanque, era en realidad una tapadera, porque se trataba de confundir a quienes los construyeron. Aquello era un arma de alto secreto y a quienes trabajaron en su fabricación, para que no se fueran de la lengua, se les dijo que eran tanques móviles para transportar agua a los soldados británicos en zonas de guerra. Así que con tanque se quedó.

Se utilizaron por primera vez en la batalla del Somme, un río que circula por el norte de Francia, para romper las líneas enemigas alemanas. Los tanques, no es que cambiaran el curso de la Primera Guerra Mundial, porque, lo dicho, eran lentos, eran pocos y tenían una mecánica poco fiable, pero psicológicamente dieron en la línea de flotación a los alemanes. Como dijo Gila, «no mataban mucho, pero deprimían».

Ahora bien, cuando se les pasó el susto, los alemanes cavilaron qué hacer contra aquellos cacharros de hierro para que dejaran de saltarse las trincheras a la torera. Ya está, las hicieron más anchas, de tal forma que los tanques ya no podían pasarlas por encima. En cuanto llegaban a una trinchera más amplia, la parte delantera perdía contacto con el suelo y se hincaba de morros en el fondo. Lo alemanes eran eso, alemanes, pero no tontos.

La eterna guerra de Marruecos

La situación entre España y Marruecos a mediados del siglo XIX estuvo especialmente revuelta. Cierto es que al reinado de Isabel II le venía muy bien, porque estaba en la cuerda floja y meterse en guerras en el exterior servía como maniobra para distraer a los españoles de la crisis interna. El 7 de noviembre de 1859 comenzó una de esas aventuras que tuvo a los españoles mirando a Marruecos en vez de a Madrid. El presidente del Gobierno Leopoldo O'Donnell acudió a palacio para despedirse de la reina Isabel II y de su marido, Francisco de Asís. Se iba a Marruecos, al frente de treinta y ocho mil hombres, para defender Ceuta y Melilla.

Hacía años que las tribus beréberes cercanas a Ceuta y Melilla estaban revoltosas. España levantaba defensas para proteger las ciudades, pero venían los beréberes y las tiraban. España colocaba escudos patrióticos para señalar las demarcaciones, y los beréberes los echaban abajo. España se cabreó, pidió que restituyeran los escudos y que las tropas marroquíes los saludaran. Marruecos respondió con una pedorreta y les declaramos la guerra.

Hubo mucho voluntario para ir a luchar, porque España pagaba doscientos reales de enganche y noventa al mes, y eso era una pasta teniendo en cuenta que la mitad de los españoles estaba en paro y con pocas posibilidades de encontrar empleo. Y, por cierto, hubo una nutrida presencia vasca. Los «tercios vascongados» se fueron a luchar voluntariamente por España como un solo hombre.

Aquella guerra se ganó, aunque, paradójicamente, España perdió mucho. Murieron siete mil hombres y las arcas del Estado se vaciaron. Como dijeron algunos expertos, «fue una guerra muy grande y una paz muy chica». Lo más simpático que queda para recordar de aquella lucha en Marruecos fue precisamente los términos en los que se produjo la despedida de O'Donnell de la reina y su marido aquel 7 de noviembre. Dijo Isabel II:

—Si yo fuera hombre, te acompañaría.

Y dijo el rey Francisco:

—Lo mismo te digo, O'Donnell. Lo mismo te digo.

Los ingleses se empeñan con Menorca

Lo que hicieron los ingleses el 10 de noviembre de 1798 está feo, pero es comprensible. Se quedaron con Menorca. Afortunadamente fue la última vez que lo hicieron, porque hay que ver la tabarra que dieron con la isla. Su situación estratégica era inmejorable… ahí plantada, en pleno Mediterráneo. Y qué decir del clima, de las playas y de sus calitas. Menorca era una perita en dulce que quería todo el mundo. La peor parte la llevaron los menorquines, porque durante el siglo XVIII los pobres ya no sabían si hablar francés, inglés, español o catalán.

Durante aquel siglo XVIII, cada vez que España se metía en una guerra, alguien nos quitaba Menorca. Era como la moneda de cambio para firmar luego los tratados de paz. Primero la cedió amablemente el primer Borbón, Felipe V, a cambio de que los ingleses le reconocieran como rey de España. Y, por cierto, en aquella misma jugada perdimos Gibraltar. Luego llegó la Guerra de los Siete Años, y la isla la ocuparon los franceses, pero como Francia perdió la contienda, los ingleses volvieron a quedarse con ella. España, mientras, a verlas venir.

Llegó más tarde la Guerra de la Independencia de Estados Unidos, y como también ahí estuvimos involucrados, entre lo poco que se pudo rascar estuvo recuperar Menorca. Pero sólo un rato, porque los ingleses la habían cogido llorona con la isla y volvieron a por ella. Por supuesto, nos la quitaron por tercera vez aquel 10 de noviembre de 1798.

El asunto comenzaba a ser cansino, así que, aprovechando los acuerdos de paz de otra guerra en la que se habían enfrascado los ingleses y Napoleón, España pudo meter cuchara y recuperar Menorca, otra vez, a principios del siglo XIX. Ahora sí, de forma definitiva. La riqueza cultural que Menorca ha ido acumulando con tanta ida y venida de unos y otros ya no hay quien se la quite y, aunque ya no hay quien la pretenda por las malas, sigue abierta a todo ciudadano de cualquier potencia extranjera. Eso sí, a ser posible con billete de ida y vuelta.

El triste final del *Castillo de Olite*

El 7 de marzo de 1939 se producía en la bocana del puerto de Cartagena la mayor catástrofe naval de la historia de España. Se fue a pique el transporte de guerra *Castillo de Olite*, y en su hundimiento arrastró mil quinientas almas. Fue en una acción de guerra en la que los republicanos tuvieron mucha puntería y en la que los sublevados franquistas en Cartagena mostraron una torpeza imperdonable. La muerte de aquellos mil quinientos hombres de una sola tacada se podría haber evitado, primero y evidente, si los republicanos no hubieran disparado y, segundo, si los sublevados no hubieran dado por hecho que Cartagena ya estaba ganada.

El *Castillo de Olite* partió del puerto de Castellón con destino al de Cartagena junto con otros buques. Iban en auxilio de los sublevados en esa ciudad, porque los republicanos, aunque tocados de muerte, no acababan de rendirla. El *Castillo de Olite* transportaba dos mil doscientos hombres, era muy pesado, muy lento y llevaba la radio estropeada. O sea, que se quedó el último del convoy. El día 6 de marzo la artillería de costa de Cartagena estaba en manos de los golpistas, con lo cual pudieron proteger de los ataques republicanos la llegada de los barcos que iban por delante del *Castillo de Olite*.

Pero, en una rápida maniobra, los republicanos recuperaron las baterías de costa y como el *Castillo de Olite* iba el último, llevaba un día de retraso y encima navegaba sin radio, no fue advertido de que iba derechito a una ratonera, convencidos todos sus mandos de que Cartagena estaba ganada para la causa. Cuando recibieron el primer disparo estaba claro que no era así. El segundo remató el hundimiento. El episodio del *Castillo de Olite*, más que un pírrico triunfo republicano, lo que dejó al descubierto fue el caos y la desorganización de los sublevados en

Cartagena. Pero, sobre todo, dejó dos preguntas en el aire. Una: ¿por qué se ordenó el embarque de dos mil doscientos hombres en un barco sin radio? Y dos: ¿por qué nadie frenó el avance del buque, aunque fuera por paloma mensajera? Mil quinientos hombres murieron esperando respuestas.

La maléfica Legión Cóndor

El 16 de noviembre de 1936 los sevillanos se quedaron a cuadros. Tuvieron el dudoso privilegio de recibir a los 697 hombres que formaban la primera expedición de la Legión Cóndor, los alemanes que pilotarían en ayuda de Franco los temibles cazas que bombardearon y arrasaron toda la España republicana. Gernika también.

Franco necesitaba ayuda para que su golpe de Estado triunfara, y cuando alguien necesita ayuda la pide a conocidos y amiguetes. Igual que la República solicitó ayuda a Stalin para defenderse, Franco se la pidió a Hitler para atacar. La verdad es que, con amigos como ellos, quién necesitaba enemigos...

Aquellos 697 hombres de la Legión Cóndor que llegaron a Sevilla sólo eran los primeros. Todavía faltaban por llegar seis mil más, aunque Alemania se pasó toda la guerra diciendo que no los conocía de nada.

Hitler exigió que la ayuda alemana a Franco se hiciera de forma discreta y que quedara perfectamente claro que Alemania no estaba ayudando al golpe de Estado contra la República. Estaba ayudando a Franco de forma personal. Pues vale, para él la perra gorda.

El nombre que se dio a la operación especial de ayuda a Franco, no a la rebelión franquista, fue Fuego Mágico. Y es que Hitler, en el fondo, era un poeta. La noche que accedió a apoyar a Franco, no a la rebelión franquista, había visto la ópera *La Valkiria*, de Wagner, y en el tercer acto se ve a Brunilda rodeada por un fuego mágico que la protege del ataque de los dioses. Pues ya está, dijo Hitler, «Operación Fuego Mágico» será el nombre, y dentro de ella estaba la Legión Cóndor.

Lo que Alemania hizo con este ejército de especialistas en España fue ensayar su armamento y sus tácticas, lo cual le vino de perlas de cara a la Segunda Guerra Mundial. Las masacres de la Legión Cóndor son de sobra conocidas, aunque una se ha llevado la fama y otras han cardado la lana. En Gernika arrasó la ciudad y la vida de cientos de personas. Pero cuando bombardeó a miles de familias malagueñas que huían por la carretera de la costa camino de Almería, se perdió la cuenta de los muertos. No bajaron de cinco mil.

La Giralda a salvo

Son los Reyes Católicos los que se han llevado las mieles de la definitiva expulsión de los musulmanes de la Península, pero conviene hacer constar de vez en cuando que esto fue así porque otro rey, Fernando III, ya les había allanado el camino. El 23 de noviembre de 1248 Fernando III el Santo, patrón de Sevilla, les quitó la Giralda a los musulmanes. La Giralda, la Torre del Oro, los Reales Alcázares y el Guadalquivir. Sevilla pasó a formar parte de territorio cristiano. La Macarena, el Cachorro y el Jesús del Gran Poder aún estaban por llegar.

La conquista de Sevilla en aquel siglo XIII quedó como la más importante en varios siglos, lo que pasa es que la toma posterior de Granada tuvo mejor mercadotecnia. Fernando III, la verdad, desde que decidió conquistar Andalucía para Castilla fue de triunfo en triunfo. Primero Andújar, Martos y Baeza; luego Úbeda, Córdoba, Arjona, Jerez, Jaén... Hasta que llegó a donde quería, a Sevilla. Ni que decir tiene que las visiones de vencedores y vencidos fueron distintas según escribiera la historia un cristiano o un musulmán. Para los cristianos, Fernando III entró en Sevilla con mejor talante que Zapatero; los musulmanes, en cambio, dejaron escrito que Fernando III fue un tirano. Así es la historia de la historia.

Sevilla pasó a ser, a raíz de la conquista, la ciudad más importante de la corona de Castilla y León, y Fernando III le tomó tanto gusto que se quedó a vivir. La convirtió en capital y corte de sus reinos, y no consiguieron que abandonara la ciudad ni con los pies por delante, porque allí murió y allí sigue enterrado. Y es fundamental reconocerle una cosa al rey cristiano: si el más precioso alminar almohade, la Giralda, sigue en su sitio es porque Fernando III se empeñó. Los musulmanes quisieron derribarlo junto con la gran mezquita, donde está ahora la catedral, cuando tuvieron que abandonar la ciudad, pero el rey dijo que como alguien tocara una sola teja del alminar y de la mezquita, degollaría a todos los moros que había en Sevilla. Visión turística tenía un rato.

Séptimo de Caballería: mucho ruido y pocas nueces

Al Séptimo de Caballería y al general Custer les ha dado fama y gloria el cine, porque la realidad de aquel regimiento creado a mediados del XIX para combatir a las tribus indias era bien distinta. El 27 de noviembre de 1868 el general Custer lanzó a sus hombres contra un campamento de cheyenes instalado a orillas del río Washita. El Séptimo de Caballería se ganó su primera gloria atacando un campamento repleto de ancianos, mujeres y niños. Caballo Loco juró venganza contra «Cabellos Largos». O sea, contra Custer.

El general Custer y sus supuestos valientes del Séptimo de Caballería llevaban dos años, justo desde que se creó este regimiento, buscando indios para ganarse un triunfo que llevarse a la boca y sacar pecho ante el alto mando estadounidense. Pero entre que Custer era bastante manta como general y que los soldados del Séptimo desertaban más que en ningún otro regimiento del ejército regular, la efectividad brillaba por su ausencia.

Cuando el general recibió el soplo de que a orillas del Washita había un enorme campamento de cheyenes, no se anduvo con miramientos. Ni reconoció el terreno ni calculó cuántos inocentes caerían en la refriega. Mandó que la banda de música tocara la famosa canción irlandesa que identifica al Séptimo de Caballería, *Garry Owen*, y lanzó el ataque con orden de disparar a todo lo que se moviera. Murieron doscientos, la inmensa mayoría, madres con niños y ancianos de la tribu.

Aquella masacre no fue aplaudida en el ejército, pero mucho peor cayó entre el resto de tribus. Varios jefes indios se unieron a la caza del general Custer en los siguientes años y, al final, se llevó el gato al agua Caballo Loco, que lo más suave que le hizo a Custer Cabellos Largos fue arrancarle el cuero cabelludo en la famosa batalla de Little Bighorn.

Esta vez Custer no se enfrentó a mujeres y niños indios, sino a cuatro mil guerreros muy cabreados. Y eso que le avisaron. Cuidado Custer, ¿tantos años en la pradera y no conoces a Caballo Loco?

Tratado de Utrecht

La historieta de hoy es de las fáciles, de las que se aprendían de carrerilla. ¿Con qué tratado se puso fin a la Guerra de Sucesión española? Con el Tratado de Utrecht. ¿Y qué se consiguió con él? Que los Borbones alcanzaran el trono de España. ¿Y qué se perdió a cambio? Casi todo. El día 11 de abril de 1713 se firmó el más importante de los acuerdos de Utrecht, porque hubo varios (estuvieron dos años firmando acuerdos mientras los españoles se desangraban en los campos de batalla), pero el que se rubricó este día nos dejó listos. Eso sí, en el reparto nos tocó un rey con una exquisita pronunciación francesa.

Ya sabemos todos que cuando a Carlos II, a quien llamaron el Hechizado por no llamarle directamente Lelo, le dio por morirse sin descendencia, nos dejó un bonito berenjenal en España. Él nombró como sucesor a un Borbón, a un francés, pero en Austria se consideraban los legítimos herederos de la corona porque así había sido desde dos siglos atrás. Ahí empezó el lío y ahí fue cuando austriacos y franceses se enredaron. Los países europeos tomaron partido por unos o por otros, porque, ya se sabe, a río revuelto, ganancia de pescadores. Y las ganancias se repartieron aquel 11 de abril. Gibraltar y Menorca para los ingleses, que además consiguieron el monopolio de determinadas rutas en el comercio de esclavos. Parte de los Países Bajos, Nápoles, Cerdeña y el ducado de Milán, para Austria, siempre y cuando el aspirante austriaco renunciase al trono español, y Sicilia para el duque de Saboya...

Fue una guerra que duró más de diez años y en la que ganó todo el mundo menos España. Ganaron los Borbones, que asentaron sus reales en este país. Ganó Inglaterra, que consolidó su hegemonía en el Mediterráneo y pasó a ser el rey del mambo en América, y, por supuesto, ganaron Francia y Austria, porque cada una se llevó su parte del pastel. Europa recolocó sus fronteras y todos contentos. Pero todavía hay quien se pregunta por qué Gibraltar es de los ingleses. Felipe V, el primer Borbón, tiene la respuesta.

Rebelión en Fuenteovejuna

¿Quién mató al comendador? Ese mismo en el que están pensando. En la madrugada del día 23 de abril del año 1476 los vecinos de un pueblo cordobés asaltaron el palacio del comendador Fernán de Guzmán, mataron a los catorce criados que intentaban cortarles el paso y finalmente se cargaron y mutilaron a su señor. Fue la rebelión del pueblo cordobés de Fuenteovejuna. Lope de Vega inmortalizó el episodio, pero lo hizo de aquella manera, porque parece que entre lo ocurrido y lo narrado cualquier parecido con la realidad es mera coincidencia.

La historia es fácilmente manipulable según cómo respiren los cronistas encargados de transmitirla, y con la rebelión de Fuenteovejuna hay un enredo considerable. Existen tres versiones históricas de lo que allí ocurrió: una que dice que los vecinos, hasta el gorro del tiránico comendador de la Orden de Calatrava Fernán de Guzmán, que se dedicaba sólo a cobrar impuestos y a violar jovencitas, se fueron a por él y lo mataron. Así lo trasladó un fraile cronista y de él recogió todos los datos Lope de Vega para escribir su drama.

Otro cronista, en cambio, escribió que el comendador era buena persona, afable, piadoso y solidario, pero que los vecinos, manipulados por un enemigo del noble, lo mataron. Y luego hay una tercera versión, al parecer la más aceptada por la historiografía moderna, que dice que el episodio fue más político que popular. En aquel siglo XV la villa de Fuenteovejuna pasaba de mano en mano: tan pronto pertenecía a Córdoba, como era entregada a la Orden de Calatrava. Enrique IV la cambió tres veces de dueño y luego llegaron los Reyes Católicos y la entregaron definitivamente a Córdoba. Como la Orden de Calatrava no la soltaba, Córdoba azuzó a los vecinos contra el comendador, que, ayudados por soldados, lo mataron. ¿Qué ocurrió de verdad? ¿Fernán de Guzmán fue buena gente o un villano? ¿Nos engañó Lope de Vega por beber en fuentes contaminadas? Vaya usted a saber. Eso sí, en el final de la historia, coinciden todas las versiones. ¿Quién mató al comendador? Fuenteovejuna, señor.

Batalla de Mühlberg

Cuando el rey Carlos I de España consiguió erigirse, además, como emperador del Sacro Imperio Romano Germánico vio cumplida una ambición: dominar medio mundo política y religiosamente. ¿Quién amenazaba este perfecto conglomerado de la espada y la cruz? Los luteranos, esos pertinaces protestones que ni aceptaban al papa ni aceptaban al emperador. Carlos V, hasta el casco de ellos, se fue a buscarlos a su propio territorio, y lo hizo el 24 de abril de 1547. Fue la famosa batalla de Mühlberg. Famosa porque la ganó y famosa porque Tiziano dejó inmortalizado el triunfo en el famoso cuadro del emperador montado a caballo.

Desde el mismo momento de la coronación de Carlos V en 1520, su principal empeño fue regir un imperio católico en Europa. Pero al emperador le salieron tres granos en salva sea la parte que no estaban de acuerdo con eso de que el rey de España, encima, fuera emperador de Alemania y el mayor mandón de Europa.

El primer forúnculo fue el papa, pero finalmente se desinfló porque hubo acuerdo. El segundo, el rey de Francia Francisco I, que estuvo guerreando contra Carlos V hasta que se le acabó el aliento; pero el tercer grano, el más incómodo y el más gordo, fueron los protestantes.

Los príncipes alemanes protestantes se unieron en la Liga Esmalcalda y, aunque no llegaron a declarar la guerra al emperador, sí le incordiaban todo lo que podían con su defensa de la reforma luterana. Cuando no expulsaban de Alemania a obispos y príncipes católicos, le confiscaban tierras a la Iglesia. Carlos V se hartó y se fue a por ellos. Por Mühlberg pasa el caudaloso río Elba, y los protestantes, muy listos, se apostaron en una orilla y destruyeron los puentes para que los tercios imperiales no pudieran atravesarlo. Se relajaron de más y no calcularon que los soldados españoles sabían nadar.

La mesnada del emperador cruzó el río en plena noche y pilló por sorpresa y adormilado al enemigo. La tropa protestante salió despiporrada, los príncipes cabecillas fueron capturados y Carlos V creyó haber dado un paso más para acabar con la reforma luterana. Sólo fue una alucinación.

Comienza la primera guerra árabe-israelí

Cara, muy cara le ha costado a la humanidad aquella arbitraria decisión que tomó la ONU de partir Palestina para que los judíos pudieran ocupar un territorio que, según ellos, les correspondía por mandato divino, histórico y moral. La ONU adoptó el papel de Salomón y dio el primer paso para que el 15 de mayo de 1948 comenzara, oficialmente, la primera guerra árabe-israelí. En la jornada anterior, David Ben Gurion había proclamado el nacimiento del Estado de Israel. Sesenta años de enfrentamiento al que le esperan sesenta más.

Hay que poner la boca pequeña para decir que fue el mundo occidental, desde sus sillones de Naciones Unidas, el que puso en bandeja de plata el perfecto escenario para la guerra. Porque el mundo se sentía culpable y en deuda con los judíos por no haber puesto freno al genocidio cuando debió hacerlo. El remordimiento se convirtió en simpatía hacia los judíos, que jugaron hábilmente sus cartas para que la creación de su Estado tuviera el beneplácito mundial.

Pero los judíos tenían algo más: suficientes fieles desplazados para dar ciudadanía a ese Estado y una impresionante infraestructura económica e institucional que operaba desde distintas partes del mundo. Sólo les faltaba conseguir un territorio para instalarse y, como el mundo ya tenía las fronteras marcadas al milímetro, está claro que había que quitárselo a alguien. Le tocó a Palestina.

Los árabes argumentaron que el mundo se convertiría en un manicomio si todos los pueblos desplazados a lo largo de siglos y siglos de historia tratasen de regresar a las tierras de sus antepasados, pero la queja no tuvo suficiente efecto. Al final, la ONU repartió la parcela en beneficio de Israel, pero Israel arrugó el ceño porque quería más.

Cuando el nuevo Estado judío se liberó del control internacional, hizo lo planeado: tomó otra porción del pastel y expulsó a setecientos mil palestinos. Los judíos, el pueblo que se lamentaba por su expulsión miles de años atrás, habían aprendido a expulsar. Lo hicieron en el nombre de Dios, un dios distinto al de los árabes pero igualmente harto de tanta guerra en su nombre.

La guerra de las naranjas

Una cosa tenemos que reconocerle los españoles a los vecinos portugueses: que los hemos traído fritos a lo largo de la historia. Cada dos por tres los estábamos invadiendo, y el 20 de mayo de 1801 fue una de esas veces. Comenzó una guerra muy tonta, que apenas duró unos días y a la que los españoles bautizaron con rechifla «la guerra de las naranjas».

Para entender por qué los españoles invadieron por enésima vez Portugal hay que meter a Napoleón en el ajo. El año anterior, en 1800, España y Francia habían firmado el tercer tratado de San Ildefonso, por el que los dos países se obligaban a ser amiguetes y a emprenderla con Portugal si Portugal se empeñaba en seguir siendo amiga de los ingleses. Suena a patio de colegio, pero era así. Portugal no renunció a su amistad con los ingleses y Napoleón le dijo a España, hala, a invadir. Así que Manuel Godoy, el favorito de Carlos IV y más favorito aún de su mujer, la reina María Luisa de Parma, se plantó aquel 20 de mayo con un ejército de sesenta mil hombres en el país vecino. La guerra se ganó, pero además de ser una victoria muy tonta, también fue bastante improductiva.

Las conquistas logradas por los españoles en sólo un par de semanas se devolvieron más tarde a los portugueses mediante la firma del Tratado de Badajoz. Con lo cual, no habíamos hecho nada. Todo quedó igual que antes de comenzar la guerra. Tiempo, dinero y tiros pegados ¿para qué? Para nada. Por eso el pueblo español no dejó quieta la maledicencia y llamó a la guerra «la de las naranjas», porque lo único que se le ganó a Portugal fueron las naranjas portuguesas que recibió la reina María Luisa de Parma y que le envió Manuel Godoy con todo su amor en plena contienda mientras sitiaba la ciudad de Elvas.

Una pena de guerra, porque si se hubiera gestionado bien y se hubieran seguido las indicaciones de Napoleón, las provincias portuguesas conquistadas se habrían usado para intentar la devolución de Gibraltar. Ése era el plan, pero el Borbón, siguiendo la costumbre de sus antecesores, no dio importancia a aquel peñón inhóspito y lleno de monos.

Las Malvinas, españolas

La historia de las islas Malvinas está enquistada en el tiempo. Entender por qué Reino Unido y Argentina se enfrascaron en el 1982 en una guerra por su posesión no es fácil si antes no nos vamos dos siglos y pico atrás. Fue el día 10 de junio de 1770 cuando se produjo uno de los muchos episodios que tuvieron que ver con el asunto, cuando los españoles enviaron varias naves para expulsar a los ingleses de las que ellos llamaban islas Falkland. La historia trae cola.

Hagamos un recorrido en el tiempo a toda mecha. Según los españoles, las Malvinas las descubrimos nosotros y según los ingleses, las descubrieron ellos. Sea de quien fuera el mérito en aquel lejano siglo XVI, la cuestión es que nadie se instaló en ellas hasta dos siglos después. Las Malvinas están formadas por doscientos islotes y en los dos mayores, en isla Soledad y en Gran Malvina, se empadronaron franceses e ingleses. Según el Tratado de Tordesillas, las islas pertenecían a España, y así lo entendieron los franceses, que aceptaron una indemnización y se largaron. Pero no los ingleses, que continuaron allí hasta que España los expulsó en 1770. Ahí quedó la cosa, aunque con los enfrentamientos propios de la época. Que vete, que las islas son mías... que vale, me voy pero volveré... que si ahora te vuelvo a expulsar... lo típico.

El dominio español llegó hasta mediados del siglo XIX, cuando cedió las islas Malvinas a la recién creada República Argentina. Los españoles se fueron y allí se quedaron los argentinos con sus islas, a las que no prestaron mayor atención. Ni siquiera se preocuparon de nombrar un gobernador.

Como los ingleses no olvidan, volvieron a por ellas, y como sólo se encontraron a veinte habitantes, las invadieron y se las quedaron. Y hasta hoy. Las intenciones argentinas de recuperar las Malvinas en 1982 quizás fueran legítimas, pero el momento elegido fue el peor. Al menos la guerra trajo una cosa buena: la rendición de Argentina dejó al ejército a la altura del betún, el régimen militar cayó y el país restauró la democracia. Para más información, el 14 de junio. O sea, unas líneas más adelante.

Fin de la guerra de las Malvinas

Argentina quemó su penúltimo cartucho para arrebatar las islas Malvinas a los británicos en 1982, y el 14 de junio de aquel año se rendía ante Reino Unido después de una guerra de setenta y cuatro días, mal llevada, peor planteada y absolutamente innecesaria. ¿Por qué se empeñó el general Leopoldo Galtieri en recuperar las islas por las bravas cuando el asunto se estaba tratando por la vía diplomática en Naciones Unidas? ¿A qué vino aquella invasión anacrónica y en el momento más inoportuno? Todo fue una mascarada, una patochada más del régimen militar argentino que costó la vida a mil hombres.

Los militares arrearon un golpe de mano en Argentina porque el país iba mal. Pero luego llegaron ellos y lo dejaron mucho peor. La crisis que vivía la República en aquel 1982 alcanzó niveles históricos, y había que hacer una maniobra de distracción para que el país dejara de mirar hacia dentro. Leopoldo Galtieri enfocó a las Malvinas y despertó en los argentinos un sentimiento patriótico por recuperar aquellas islas que les quitaron los británicos en el siglo XIX.

Pero Galtieri calculó mal, porque pensó que el Reino Unido no respondería militarmente. ¿Por qué se iban a preocupar los *british* por unas islas que les pillaban a 8.000 kilómetros de distancia, áridas y donde hace un frío que pela? Pues, primero, porque a Margaret Thatcher nadie le tocaba las narices y, segundo, porque, en el hipotético caso de que algún día se cerrara el Canal de Panamá, las Malvinas tendrían una enorme importancia estratégica para el Reino Unido.

Así que la Thatcher envió veinticinco mil soldados a defender las islas, bien preparados, mejor asistidos y con excelente material bélico. Argentina tuvo que capitular y dejó en el camino a seiscientos cincuenta hombres. El fracaso de la guerra dio la puntilla al régimen militar, y quedó claro que el ejército argentino sólo tenía buenas estrategias para torturar y asesinar a los disidentes de su país, para organizar los vuelos de la muerte y hacer desaparecer a treinta mil ciudadanos. Un año después, la democracia volvió a Argentina. Fue la única consecuencia bondadosa de aquella estúpida guerra.

La resistencia francesa

El cobardón y traicionero general Petain entregó París a Hitler a la vez que aceptaba la ocupación alemana. Qué infamia ver al Führer y sus secuaces nazis paseando a sus anchas por debajo de la torre Eiffel camino de Trocadero. Pero además de millones de franceses, un personaje clave no estaba dispuesto a aceptar la ocupación sin plantar cara: el general Charles de Gaulle. Huyó a Londres y el 18 de junio de 1940 su voz sonó potente en las radios francesas a través de la BBC llamando a los militares y a los ciudadanos galos contra la invasión nazi: comenzaba a organizarse la resistencia francesa.

De Gaulle se convirtió por arte de birlibirloque en el representante internacional de la Francia Libre. No era nadie para ser reconocido como tal, pero es que no había otro; no había autoridad francesa alguna dispuesta a luchar contra los alemanes, porque el gobierno de Pétain cayó en los brazos nazis cual enamorada descerebrada. Así que fue De Gaulle el que se plantó en Londres delante de Winston Churchill y le pidió ayuda para luchar contra los alemanes. Bastante tenía Churchill con lo suyo y con defender el Reino Unido de Hitler como para facilitar ayuda a De Gaulle, pero al menos puso en sus manos el arma más mortífera y eficaz contra los nazis: la radio. Le prestó los micrófonos y las antenas de onda corta del segundo canal de la BBC, y desde la emisora transmitió De Gaulle sus arengas patrióticas, pidiendo la movilización de los militares de su país y de los ciudadanos.

No es que con aquella primera intervención radiofónica del 18 de junio naciera la resistencia, porque ya existía. Había nacido de forma espontánea desde el mismo momento en que llegó la amenaza nazi, pero estaba desorganizada y no daba pie con bola. El hecho de que De Gaulle se erigiera desde Londres como único líder de la Francia Libre y que avivara el patriotismo contra los invasores dio un impulso importante para que la resistencia comenzara a organizarse: sabotajes, propaganda, atentados, redes de evasión, refugios para los perseguidos… y al final, Hitler a freír espárragos.

Batalla de Solferino

La batalla de Solferino, en la Lombardía, al norte de Italia, podría haber sido una más de las muchas que se libraron a mediados del XIX. Muy cruenta, pero una más. Se entabló el 24 de junio de 1859 y en ella se pegaron austriacos contra piamonteses y franceses en la guerra de la independencia de Italia. Tras varias horas de batalla, miles de heridos sin asistencia, agonizantes, quedaron en el campo de batalla. Pero algo bueno salió de aquel desastre humano. Comenzó a gestarse la Cruz Roja.

El filántropo suizo Jean Henry Dunant, así, a primera vista, no parecía un tipo muy oportuno, porque se plantó en Solferino para proponerle al emperador francés Napoleón III no sé qué planes para mejorar la agricultura en Argelia. Aquel 24 de junio, en plena batalla, ni Napoleón III ni nadie estaba para discutir sobre las cosechas argelinas, así que Jean Henry Dunant, para hacer tiempo, se sentó a mirar, y lo que vio fue tal desastre en el campo de batalla, cuarenta mil víctimas entre muertos y heridos, que aparcó sus proyectos agrícolas y puso manos a la obra.

Con la ayuda de mujeres de Castiglione, un pueblo cercano a la batalla, participó en la organización de un servicio de voluntariado para curar heridos, confortarlos y darles comida y agua.

El suizo se quedó con la copla y no paró de darle vueltas a la cabeza en los años siguientes. Es que era filántropo, y el amor al género humano era lo suyo. Llegó a la conclusión de que había que crear organizaciones neutrales, ajenas a uno u otro bando, que se dedicaran a ayudar a los soldados heridos en tiempo de guerra, sin importar quién ganara, sin que importaran los credos y las ideologías. Y así fue como propuso al mundo que se creara la Cruz Roja. Volcó sus ideas en un libro y un año después consiguió que se organizara en Ginebra una conferencia internacional para discutir el proyecto. Dicho y hecho: la Convención de Ginebra de 1864 fundó la Cruz Roja Internacional permanente.

Jean Henry Dunant fue luego Premio Nobel de la Paz, quizás uno de los más merecidos que nunca haya entregado la Academia sueca.

Custer en la batalla de Little Bighorn

Un puñado de líneas más atrás recordaba aquella batalla en la que el célebre busca-glorias general Custer logró una dudosa fama al atacar un campamento de cheyenes a orillas del río Washita, ocupado sobre todo por mujeres, ancianos y niños. Custer se quedó tan a gusto tras la masacre, pero dos jefazos indios, Caballo Loco y Toro Sentado, se la juraron por un ataque tan desproporcionado y sangriento. Y la venganza llegó en la batalla de Little Bighorn el 25 de junio de 1876. Custer calculó mal sus fuerzas y, lo que es peor, contó indios de menos. Creyó que su Séptimo de Caballería se merendaría a mil quinientos cuando en realidad había cuatro mil.

La batalla de Little Bighorn se produjo porque en el territorio que ocupaban los indios en Montana apareció oro. Hasta allí llegaron colonos en masa y, aunque los sioux vivían en aquella zona con el beneplácito del gobierno, ante la presencia de oro se les pidió que se largaran a una reserva para poder sacar el vil metal. Los indios dijeron que ya estaba bien de tanto acoso y que a la reserva se fuera el padre del hombre blanco.

La única solución fue desalojarlos a la fuerza, y a por ellos se fueron tres columnas del ejército. En una de ellas iba Custer al mando del Séptimo de Caballería. Pero como además de mal estratega era un impaciente, en lugar de esperar al resto del ejército, decidió atacar por su cuenta para llevarse la gloria.

El poblado que decidió atacar tenía, según sus cuentas, mil quinientos guerreros, pero por algo fue el último de su promoción en West Point, porque allí había cuatro mil pieles rojas armados hasta la pluma, con Caballo Loco y Toro Sentado al frente y con el único objetivo de hacerse con la cabellera de Custer. Los sioux acabaron en un pispás con el Séptimo de Caballería, acorralaron a Custer y, efectivamente, le arrancaron sus melenas largas y rubias. Toro Sentado contó años después que Custer murió con la sonrisa puesta porque la última bala de su revólver la empleó en matar a un indio. La batalla de Little Bighorn fue el mayor desastre que sufrieron los estadounidenses en las guerras indias, pero a la vista está que al final ganaron los rostros pálidos.

La Vicalvarada

Nadie crea que las corruptelas en España son asunto de nuestro tiempo. Los casos que ahora nos abofetean desde los medios de comunicación son pantuflas chinas comparados con los pelotazos que se daban a mediados del siglo XIX con el beneplácito de su oronda majestad Isabel II. Los desmanes de aquella corte de los milagros financieros para un grupo de corruptos con levita y chistera acabaron provocando lo que sucedió el 28 de junio de 1854: «la Vicalvarada».

La Vicalvarada fue un pronunciamiento militar para apear del gobierno a un tipo que no se iba ni con agua caliente: Luis

José Sartorius, un individuo que llegó a presidente gracias a que lo nombró Isabel II, pero sin que nadie conociera sus méritos. Su trabajo era tapar las corruptelas de gentes como la madre de la reina, María Cristina de Borbón, y de su marido, Fernando Muñoz, duque de Riánsares; pero sobre todo las del marqués de Salamanca, que con sus turbios negocios se hizo con el monopolio del ferrocarril en España. Y aquí estuvo el detonante de la Vicalvarada.

Sartorius quiso rectificar la ley de ferrocarriles en el Senado para que las subvenciones fueran más transparentes, pero con la condición de que no se tocara lo hecho hasta entonces. Es decir, que se confirmaran las concedidas y que no se investigara ni a quién ni cómo se habían concedido. El Senado contestó que nones, y ¿qué hizo Sartorius? Cerró las Cortes y destituyó a los que habían votado contra su ley. Con un par. El escándalo fue de órdago, pero Isabel II mantuvo en el poder a su «favorito imbécil», como ya conocía el populacho a Sartorius.

El ambiente se fue calentando y el ejército acabó pronunciándose para derrocar al gobierno en el pueblo madrileño de Vicálvaro, de ahí lo de «Vicalvarada». Aquello quedó en agua de borrajas en un primer momento, porque los sublevados no derrocaron al gobierno ni el gobierno sofocó la sublevación, pero fue el principio del fin de la década moderada y corrupta, y el principio del bienio progresista. La España del pelotazo, quede claro, viene de antiguo. Cómo sería aquella época que hasta el director del Banco de España acabó en la cárcel.

Franco abandona Tenerife

¿Qué hacía Franco en Tenerife el 15 de julio de aquel fatídico 1936? Pues pasar la última noche tranquila con doña Carmen, porque al día siguiente el militar golpista abandonó la isla camino de Gran Canaria para iniciar su aventura guerrera, subirse al *Dragon Rapide* y organizar la marimorena en Marruecos. Fue el principio del fin de las libertades en España.

El *Dragon Rapide* esperaba a Franco en Gran Canaria para llevarle a Tetuán, junto a sus tropas leales y con las que emprendería el golpe de Estado contra la República. Pero el militar tenía muy difícil salir de Tenerife, porque desde el gobierno ya se olían que tramaba algo. Pero se produjo un hecho providencial: el gobernador militar de Las Palmas murió cuando se le disparó su pistola mientras hacía prácticas de tiro, y el entierro iba a ser el día 17 de julio. Era la excusa que necesitaba para trasladarse a Gran Canaria sin levantar sospechas. Nunca ha quedado claro si la muerte del gobernador fue, efectivamente, un accidente o si alguien provocó ese accidente para que Franco pudiera acudir al funeral.

Porque resultó que todo estaba perfectamente organizado. Aquel 16 de julio, antes de embarcar para Gran Canaria, Franco confesó y comulgó, fue absuelto de sus pecados presentes y futuros, metió a su mujer y a su hija en un barco francés, encarceló al gobernador civil, cerró las comunicaciones con la Península y dio por comenzada la guerra. Cuando Franco desembarcó el día 17 en Gran Canaria, el entierro de su supuesto amigo pasó a segundo plano, porque la sublevación ya era evidente. Allí le estaba esperando la Guardia de Asalto para impedir que subiera al *Dragon Rapide*, y de hecho éste fue el primer combate de guerra. Queda claro que ganó Franco.

El siguiente paso que dio Franco fue afeitarse el bigotito hitleriano para no ser reconocido, vestirse de civil y emprender el vuelo en aquel avión que consiguió gracias a sus amigos Juan de la Cierva, Juan March, el duque de Alba y Luca de Tena. En Tetuán le esperaba otro aliado de apellido famoso: Eduardo Sáenz de Buruaga. Era el 18 de julio de 1936.

Horatio Nelson, héroe pero manco

Aunque sólo sea por meter el dedo en el ojo bueno del más celebrado héroe inglés, conviene recordar que el almirante Horatio Nelson también tuvo sus tropezones. Y uno de ellos fue el 25 de julio de 1797, cuando perdió primero un brazo y luego la batalla por la bravura de los tinerfeños. Le estuvo bien empleado, por intentar quitarnos las Canarias. No está de más recordarlo, porque cada vez que se habla de Nelson es para cantar sus victorias ante Napoleón o para insistir en que nos dio la del pulpo en Trafalgar. Pues no siempre ganaba, y en Tenerife las cuentas le salieron mal.

Cuando Nelson surcaba los mares, la verdad es que iba un poco sobrado, y más de una vez se confió con eso de que era un gran estratega. Aquel verano de 1797 se empeñó en anexionar las Canarias a la corona británica y pensó que sería pan comido. Atacó Santa Cruz de Tenerife con nueve barcos y casi dos mil hombres. Pero el general español Antonio Gutiérrez había armado a todos los paisanos y el ataque sorpresa que esperaba dar Nelson se volvió del revés. El almirante inglés replegó sus tropas y volvió al ataque días después, y esta vez, aunque llegaron un poco más lejos, porque la pelea se extendió a las calles de Santa Cruz, otra vez Nelson perdió la batalla.

Y no sólo la batalla, porque un cañonazo medio le arrancó el brazo derecho, que luego hubo que amputarle. Si a esto añadimos que tres años antes había perdido un ojo en otra ofensiva, tenemos como resultado que Nelson quedó un poco perjudicado. Pero es igual, manco y tuerto, nos ganó en Trafalgar.

Lo que sí hay que reconocer en aquella batalla canaria es que el combate acabó de forma muy caballeresca. Los tinerfeños trataron muy bien a los heridos ingleses y Nelson se lo agradeció al general Antonio Gutiérrez enviándole un queso y cerveza. El militar español agradeció el detalle del almirante inglés y respondió enviándole vino, y recordándole su promesa de no volver a poner los pies en las islas Canarias, a no ser que fuera en plan turista.

Septiembre Negro

El polvorín de Oriente Próximo sufrió el 16 de septiembre de 1970 un estallido devastador. Un punto de no retorno. Los palestinos instalados en Jordania iniciaron una huelga general que terminó de inflar al rey jordano Hussein. Aquello ya era el colmo. La lucha armada palestina contra Israel había instalado un feudo dentro de Jordania y, pese a la necesaria solidaridad entre los países árabes, Hussein no dejó que los palestinos le pusieran el país patas arriba. Los masacró en aquel Septiembre Negro.

La verdad es que todos se pasaron por el lado que les tocaba. Los israelíes, por lo que todos sabemos; los palestinos, por haberse creído que Jordania era suya; y los jordanos, por haber reaccionado con un ataque tan desproporcionado. Pero cuando un asunto se sale de madre, ya no se sabe qué fue primero, si el huevo o la gallina.

Civiles y organizaciones armadas palestinas encontraron refugio en territorio jordano, pero comenzaron por aceptar la mano y acabaron por tomarse el pie. Se instalaron sin miramientos: regulaban hasta su propio tráfico de vehículos, gestionaban su aeropuerto e incluso emitieron sellos oficiales. Crearon una especie de Estado dentro del Estado. Y Hussein dijo, caray, que a este paso se van a quedar con mi reino.

Aquella huelga general palestina del 16 de septiembre colmó el vaso jordano, y al día siguiente Hussein ordenó una represión brutal. Murieron cientos de civiles y las aldeas palestinas en Jordania fueron arrasadas con napalm. La OLP y el Frente para la Liberación de Palestina, en otros tiempos enfrentados a cara de perro, olvidaron sus diferencias y se unieron contra Jordania en una lucha que duró una semana; una lucha desigual, pero encarnizada. En el recuerdo popular, aquel enfrentamiento quedó como «Septiembre Negro». Fue el mismo nombre que luego adoptó un grupo terrorista para reivindicar la matanza de atletas israelíes en los Juegos Olímpicos de Múnich.

Comienza la Gloriosa

Discretamente, a la chita callando, el 17 de septiembre de 1868 el almirante Topete y el general Prim subieron a la fragata *Zaragoza* en aguas gaditanas. Su plan, revolucionar España de sur a norte. El objetivo, apear a Isabel II del trono, deshacerse de los Borbones y recuperar la soberanía nacional. El grito común de aquella revolución, de la Gloriosa, fue: «¡Viva España con honra!». Lo raro es que dos de los tres partidos que se aliaron en esta revolución eran monárquicos. Ni siquiera los realistas soportaban a la oronda e ineficaz Isabel II.

La Gloriosa fue la revolución más facilona de conseguir. Y lo fue por varias razones. Primera y fundamental, porque los dos partidos liberales involucrados tenían en sus filas a militares, luego era fácil arrastrar al ejército al pronunciamiento. Segunda, porque el tercer partido, el de mayoría republicana, no tenía mano con los militares pero sí con la población civil, así que animó fácilmente el alzamiento. Ya saben, el ejército se pronuncia y el pueblo se alza.

Y la tercera razón que ayudó al triunfo de la Gloriosa fue, inexplicablemente, la propia Isabel II. No hizo nada. Se quedó más parada que una señal de tráfico. Comprensible por otra parte, porque la Gloriosa la pilló de vacaciones.

La reina, a esas alturas de septiembre, continuaba su descanso estival en el norte de España, con toda su prole y su numerosa servidumbre. Acostumbrada como estaba a ser reina desde que tuvo uso de razón, ni se le pasó por la cabeza que aquella bronca revolucionaria pasara a mayores. Ni fue a Madrid a tomar las riendas ni se dirigió al pueblo diciendo, hombre, estaos quietos, que soy yo. Lo único que se le ocurrió fue hacer las maletas, tomar un tren en Irún y pedir asilo político en Francia.

Se fue con lo puesto, aunque lo puesto eran tropecientos baúles y la corona. El triunfo de la Gloriosa fue un paseo militar y dio comienzo el sexenio democrático, que, la verdad, también tuvo lo suyo.

China invade Tíbet

Qué difícil se nos hizo a casi todos entender el lío que se montó en el Tíbet en marzo de 2008. Cargas policiales, manifestaciones, comercios ardiendo, los Juegos Olímpicos de Pekín encima, los medios de comunicación expulsados y venga fotos en los periódicos con monjes corriendo con las togas remangadas. Pero los sucesos de marzo tenían, evidentemente, un origen. El 7 de octubre de 1950, ochenta mil soldados del Ejército Rojo de Mao Tse Tung invadieron el Tíbet y se lo quedaron.

Desde entonces el Tíbet es un polvorín que estalla de tarde en tarde y cuya mecha, todo hay que decirlo, la encendieron los británicos. Las relaciones de chinos y tibetanos hasta principios del siglo XX no eran malas. Al contrario, porque el Dalai Lama era el consejero espiritual de los emperadores chinos. Es decir, la China imperial brindaba protección al Tíbet y los tibetanos, a cambio, rezaban por la China imperial. Todos contentos. Cada uno en su casa y Dios en la de todos. Y en esta cordialidad vivían unos y otros cuando, en 1904, los británicos se encapricharon del Tíbet por su posición estratégica. Así que los ingleses invadieron el País de las Nieves.

Y ahí fue cuando China dijo, un momento, antes de que se lo queden los británicos, nos lo quedamos nosotros. Ingleses y chinos comenzaron a pegarse por el Tíbet, hasta que alcanzaron un acuerdo. Dijeron los británicos a China, vale, tú te quedas con el Tíbet y a cambio me firmas un jugoso acuerdo comercial. Por supuesto, sin preguntar a los tibetanos qué opinaban. Desde entonces Pekín consideró el Tíbet como propio, hasta que llegó Mao Tse Tung aquel 7 de octubre y puso la guinda al pastel. Envió al Ejército Rojo, se empeñó en acabar con el dirigismo religioso e impuso la Revolución Cultural. Y hasta hoy. Dice un proverbio tibetano que, aun sin armas, Buda puede derrotar al más grande enemigo. Lo que pasa es que se toma su tiempo.

Batalla de Trafalgar

Qué tremendo palizón nos dieron. Fue el 21 de octubre de 1805 en Trafalgar, frente a las costas de Cádiz. De un lado nosotros, luchando junto a los franceses, pero sin saber exactamente qué hacíamos allí; y del otro, los británicos, avanzando como posesos con cien cañones por banda y el almirante Nelson arengando a sus chicos con aquello de «Inglaterra espera que cada hombre cumpla con su deber». La batalla de Trafalgar, orgullo de los británicos y vergüenza de los franceses, lo único que nos sugiere a los españoles es qué demonios hacíamos metidos en aquel fregado.

En 1805 los españoles éramos aliados de los franceses. De mala gana, pero lo éramos. Así que cuando el Bonaparte nos pidió ayuda para enfrentarse a los británicos, allá que fuimos, aun sabiendo que nos iban a dar la del pulpo. No era nuestra guerra, no nos incumbía. El asunto andaba entre ellos, embroncados por los continuos intentos de Napoleón para que los británicos hablaran francés.

Trafalgar no fue una batalla al uso. Es decir, lo normal es que una flota se pusiera en línea y enfrente de la otra, y todos se liaran a cañonazos a ver cuántos navíos hundían. Pero el almirante inglés utilizó una estrategia que él llamaba el «toque Nelson» y que en realidad era un ataque a lo bestia. Hay que imaginar a la flota combinada franco-española colocada en línea y esperando un ataque de los de toda la vida de Dios, cuando vieron acercarse a la flota británica en plan kamikaze, dividida en dos columnas que avanzaban sin intención de pararse. La estrategia era romper la línea enemiga en tres partes y provocar el desbarajuste.

Un ataque así era suicida, porque durante el avance y antes de partir la flota enemiga, las dos escuadras inglesas estaban expuestas al cañoneo indiscriminado. Pero eso estaba dentro de los planes. Al final, ya saben, ganaron los ingleses, pero conste que Nelson fue un héroe a nuestra costa y que en Londres tienen Trafalgar Square gracias a nosotros.

Batalla de Milvio

El 28 de octubre de hace la tira de años, el romano Constantino, que aún no era el Grande, era Constantino a secas, tuvo un sueño. Vio en el cielo dos signos, una X y una P superpuestas, mientras una voz machacona le decía «con este símbolo vencerás». Cuando despertó el 28 de octubre del año 312, Constantino grabó aquel monograma en sus armas y se fue tan contento a entablar la famosa batalla del puente Milvio contra otro romano, Majencio. Y ganó. El imperio cristiano estaba a punto de pegarle un codazo a la Roma imperial.

La leyenda del sueño no hay quien se la crea, sobre todo porque tiene más versiones que el Seat Ibiza, pero la batalla fue tan real como que el mundo pegó un giro espiritual como no ha pegado otro. Que la religión tuvo mucho que ver con el fin de la Roma imperial nadie lo pone en duda, pero no es menos cierto que el desastre político del Imperio romano ayudó lo suyo.

Por aquella época, Roma tenía cuatro gobernadores provinciales, cuatro tetrarcas al mando de distintas zonas del imperio. Uno de ellos era Constantino, al que le había tocado Britania y la Galia, la zona de Astérix. Y en éstas andaban cuando otro de los tetrarcas, el tal Majencio, comenzó a creerse emperador por encima del resto de tetrarcas. Constantino dijo que nones, que si Roma tenía que tener emperador, era él, así que se fue a por Majencio.

Constantino lo derrotó en la batalla del puente Milvio y luego fue quitando de en medio a los dos tetrarcas que quedaban. Su política proclive al cristianismo, la libertad de culto que impuso en Roma y la devolución de los bienes incautados a la Iglesia fueron haciendo hueco al nuevo culto monoteísta y desplazando a los dioses paganos.

Entonces, sí. Constantino se convirtió en el Grande, se fue a vivir a Constantinopla, dio por clausurado el decadente Imperio romano y abrió las puertas de la Edad Media. Así de simple.

Trágico armisticio

Parece una incongruencia, pero quizás uno de los momentos más trágicos que se vivieron durante la Primera Guerra Mundial se produjo precisamente el día que se firmó el armisticio. Hace nueve décadas, el 11 de noviembre de 1918, Alemania se rindió ante los aliados. Ya está, se acabó la guerra. Pero dos oficiales con mando, un francés y un estadounidense, ordenaron a las tropas seguir luchando hasta seis horas después de haberse firmado la paz. Murieron casi tres mil hombres y siete mil acabaron mutilados. Los señores de la guerra, desde sus despachos, fueron sus verdugos.

A las cinco de la mañana del 11 de noviembre, a bordo de un tren detenido en un bosque al norte de París, los alemanes plantaron su firma bajo las condiciones escritas por los aliados para poner fin a la Primera Guerra Mundial. Se rindieron. Pero el alto mando aliado decidió que la hora oficial para dar por terminado el conflicto serían las 11 de la mañana y, por tanto, las órdenes de combate se mantuvieron inalterables hasta esa hora, pese a que hacía seis que la guerra había terminado y que la radio ya había transmitido la gran noticia en todo el mundo.

Los oficiales aliados más sensatos habían dejado de ordenar los ataques desde cuatro días antes, cuando se supo que la paz estaba a un paso. Pero otros, los menos si bien también los más furiosos, los que deseaban aplastar y humillar a los alemanes hasta el último minuto tomaron al pie de la letra la hora final del conflicto: once de la mañana. Sólo entonces ordenaron el alto el fuego.

Desde los despachos de Washington, París y Londres no midieron que en aquellas seis horas de más se producirían miles de víctimas por culpa de un puñado de oficiales rabiosos. Miles de cartas de padres llegaron en los años posteriores a esos despachos preguntando por qué sus hijos habían muerto en la mañana de aquel 11 de noviembre, horas después de que hubiera acabado la guerra. Nunca hubo respuesta.

Amor, amoríos y chanchullos

El sí de Sissi

Vámonos de boda a la pija corte de Viena, porque el día 24 de abril de 1854 el emperador austriaco Francisco José I se casaba con una jovencita de dieciséis años llamada Elisabetta Amalia Eugenia von Wittelsbach, duquesa de Baviera y mundialmente conocida como Sissi emperatriz. Fue un casorio por carambola, porque todo estaba organizado para que el emperador intimara con la hermana mayor de Sissi, pero le acabó gustando la pequeña. La boda fue de órdago a la grande, no obstante ésa fue prácticamente toda la felicidad de la que pudieron disfrutar. La desgracia les persiguió durante todo su matrimonio. Y esta vez, sí, algo de culpa tuvo la suegra.

Al pueblo austriaco le cayó bien esta boda, porque significaba el triunfo del amor por encima de los arreglos familiares. Pero Sissi sólo estaba hecha para las ventajas de la corte, no para los inconvenientes, ni mucho menos para el rígido protocolo vienés. Ella tenía que ser mona y estar callada, pero Sissi quería ser más mona y hablar. Su suegra Sofía, la madre del emperador, no tenía inconveniente en que Sissi fuera todo lo mona que quisiera, pero eso de pensar por su cuenta y meterse en política apoyando la independencia húngara era otra historia. Suegra y nuera se llevaron a matar todos los días de su vida.

Quítense de la cabeza la imagen de Romy Schneider, porque el cine ha convertido a Sissi en una reina de cuento y ha obviado, por ejemplo, que era bulímica y anoréxica, que cultivaba su belleza hasta la exageración, que despilfarraba a manos llenas y que manejaba hábilmente con una mano la frivolidad y el derroche mientras con la otra ayudaba a los pobres y desheredados. Visitaba un asilo de pobres por sorpresa y se ganaba el favor del pueblo, pero sólo con lo que pagaba a su peluquera, el sueldo más alto de toda la corte, hubiera comido un asilo todo un mes. El resto de su vida, un desastre. Tuvo cuatro hijos, una murió, de otro aún no está claro si se suicidó o lo suicidaron, y la propia Sissi acabó asesinada por un anarquista. Un cuento que acabó de pena.

Petrarca se enamora

Al poeta Francesco Petrarca se le salió el corazón del pecho el día 6 de abril del año 1327. Fue un Viernes Santo que acabó convertido en viernes de pasión porque vio por primera vez a Laura, el amor de su vida y fuente de toda su inspiración. La conoció en la iglesia de Santa Clara de Aviñón, en Francia, durante la primera misa de la mañana. Si hubiera estado pendiente del responso en vez de mirar a las feligresas, Petrarca se habría librado de pasar toda su vida atormentado por un amor imposible. Gracias a ella, a Laura, Petrarca se convirtió en el primer poeta lírico moderno. Y todo porque no le hizo caso.

La historia nos ha trasladado que el amor de Petrarca por Laura de Noves fue puro y casto, y parece que así es, pero no es menos cierto que así fue porque Laura no le dejó. Laura, además de ser muy mona, estaba casada y, aunque Petrarca intentó ver por dónde la entraba, la joven le paró los pies y le cortó las visitas a su casa. Petrarca se alejó entonces de Aviñón para calmar sus ardores y tuvo dos hijos, pero a la madre no le dedicó ni un miserable soneto. Todos eran para Laura, pese a que su enamorada sólo se dedicaba a tener hijos con su marido. Once churumbeles en total.

Algunas fuentes insisten en que Laura no existió, que fue una creación de Petrarca para cantar a través de ella el amor puro e incondicional. Pero Laura existió, porque el propio poeta anotó la muerte de su amada en un códice de la Biblioteca Ambrosiana. Y qué casualidad, porque Laura murió como consecuencia de la peste también un día 6 de abril, pero de 1348, veintiún años después de haber conocido al poeta.

Mientras Laura vivió, Petrarca sufrió el tormento del amor no correspondido, pero en cuanto murió pasó de la pasión platónica a la más negra de las melancolías, con lo cual este hombre se pasó la vida sufriendo. Y sólo con desconsuelo un poeta puede escribir así:

Aquí termine mi amoroso canto:
seca la fuente está de mi alegría,
mi lira yace convertida en llanto.

Ana Bolena: donde las dan, las toman

Enrique VIII, rey de Inglaterra, redondo como don Pimpón, bronquista y famoso por haberse casado seis veces y haberle cortado la cabeza a dos de sus mujeres, obtuvo el 28 de mayo de 1533 uno de sus mayores triunfos. Consiguió que el arzobispo de Canterbury otorgara validez a su segundo matrimonio con Ana Bolena en contra de la decisión del papa de Roma. A grandes males, grandes remedios: Enrique VIII se convirtió en cabeza de la Iglesia de Inglaterra y así pudo ordenar que se anulara su matrimonio. Consecuencia: Inglaterra y los papas se enfadaron para los restos.

Para entender los líos matrimoniales de Enrique VIII hay que remontarse a su primer matrimonio con una de las nuestras, Catalina de Aragón, hija de los Reyes Católicos. Catalina se casó primero con Arturo, heredero al trono de Inglaterra y hermano de Enrique. Pero como Arturo se murió antes de tiempo, Enrique lo sustituyó en todo. Fue el nuevo heredero y de paso se quedó con la mujer de su hermano. Veinte años estuvieron casados Catalina y Enrique VIII. Todo iba muy bien, pero un día el rey cruzó la mirada con una cortesana muy mona llamada Ana Bolena. El rey dijo, pues me busco una excusa para contársela al papa, me separo de Catalina y me caso con Ana.

La excusa era un tanto peregrina: el rey había leído en la Biblia que un hombre que se casara con la esposa de su hermano estaría condenado a no tener hijos varones. Como él sólo tenía una hija con Catalina, dijo, ya está, Dios me ha castigado. Así que pidió a Roma la anulación del matrimonio para reparar el pecado. Pero Roma no acababa de verlo claro y no hacía sino dar largas al rey.

Enrique VIII se cansó de esperar, se casó con Ana Bolena y rompió sus relaciones con el papa. Consiguió que el Parlamento inglés estableciera que los asuntos espirituales, incluyendo los divorcios, se decidirían en Inglaterra, no en Roma, con lo cual el primer matrimonio quedó anulado y bendecido el segundo.

Ana Bolena, tan contenta, pero la ingenua no sabía que donde las dan, las toman. Tres años después, su marido, para casarse con la tercera, le cortó la cabeza a la segunda.

El primer encuentro de Isabel y Fernando

En la España del siglo XV no había boda principesca que se realizara por amor... valiente tontería. La de Isabel y Fernando tampoco lo fue. Se casaron porque el poder que aglutinarían entre ambos sería tal que ya no habría reino europeo que les tosiera. El 11 de octubre de 1469 se entrevistaron por primera vez los novios católicos en Dueñas, en Palencia. Aquello no fue su primera cita, fue una reunión de negocios.

Todo estaba apalabrado desde meses antes, organizado al milímetro por Isabel, que era quien daba las órdenes. Por ahora sólo era la sucesora al trono de Castilla después de haberse quitado de en medio a la legítima, a su sobrina Juana la Beltraneja. Pero necesitaba que su futuro marido fuera Fernando de Aragón, aunque no lo hubiera visto en su vida. Tenía que ser él para poder reunir más territorio bajo su poder. Fernando no es que pusiera inconvenientes, porque a él el trato le venía de perlas, pero le quedó meridianamente claro que los pantalones los llevaría, a partir de entonces, siempre ella.

El primer encuentro de los príncipes fue secreto, porque había muchas intrigas para impedir ese matrimonio. Uno de los pretendientes de Isabel era Alfonso V, el rey de Portugal; otro, el duque de Guyena, francés; y el tercer aspirante era el duque de York, el futuro Ricardo III. Pero ninguno de los tres servía a los intereses de Isabel, porque ella hubiera quedado como segundona en Portugal, en Francia y en Inglaterra.

El único dispuesto a aguantar que Isabel llevara la voz cantante era el príncipe Fernando. La futura Isabel I de Castilla acudió a aquel primer encuentro vestida de moza plebeya; y él, el futuro Fernando II de Aragón, disfrazado de mozo de mulas. Ella tenía dieciocho y él, diecisiete años.

Lo cierto es que se gustaron nada más verse. Eran monos, pero aunque ella hubiera sido coja y él tuerto se hubieran gustado igualmente, porque en ese matrimonio sólo debía prevalecer la razón política. Y vaya si prevaleció… ahí tienen España. Ocho días después de aquel primer contacto se casaron y ella llegó al matrimonio sin haber catado varón. Al menos eso dijo. Había estado tan ocupada asegurándose el gobierno de Castilla, que no tuvo tiempo ni de tontear. El bodorrio está al caer.

La boda tramposa de los Católicos

Y si unas líneas más atrás los hemos presentado, ya va siendo hora de que los casemos, porque el 19 de octubre de 1469, Isabel y Fernando, los futuros Reyes Católicos, contrajeron matrimonio en Valladolid. No hubo invitados de lujo ni delegaciones diplomáticas… ni siquiera estuvieron los padres de los novios. Porque aquella boda tenía que ser muy discreta y debían despacharla rapidito para ponerse a trabajar. Había que unificar España.

Pero aquella boda tuvo trampa, porque los niños no se podían casar si se hubieran atenido a las reglas de la Santa Madre Iglesia que tanto pregonaban. Isabel y Fernando eran primos hermanos y tenían una consanguinidad en tercer grado, y si se casaban sin una dispensa papal se condenarían. Pero esto no fue un problema, porque a Isabel no se le ponía nada por delante. El infierno tampoco.

Aquel matrimonio arrastró un lío tremendo de idas y venidas de bulas, dispensas, falsificaciones y chanchullos burocráticos. El papa reinante se negó a dar la dispensa papal. Pero, milagro, el mismo día de la boda apareció una nueva dispensa de otro papa (Pío II) dando el permiso; un permiso que dos años después confirmó otro papa distinto (Sixto IV). ¿Dónde estaba la trampa? Pues en todas partes, porque el papa que había dado la dispensa a favor del matrimonio no sólo no tenía nada que decir, es que se había muerto cinco años antes de la boda. En resumidas cuentas, que los niños estuvieron dos años dale que te pego sin autorización eclesial.

La boda fue sencilla, oficiada en el palacio de los Vivero de Valladolid. Las partes se dieron mutuo consentimiento, se leyeron las condiciones estipuladas para la futura posesión del cetro, por supuesto favorables a Isabel, y listo, cada uno a sus aposentos. La primera noche después de la boda no pasó nada. Pero la segunda sí, porque entonces yacieron juntos y se consumó el tanto monta, monta tanto. Así lo relató el médico de la reina, el doctor Toledo, en *El Cronicón de Valladolid*: «Esa noche fue consumado el matrimonio entre los novios, donde se mostró cumplido testimonio de su virginidad y nobleza en presencia de jueces, regidores y caballeros». Qué falta de intimidad, por Dios.

María Cristina de Habsburgo, la malquerida

No sabía la que se le venía encima María Cristina de Habsburgo cuando aquel 17 de noviembre de 1879 abandonaba Austria con su madre y algunos familiares más para casarse con

Alfonso XII y ser reina de España. La mujer lo puso todo de su parte, pero tenía en contra las costumbres de un país que no conocía de nada, un idioma que no hablaba, un futuro marido liado con una cantante de ópera y, lo peor, una antecesora de leyenda cuyo recuerdo aún dolía a los españoles. Porque María Cristina sólo era la sustituta de María de las Mercedes, la de la copla. La otra.

El primer error que cometió María Cristina de Habsburgo cuando aceptó casarse con Alfonso XII fue enamorarse, porque nunca iba a ser correspondida. El rey sólo necesitaba otra esposa para asegurarse descendencia oficial a la que sentar en el trono, ya que sus necesidades amorosas estaban más que cubiertas. De hecho, cuando se celebró la boda de María Cristina con Alfonso XII a finales de noviembre, la cantante Elena Sanz, su amante, estaba embarazada de siete meses.

Y no sería el único hijo que el rey tendría con ella, ni ella sería la última amante del rey. Así que éste es el panorama que se encontró la joven Cristina cuando ya había dado el «sí quiero» y no había marcha atrás. Y encima su suegra, Isabel II, llamaba a la amante de su hijo, a la cantante, «mi nuera ante Dios», y a los hijos que tuvo con ella, «mis nietos ante Dios». Bonita forma de comenzar un matrimonio.

María Cristina hizo todo lo femeninamente posible por enamorar a Alfonso, pero el rey sólo veía a su esposa como una mujer culta y virtuosa. Y encima, mientras su amante Elena le daba hijos varones, la reina sólo le daba niñas. Alfonso XII murió muy joven y se quedó sin saber que había dejado en camino a su heredero oficial, a Alfonso XIII. En el otro extremo estaba el auténtico primogénito del rey, Alfonso Sanz, quien murió luchando en los tribunales por ver reconocido el apellido Borbón. No pudo ser. La Justicia dijo que el rey de España no estaba sujeto al derecho común. Ya lo dijo la abuela Isabel II, era su nieto ante Dios, pero la justicia de los hombres es otra cosa.

Eduardo VIII, la vida padre con la excusa del amor

Nació para ser rey, pero no le apeteció. Aunque en realidad llegó a serlo durante casi un año, pero, la verdad, sin ganas. Eduardo de Sajonia-Coburgo-Gotha, príncipe de Gales, fue proclamado rey justo tras la muerte de su padre Jorge V, pero duró con el nombre de Eduardo VIII apenas once meses. El 11 de diciembre de 1936 anunció su renuncia al trono. ¿Fue por amor? Bueno, eso dicen.

Eduardo y la señora Wallis Simpson, luego duques de Windsor, se han paseado por todo el siglo XX con un halo de enamorados dispuestos a todo por defender su pasión, y con esa edulcorada pose los ha recogido la historia. Es cierto que Eduardo se empecinó en casarse con la divorciada Wallis Simpson, y que todo el mundo fuera de Inglaterra aprobó la decisión porque el romanticismo vende mucho y bien. Pero no es menos cierto que, puesto que renunció al trono por aquel inoportuno enamoramiento, igualmente debería haber renunciado al resto de prebendas de las que disfrutaba por ser un miembro destacado de la realeza.

Lejos de ello, al duque de Windsor sólo le preocupaba tener suficiente presupuesto personal para sus gastos a lo largo y ancho del mundo. Viajes en el *Oriente Express*, fiestas millonarias, residencia en París, en el castillo austriaco del barón Rothschild, en Lisboa, en el hotel Ritz de Madrid, un carguito cómodo como gobernador de Bahamas... lo cierto es que la renuncia al trono le permitió pegarse la vida padre. Continuos festejos y bastantes excentricidades le acompañaron hasta su muerte. Y lo peor, su simpatía y la de su querida Wallis hacia el nacionalsocialismo y la cercanía con Hitler trajo más de un disgusto para su país. En algún momento, hasta intentó convencer al gobierno británico para que se aliara con el Tercer Reich. Los servicios británicos tuvieron que enfocar muy bien sus movimientos porque su insensatez ponía en peligro las relaciones diplomáticas del Reino Unido cada dos por tres.

Que Wallis y Eduardo se quisieron mucho, pues mira qué bien, pero eso no tiene ni mérito ni premio.

María Cristina de Borbón, la amante doliente

¿Cómo puede pretender una reina regente casarse en secreto y que nadie se entere? Pues eso pretendió María Cristina de Borbón, viuda de Fernando VII, cuando el 28 de diciembre de 1833 se casó con su guardaespaldas. Hacía sólo tres meses que había enviudado y le entraron unas prisas tremendas por tener nuevo marido. Las Cortes españolas y España entera pensaron que la reina les estaba gastando una inocentada. Pero no, se casó de verdad.

Aquel secreto duró apenas unos días, aunque la reina estuvo diez años silbando el pío, pío que yo no he sido. Su secreto lo conocía todo el mundo, pero la hipocresía política y la ignorancia popular permitieron a María Cristina aprovecharse de su situación y seguir manteniendo un trono al que debería haber renunciado. El marido se llamaba Fernando Muñoz, un guardia de corps, alto y guapetón, al que los españoles bautizaron con guasa como Fernando VIII.

La boda no fue lo que más escandalizó; lo peor fue que la reina estuvo más tiempo embarazada que rigiendo el país. La pareja tuvo ocho hijos, cinco de ellos paridos también en secreto en El Pardo y en el Palacio de Oriente. Dio igual. La reina continuó negando su matrimonio y sus embarazos, pese a que tuvo que levantarse de un Consejo de Ministros porque se puso de parto.

Al final, en el pecado llevó la penitencia. Entre la desfachatez de su actuación personal, entre los manejos económicos que me llevaba la pareja y las corruptelas en las que se vieron metidos la reina y su marido, lo único que consiguió María Cristina fue ser expulsada de España por dos veces. Renunció a la regencia obligada por Espartero, quien la amenazó con desvelar su boda y los hijos paridos si no entregaba el poder. Para partirse... como si no lo supiera nadie.

Al final la reina claudicó y se fue al exilio con su marido y su prole, pero Espartero hizo igualmente público el asunto. De entonces es aquella famosa frase de María Cristina a Espartero: «Te hice duque, pero no logré hacerte caballero». Bueno, tampoco ella era una dama.

Boda de Pocahontas

Siento la decepción, pero Pocahontas no estaba tan buena como en los dibujos animados. Y tampoco se llamaba Pocahontas. Se llamaba Matoaka, pero en la tribu la llamaban Pocahontas, traviesa, porque siempre estaba enredando. Y tanto enredó que acabó casándose con un inglés el 5 de abril de 1614. Pero el inglés no era el famoso colonizador John Smith, porque con éste sólo estuvo tonteando. Era otro John. John Rolfe. Con él tuvo un hijo y con él se fue a Inglaterra, donde la pobre Pocahontas, ya convertida al protestantismo y con el nombre de Rebecca, acabó muriendo en plena juventud. Se acabó el mito.

La india Pocahontas corría melena al viento por las verdes praderas cuando hasta allí llegaron los ingleses y fundaron Virginia. Los indios defendieron su territorio y acabaron a tortas con los británicos. En una de las escaramuzas, los guerreros de la tribu de Pocahontas capturaron al famoso John Smith, y cuando el jefe del clan, el padre de Pocahontas, ordenó su ejecución, la india se echó encima del soldado inglés para impedir que lo mataran. Solicitó clemencia, le salvó la vida y comenzó la leyenda.

Pocahontas primero se casó con un nativo americano, pero acabó distanciándose de los indios porque John Smith le había llenado la cabeza de pájaros con historias europeas y con lo bien que se vivía en Inglaterra. Así que Pocahontas aprendió inglés, se hizo protestante, se bautizó como Rebecca y cazó a un *british*. Luego se recogió el pelo, se puso corsé y una gorguera alechugada al cuello y se fue a vivir a Inglaterra.

Cuando regresaban a Virginia, Pocahontas enfermó en el barco, al parecer de neumonía, así que dieron media vuelta. Al final murió y fue enterrada en el cementerio de la iglesia de Saint George, en Gravesend, en el condado de Kent, pero no busquen la tumba porque ya no está. Para una india virginiana que tenían en Inglaterra, van y la pierden. Lo que sí hay es un monumento que la representa vestida de india. Ella empeñada en ser inglesa y van y le hacen una estatua con una pluma en la cabeza.

Alfonso XII y María de las Mercedes, una boda coplera

Alfonso XII se casó con María de las Mercedes porque así se le metió entre ceja y ceja. No contó con apoyo alguno; todo lo contrario. Ni su madre, la reina Isabel II, ni el presidente Antonio Cánovas del Castillo ni las Cortes aprobaban aquel matrimonio. Cómo iban a aceptar la boda si el padre de la novia era uno de los más acérrimos enemigos de la reina, uno de los que la envió al exilio. Pero al final se casaron, y el día 23 de enero de 1878 hubo bodorrio en la basílica de Atocha.

Aquella boda escondía un temporal familiar de fuerza cuatro. Como decía la copla, los niños eran primos hermanos, porque Isabel II era madre del novio y la hermana de la reina, madre de la novia. Pero lo peor era que Isabel II no podía ver al padre de Mercedes, al duque de Montpensier, que, aunque era su cuñado, había sido uno de los que acabaron con su reinado. Su propio cuñado, el mismo que se postuló para rey de España cuando consiguió deshacerse de ella, ¿iba a ser ahora su consuegro? Ni hablar. Los monarcas de este país llevaban siglos arreglando matrimonios consanguíneos y, para una vez que no interesaba el arreglo, van los dos primos y se enamoran por su cuenta. El mundo al revés.

Al final, Isabel II tuvo que tragar con el romance, pero no asistió a la boda. Cogió el canasto de las chufas y se volvió a París al grito de «contra la muchacha no tengo nada, pero con Montpensier no transigiré nunca».

El que al final anduvo listo y acabó allanando el camino hacia el altar fue el presidente Cánovas del Castillo. Porque él, en vez de ofuscarse, se fijaba. Y se percató de que el pueblo español seguía muy atento los avatares de aquel noviazgo. Tan jovencitos, tan enamorados, tan monos... Cómo no lo iban a seguir, si era el *Aquí hay tomate* del siglo XIX, sólo que en directo y sin manipular. Aquella boda, al ojo de buen cubero de Cánovas, serviría para apuntalar una monarquía recién restaurada. No hay como darle al pueblo una tierna historia de amor para embelesarlo y hacerle olvidar. Y encima, con la boda, Madrid estrenó alumbrado eléctrico. Miel sobre hojuelas. Pues hala... venga... que viva el rey. La historia, sin embargo, terminó mal. Muy mal.

Napoleón y Josefina, se acabó lo que se daba

A Josefina se le acabó el chollo de ser emperatriz de Francia el día 15 de diciembre de 1809, cuando Napoleón se plantó delante del Consejo de Familia francés y, con todo el dolor de su corazón, comunicó su divorcio. Y es verdad que lo sentía, porque no había amado ni amaba a otra mujer, pero prevaleció más la necesidad de un heredero que Josefina no le podía dar. La pregunta es quién diablos le dijo a Napoleón que Francia necesitaba un heredero suyo.

Es cierto que el matrimonio tuvo altibajos, unas veces por culpa de uno y otras por culpa de Josefina. La cosa no es que empezara bien, porque Napoleón impuso una luna de miel de sólo dos días y sus dos noches con la excusa del trabajo. Le dijo a Josefina, «paciencia querida, ya haremos el amor cuando hayamos ganado la guerra». Y se largó a pelear por Europa.

¿Qué hizo Josefina? Pues buscarse entretenimientos con otros señores, además de derrochar a manos llenas, montar bailes, hacerse modelitos y comprar joyas. Se pasaron discutiendo casi catorce años de matrimonio por las infidelidades y los despilfarros de ella y las continuas ausencias de él. Pero quererse, se quisieron mucho, y precisamente cuando el matrimonio atravesaba el mejor momento llegó el divorcio.

Mucho tuvo que ver con él la familia Bonaparte, que no tragó a Josefina desde el mismo instante de la boda y no perdió oportunidad de incordiar al matrimonio. El pretexto perfecto para meter el dedo en el ojo la encontraron los Bonaparte en el ansiado heredero que no llegaba, y le hicieron ver a Napoleón que el interés de Francia y la continuidad del imperio no estaban en el vientre de Josefina.

Si tendrían mala leche los Bonaparte, que el día de su coronación como emperatriz, dos hermanas de Napoleón que ayudaban a Josefina con los veinticinco metros del manto que arrastraba lo soltaron en mitad de las escaleras hacia el altar para desequilibrarla y hacerla caer en medio de tan solemne acto. Josefina aguantó como pudo, pero ya estaba claro que se la tenían jurada.

La velación de Carlos V e Isabel de Portugal

Real boda en los Reales Alcázares del emperador Carlos V con Isabel de Portugal. En realidad, ya estaban casados por poderes desde mes y pico antes, pero la boda de Sevilla fue la fetén. La del banquete, la del festejo… la de la consumación. Pero no crean que el emperador se había estado quieto hasta entonces, porque ya tenía cuatro hijos y una retahíla de amantes en varios puertos de su Sacro Imperio Romano Germánico. Pero, bueno, aquel 11 de marzo de 1526 se casó con la novia oficial. Era Sábado de Pasión, un buen día para matrimoniar.

El primer escollo a salvar, aunque se salvó fácilmente, fue conseguir una dispensa papal, porque Carlos e Isabel eran primos hermanos. Una vez conseguido esto, y sin chanchullos, lo más atractivo era la dote que aportaba la novia: novecientas mil doblas de oro, que venían de perlas a las menguadas arcas castellanas. Carlos V, en cambio, tuvo que hipotecar varias de sus villas para tributar con las trescientas mil doblas que le tocaban. Solucionados los asuntos pecuniarios, sólo faltaba rematar los carnales.

El desposorio se celebró a las doce de la noche en el Salón de Embajadores de los Reales Alcázares de Sevilla, por donde ahora pasan miles de turistas. En un altar preparado en la habitación de la reina, el arzobispo de Toledo celebró misa y veló a los novios, que no era otra cosa que ponerle un trapito blanco en la cabeza a ella, y sobre los hombros a él. Con esta ceremonia de las velaciones se daba vía libre a la cohabitación, al sexo divino consentido.

Despidieron entonces al emperador para que la emperatriz se pusiera el salto de cama; el arzobispo y los testigos se largaron a esperar fuera y el emperador regresó a la cámara de su esposa para iniciar su duro trabajo: buscar un heredero para el imperio. El cronista de Carlos V, el bufón Francesillo de Zúñiga, le puso picardía a la noche con esto de la velación. Dijo este maestro de bufones que el emperador se desposó, se veló y se desveló. Y desvelado estuvo dos horas. Poco aguante para tanto emperador.

Segundo matrimonio de Fernando el Católico

Fernando el Católico guardó ausencia a la difunta Isabel el tiempo justo, porque tardó menos de un año en volver a casarse, primero por poderes y luego de forma oficial. Y no con cualquiera. Fue con una chavalita bastante mona, francesa y muy pija. Se la bautizó como Germaine de Foix, pero como pronunciado en francés sonaba a paté de oca, en España la conocimos más como Germana de Foix. El 22 de marzo de 1506,

Fernando, cincuenta y tres años, oficializó su segundo matrimonio con Germana, de dieciocho abriles.

El interés de Fernando por matrimoniar con la francesita comenzó siendo meramente político, pero luego no le amargó un dulce tan jovencito. ¿Por qué con Germana, al margen de que estuviera buena? Porque la muchacha era sobrina de Luis XII de Francia, y este matrimonio traía para el rey de Aragón apoyos del país vecino que hasta entonces ostentaban su hija Juana la Loca y su yerno Felipe el Hermoso. Esto es un lío, pero el meollo de la cuestión está en que Fernando y Felipe no se podían ver.

Los reyes castellanos, Felipe y Juana, disfrutaban ya del reino de Castilla por herencia y serían los futuros reyes también de Aragón si el viudo Fernando el Católico no tenía un heredero de un segundo matrimonio. Pero es que el rey de Aragón, además, maniobraba todo lo posible por quedarse con Castilla.

Juana, ya se sabe, un poco trastornada estaba, pero su padre ayudó lo suyo para que se trastornara un poco más y hacerse con el trono castellano. Como Felipe el Hermoso tenía el apoyo francés, su suegro, en una jugada maestra, le robó ese apoyo casándose él con la sobrina de Luis XII, y así el hijo que tuvieran acabaría siendo el heredero de la corona de Aragón. Como ese niño tendría sangre francesa, el reino estaría bien defendido de las garras de Felipe el Hermoso.

En el fondo, tanto Fernando como Felipe querían unir Castilla y Aragón bajo el mismo trono, pero ninguno quería que lo consiguiera el otro. Y aquel crío nació, pero se murió a las pocas horas, con lo cual los planes se le desbarataron al rey Fernando. El hombre continuó intentándolo, pero, qué quieren, ya no pudo.

Madame de Pompadour

¿Cómo se llamaba la esposa de Luis XV, la reina de Francia? Casi nadie lo sabe. Pero ¿cómo se llamaba la más famosa amante del rey? Todo el mundo la conoce. Madame de Pompadour. Era monísima, era ilustrada, tenía conversación y encandiló, no sin esfuerzo, a toda la corte versallesca. Tan correcta en sus formas como hábil en el manejo de la política. Y tan lista, que decidió morirse joven, exactamente el día 12 de abril de 1764, con sólo cuarenta y dos años, pero justo a tiempo de no ver la que se venía encima con la Revolución francesa.

Madame de Pompadour sólo fue una de las muchas amantes del rey Luis XV, pero, puesta a ser la segundona, mejor hacerlo tan bien que acabes siendo más admirada que la legítima, y esta mujer bordó hasta tal extremo su papel que se ganó su hueco en las enciclopedias. Ya sabemos todos que las amantes de los reyes eran oficiales, una especie de cargo público. Pero su trabajo les llevaba ser aceptadas, y madame de Pompadour lo hizo fetén.

Además de ser culta, cantar bien, bailar como nadie el minué, impulsar la cultura, mediar en política y ser una estupenda maestra de ceremonias, logró granjearse el respeto de la reina, que ya era rizar el rizo. Los únicos que la traían frita eran los hijos de los reyes, que la llamaban *«notre maman putain»*. No hace falta traducción. Pero bueno, no ofende quien quiere sino quien puede, y aquellos mocosos no eran nada.

Y ojo, que a madame de Pompadour nadie le regaló nada, porque tuvo que estudiar mucho para ganarse el puesto. Era la primera vez que una amante oficial no procedía de la aristocracia; era plebeya y al principio su lenguaje y sus modales no eran tan refinados como exigía el puesto de amante oficial en

Versalles. Puso remedio de inmediato, se preparó a fondo y acabó imponiendo un estilo propio. Los embajadores ya no entendían una cena sin ella, ni los políticos una reunión sin su arbitraje, ni los intelectuales una velada sin su conversación.

Fue tal la impronta que dejó, que el mundano de Luis XV sólo fue un rey pánfilo que contó con el honor de ser el amante de madame de Pompadour.

La jugada maestra de Wallis Simpson y Eduardo

Otra boda. Esta vez la que puso de los nervios a la familia real inglesa y los pelos de punto al gobierno y a la Iglesia anglicana. A la boda de la plebeya estadounidense y divorciada Wallis Simpson con el ex rey de Inglaterra Eduardo VIII. Se casaron en Francia el día 3 de junio de 1937. Afortunadamente, la historia ya ha tirado por tierra la versión que defendía tan empalagosa historia de amor, porque esta pareja dejó mucho que desear.

En realidad, Eduardo hubiera sido un pésimo rey de Inglaterra de haber continuado en el trono; o sea, que con su empeño de casarse con Wallis Simpson le hizo un favor al país. Llevaba menos de un año reinando cuando anunció: «Me es imposible seguir soportando esta inmensa carga de responsabilidad y mi tarea como rey sin la ayuda y el apoyo de la mujer que amo».

Oído así, enternece, pero lo que hizo Eduardo VIII fue salir por la puerta de atrás para poder mantener una vida de francachelas. La Iglesia anglicana acabó espeluznada con la decisión, pero lo que no iba a permitir era que su cabeza visible, el rey, se casara con una divorciada. Para ellos era como para los católicos aceptar que Benedicto XVI se eche novia. De eso nada.

Tras la abdicación, la pareja se instaló en Austria a la espera de que llegara el segundo divorcio de Wallis Simpson y, cuando la novia fue civilmente libre, se casaron en un castillo francés propiedad de un nazi. Aún se conserva el último pedazo de la tarta de bodas, que la pareja, dicho sea entre comillas, ordenó embalsamar como dulce testimonio de su imperecedero amor.

Lo que son las cosas: el pedazo de tarta acabó en manos de Al Fayed, quien acabó subastándolo en 1998 y por el que algún excéntrico pagó veintinueve mil dólares. A partir de este matrimonio, las únicas preocupaciones de Eduardo y Wallis fueron a qué hora tenían partida de golf y cuál era la del masaje. Con la renuncia al trono, el rey se quedó sólo como duque de Windsor; es decir, con excelente nómina y nula responsabilidad. Fue un matrimonio muy ventajoso.

Enrique VIII se divorcia de Ana de Cleves... y van cuatro

Qué hombre tan cansino con las bodas y los divorcios este Enrique VIII. El día 9 de julio de 1540 consiguió la anulación de su cuarto matrimonio, contraído con la sosa Ana de Cleves sólo seis meses antes. La buena noticia es que esta cuarta esposa mantuvo la cabeza sobre los hombros, quizás porque fue la que menos le interesó y a la que se unió sólo para cuajar un apaño político. Ahora bien, es a la única de sus seis mujeres a la que no le puso la mano encima. Ni para bien, ni para mal.

Enrique VIII quiso casarse con Ana de Cleves sólo porque la muchacha era hermana del líder de los protestantes alemanes, e Inglaterra necesitaba alianzas con los luteranos del norte de Europa por si los católicos del sur se iban a por él. Ana era joven, o sea, que tampoco suponía un esfuerzo sobrehumano casarse con ella, pero como Enrique no la había visto en su vida, hizo lo que se hacía en estos casos: encargar un retrato para hacerse una idea de lo que se iba a encontrar. Y, caramba, la muchacha no estaba nada mal a sus veinticinco años, con lo cual, mejor que mejor: Inglaterra sellaba un pacto con los protestantes del continente y de paso el rey se llevaba un bombón.

Pero, claro, al pintor se le fue el pincel y retocó de más a Ana de Cleves. El Photoshop de la época. Le quitó las marcas de viruela, le afinó la cara, le redujo la envergadura... y tan mona que quedó ella sobre el lienzo. Cuando Enrique VIII vio frente a frente a su futura cuarta esposa, se le cayeron los palos del sombrajo: era grandota, fea, destartalada y no hablaba ni papa de inglés.

Pero se casó, porque necesitaba sellar la alianza con los alemanes, aunque el rey avisó desde el principio que no se acostaría con ella porque el cuerpo no le iba a responder. Así que estaba cantado que entre que a Ana de Cleves no le gustaba un pelo al rey y que con ella llegó una dama de compañía muy mona llamada Catalina Howard, al matrimonio de Enrique y Ana le quedaban dos telediarios. Y así fue cómo seis meses después se divorciaron, y Ana de Cleves volvió a quedarse soltera y entera.

Isabel II y Francisco de Asís, un matrimonio con los mismos gustos

Vámonos de boda. A una de las bodas más desacertadas de la monarquía española, a la que se celebró el 10 de octubre de 1846 entre Isabel II y Francisco de Asís y Borbón. Ella no quería. Y él, tampoco. Porque a ella le gustaban los hombres. Y a él, también. Pero mandaban los intereses de Estado y había que casar a la reina, que aquel mismo día cumplía dieciséis años. Lo único que acertó a decir la adolescente Isabel II cuando le anunciaron el nombre de su futuro marido fue: «¡No, por favor, con Paquita no!». Eso dicen.

Pero el matrimonio tenía que ser, porque las monarquías europeas andaban maquinando cómo casar a sus solteros con la reina de España. Hubo largas y muy complejas negociaciones para seleccionar al futuro rey consorte y evitar así las presiones extranjeras. Ahora bien, ya les vale a los diplomáticos de entonces, porque después de tanto pensar colocaron en el altar al único candidato que, como dijo Isabel II, llevaba camisones con más encajes que los de ella. El matrimonio, más que un fracaso, fue un disparate, y la reina acabó buscando lechos más animados. Oficialmente, Isabel II tuvo doce embarazos. Sean discretos y no pregunten en cuántos fue el coprotagonista Francisco de Asís.

Durante el reinado de la pareja, el matrimonio aguantó carros y carretas, pero era el coste de figurar en una corte hipócrita. Fue el casorio que provocó las mayores chirigotas y en el que sólo se acordó un cese temporal de convivencia conyugal cuando la reina fue destronada en la revolución de 1868. Ahí vieron el cielo abierto. Se acabaron los disimulos y el rey consorte se fue a vivir con su novio a un palacete francés a muchos kilómetros del de su mujer. Pero a Francisco de Asís, al margen de que ahora provoque cierta solidaridad por su homosexualidad vapuleada, no hay que dejar de reconocerle que reinó mal y conspiró todo lo que pudo y más.

Locura y hermosura... mal apaño

Otro casorio muy sonado que acabó de mala manera. Ella, diecisiete años. Él, dieciocho. Ella, mona. Él, hermoso. La novia, hija de los Reyes Católicos. El novio, hijo del emperador austriaco. Era un matrimonio calculado al milímetro por los soberanos de Castilla y Aragón para unir fuerzas contra Francia. Pero cuando aquel 20 de octubre de 1496 se celebró la boda de la princesa Juana de Castilla con el archiduque Felipe de Habsburgo, nadie podía sospechar que su unión daría lugar al mayor y más poderoso imperio de Occidente.

Cuando Juana y Felipe se casaron en Flandes no estaban destinados a ser reyes, pero, por estas cosas que tiene el azar mortuorio, los herederos naturales fueron muriendo y la pareja acabó reinando en Castilla. Y su primogénito, Carlos, como lo heredó todo, terminó siendo emperador del viejo mundo y del mundo recién descubierto. Dicho más claro, Felipe, sin saberlo, dio todo un braguetazo.

Y eso que al principio hubo muchas discusiones sobre si convenía casar al niño con una princesa castellana, un poco paleta desde el elitista punto de vista centroeuropeo y representante de una corte añeja. Pero, bueno, al final se aceptó, y eso que los austriacos no sospechaban, porque no podían, que en la faltriquera de la novia venía el poder sobre un nuevo mundo.

El matrimonio arrancó bien, salvo por el inicial choque cultural de la joven Juana, acostumbrada a una sombría corte castellana de misa diaria. Flandes era una corte desinhibida y jaranera, pero la princesa, poquito a poco, se acostumbró. Lo que no aceptó nunca fueron las aventuras galantes de su marido, ni el Hermoso soportaba los ataques de locura de su mujer cada vez que lo pillaba con otra. Peor fue el viaje de retorno, cuando la pareja tuvo que hacerse cargo del trono de Castilla y Aragón. Ahí se cortó la risa de golpe. Él acabó creyéndose más guapo de lo que era y ella acabó más loca de lo que se sospechaba.

CUESTIONES MUNDANAS

Banderita, tú eres roja

La bandera española es roja y gualda. Lo sabe no todo el mundo, pero sí mucha gente. Los españoles, todos. Lo de que sea gualda en vez de amarilla es tan sencillo como que el tinte que da exactamente el color de la bandera de España procede de una flor llamada así, gualda. Bien, pues tal preámbulo de Perogrullo es para significar que el día 13 de octubre de 1843 Isabel II firmó un decreto por el que quedaba instituida la rojigualda como bandera nacional.

Hasta ese día, España no tenía una bandera que aglutinara a toda la tribu, porque las enseñas las utilizaban sólo los ejércitos. Cada uno tenía la suya y cada regimiento, a su vez, la suya propia; y cada batallón de cada regimiento, otra distinta. Así que, cuando el enemigo se encontraba con las tropas españolas sólo les quedaba preguntar: «¿Y tú de quién eres?».

Ahora bien, si Isabel II plantó sus reales para que la nación tuviera una bandera unificadora, el primero que había dado una pista fue, otra vez, Carlos III. El rey montó un concurso de diseño para ver qué bandera debería enarbolar a partir de entonces la armada española. Fue sólo una cuestión de necesidad, porque resulta que los pabellones que llevaban los buques, casi siempre con fondo blanco, eran tan parecidos a los del enemigo que a veces nos disparábamos a nosotros mismos. Al rey le gustó la encarnada y amarilla. Ni roja ni gualda.

Luego, sí, luego llegó Isabel II y la declaró aquel 13 de octubre, por decreto, bandera nacional para todos los ejércitos. Desde entonces las variaciones han sido al gusto del gobernante. ¿Que viene la República? Pues tapamos la franja roja de abajo con una morada. ¿Que viene el coco? Pues le ponemos el águila de San Juan, esa que identificaba al evangelista por el alto vuelo de su pensamiento. ¿Que viene el rey? Pues quitamos la fauna y ponemos, si se tercia pero sin obligación, el escudo nacional.

Banderas hay muchas, aunque no siempre aglutinen un mismo sentimiento. Hay tantas como países, ciento noventa y ocho; más, por supuesto, las autonómicas, las provinciales, las municipales, la comunitaria; la de cuadritos blancos y negros para decirle a Fernando Alonso que ya ha llegado; la blanca para rendirse; la pirata para atacar; las que son un puntazo, como las de Japón y Bangladesh; las de diseño, como la de Groenlandia; y otras casi recién nacidas, como la de Bosnia-Herzegovina. Lo importante es que a quien bien le parezca le signifique algo.

Cambio de calendarios

El día 5 de octubre bien podría ser aún hoy 25 de septiembre si el papa Gregorio XIII no hubiera decidido aquel día de 1582 borrar diez días del calendario. Fue la fecha en que España comenzó a regirse por el actual calendario gregoriano y que desterró para siempre al calendario juliano. Para mejor entenderlo: ¿cómo es posible que Santa Teresa muriera el 4 de octubre y fuera enterrada 24 horas después, el día 15 de octubre? Pues porque Santa Teresa sufrió en pleno velatorio la transición de calendarios.

Aquel día, los españoles se acostaron un 5 de octubre y amanecieron el día 15. Fueron los únicos diez días en la historia de este país en los que no pasó nada.

El calendario que ahora conocemos, con el nombre de sus meses y de sus días, se lo inventó Julio César, de ahí lo de juliano. Fue César quien dio al mundo un medio racional para registrar el tiempo basándose en el sol. Fijó el año normal en 365 días, y el año bisiesto, cada cuatro años, en 366 días. Pero el año juliano tenía un fallo: era once minutos y catorce segundos más largo que el año solar. Esta diferencia se acumuló hasta que en 1582 el equinoccio de primavera se produjo diez días antes.

Pero allí estaba Gregorio XIII para enmendarle la plana a Julio César, porque el Sumo Pontífice no estaba dispuesto a que las fiestas de la Iglesia se le fueran descontrolando de fecha. Para conseguir que el equinoccio de primavera se produjera el 21 de marzo, el papa Gregorio, de ahí lo de calendario gregoriano, promulgó un decreto eliminando diez días. Estipuló que los años centenarios divisibles por 400 debían ser años bisiestos y que todos los demás años centenarios debían ser años normales.

El calendario gregoriano se fue adoptando lentamente en toda Europa, aunque España lo aceptó de inmediato porque lo que decía el papa iba a misa. Hoy está vigente en casi todo el mundo. Entre los países más tardíos en pasar por el aro gregoriano fueron la Unión Soviética, en 1918, y Grecia, que lo aceptó en 1923 por motivos administrativos. Y es que las citas diplomáticas se complicaban sobremanera. Quedabas con un griego tal que hoy y llegaba diez días después.

La peseta, descanse en paz

Parece cosa del Cretácico Superior, pero hasta hace nada aún nos rompían los bolsillos las pelas, las perras, las rubias, las calas y las pesetas, que todas eran lo mismo y todas daban las mismas alegrías, ya fueran sueltas o agarradas en un duro. La nostalgia viene a cuento porque el 19 de octubre de 1868 un ministro de Hacienda que atendía por Laureà Figuerola firmó el decreto por el que se implantaba la peseta como unidad monetaria en España.

El choque fue tan brutal como cuando nos quitaron 166 pelas y nos dieron, a cambio, un euro. Desde el 28 de febrero de 2002 los españoles no hemos vuelto a ver una cala. Las echamos tanto de menos que aún hoy, cuando la cifra en euros tiene varios ceros, seguimos haciendo la fatal pregunta: «Y eso ¿cuántas pesetas son?».

Cuando el euro asentó sus reales, todos lloramos la peseta, pero todos nos habíamos olvidado del tipo que la puso en circulación, el ministro Figuerola. En Girona repararon en él justo cuando la peseta estaba a punto de ser enterrada, y lo mejor para brindarle un homenaje adecuado era buscar dónde estaba enterrado su impulsor. Costó encontrarlo, porque paraba el hombre en un panteón de Girona donde su nombre no aparecía por ningún lado. Era un ministro de Hacienda muy bien escondido. ¿Y qué hacía en Girona un hombre que había nacido en Calaf, Barcelona, y había muerto en Madrid en 1903?

La respuesta la tenía su esposa, Teresa Barrau. La mujer del ministro había estado casada anteriormente, y aún vivía su segundo esposo cuando construyó un panteón en el cementerio de Girona para su primer marido. Luego le tocó morir a ella, y su viudo, el ministro, la enterró en Madrid. Cuatro años después murió Figuerola y alguien decidió que, ya que había un panteón en Girona, este segundo esposo fuera a hacer compañía al primero.

Allí quedaron los dos maridos intercambiando impresiones hasta que, pasados tres años más, otro alguien se preguntó qué hacían los dos maridos enterrados en Girona sin la mujer. Así que también trasladaron a Teresa Barrau, y ahora descansan los tres en amor y compaña. Nunca quedó claro, sin embargo, por qué tanto la mujer como su primer marido tenían sus nombres inscritos en el panteón y el del ministro no estaba. El Ayuntamiento de Girona enderezó el entuerto y puso la placa de rigor. Tuvo que morir la peseta para que resucitara el ministro que la puso en circulación.

Un rey en metro

Allá va un chiste malísimo de principios del siglo XX. ¿Cuál es la distancia más corta en Madrid? De Sol a Cuatro Caminos, porque hay un metro. El chiste, ya he dicho que era malo, lo sacaron los madrileños el 17 de octubre de 1919, porque ese día Alfonso XIII andaba inaugurando la primera línea del metropolitano.

Las obras habían empezado dos años antes, cuando una noche de julio, casi a escondidas, llegó al lado del oso y el madroño una carreta de bueyes con herramientas que daban risa. Un torniquete, unos picos y unas palas, unas cuerdas... Y con útiles tan precarios se estaba haciendo el primer agujero cuando pasó por allí un guardia municipal que en tono chulesco preguntó: «Tendrán permiso, ¿no?». «Por supuesto», contestó el ingeniero al mando. «Ah, bueno», dijo el guardia. Se dio media vuelta y se fue. Y menos mal que no exigió verlo, porque las obras del metro de Madrid comenzaron sin permiso municipal.

Cuando el metro aún estaba en mantillas, nadie creía en él. Nadie, salvo los tres ingenieros que lo proyectaron, el rey Alfonso XIII y un puñado más de inconscientes. Costó mucho encontrar financiación, porque los bancos se negaban a aportar los ocho millones de pesetas que requería ponerlo en marcha. Sólo uno, el Banco de Vizcaya, dijo que él pondría cuatro millones si los madrileños ponían los otros cuatro. Los ingenieros reunieron tres a duras penas y el millón que faltaba lo puso Alfonso XIII, por eso el rey fue el primero en subirse a inaugurar la primera línea y, por supuesto, sin pagar los 15 céntimos que costaba el trayecto.

Luego el Metro dejó de ver a su majestad, porque la República le invitó a irse. Pero más tarde llegó la guerra y el Metro, además de transportar vidas, se dedicó a salvarlas, porque era el mejor refugio durante los bombardeos y el medio más rápido y seguro para los heridos que eran trasladados en vagones-ambulancias.

En el primer año de servicio, el Metro registró 14 millones de viajeros. Una minucia cuando ahora sabemos que a diario viajan más de dos millones y medio de pasajeros. Pero, claro, hemos pasado de aquella humilde línea Sol-Cuatro Caminos de 4 kilómetros y 8 estaciones, a 284 kilómetros y 292 estaciones. Y tiene gracia que Miguel Otamendi, ahora felizmente jubilado y hasta hace nada actual jefe de Relaciones Externas del

Metro de Madrid, sea descendiente directo de otro Miguel Otamendi, uno de los tres ingenieros que puso en marcha el proyecto. De casta le viene al galgo.

El primer Seat 1.400

¿Guarda usted en el garaje un coche matrícula de Barcelona 87223? Pues, qué suerte, porque es una pieza de museo. Fue un 1.400, el primero que fabricó la Sociedad Española de Automóviles de Turismo, la Seat de la Zona Franca de Barcelona, y que salió de la cadena de montaje el 13 de noviembre de 1953. Era negro, sobrio, redondeado... muy americano.

Junto a él se hizo una foto, muy orgulloso, el primer presidente del INI, general Juan Antonio Suanzes, aquel que luego se enfadó tanto con Franco que no fue ni a su entierro. El dueño de aquel primer 1.400 debió de ser como poco capitán general, porque costó 128.675 pesetas. El primer coche de la Seat española se montó artesanalmente con las piezas llegadas desde la Fiat italiana. La Seat ha puesto desde entonces en el mundo más de quince millones de vehículos.

La Seat la creó el INI, el Instituto Nacional de Industria, para motorizar la España de la posguerra. Pero los españoles que de verdad sufrían la posguerra sólo podían mirar cómo pasaban, muy vacilones, aquellos primeros Seat 1.400 que alcanzaban como máximo los 120 kilómetros por hora. Aunque nadie superaba los 60, porque se trataba de que te vieran el carro, con su volante elegantísimo y sus llantas con banda blanca.

Era un coche para privilegiados, porque el españolito medio tuvo que esperar cuatro años más, hasta 1957, para poder subirse en un 600. Entonces, sí se motorizó España. Se pasó de no poder comprar un 1.400 a que hubiera una lista de espera de cuatro años para tener un 600.

Ya no se ven aquellos entrañables 850, donde podía viajar una familia de cinco hasta arriba de maletas camino de Gandía; ni los picudos 1.500, unos armatostes que hacían las veces de taxi; ni los 124, ni los 133. La Seat dejó los dígitos y pasó a los Fura, los Ritmo y los Panda, y luego se sofisticó con los Toledo, los Córdoba y los León hasta llegar a su última berlina Exeo. Pero también pasó de los 925 empleados en 1953 a los 11.000 de plantilla en 2006, y de sacar cinco coches diarios de aquel modelo 1.400 a los dos mil que ahora sacaba cada día antes de que la crisis hiciera de las suyas.

El hermano pequeño de TVE

Televisión Española ya ha superado el medio siglo de vida y está muy bien, pero no hay que olvidar que su hermano pequeño, el UHF, todavía es cuarentón. El 15 de noviembre de 1966, la televisión de España, con menos medios pero con grandes aspiraciones, ya podía mirar de frente al resto de teles europeas, porque también ella tenía dos canales. A partir de ese día en que se inauguraron oficialmente las emisiones del segundo canal, cambió la forma de referirse a la tele y comenzó la tortura infantil. O bien tu padre te decía, niña, pon la tele, que se entendía era la primera cadena porque era la que siempre salía por defecto, o niña, pon el UHF. El mando a distancia era ciencia ficción.

El nacimiento del UHF, después de un año en pruebas, tuvo varios inconvenientes. Primero, que al principio sólo podían verlo barceloneses y madrileños del núcleo urbano; segundo, que si la tele no estaba preparada para recibir el nuevo canal, había que comprar un adaptador que costaba dos mil pesetas, igual que ahora con el descodificador de la TDT; y tercero y peor de los tres, que había que levantarse cada dos por tres a apretar la tecla para ver si había empezado Íñigo con su atrevido *Último grito* mientras se apuraban al máximo en la primera cadena las peripecias de los detectives de *Hawai 5-0.* Aquello sí que era un zapeo convulso.

El UHF jugó con ventaja, porque cuando nació ya había cinco millones de familias con una tele en casa. La frase más repetida en cualquier hogar con tele era esa de «enchufa el Askar», aunque fuera un Marconi o un Philips. Pero la segunda cadena también fue una grata sorpresa, porque parece mentira que se pudieran hacer entonces programas como *Último grito*, con aires *hippies* y estética pop, tan alejado del esmoquin de Joaquín Prat y de los moños lacados de Laurita Valenzuela en el primer canal. El UHF fue refugio de jóvenes recién salidos de la Escuela Oficial de Cine, jóvenes rompedores, creativos, que tuvieron en la segunda cadena una válvula de escape. Después vendría *La Edad de Oro*, *Metrópolis* y, por supuesto, los documentales de la 2. Los que vemos todos, pero que nunca salen en los índices de audiencia. Un misterio televisivo aún sin resolver más de cuarenta años después.

Libro Guinnes, el caso es destacar...

A los humanos nos gusta rodearnos de récords absurdos con tal de destacar en algo. Quién come más huevos duros, quién hace la paella más grande... Y si encima la excéntrica plusmarca queda plasmada en el *Libro Guinnes*, mejor que mejor. Pero ¿cuándo surgió? ¿Por qué se comenzaron a recoger hazañas?

Pues la idea, no el libro, nació el 10 de noviembre de 1951, mientras un grupo de amiguetes discutía sobre cuál era el ave de caza más veloz de Europa.

Hugh Beaver, un ejecutivo de la fábrica de cerveza Guinness, estaba tomándose unas pintas con unos amigos durante una jornada de caza mientras dirimían si el ave más rápida de Europa era el urogallo o el chorlito dorado. Resultó que no es ni una ni otra, pero a raíz de esta discusión surgió la idea de publicar un libro que recogiera estos asuntos. El ejecutivo consiguió el patrocinio de Guinnes para que dos periodistas recopilaran unas cuantas gestas. El primer *Libro de los Récords* se publicó en 1955, pero nadie imaginó que aquello se iba a prolongar en el tiempo y que los humanos comenzarían a dejarse la piel por ver quién mejoraba la anterior marca.

Al parecer, el tipo que ha logrado más plusmarcas es un estadounidense que en 1954 batió más de 160 récords. La mayoría tan absurdos como dar 900 saltos a la comba bajo el agua o caminar 140 kilómetros con una botella de leche en la cabeza. Récords bastante estériles, por otra parte, aunque los hay tan brutos que se han dejado la vida en el intento de superar la marca anterior.

De hecho, el *Libro Guinnes* tiene mucho cuidado con los récords que publica y sólo refleja 1.500 de los 40.000 que se baten cada año para evitar piques entre competidores. Ejemplo: una vez se publicó el récord del gato más gordo del mundo y varios insensatos cebaron a sus mascotas para superar el récord, con lo cual sólo consiguieron matarlas. Por cierto, el récord sin respirar bajo el agua son 17 minutos y 4 segundos. Ánimo.

3.604, un décimo de cuatro reales

Antes, la Navidad no empezaba hasta que a alguien le tocaba el gordo. El chupinazo de las fiestas era el Sorteo Extraordinario de la Lotería de Navidad. Pero muchos ayuntamientos, accionistas, sin duda, de grandes almacenes, se empeñan en que la Navidad empiece en noviembre. Pues no, la Navidad empieza con la lotería y la lotería empezó gracias a Napoleón.

Tras la Guerra de la Independencia, las arcas españolas se quedaron temblando y hubo que inventarse algo para rellenarlas con dinero de los ciudadanos, sin que los ciudadanos se enteraran. El 23 de noviembre de 1811, las Cortes de Cádiz aprobaron, sin un solo voto en contra, la institución de una lotería llamada Nacional. Lo que pasa es que sólo podían jugarla en Cádiz y San Fernando.

La lotería se creó, y cito textualmente, como «un medio de aumentar los ingresos del erario público sin quebranto de los contribuyentes». Las Cortes llamaron a esta lotería nacional, pero los gaditanos comenzaron a llamarla «la moderna», porque había que diferenciarla de otra que ya existía, «la primitiva», la que introdujo Carlos III años antes.

La venta de lotería se fue extendiendo, sin prisa pero sin pausa, a medida que los franceses iban abandonando territorio español. De Cádiz pasó a Ceuta, luego a toda Andalucía y después al resto de España. El primer premio del primer sorteo lo ganó un gaditano que se llamaba Bernardo Nueve Iglesias. Pagó cuatro reales por un décimo y se llevó ocho mil pesos fuertes. No tengo ni idea de la equivalencia en euros, pero el caso es que a Bernardo lo pusieron en casa. El número premiado fue el 3.604.

El Sorteo de Navidad no llegaría hasta seis años después, en 1818, y para entonces la lotería era un juego al que casi nadie se sustraía. Los españoles no hemos dejado de jugar ni un solo año, ni siquiera durante la Guerra Civil; lo que ocurre es que cada bando hacía su propio sorteo y tocaban dos gordos. Malos tiempos, por mucho gordo que hubiera.

En los últimos años, con o sin crisis, los españoles siguen gastándose más de 2.500 millones de euros en lotería de Navidad, y luego nos pondremos tan contentos cuando nos toquen un par de terminaciones. La mala noticia es que de un par de Navidades a esta parte ha desaparecido el calvo del gabán negro dando soplidos y repartiendo décimos premiados. Pero peor lo lleva él, que dejó de cobrar los 120.000 euros que se llevaba por cada campaña. A él sí que le tocaba la lotería cada Navidad.

Señorita España

Elegir a la chica más guapa de España viene de antiguo, pero no nos lo inventamos nosotros. Se lo copiamos a los franceses, que a su vez se lo copiaron a los americanos. El 2 de enero de 1929 España se sumó, a través del periódico *ABC*, a la iniciativa de dos diarios franceses para buscar a la mujer más mona de toda Europa. Los galos copiaron al diario *The Chicago Tribune*, que cada año buscaba a la americana más bella. O sea, que ojo con criticar desde la seria prensa escrita los certámenes de belleza, porque fue precisamente la prensa escrita la que puso en marcha el invento.

Torcuato Luca de Tena, fundador del *ABC*, fue el principal impulsor del concurso y se convirtió en el primer mánager de la primera *Miss* España. Y como la tradición manda, ahora se entiende por qué Luis María Anson no se pierde un jurado de Miss España ni con gripe.

Para buscar a la europea más maja, antes cada país tenía que aportar la suya propia, y antes, por lógica, elegía cada región. La primera guapa oficial de España fue la valenciana Pepita Samper, que había sido seleccionada como «Señorita Valencia», porque eso de llamarlas *misses* vino después. Antes se elegía a «Señorita España».

Pero el título de Señorita España no fue el único que consiguió Pepita Samper. Y esto es curioso. La bella Pepita fue elegida aquel mismo año de 1929 imagen de las Fallas de Valencia, cuando todavía no existía la figura de Fallera Mayor. Al año siguiente, 1930, coincidió que otra valenciana, Elenita Pla, salió elegida Señorita España, y también fue imagen de las Fallas. Pero como al otro año, 1931, Valencia no se llevó el título, la ciudad tuvo que buscarse a una valenciana para vestirla de fallera aunque no fuera la más guapa de España. Acababa de nacer la figura de la Fallera Mayor al rebufo de Señorita España.

En todos estos años de idas y venidas de *misses*, España sólo ha aportado una Miss Universo, que no es mucho, pero al menos somos el único país con una baronesa hipermillonaria en el ránking. Carmen Cervera se llevó el título en el 61 porque desfiló con mucho arte. Ahora tiene mucho más arte que antes, aunque sea un poco menos mona.

Los mil goles de Pelé

Fue de penalti, fue en el estadio de Maracaná y fue el 19 de noviembre de 1969. Jugaba Pelé con el Santos frente al Vasco de Gama, y en el minuto treinta y tres del segundo tiempo el árbitro pitó la máxima pena. Pelé metió la pierna derecha, disparó y anotó su gol número mil. Mil goles. Lloros, abrazos, el estadio que se viene abajo... pero qué pasa con el pobre arquero que encajó el gol. El argentino Edgardo Andrada pasó de ser un gran guardameta a ser recordado como el portero al que Pelé le coló su gol número mil. Pero estas cuentas tienen un pelín de trampa.

Pelé, «o rey do gol», como todos los reyes, se apunta tantos dudosos. El jugador llevaba una muy particular cuenta de sus goles. Es decir, contabilizaba los goles en partidos oficiales, en amistosos, contra amiguetes y en los entrenamientos, con lo cual, según él, llegó a anotar 1.282 goles en toda su carrera. Pero aquí las estadísticas que cuentan son las oficiales, y para contar como es debido y no hacer la cuenta de la vieja está la Federación Internacional de Historia y Estadística del Fútbol, que ya ha dejado claro que los goles que cuentan son los que se hacen jugando en Primera División. Según este organismo, Pelé sigue siendo el mayor goleador de todos los tiempos, pero los tantos oficiales que metió se quedan en unos seiscientos, que no son moco de pavo.

Lo que sí disgustó a Pelé fue enterarse de que un compatriota, el delantero Romario, también alcanzara el número mil. Y curiosamente Romario logró la hazaña jugando con el Vasco de Gama, el equipo al que «o rey» le marcó su milenario gol.

Pelé querría haber sido el único en llegar a esta cifra extraoficial, pero tuvo que aguantarse con que Romario también se contara los goles fuera de Primera División. Eso sí, para dejar constancia de su rabieta, Pelé porfió y recordó a todo el mundo que él había metido el gol número mil con veintinueve años, y que Romario lo hizo con cuarenta y uno. Lo dicho, se enfadó.

Se sienten... por favor

Las mujeres españolas de principios del siglo XX que aspiraban a algo más que a cuidar maridos, niños y cocidos fueron arañando derechos civiles muy poco a poco. Por ejemplo, el derecho a trabajar y ganar un salario, cuestión esta que se consiguió aunque no se viera con naturalidad que la mujer trabajase. Eran frágiles, débiles, flojas... por eso el 27 de febrero de 1912 se promulgó una de las leyes más tontas de este país: la ley de la silla. La Ley no era tonta en sí, lo que era tonto es el hecho de que se pensara sólo para las mujeres, no para los hombres.

La ley de la silla obligaba a los empleadores a proporcionar una silla a toda mujer que trabajara en la industria o el comercio. De los hombres no decía nada. Ellos podían seguir de pie.

En la ley de la silla estaba implícito el derecho de las mujeres a sentarse un ratito cada hora. La promotora de la ley fue María de Echarri, concejal del Ayuntamiento de Madrid e inspectora de Trabajo. Lo que ocurre es que la ley, aunque fuera buena, más que apoyar la incorporación de la mujer al trabajo lo que hacía era recalcar su debilidad. Lo lógico es que la ordenanza hubiera sido para empleados en general, no sólo para empleadas.

A quienes les vino muy, pero que muy bien, la ley de la silla fue a las operadoras de Telefónica de España, esas señoritas que sacaban y metían frenéticamente clavijas en un panel frontal repleto de agujeros. Telefónica las obligaba a ser solteras y a que la falda llegara muy por debajo de la rodilla; hasta les medían los brazos antes de contratarlas para asegurarse de que llegarían a los agujeritos más altos. Pero Telefónica las tenía de pie derecho. Cuando llegó la ley de la silla, las otras condiciones seguían inalterables, pero pudieron trabajar sentadas. Y también pudieron sentarse las que desplumaban pollos y las que clasificaban tornillos.

España no fue la primera en aplicar la Ley de la Silla. Fue Argentina, a la que después se unieron Chile, Uruguay, Colombia... y varios de estos países aún recogen la Ley de la Silla en sus actuales códigos de derecho laboral. Hay que ver lo que costó trabajar y lo que luego costó hacerlo sentada.

Primera venta de Coca-Cola

Hacía calor en Atlanta (*very hot*, que dicen ellos) aquel 8 de mayo de 1886, cuando un ciudadano entró en una farmacia y pidió algo para el dolor de cabeza. Le vendieron un producto nuevo inventado por el farmacéutico John Pemberton, un jarabe de sabor agradable realizado a base de planta de coca y nuez de cola. El ciudadano se fue tan contento y no hay datos de si se le quitó la jaqueca o si sólo se le quitó la sed, pero aquel hombre fue la primera persona del mundo que compró una Coca-Cola, aunque él nunca lo supo.

En la farmacia donde se realizó la primera venta de una Coca-Cola aquel 8 de mayo había unos empleados que también probaron el brebaje, y como por aquel entonces estaban muy de moda las fuentes de soda, unas máquinas que añadían dióxido de carbono a las bebidas para darles efervescencia, decidieron añadir a aquel jarabe de sabor dulce y agradable un poco de gas y enfriarlo, de tal forma que acabaron descubriendo que aquel líquido oscuro les quitaba la sed y les refrescaba sobremanera.

John Pemberton, el inventor, comenzó a percatarse de que, por mucho que se empeñara, su jarabe no servía ni para curar la impotencia ni la jaqueca ni la neurastenia, y que, en cambio, la gente se lo bebía por litros cuando estaba fresquito y con burbujitas. Así que fue y registró la marca Coca-Cola.

Y lo hizo en un momento en que Atlanta había votado a favor de prohibir la venta de alcohol, luego el nuevo brebaje fue bien aceptado. Vaya si lo fue. La receta de la Coca-Cola, ya saben, es medio secreta. La mayoría de los ingredientes siempre han sido de dominio público: azúcar, caramelo, cafeína, ácido fosfórico, zumo de lima y esencia de vainilla. El triunfo está en un saborizante codificado con el nombre 7X. Lo guardan con tanto celo que cuando el gobierno de la India exigió conocer la composición exacta, la compañía prefirió dejar de venderla en el país antes que revelar su secreto. Indios y cocacoleros llevan treinta años de tiras y aflojas por los ingredientes del refresco: tan pronto se prohíbe la venta como se vuelve a autorizar. Ahora bien, lo único que está claro que no contiene la Coca-Cola son precisamente los ingredientes que le dan el nombre: ni coca ni cola.

Absurdos límites de velocidad

La velocidad mata. De esto estaba convencido el Parlamento británico hacia mediados del siglo XIX, porque por algo aprobó el 5 de julio de 1865 la primera ley del mundo que limitaba la velocidad de circulación en carretera. Fue una ley muy severa. Ríanse de los puntos que se quitan ahora o de las sanciones económicas. Entonces fue mucho peor, y nadie se atrevía a pasar de los 6 kilómetros por hora de velocidad máxima permitida.

Gran Bretaña se puso en este plan porque también fue el país pionero en contabilizar las primeras víctimas de tráfico. Ocurrió años antes, cuando la caldera de una diligencia con motor a vapor explotó y mató a cinco viajeros e hirió a otros muchos. Aquí le cogieron miedo al vehículo a motor, porque los tradicionales caballos no explotaban. Para evitar males mayores, se pusieron en marcha para elaborar una ley muy restrictiva en límites de velocidad y en la construcción de vehículos a motor. La llamaron la Locomotiv Act, estuvo vigente treinta años y frenó cualquier intento de los fabricantes de desarrollar vehículos autopropulsados.

Porque fíjense lo que hacían. No sólo limitaron la velocidad a 4 millas por hora, unos 6 kilómetros de velocidad máxima, es que, además, un tipo agitando un trapo rojo tenía que correr delante de cada coche alertando a los peatones del peligro que se les venía encima. Claro, los constructores de vehículos y los ingenieros se negaron a desarrollar la industria mientras el gobierno no quitara al tipo del trapo rojo, que, por supuesto, corría más que los coches. Pero nada, los del trapo rojo siguieron corriendo delante durante tres décadas.

Precisamente por ello, Gran Bretaña sufrió un parón en el desarrollo automovilístico y se le adelantaron en la industria Francia, Alemania y Estados Unidos. El propio Thomas Alva Edison, aquel que lo inventó casi todo, echó una bronca tremenda a los ingleses. Les dijo: «Ustedes tienen las mejores carreteras, los mejores ingenieros, pero también tienen tantos prejuicios estúpidos que siempre irán por detrás del resto de la industria». Y encima conducen por la izquierda.

Patentada la máquina de escribir

El 23 de julio de 1829 quedó marcado en el calendario de efemérides como una fecha reseñable. Pero lo cierto es que quien lo marcó lo mismo podría haber señalado el nacimiento de un sobrino, porque mérito, lo que se dice mérito, no tiene mucho. Aquel día, un señor llamado William Austin Burt patentó la máquina de escribir. Gran invento si no hubiera sido porque ya estaba inventada, porque no se parece en nada a la que todos hemos conocido y porque era más lenta que escribir a mano.

Lo que William Austin Burt patentó no servía prácticamente para nada. De hecho nadie compró la patente y nadie comercializó el invento. Hubo que esperar hasta principios del siglo XX para tener una máquina de escribir de teclas y rodillo, las mismas que comenzaron a vender como churros las empresas Remington y Underwood.

Ahora bien, todos nos hemos preguntado alguna vez, mirando el teclado del ordenador, a quién se le ocurrió distribuir el abecedario de forma tan anárquica. ¿Por qué la «ese» está junto a la «a» y por qué entre la «erre» y la «uve» doble está la «e»? Pues tiene su sentido. Porque se trataba de que las letras que formaban las combinaciones más comunes de palabras estuvieran alejadas lo más posible. Así se evitaba que las varillas que golpeaban el papel e imprimían la letra se amontonaran, provocando el atasco de la máquina.

Es evidente que esto ya no tiene sentido, porque como todo el mundo sabe la letra sale ahora del teclado y aparece milagrosamente en una pantalla de ordenador, pero la distribución del alfabeto es igual a la de hace siglo y pico. Y no es la única herencia de la máquina de escribir. Hay muchas, pero una especialmente simpática. Cuando escribimos un correo electrónico existe la opción de mandarlo con copia: es lo que en la pantalla aparece como «CC». Pues estas siglas CC significan, literalmente, copia de carbón; una clara referencia a aquel papel negro que poníamos entre dos folios en una máquina de escribir para tener dos textos por el trabajo de uno. Ahora somos todos muy modernos, pero gran parte de la jerga del ordenador se la debemos directamente a la abuelita, la máquina de escribir.

Anulada la ley del divorcio

El divorcio es una de esas leyes españolas que aparecen y desaparecen del panorama político según la amplitud de miras y el respeto a la libertad del gobierno de turno. En 1939, ya se sabe, las miras y las libertades individuales comenzaron una larga agonía que duró casi cuarenta años, y fue el 23 de octubre de 1939 cuando el gobierno de Franco anuló la ley del divorcio aprobada en la Segunda República. Si el dictador viera la cantidad de nietos que se le han divorciado, alguno varias veces, le daba algo.

La ley de divorcio aprobada durante la República era muy avanzada para su tiempo, porque contemplaba aspectos tan novedosos como la fórmula del mutuo disenso, la posibilidad de que la pareja acordara el destino de los hijos menores o la obligación mutua de pensión alimenticia. Hasta que en el 39 volvieron a insistir en eso de «hasta que la muerte os separe», pero no para quien lo eligiera. Para todos. Porque, dicho por boca de los falangistas y los franquistas, el divorcio fue uno de los ataques más violentos a España y a los católicos. De todos es sabido que la totalidad de los españoles era católica. Los que no lo eran, también, aunque ellos no lo supieran.

Desde 1981, España y los españoles vuelven a disfrutar de una ley de divorcio; una ley que costó mucho sacar adelante, porque la oposición de la Iglesia y los conservadores todavía era muy violenta. La Conferencia Episcopal hizo aquel año una advertencia catastrofista: «El divorcio —dijeron los obispos— se transformará en una puerta abierta a la generalización del mal en España». Pero al final el sentido común se impuso a la intransigencia.

Luego vino la segunda parte, que es la más interesante. Hombre, ya que el divorcio volvía a permitirse, por qué desaprovecharlo. Muchos de los que se opusieron a él tomaron camino del juzgado para disolver matrimonios insoportables. Y un dato para los agoreros: en veinticinco años, la tasa bruta de divorcios en España se situó en torno al 1 por mil, la mitad de la media de la Unión Europea. Y la mejor noticia es que quien no quiere, no se divorcia.

Comienza a instalarse el reloj de la Puerta del Sol

Si alguien no conoce el reloj de la Puerta del Sol es que es noruego. Ahí colocado, en el kilómetro cero del país, con su péndulo de 3 metros y con su bola bajando en el comienzo de cada día. Dando las horas, imperecedero, desde hace más de ciento cuarenta años.

El 6 de noviembre de 1866 su creador, el relojero leonés José Rodríguez Losada, comenzó a montarlo ante el pasmo general de la concurrencia madrileña. Era muy grande, muy bonito y había venido directo de Londres.

Y llegó de Londres porque el relojero Losada, un liberal exiliado, lo construyó allí para luego regalarlo a la reina Isabel II y al pueblo de Madrid. Se decidió colocarlo en la sede del Ministerio de la Gobernación, lo cual dio lugar a bastantes chuflas, porque al principio el reloj no funcionaba con demasiada precisión y enseguida le sacaron coplillas. Ésta tiene guasa:

Este reló tan fatal
que hay en la Puerta del Sol,
dijo un turco a un español,
¿por qué funciona tan mal?
Y el turco con desparpajo
contestó cual perro viejo:
este reló es el espejo,
del gobierno que hay debajo.

Dicen los expertos que la maquinaria es una maravilla. Cualquiera de sus piezas se puede cambiar sin tener que desmontar el reloj, y tiene sonería, no sólo de horas, sino de cuartos, lo cual es muy raro pero también muy divertido el día de Nochevieja. El reloj de la Puerta del Sol lleva sonando así casi siglo y medio, y todavía muchos se hacen un lío con los cuartos, las uvas y las campanadas.

Es también uno de los más precisos del mundo, porque sólo se retrasa cuatro segundos al mes, y esto no lo pueden decir todos los relojes. Pero sepan una cosa: en Nochevieja, el reloj de la Puerta del Sol tiene truco. Todos los finales de año se manipula la maquinaria para que el ritmo de las doce campanadas sea más lento y dé tiempo a comerse las uvas, truco este que no se empleó en la Nochevieja de 1996 por un fallo de comunicación entre técnicos, con lo cual media España acabó atragantada porque fue imposible comerse las uvas a tal velocidad. Es trampa, sí, pero una trampa bienintencionada.

Primera escuela de taquigrafía

Luz y taquígrafos, o sea, claridad en los planteamientos y por escrito para que quede constancia. Es una frase que popularizó el cinco veces presidente de Gobierno Antonio Maura cuando dijo aquello de: «Yo, para gobernar, no necesito más que luz y taquígrafos». Pues bien, la taquigrafía nació como cátedra en España el 21 de noviembre de 1802. Fue entonces cuando se creó la escuela oficial de esta técnica de escritura que sólo entiende quien la escribe.

No hay un inventor concreto a quien achacarle esto de la taquigrafía, que es un conjunto de signos con los que se puede representar la palabra simultáneamente a su pronunciación. Pero sí se sabe que el asunto viene de antiguo y que ya el romano Cicerón tenía un esclavo que pillaba los discursos al vuelo gracias a que utilizaba unos garabatos para poder escribir a la misma velocidad que hablaba su jefe. Luego los pasaba a limpio. Bien, pues desde los tiempos de Cicerón hasta ese año de 1802, no habíamos oído hablar en España de la taquigrafía.

Fue Francisco de Paula Martí el que logró que el gobierno de Carlos IV creara la cátedra de taquigrafía y quien publicó uno de los métodos para aprenderla. Se titulaba «Tachigrafía castellana ó arte de escribir con tanta velocidad como se habla». La primera vez que se usó oficialmente fue en las Cortes de Cádiz, o sea, que la transcripción de los debates para la creación de la primera Constitución española, *La Pepa*, salió de los garabatos de los taquígrafos. Y hasta hoy. Los taquígrafos de las Cortes tienen tal importancia, que sin ellos quedaría cojo el *Diario de Sesiones*.

Da igual que se vaya la luz, pero los taquígrafos tienen que estar. Acceder al puesto no es fácil. En las oposiciones que se convocan a Cortes aprietan mucho y la mayoría sale cateada. En 2007 se nombró sólo a siete nuevos taquígrafos, todas chicas, por cierto. Lo que sí tienen que tener es mucha calma para aguantarse las ganas de tirarle la máquina de estenotipia a la cabeza a algún orador que no se le entiende ni papa cuando habla. Pero si sobrevivieron a Manuel Fraga, aguantarán lo que les echen.

Día de la Marmota

El asunto va de tradiciones. Nos pilla un poco lejos, pero es una costumbre simpática que comenzó a celebrarse el 2 de febrero de 1887 en Punxsutawney, un pueblito de Pensilvania (Estados Unidos). Es el Día de la Marmota, que consiste en esperar a que un bicho de estos salga de su madriguera y ver qué hace. Si vuelve a meterse, es que aún quedan seis semanas más de invierno. Si se queda fuera, es que la primavera llegará antes de tiempo. Cosas de yanquis.

No está claro si esta tradición la llevaron los irlandeses o los alemanes que se instalaron en el Estado de Pensilvania. Se trataba de un truco doméstico con el que los granjeros pretendían adivinar si era o no buen momento para cultivar los campos. Y se hacía de la siguiente forma. Se buscaba la madriguera de una marmota, ya saben, un roedor grande y rechoncho, de patas cortas y cola peluda, y se esperaba a que saliera del refugio donde había hibernado. La marmota podía tener dos reacciones: quedarse fuera o volverse a la madriguera para dormir unas semanas más. Está claro que si continuaba fuera, es que al invierno le faltaba poco para irse.

Hasta aquí la realidad más rural, y a partir de ahora el festejo y la leyenda. Hace más de ciento veinte años, los vecinos de

Punxsutawney se plantearon que por qué no convertir en fiesta esta costumbre, y que en vez de ir a buscar madrigueras, mejor adoptar una marmota y echar unas cañitas a su costa. La marmota de Punxsutawney se llama Phil. Siempre se llama Phil, aunque ya se pueden imaginar que han pasado muchas marmotas con este nombre.

Cada 2 de febrero se mete a Phil en una cuba que hace las veces de madriguera. Entonces se abre sobre un escenario la cuba mientras varios señores con chistera y levita esperan la reacción. Dicen que si el 2 de febrero hace sol, la marmota se asustará de su sombra y volverá al refugio, indicando que aún quedan seis semanas de invierno. Si está nublado y la marmota se queda fuera, la primavera está cerca. Pues muy bien, pero está demostrado que la marmota sólo acierta una vez de cada diez.

Més que un club

El Futbol Club Barcelona lo fundó un suizo, lo presidió un inglés y nació en un gimnasio. Y todo ello ocurrió el 29 de noviembre del año 1899. Al principio el club no tenía banquillo, porque lo componían doce jugadores mondos y lirondos, o sea, que no valía lesionarse porque no había repuesto. Pero éstas son sólo las anécdotas de hace más de un siglo. Hoy lo que cuenta es que el Barça es uno de los equipos más grandes del fútbol mundial. «*Més que un club*», es un sentimiento y una identidad.

El suizo Hans Gamper, rebautizado luego como Joan Gámper, fundó el Barça poniendo un anuncio en el diario *Los Deportes*. Respondieron once: dos suizos, tres ingleses, un alemán y seis catalanes. Hala, ya tenían equipo. Se juntaron en una primera cita aquel 29 de noviembre en el gimnasio Solé y acordaron montar un club de fútbol para divertirse y hacer deporte. Qué tiempos. Divertirse y hacer deporte. A quien se le diga...

El primer partido lo perdieron por un gol a cero, pero es que jugaron con un equipo de ingleses que vivían en Barcelona, y los *british* se las sabían todas en esto del fútbol.

Uno de los mayores misterios del Barça son precisamente sus colores. ¿Por qué el azul y por qué el grana? Pues a día de hoy, ni siquiera los barcelonistas han podido confirmar los orígenes. Una de las teorías, la más simple y quizás la más razonable, dice que la madre de uno de los jugadores, al ver que el equipo no tenía uniforme, hizo fajas de colores azules y granates para que pudieran diferenciarse de los contrarios. No es ninguna tontería, al fin y al cabo siempre son las madres las que acaban encontrando la solución oportuna.

Otra hipótesis decía que el blaugrana lo eligió el propio Joan Gámper, porque ésos eran los colores del escudo del cantón suizo donde nació. Falso. Gámper nació en Winthertur, en el cantón de Zúrich, y los colores del escudo son el blanco y el azul; o sea, que si alguien lleva los colores del pueblo del fundador del Barça, lamentándolo mucho, ése es el Español. Jugarretas del fútbol.

Hora arriba... hora abajo

Alguien se preguntará de dónde viene esto de retrasar una hora los relojes en octubre y volverlos a adelantar en marzo. Pues venir viene de lejos, de principios del siglo XX, y el argumento oficial era el mismo que el de ahora: se trata de aprovechar más horas de sol y ahorrar energía. Los tres primeros países del mundo que adoptaron el cambio de hora fueron Inglaterra, Irlanda y Francia, y el 5 de junio de 1916 aprobó la medida oficialmente uno de ellos: Francia.

La Asamblea francesa acordó como medida de ahorro el adelanto de una hora, para disgusto de los franceses, a quienes molestó sobremanera que les tocaran los relojes. España también se sumó poco después al cambio horario, y con ella varios países, hasta que llegó la Segunda Guerra Mundial y los horarios de invierno y verano se fueron al garete. Bastante tenían los europeos esquivando bombas como para estar pendientes de los relojes.

En 1974, como consecuencia de la crisis del petróleo, la mayor parte de los países industrializados volvió a tomar la misma medida. Todos, salvo uno, el de siempre, Suiza. Los suizos se negaron a cambiar la hora y se convirtieron en un islote horario europeo. Dijeron que ellos no tenían por qué seguir las sugerencias de la Comunidad Económica Europea porque iban por libre y eran más ricos que nadie. Ya. Pues muy ricos y muy independientes, pero acabaron hechos un lío en los aeropuertos y las estaciones de tren, porque las salidas de sus transportes no coincidían con las de los países vecinos. Al final se rindieron y, en 1981, dieron el brazo a torcer.

Pero aunque los ajustes horarios son del siglo XX, las preocupaciones por el ahorro energético vienen de antes, del siglo XVIII, y el primero en dar ideas para aprovechar más el sol y ahorrar energía fue Benjamin Franklin. Lo que pasa es que el señor Benjamin era un poco drástico en sus propuestas. Una de ellas decía que todas las campanas de las iglesias repicaran a la misma hora para que todo el mundo se levantara a la vez. Claro, como él madrugaba mucho porque estaba inventando el pararrayos…

Pedrada extraterrestre a un humano

O el meteorito tuvo mucha puntería o el humano mala suerte. El 30 de noviembre de 1954 es la fecha en la que está registrado el único impacto de meteorito sobre una persona. Aquel día, una piedra extraterrestre y malintencionada de casi cuatro kilos de peso cayó sobre una casa de Alabama, en Estados Unidos, atravesó el tejado, destrozó una radio y de rebote hirió a la señora Hodges. Abraracúrcix, el jefe de la aldea donde vive Astérix, sólo le teme a una cosa: que el cielo le caiga sobre la cabeza, pero, como él dice, eso no va a ocurrir mañana. Pues se equivoca, porque, de hecho, ocurre a diario.

Geólogos y astrónomos calculan que diariamente caen sobre la Tierra 150 toneladas de materia procedente del espacio; lo que pasa es que la inmensa mayoría son proyectiles más pequeños que un grano de arena y no nos enteramos. Otros de mayor tamaño impactan, sobre todo, en océanos y en zonas despobladas, y de los poquísimos que caen en zonas habitadas, la mayoría lo hace sobre casas y coches. Aunque algún animal sí se ha visto dañado. En 1911, un meteorito mató a un perro en Egipto.

Para todos aquellos que disfrutan con la visión de una estrella fugaz y que se apresuran a pedir un deseo, sólo un consejo. Que el deseo sea que no les caiga en la cabeza, porque esa estrella fugaz no es tal, es un cuerpo sólido rocoso o metálico que al entrar en la atmósfera, literalmente, arde y, casi siempre, se desintegra. Cuando no se descompone por completo y logra impactar en la superficie de la Tierra es cuando al pedrusco se le da el nombre de meteorito.

La última caída sonada de un meteorito se registró en Perú en 2006. Tenía el tamaño de una pelota de baloncesto y no dio a nadie, porque cayó en una zona despoblada de Carancas. El cráter que dejó la piedra midió 13 metros de diámetro. Afortunadamente, los científicos aciertan bastante, y sus cálculos dicen que la probabilidad de que un meteorito impacte contra un ser humano es de una vez cada ciento ochenta años. Como a la señora Hodges le arreó uno aquel 30 de noviembre de 1954, ya no caerá otro hasta el año 2134. A nosotros, seguro que no nos da.

El primer No-Do

Qué bonito era el No-Do, con sus inauguraciones de pantanos, con sus señoritas de la Sección Femenina formando a futuras amas de casa, con sus obispos y sus arzobispos bendiciendo grupos de Coros y Danzas, con sus desfiles de la Victoria... El 4 de enero de 1943 las salas de cine españolas estrenaban el primero de los 4.016 Noticiarios y Documentales Cinematográficos que hubo que tragarse por obligación durante los siguientes treinta y tres años. La mayor parte de las veces, el No-Do tenía más ficción en sus guiones que la película que venía después.

El No-Do era la propaganda de la dictadura, el telediario de Franco, y aquel 4 de enero los ciudadanos de posguerra que tenían cuerpo y una perra gorda para ir al cine en plena hambruna vieron un reportaje sobre el ambiente navideño que vivía España. La primera imagen que se vio fue un puesto repleto de pollos con la que se pretendía demostrar la oferta alimenticia que tenían los españoles, cuando gran parte de los españoles se pasaban el día en las colas del auxilio social con la cartilla de racionamiento en la mano.

Pero aquel No-Do proyectó muchos más asuntos interesantes en su primera edición. En el bloque de deportes se informó del partido de fútbol entre la selección Arma Aérea Italiana y el Atlético Aviación, y también de la gran demostración deportiva nazi que hubo en Berlín ante Hitler. La sección de sociedad se ocupó de la moda de peinados en París, y la internacional acercó asuntos tan interesantes como la cosecha de algodón en Ucrania, la utilización del metano en Italia como sustitutivo de la gasolina y el desfile de las tropas japonesas ante el emperador Hiro-Hito.

El aguinaldo de la División Azul, un reportaje sobre el teniente general Muñoz Grandes y, por último, un señor bajito, gordo y con bigote que en la intimidad atendía por Paco entregando despachos a los nuevos oficiales del Estado Mayor completaron aquel primer No-Do.

Cuando uno se había tragado toda la propaganda franquista, entonces sí, ya se podía ver a «Tirone Pover», a «Clar Gable» y a «Josefine Baquer».

Historias de la mili

Hace años que se acabó aquello de ir a la mili por obligación, algo que venía impuesto desde el 10 de enero de 1877, cuando se implantó en España el servicio militar obligatorio. Cuatro años de mili. Un infierno peor que el de Rambo, porque entonces España estaba metida en guerras cada dos por tres, y cuando el Estado te arrebataba a un miembro de la familia para hacer la mili... malo. Ya lo decían entonces: Hijo quinto sorteado, hijo muerto y no enterrado.

Aquella ley de 1877 obligaba a que todo mozo español de veinte años dedicara cuatro años de su vida al ejército. Con excepciones, claro, porque se podía pagar por librarse de la mili o mandar a un primo como sustituto del recluta sorteado. Es decir, uno se libraba pagando mil quinientas pesetas al Estado, una millonada, con lo cual es fácil imaginar quiénes podían librarse de ser llamados a filas. Esto se llamaba «redención a metálico», pero no era la única opción legal para excusar el alistamiento: la familia del quinto podía pagar a un pariente hasta en cuarto grado civil para que acudiera a filas en su lugar. El que aceptaba, además de tener que ser como mínimo un primo carnal, también hacía, más que el primo, el panoli. Pero, bueno, para algo tenían que servir los parientes pobres.

Queda claro, pues, que a la mili sólo iban los más desgraciados, y éstos no se podían librar a no ser que midieran menos de 1,54. Y a veces ni por ésas, porque a estos reclutas dados inicialmente como inútiles se les obligaba a volver a medirse tres años después por si acaso habían crecido.

Con la ley de 1912 llegaron otras posibilidades para quedar excluido de la mili: el peso y el perímetro torácico. Pero el ejército fue tan hábil para que no se les escapara ni uno, que hicieron creer que ser bajito, con poco peso y estrecho de pecho tenía pésimas connotaciones sociales y sexuales. Es decir, les hacían sentirse poco hombres, y así, en vez de ponerse contentos por librarse de la mili, los dados por inútiles se agarraban una depresión de caballo porque, socialmente, estaban mal vistos.

Pero todo aquello acabó, y lo malo es que también acabaron las divertidas y fantasiosas batallitas de la mili.

El triste principio de RNE

Suena a rancia, pero lo hecho, hecho está, y cada uno nace donde puede y cuando le toca. El 19 de enero de 1937 nació en Salamanca Radio Nacional de España. La de entonces y la de hoy se parecen como un huevo y una castaña, y sólo el nombre se mantiene invariable. Pero el término nacional que se empleó entonces, tampoco tiene nada que ver con el de ahora, porque hace setenta y un años Franco se apropió de la palabra y ahora la palabra es la antítesis de Franco. Antes era Nacional porque era de unos pocos y ahora es Nacional porque es la pública.

Fue Millán Astray, aquel que dijo eso de «¡Muera la inteligencia!», el primero que se encargó de organizar aquella Radio Nacional de la guerra. Y la organizó igual que organizó la legión: los periodistas tenían que alinearse y cuadrarse al toque de silbato, como en un cuartel, porque bien es cierto que muchos de ellos eran militares metidos a periodistas.

La voz que inauguró las emisiones oficiales en Salamanca fue la de Fernando Fernández de Córdoba, que era, por supuesto, militar, pero que, sobre todo, era actor metido a locutor. Muchos recuerdan su voz, porque fue la misma que leyó el famoso parte de final de guerra, aquel que decía: «En el día de hoy, cautivo y desarmado, el ejército rojo, bla, bla, bla...».

Fernández de Córdoba confesó que aquel 19 de enero estaba muy nervioso, porque enfrente de él estaban sentados el embajador de la Alemania nazi, Von Faupel, y el propio Franco, envuelto en un capote del Tercio. Los dos estaban muy pendientes de ver qué tal se daba la inauguración. El alemán estaba allí porque la tecnología la habían aportado e instalado ellos, los nazis.

Era una emisora Telefunken de 20 kilovatios de potencia y una antena de 40 metros.

Sólo un pero que ponerle al soldado locutor Fernández de Córdoba: gritaba mucho. Tanto, que no le hubiera hecho falta emisora para que España se diera por enterada de cómo iba la guerra. Pero, bueno, de su boca salieron las primeras palabras de esa santa casa. Fue a las nueve en punto de la noche de hace más de setenta años, en la Radio Nacional de entonces y en la Pública de ahora.

Nace el Paricutín

Curioso nacimiento el que se produjo el 20 de febrero de 1943. Vino al mundo la que todavía hoy es una de las montañas más jóvenes del mundo, y lo hizo de una manera muy tonta y dando un tremebundo susto a un paisano que cuidaba sus ovejas. Nació el Paricutín, un volcán que no era nada hace seis décadas y que ahora es una montañita de 600 metros de altura. Está en el Estado de Michoacán, en México, en un pueblito que entonces se llamaba Parangaricutiro y que hoy, como es fácil imaginar, está debajo de la lava.

El vecino que se llevó el susto fue Dionisio Pulido, y hasta ahora es el único testigo directo que registra la vulcanología. Tan, tan directo que el volcán nació bajo sus narices. Estaba el hombre cuidando sus borregas cuando notó un temblor y vio cómo se abría una grieta. Comenzó a salir vapor y piedras, y ya no se quedó a mirar qué más pasaba. Salió corriendo hacia el pueblo y contó lo que sucedía.

Al día siguiente el Ayuntamiento se reunió con carácter de urgencia y levantó un acta muy simpática con los hechos. Entre otras cosas decía que había emergido una fogata de una zanja abierta y situada entre las parcelas de cuatro propietarios. Como ya dedujeron ellos que aquello parecía un volcán, decidieron bautizarlo en aquel mismo momento como volcán de Paricutín.

En sólo una jornada el Paricutín se elevó 6 metros sobre el suelo. Al día siguiente alcanzó los 50 metros, y 140 en la primera semana. Después de nueve años de erupción continuada, ahí lo tienen, todo un señor volcán de 600 metros de altitud. Menos mal que el volcán nació avisando y no murió ningún vecino. La zona se despobló y los ríos de magma ganaron para sus fueros 25 kilómetros cuadrados de terreno. Las casas y los comercios de varias poblaciones se esconden ahora bajo la lava, y lo único que asoma es el campanario de la iglesia de San Juan. La buena noticia es que la torre, allí plantada en mitad de un mar de negra roca volcánica, ha convertido la zona en un atractivo turístico. Turistas que aún buscan la experiencia de que les crezca un volcán bajo los pies.

Un kilo de 800 gramos

¿Se puede decretar por ley que un kilo de pan pese 800 gramos? Poderse se puede, aunque sea una tomadura de pelo y, de hecho, se hizo. El 10 de abril de 1918 el gobierno del conservador Antonio Maura admitió oficialmente que el kilo de pan pesara 800 gramos. Para entendernos: no es que se aprobara la venta de 800 gramos al precio de un kilo, porque eso sería simplemente un encarecimiento del producto, sino que tú pedías un kilo de pan y te daban 800 gramos. Aunque también podías comprar medio kilo. Pero entonces te daban 400 gramos.

El episodio se sitúa en mitad de una crisis social que el gobierno no supo atajar por pura inutilidad, porque en vez de legislar para defensa del consumidor, decretó a favor de los especuladores. Se sabía que los acaparadores ocultaban mercancías para provocar la escasez y la inflación. Lo sabía todo el mundo, pero el gobierno se mostró absolutamente incapaz de frenar los abusos. Y eso que antes ya se había aprobado una ley de subsistencias para evitar situaciones de este tipo.

¿Por qué estaba tan caro el precio del pan en 1918? Los tahoneros decían que porque la harina se había disparado. ¿Y por qué estaba cara la harina? Pues los fabricantes decían que porque no había trigo. Pero trigo había para parar un tren. Parte de él estaba acaparado y oculto, y otra parte se exportaba clandestinamente al extranjero.

Puestos en este plan, las tahonas iban a lo suyo y cada una ponía el pan al precio que le apetecía. Así que, un buen día el gobierno, incapaz de obligar a que la mercancía acaparada se distribuyera y de frenar la exportación clandestina, decidió subir el pan y que todas las tahonas lo pusieran al mismo precio. Pero como era muy impopular decir el kilo de pan pasa de 36 céntimos a 54, decidieron que mejor dejar el precio del kilo al mismo costo, pero declarando por ley que a partir de entonces el kilo de pan pesaba 800 gramos.

Era una patada al sistema métrico, pero una patada legal. Tal y como escribió un cronista de la época, el gobierno, por no frenar una ilegalidad, legalizó una inmoralidad. Y de paso llamó tonto al ciudadano.

Baja natalidad en el Vaticano

Decir que en Ciudad del Vaticano nacen pocos niños es una perogrullada, porque, de lo contario, estaría feo. Pero para cuando eso ocurre, hay un Registro Civil como Dios manda, y ese Registro Civil se inauguró el 17 de junio de 1929. Ese día se inscribió al primer nacido dentro de los límites del Vaticano, pero, teniendo en cuenta que el país sólo existía desde cuatro meses antes, está claro que el crío fue concebido en el extranjero.

Ciudad del Vaticano existe como país desde febrero de 1929, por eso todos los nacidos anteriormente en el recinto de la Santa Sede eran simplemente romanos. Tampoco es que nazcan una enormidad de críos en el Vaticano; de hecho, es el país con el índice de natalidad más bajo del mundo, pese a que su gobierno es el más preocupado por la baja tasa de nacimientos en el planeta Tierra. Lo que pasa es que no se les puede sugerir que prediquen con el ejemplo.

Otro asunto son los bautizados, en su mayoría hijos de parejas que trabajan como funcionarios de la Santa Sede, y que suelen contar con el privilegio de ser cristianados por el papa. Uno de los bautizos multitudinarios se produjo el 13 de enero de 2007, día en que Benedicto XVI bautizó a trece críos en la Capilla Sixtina. El dato de trece niños bautizados el día 13 arroja un nuevo dato: en el Vaticano no son supersticiosos.

La cuestión demográfica vaticana es muy curiosa, porque es un Estado que cuenta sólo con alrededor de 900 habitantes. Pero, según el padrón elaborado por Ciudad del Vaticano, sólo 557 de ellos tienen la ciudadanía vaticana. Si tenemos en cuenta que de esos 557 ciudadanos vaticanos, vaticacenses o vaticaceños sólo 43 son laicos, así se entiende cómo tienen tan poca prole.

El resto son cardenales, eclesiásticos y los 101 componentes de la Guardia Suiza, que, vaya por Dios, son los únicos que están en edad de merecer porque tienen entre diecinueve y treinta años. Lamentablemente, para ejercer como guardias suizos también se les exige soltería, con lo cual es del todo imposible que la población del Vaticano alcance niveles mínimamente decentes de natalidad. Así no hay quien pueda.

Tigres sin trapío

¿Creen que las plazas de toros sólo servían antes para eso, para lidiar toros? Ahora también se usan para mítines, conciertos, para instalar circos y hasta para exhibiciones acrobáticas. Pero antes, a principios del siglo pasado, las plazas también se utilizaban para que el respetable disfrutara de la lucha entre fieras salvajes. Y fue el 24 de julio de 1904, en plena Semana Grande de San Sebastián, cuando en una jaula plantada en el centro del ruedo se enfrentó un toro sevillano a un tigre de Bengala. Resultado: los dos bichos fulminados, un espectador muerto y más de veinte heridos.

Aquel suceso sirvió para que la autoridad competente prohibiera a partir de aquel momento el enfrentamiento de toros con tigres, de toros con elefantes y de toros con leones. O toros contra toreros, o nada.

Aquella tarde del 24 de julio en la plaza de San Sebastián se anunció una novillada de la ganadería sevillana de Antonio López Plata, y una segunda parte de espectáculo en la que el toro Hurón (cárdeno, astifino y con trapío) se encerraría con el tigre César (rayado, bajo de agujas y bien armado). Comenzó la lucha. Hurón se fue a por César… le arreó… y el tigre, un poco manso, todo hay que decirlo, tras recibir el primer envite se hizo el muerto pegado a los barrotes de la jaula.

Al público le supo a poco la pelea y protestó, así que el personal asistente azuzó a César para que se levantara y plantara cara a Hurón. Para que se metiera en su papel de tigre, vamos. César se fue a por el toro y el toro volvió a embestirle, con tan mala fortuna que el golpe del tigre en la puerta abrió la jaula. La pelea siguió en el ruedo para espanto de los espectadores, porque la barrera sirve para frenar a los toros, y no siempre, pero un tigre se la salta a la torera y se hubiera merendado a un par de donostiarras.

Tuvo que intervenir la autoridad armada, que acabó con las dos fieras a tiros en mitad de un caos impresionante. Entre los nervios, el rebote de los disparos, el pánico del respetable y que algunos espectadores también sacaron sus armas, aquella tarde murieron Hurón, César y un humano. Otros veinte acabaron heridos de bala o pisoteados y nunca más se celebraron estupideces de este tipo. Olé.

Diario 16: libertad sin ira

Aquel lunes 18 de octubre de 1976 un nuevo periódico se instaló en los quioscos españoles. Se llamaba *Diario 16*, lo dirigía Ricardo Utrilla y costaba doce pesetas. Fue atrevido y se desenvolvió con desparpajo. Vespertino en sus principios, sensacionalista unas veces, riguroso muchas más... sufrió un atentado de los Grapo, destapó el escándalo de los GAL, las gamberradas de Luis Roldán... y, al final, entre todos lo mataron y él solito se murió.

De *Diario 16* quedan sus profesionales, porque dio mejor cantera que el Athlétic de Bilbao, y la canción compuesta para el lanzamiento del periódico y que se convertiría en el himno de la Transición democrática. El director general de RTVE en aquel 1976, Rafael Ansón, ahora Anson, un político heredado del franquismo, prohibió la difusión de *Libertad sin ira* en todas las radios y televisiones del país. Quedó en agua de borrajas, porque eso ya no había quien lo parara.

Diario 16 arrancó como intentan hacerlo todos, con una exclusiva: «El rey anula el castigo de Franco a los vascos», un titular que anunciaba la inmediata derogación del decreto franquista que declaraba a Vizcaya y Guipúzcoa «provincias traidoras». Pero el mayor espacio de aquella primera portada se la llevó otro guiño de libertad: la actriz Blanca Estrada subida a lomos de un burro en su papel de la republicana Mariana Pineda. Era la foto de uno de los capítulos de la serie de televisión *Paisaje con figura*, escrita por Antonio Gala y que regresaba a la programación tras un serio intento de censura. Comenzaba el regreso de los depurados.

Por las portadas más impactantes de *Diario 16* pasaron titulares tan irreverentes como «Wojtila Superstar» en la primera visita de Juan Pablo II a España; la pornográfica foto de Emilio Butragueño en la que la tensión por robar el balón a un jugador del Español le emocionó hasta límites insospechados; el titular a seis columnas que se llevó el regreso de «El último exiliado del franquismo», *El Gernika* de Picasso; y las otras seis que le tocaron a los Rolling Stones en el memorable concierto del 82. Tanto le gustó a Mick Jagger, que encargó una tirada especial para llevársela de recuerdo.

Diario 16 dejó de vivir aniversarios porque murió antes de tiempo, pero contribuyó sobremanera a que este país aún disfrute de libertad sin ira. Sólo con algún que otro cabreo esporádico.

Estreno de *La Dolores*

El día que el maestro Tomás Bretón estrenó la ópera en tres actos *La Dolores*, la auténtica protagonista de la historia llevaba muerta siete meses. El 16 de marzo de 1895 la alta alcurnia madrileña acudía al estreno en el Teatro de la Zarzuela de *La Dolores*, pero todos desconocían que Petra María de los Dolores Juana Benita Íñiga Peinador Narvión, natural de Calatayud y madre de seis hijos, ya había muerto a muy pocas calles del aquel teatro en la más absoluta miseria y soledad. La Dolores de Calatayud existió, pero su vida fue por un lado y el teatro la llevó por otro.

Cuenta la historia que un ciego cantaba coplas frente a un mesón de Calatayud para que le echaran unas monedas. Una moza salió del mesón y le dio una limosna generosa. El ciego, agradecido, supo que la maña se llamaba Dolores e improvisó una jota: «Si vas a Calatayud, pregunta por la Dolores, que es un chica muy guapa y amiga de hacer favores». ¿En qué momento estos favores caritativos se convirtieron en carnales? Cuando un periodista catalán, José Feliú y Codina, escuchó esta copla y con la única base de la famosa estrofa de los favores, escribió una obra de teatro que protagonizó la dama de las tablas, María Guerrero.

El estreno de la obra en Madrid se produjo a sólo unas manzanas de donde vivía la Dolores, pero el teatro había diseñado una vida que nada tenía que ver con la de la desgraciada joven que había salido de Calatayud.

La auténtica Dolores, la bilbilitana que inspiró la copla del ciego, fue, primero, una rica heredera en Calatayud y, después, una mujer despreciada por su familia porque dilapidó su fortuna con un marido codicioso. Acabó muriendo sola en Madrid y enterrada en una tumba de caridad mientras los espectadores aplaudían a rabiar la interpretación que de ella hizo María Guerrero.

Luego llegó la ópera de Tomás Bretón, y más coplas y más óperas y varios dramas y seis novelas y siete películas. Pero la Dolores continuó pudriéndose en el osario común del cementerio de La Almudena, ajena a una farsa en la que ella puso la vida y otros, el mito.

La Santa Hermandad

Día importante para los miembros de las fuerzas y cuerpos de Seguridad del Estado, el 27 de abril de 1476. Quizás ellos no le den importancia, pero aquel día de hace cinco siglos se aprobaba en las Cortes de Madrigal, en Valladolid, el proyecto de ordenanzas de la Santa Hermandad, un cuerpo de policía rural que se hizo especialmente famoso gracias a don Quijote. El hidalgo disfrutó de todas sus aventuras desafiando a la Santa Hermandad, y Sancho sufrió las aventuras de su señor temiendo que apareciera alguno de sus cuadrilleros.

Las primeras hermandades nacieron en Asturias en el siglo XII. Las componían caballeros y nobles dispuestos a perseguir malhechores. La eficacia de aquellas hermandades del norte llegó hasta Castilla y éste fue el principio de la Santa Hermandad Vieja de Toledo. A los Reyes Católicos les gustó la idea, y mucho más les gustó lo de Santa, así que establecieron en todos sus reinos aquel 27 de abril lo que se llamó la Santa Hermandad Nueva. Los cuadrilleros dejaron de tener que ser nobles para poder ser simples villanos; villanos que recorrían los caminos de cuatro en cuatro, de ahí lo de cuadrilla.

Y también había entre los cuadrilleros un buen puñado de caraduras. Los venteros, por ejemplo, que se sumaban a la Santa Hermandad porque eso les protegía ante sus propios desmanes. Un cuadrillero que fuera dueño de una venta podía darte gato por liebre o cobrarte de más, y daba igual que gritaras aquello de «favor a la Santa Hermandad», porque el ventero decía, «yo mismo».

Los de la Santa Hermandad iban uniformados, pero luego ya se les diferenciaba sólo por otros atributos: la media vara verde, la espada y un canuto de hojalata que llevaban colgado a la cintura con los documentos que acreditaban su condición. El uniforme de la Santa Hermandad fue verde en sus principios, aunque más tarde utilizaron sólo una camisa de ese color y, encima, un chaleco de cuero, de tal forma que sólo asomaban las mangas. Y aquí quería yo llegar. Porque ya les resultará fácil sospechar de dónde procede eso de «a buenas horas, mangas verdes».

El león de la Metro

Los estadounidenses fueron los primeros en olerse que esto del cine era un buen negocio. Y como fueron los primeros en empezar, lógico que ahora sean los que mejor lo hacen. Como la unión hace la fuerza, sobre todo en los negocios, el 17 de mayo de 1924 se llevó a cabo la fusión empresarial más rentable: se unieron las corporaciones Metro Picture, Goldwyn Picture y Louis B. Mayer Pictures. Resultado: la Metro Goldwyn Mayer. Y con ella nació su primera estrella: el león de la Metro.

El león al principio no rugía. Lógico, porque el cine era mudo y no iba a ser el león el único que hablara. Pero, en 1928, cuando se puso de moda el sonoro, se decidió grabar un rugido e incorporarlo al felino. El primer león de la Metro se llamaba Slats y había nacido en Sudán. Se hizo tan famoso que acudía a los estrenos de las películas en un cochazo y acompañado de sus cuidadores. Cosas de los americanos, que saben vender cine como nadie. Pero hay que fijarse, porque no siempre sale el mismo león. A Slats le sucedieron tres felinos más, porque los leones también se mueren.

El eslogan de la Metro en sus dulces años treinta, cuarenta y cincuenta era «más estrellas que en el firmamento». Y era verdad que las tenían. En su nómina tuvieron a Elizabeth Taylor, Marlon Brando, Clark Gable, Greta Garbo, Gene Kelly, Judy Garland, Frank Sinatra, Katherine Hepburn, John Wayne... Y, claro, con estos mimbres se pudieron hacer muy buenos cestos: *Ben Hur*, *Lo que el viento se llevó*, *Cantando bajo la lluvia*, *El mago de Oz*...

Los estudios de la Metro se convirtieron en la sede del *glamour* y la contrapartida fue que a sus estrellas se les subió el pavo. Cary Grant, por ejemplo, que se destapó como un tacaño redomado y cobraba los autógrafos a 15 centavos. O Clark Gable, que al principio se negó a hacer el papel de Rhett Butler en *Lo que el viento se llevó* porque no le gustaban los personajes de época. Y también se negó a interpretar a Fletcher Christian en *Rebelión a bordo* porque tenía que afeitarse el bigote. En la Metro le dijeron: «Francamente querido, nos importa un bledo». Y se lo afeitó.

Arranca el *Orient Express*

Unos cuantos privilegiados se apresuraban a hacer las maletas con sus mejores galas el 3 de octubre de 1883 porque al día siguiente emprenderían una aventura apasionante. Eran los elegidos para realizar el primer viaje oficial del *Orient Express*, un tren de reyes y el rey de los trenes. Aquel expreso era un empeño del belga Georges Nagelmackers, el joven visionario que puso en marcha el primer tren que atravesó Europa de este a oeste. Cuando el *Orient Express* abandonó la estación de Estrasburgo de París aquel 4 de octubre, arrancó un sueño sobre raíles.

La idea del belga no era original, sólo le dio una vuelta de tuerca. El proyecto se lo trajo madurado de Estados Unidos, porque comprobó que allí se podían hacer largos recorridos ferroviarios durmiendo en coches cama. Pero quiso ir un paso más allá, más hacia el lujo, hacia la comodidad más insospechada, así que se inventó el tren más pijo posible. Porque no se trataba de desplazarse, se trataba de viajar, de negociar a bordo, de amancebarse, de intrigar; de comer mejor que en el mejor de los restaurantes parisinos, de dormir en sábanas de seda, de manejar cubertería de plata; de ducharse con agua caliente, de hacer pis en sanitarios de mármol... lo nunca imaginado en un tren.

Pero aquel belga, además de emprendedor, era listo y necesitaba la mayor publicidad para su proyecto. La mejor manera de asegurársela era invitando a aquel viaje inaugural a ocho periodistas de los ocho principales periódicos europeos. Imaginen las maravillas que contaron los ocho reporteros después del viaje que se pegaron.

Pero Nagelmackers también tuvo la precaución de completar la lista de sus cuarenta exclusivos pasajeros con aristócratas, políticos y hombres de negocios. Cuando cada uno cantó en su respectivo círculo social las excelencias del *Orient Express* ya estaba todo hecho.

Aquel tren había alcanzado la fama en su primer viaje. Luego llegaron malos tiempos, peores guerras, la decadencia y el final de un sueño. Pero, caramba, qué bien se lo pasaron... sobre todo Mata Hari, que ligó a cuatro manos a bordo del *Orient Express*.

Nace Wimbledon

Wimbledon es el más antiguo de los torneos de tenis y el único del Gran Slam que se juega sobre hierba, y fue el 9 de julio de 1877 cuando se dieron los primeros raquetazos de esta competición. Nació el famoso torneo de Wimbledon, ése durante el cual llueve en el noventa por ciento de las ocasiones, porque por algo se celebra en Inglaterra, y que es el orgullo de los ingleses pese a que no lo ganan ni sobornando al contrario.

Al principio, los ingleses sí ganaban Wimblendon, porque por algo eran ellos los organizadores, pero en cuanto aprendieron a jugar los extranjeros y comenzaron a participar, los británicos ya no daban pie con bola. El último inglés que ganó lo hizo en 1936 y la última inglesa, en el 77. Eso de que jugar en casa ayuda a ganar es una paparruchada, al menos en Wimblendon. En los inicios del torneo sólo podían jugar hombres, y uno contra uno. Pero siete años después se pensó que no era un juego indecoroso para mujeres y ya las dejaron saltar a la hierba. Aprovechando la innovación, se comenzaron a disputar partidos de dobles.

Pero lo que tardó mucho en igualarse entre hombres y mujeres fue la cuantía de los premios. Durante ciento veintinueve años los hombres ganaban más que las mujeres, hasta 2007, cuando, por primera vez, cada ganador individual se llevó un millón cien mil euros. El trofeo, sin embargo, no es el mismo, los señores, como antaño, reciben una copa y las señoras, una bandeja, mucho más útil para servir el té. Lo que tiene de especial Wimbledon, al margen de la propia competición, es el mantenimiento del protocolo y las tradiciones. Allí hay que seguir jugando vestido casi totalmente de blanco, los jueces y recogepelotas visten de verde y en las instalaciones se toma el té con el meñique estirado caiga quien caiga. Decir que ha llovido mucho desde que se estrenó el torneo de Wimbledon es una obviedad, pero un detalle da la media del tiempo. En 1877 los espectadores pagaron un chelín por entrada. En 2007 algunos han aflojado hasta mil euros.

Eiffel, una torre mal querida

Menudo disgusto tenían los parisinos de finales del siglo XIX. Un ingeniero vanguardista llamado Gustavo les estaba construyendo en la ciudad una torre de hierro enorme, horrible y que no servía para nada, salvo para ser la estructura más alta del mundo. El único consuelo que les quedaba es que aquella torre, cuya cimentación comenzó el 28 de enero de 1887, iba a ser desmontada en cuanto terminara la Exposición Universal de París. Menos mal que no lo hicieron. La Torre Eiffel sigue donde el ingeniero Gustave la dejó.

La pena es que la Torre Eiffel la podríamos tener plantada en Cataluña, porque el ingeniero Gustave Eiffel propuso construirla para la Exposición Universal de Barcelona de 1888. Pero los responsables del Ayuntamiento barcelonés dijeron que aquello era muy caro, muy raro y que no encajaba en la ciudad. Además, Gaudí ya estaba construyendo su gran obra y la Sagrada Familia y la Torre Eiffel se daban de tortas. No pegaban. Así que Eiffel se fue con su torre a otra parte, a París, que era la anfitriona de la siguiente Exposición Universal, la del 89.

París dijo que bueno, que la hiciera, pero que luego la desmontara porque tampoco pegaba con la fina estética parisina. Y la torre comenzó a crecer, y los parisinos cada vez más espeluznados, y los artistas franceses con los pelos de punta… ¡Qué horror de monumento! ¡Qué monstruo de hierro que amenazaba con desmoronarse! Aquello había que desmontarlo a la voz de ya, y a punto estuvieron de hacerlo en la primera década del siglo XX.

Pero llegó la Primera Guerra Mundial y se descubrió que la elevadísima antena que coronaba la Torre Eiffel era crucial, porque interceptaba las comunicaciones de los alemanes. Por fin servía para algo aquella estructura de hierro de 300 metros de altura. Bueno, sirvió entonces para ganar la guerra y sirve ahora para que sea el monumento más visitado del mundo. Y no está en Barcelona. Pena.

El cruasán vienés

Allá va una historia simpática para el recuerdo y para cuando se moje un cruasán en el café con leche. Gracias a lo sucedido el 4 de septiembre de 1683, los austriacos inventaron el cruasán. Y no, no fueron los franceses. Los franceses inventaron la *baguette*, pero el cruasán es de los vieneses. Parece mentira que gracias a la bronca que tuvieron turcos y austriacos durante el sitio de Viena naciera un bollo tan rico y con dos patitas.

Los turcos se la tenían jurada a los vieneses. Vamos, que se querían quedar con la ciudad y organizaron el famoso sitio de

Viena. Llegaron a las puertas de la capital del imperio cien mil otomanos (turco arriba, turco abajo) con intención de no moverse de allí hasta que los vieneses se rindieran. Dos meses duró el cerco, pero como Viena resistía, los turcos se aburrían y comenzaron a hacer túneles para acceder a la ciudad por debajo de las murallas.

Los túneles los hacían de noche, para que los vieneses no se coscaran de la estrategia, pero había un gremio que madrugaba mucho para dar de desayunar a la población, el de los panaderos. Fueron ellos, panaderos y pasteleros, los que se percataron del ruido de picos y palas que tenían formados los turcos. Dieron aviso, el ejército se puso en marcha y los turcos tuvieron que retroceder para seguir asediando desde fuera. Fin a la estratagema de los túneles.

Leopoldo I, el emperador de Austria, premió a los panaderos con varios privilegios, entre ellos el de poder llevar espada al cinto. Los tahoneros, agradecidos a su vez, se dijeron «pues vamos a hacerle un bollo especial al emperador», y crearon un panecillo con forma de media luna para mofarse de los turcos. No es que los panaderos salvaran Viena del ataque, sólo dilataron el asedio hasta que llegara la ayuda exterior. Viena se salvó de los otomanos cuando llegaron el duque de Lorena y los polacos, y sólo entonces los turcos pusieron pies en polvorosa. Cuando mojen un cruasán, mírenlo de lado, verán la forma de la media luna. A los turcos también les gusta.

Lluvia de codornices en Madrid

Lo que sucedió en Madrid el 7 de septiembre de 1907 debió de ser para verlo, no para contarlo. Aquel día descargó una fenomenal tormenta en la ciudad. Pero en un área determinada, en la plaza de Oriente, frente al Palacio Real, lo que cayó fue una lluvia de codornices. Repito, codornices. Caían a cientos; otros dicen que a miles, pero el caso es que llovían muchas codornices. No dejó de ser la consecuencia de un fenómeno meteorológico, pero, caramba, qué susto.

Es de suponer que, pasado el sobresalto, los madrileños menos remilgados se pondrían ciegos de codornices escabechadas aprovechando la provisión del cielo, pero otros muchos quisieron adivinar un castigo divino en aquella lluvia de animales. Por aquel entonces no había demasiados medios de comunicación ni la suficiente cultura científica como para hacer llegar la explicación del fenómeno, que no tiene nada de misterioso si lo expone un meteorólogo.

Dicho muy simplemente, a aquellas codornices las pilló despistadas un tornado que las absorbió en su torbellino, las desplazó por el cielo y, cuando se aburrió de llevarlas en su regazo, las soltó en la plaza de Oriente.

Lo que nunca se determinó es si el tornado las recogió en tierra, mientras holgazaneaban y estaban en sus cosas, o si las sorprendió en plena migración, volando tranquilamente hacia África. Sea como fuere, a aquellas codornices el tornado les hizo la pascua. El fenómeno no es que sea muy habitual, pero tampoco excesivamente extraordinario. Años antes ya llovieron codornices en Valencia y Bilbao; pero en Menphis, Estados Unidos, llovieron serpientes; y peces y ranas en varias partes del mundo; y en Nápoles llovió sangre según los agoreros, pero los científicos dijeron que era agua con alto contenido en hierro y cromo. Y lo mejor, en Montreal llovieron mejillones, aunque lo malo de que te llueva un mejillón es que te descalabra y se te quitan las ganas de hacértelo al vapor.

Y ya que llueve casi de todo en todo el mundo, a ver si un día de éstos pasa un tornado por el Banco de España y nos cae algo gracioso.

A ritmo de *schottischs*

Reinaba por estos lares Isabel II cuando en el Palacio Real de Madrid, el 3 de noviembre de 1850, se celebró uno de los muchos saraos para gozo y disfrute de la corte. En aquella fiesta sonó por primera vez una música de pianola que ya bailaba la sociedad de casi toda Europa. En España se la llamó la polca alemana porque se supone que procedía de allí, pero en Alemania la llamaban *schottischs* porque era música escocesa. Fuera como fuese, aquella música se quedó en Madrid para los restos y, como eso de *schottischs* sonaba demasiado fino y demasiado largo, lo llamaron chotis.

Fue la zarzuela la que se encargó de popularizar el chotis, de cambiarle el nombre y de que la plebe aprendiera a bailarlo, pero conste que la tradición de este baile no va más allá de siglo y medio. Las pianolas con las que al principio se tocaba el *schottischs* mudaron en organillos callejeros, las danzas de palacio en verbenas y los marqueses en chulos. Ahí nació el chotis. No hay datos de cómo se apañaron los bailarines en la fiesta del Palacio Real aquel 3 de noviembre, porque era la primera vez que lo bailaron, pero sí se sabe que a los cortesanos les gustó porque ya estaban un poco hartos del vals, un baile muy cansado porque no había forma de estarse quieto.

El *schottischs* requería menos esfuerzo, era más galante y más ceremonioso. El señor sólo tenía que juntar los pies, agarrar a la mujer con una mano, meterse la otra en el bolsillo y, girar en redondo sobre las punteras de sus zapatos. La señora bailaba alrededor y sólo de vez en cuando, al cambio de compás, se daban tres pasitos para adelante y tres para atrás. Este baile, trasladado luego a las verbenas y a la zarzuela, se hizo más agarrao, más estirao y más exagerao. Pero ya no era el *schottischs*, ya era el chotis, un nombre que facilitó que los madrileños le cogieran el gusto a la che, al chato, al chulo, al churro y a todo lo chipén. Ahora bien, no intenten explicarle a un escocés cómo se baila el chotis, ni mucho menos que ellos tuvieron la culpa.

Primer reto Oxford-Cambridge

Las tradiciones empiezan de la manera más tonta. Sin ir más lejos, la centenaria regata entre Oxford y Cambridge. El 12 de marzo de 1829 un estudiante de Cambridge, Charles Merivale, escribió una carta a un antiguo compañero de colegio, en ese momento estudiante en Oxford, Charles Wordsworth, retando a su universidad a una regata por el Támesis. Oxford aceptó y, salvo ligeros parones en el tiempo por las guerras y otras zarandajas, el reto ha llegado hasta hoy.

Aquel primer desafío que se formalizó el 12 de marzo y se concretó en junio congregó a veinte mil personas a orillas del Támesis. Los contrincantes de Oxford y Cambridge tuvieron que tomar la salida dos veces, porque la primera chocaron entre ellos. Era la primera vez y no estaban muy duchos con los remos. La segunda salida fue válida y acabó ganando Oxford. Todavía es costumbre que el perdedor se encargue de retar al ganador para verse las caras al año siguiente.

Muy pocas cosas han cambiado en ciento y pico años en la tradicional regata, porque continúa siendo un honor ser seleccionado como remero y la carrera sigue marcando el comienzo de la primavera. Por mantenerse, incluso se mantiene que la universidad que consigue pasar primera bajo el puente de Hammersmith acaba ganando.

En total son casi 7 kilómetros dándole que te pego al remo y, cuanto más pesados sean los remeros, mejor. Son ocho en cada bote, y cada uno pesa entre noventa y tantos y ciento diez kilos. El timonel o timonela, que también las hay, es otra historia, porque no debe llegar a los cincuenta kilos. Ya que no rema, que sólo dirige, por lo menos que no añada lastre. Doscientas cincuenta mil personas con una cerveza en la mano se congregan cada año para volver a cruzarse apuestas y ver cómo el timonel de la universidad ganadora acaba en remojo. Como es el más escuchimizado de la tripulación…

Crece la Sagrada Familia

Buen día el que vivió Barcelona el 19 de marzo de 1882, aunque los barceloneses no se percataran en aquel momento de lo que crecía en sus alrededores. Hace siglo y pico que se colocó la primera piedra de la Sagrada Familia, una catedral rompedora, incomprendida al principio, pero de una belleza tan anacrónica, tan fuera de su tiempo, que ahora no hay templo medieval que le tosa. Conste que la primera piedra no la puso Gaudí, y conste también que aún no se ha puesto la última. Con un poco de suerte, en el año 2026 veremos terminada la Sagrada Familia.

El proyecto original de la Sagrada Familia fue del arquitecto Francesc de Paula Villar, pero si la hubiera terminado tal y como él pretendía, con un estilo neogótico, seguramente ahora no estaríamos hablando de ella porque no hubiera quedado tan mona. Pero ocurre que el arquitecto Villar salió tarifando con el Ayuntamiento de Barcelona y, por eso, un año después entró en escena Antoni Gaudí, que con apenas treinta años ya sabía que aquello tenía que ser algo innovador, que nada tuviera que ver con la corriente arquitectónica que recorría Europa. Así que, cogió los planos de su antecesor y les dio la vuelta. Modificó el proyecto de arriba a abajo: fachadas, claustro, campanarios y capillas.

La Sagrada Familia se convirtió en la obra de la vida de Gaudí, en su obsesión, aunque ya sabía él que no viviría para terminarla. Y encima con lo tiquismiquis que era. Supervisaba cada detalle, cada escultura, cada vidriera, cada ladrillo, y los trabajos avanzaban con mucha lentitud. Tampoco es que pase nada, porque una catedral que se precie no debe concluirse antes de que pase por lo menos siglo y medio.

Qué no daría Gaudí por ver su obra terminada... tan distinta a como la retomó cuando la hizo crecer en mitad de un descampado rodeado de cabras y sembrados, y abrazada ahora por una Barcelona que ya no se entendería sin él. Qué no daría por verla por fuera, porque desde dentro, desde la cripta, ya la siente.

La Benemérita

La Guardia Civil es un cuerpo con solera y a veces, según la época, con salero. El 28 de marzo de 1844 Isabel II firmó el real decreto por el que se creaba el cuerpo, aunque esta primera ley quedó en papel mojado. No cuajó porque tenía grandes defectos, pero fue el embrión para poner a la Guardia Civil en orden dos meses después con otro decreto definitivo. Nacía el primer cuerpo de seguridad pública de ámbito nacional, y los que peor se lo tomaron fueron los bandoleros.

Porque los bandoleros fueron el principal objetivo de la Guardia Civil. Se habían adueñado de caminos, sierras y pueblos tras la Guerra de la Independencia, y en las zonas rurales los paisanos estaban desasistidos. De organizar el cuerpo se ocupó el archiconocido duque de Ahumada, un tipo listo que supo fijarse en quien ya lo había hecho antes. Tomó ejemplo de los gendarmes franceses y de los Mossos d'esquadra catalanes, y cogiendo lo mejor de uno y otro montó la Benemérita. Esto de la Benemérita se lo pusieron los propios ciudadanos, porque la Guardia Civil prestaba como nadie ayuda humanitaria.

Pero además de crear el cuerpo y adiestrar a profesionales había que cuidar su estética y sus modales. No hay que dejar de leer la Cartilla del Guardia Civil que redactó el duque de Ahumada. Es una joya de principio a fin, un manual de comportamiento cívico y humano que le sirve a cualquiera.

Es tan extenso el anecdotario de la Guardia Civil y tantas las especialidades con las que se ha ido ampliando desde que sólo apresaban bandoleros, que lo mejor es pasarse por su museo. Divertidísimo. Allí está desde el primer atestado que se hizo por una bronca en una taberna de Valencia hasta la evolución del tricornio, que no era de charol sino de fieltro. Pero como se manchaba mucho, se permitía forrarlos con hule negro. Y al final, para qué andar poniendo y quitando el forro. Los hicieron de charol y se acabó. Este gorro es tan desconcertante que sólo hay que recordar el titular de un diario de un país desinformado aquel 23-F: «Militares disfrazados de toreros asaltan el Congreso español».

Se crea el Pony Express

Un tipo llamado William H. Russell puso el siguiente anuncio en un periódico de Missouri hace siglo y medio: «Se buscan jóvenes delgados y resistentes menores de dieciocho años. Deben ser jinetes expertos, dispuestos a arriesgar la vida todos los días. Preferentemente huérfanos. Veinticinco dólares semanales de sueldo». Se presentó un buen puñado y el 3 de abril de 1860 nació de forma oficial el Pony Express, el primer servicio de correos efectivo de Estados Unidos y también el más peligroso. William Cody entró en nómina con quince años. Cuando creció ya se le conocía como Buffalo Bill.

Y es que mandar una carta de la costa este a la oeste era un calvario. Tardaban hasta seis meses en llegar a destino, y no era plan. En carreta se hacía eterno; el ferrocarril quedaba cortado gran parte del invierno por las nevadas, y si las cartas viajaban en barco tenían que bordear América del Sur. Era de locos. Solución: había que crear una ruta a caballo desde Missouri hasta la costa del Pacífico para que el correo llegara en un máximo de ocho o diez días.

Y para eso se necesitaban jinetes delgaduchos y caballos veloces y pequeños —de ahí lo de Pony— que se fueran dando el relevo a lo largo de 3.200 kilómetros. Y sin parar ni de noche ni de día, salvo en los puntos concertados, donde un jinete le pasaba la saca de correos al siguiente. Aquello era tecnología punta.

El anuncio en el periódico sirvió para contratar a dosciente jinetes, que prometieron no beber mientras condujeran, no blasfemar y no pegarse con sus compañeros. Seguramente incumplirían las tres promesas, sobre todo la de no blasfemar, porque cada dos por tres les atacaban los pieles rojas y era imposible no blasfemar con un indio a la espalda tirando a dar.

Una pena que año y medio después de su inauguración este original servicio postal se fuera al garete. Lo mató el telégrafo, un invento, más rápido que el Pony Express, al que los indios llamaban el cable parlante. Cuando hicieron balance de la empresa, resultó que se había invertido doscientos mil dólares y se habían ingresado noventa mil. No siempre las buenas ideas son las más rentables.

Inaugurado el Camp Nou

El 24 de septiembre de 1957 Barcelona amaneció engalanada. Lógico, era el día de la Merced, la patrona. Pero más que de adornos marianos, la ciudad estaba vestida de blaugrana, porque aquel día se inauguró el Camp Nou. El Barça abandonaba así sus antiguas instalaciones de Les Corts endeudado hasta las cejas, porque el presupuesto inicial de la construcción, 67 millones de pesetas, acabó convertido en 288. Pero no importaba. Comenzaba a forjarse «*més que un club*».

El Camp Nou no es que trajera suerte al Barça, porque, salvo en las dos primeras temporadas tras la inauguración, el equipo no levantó cabeza en los años sesenta. Dio igual, porque la afición no dejó de tirar del carro. Los noventa mil espectadores que acogía el nuevo estadio continuaron llenándolo domingo sí, domingo no. Los actos del día de la apertura comenzaron con una misa solemne, siguieron con la bendición del estadio por parte del arzobispo, continuaron con el canto del *Aleluya* de Händel y remataron con la entronización de la imagen de la virgen de Montserrat. Así se entiende que al Camp Nou lo llamen la catedral del Barça.

Saltaron al césped en el partido inaugural Ramallets, Olivella, Brugué, Segarra, Vergés, Gensana, Basora, Villaverde, Martínez, Kubala y Tejada, que dieron la del pulpo a la selección de Varsovia. Era lo previsto. Cuando un equipo estrena estadio e invita a otro a un encuentro amistoso no es para perder. Fueron los primeros cuatro goles marcados por el Barça en el Camp Nou, que, por cierto, no era el nombre oficial del estadio. Se llamaba Estadi del Futbol Club Barcelona, porque así lo votaron los socios, pero la prensa y la afición continuaron llamándolo Camp Nou. Así que se impuso una nueva consulta en el año 2001 y, esta vez, sí, se votó mayoritariamente como nombre oficial el de Camp Nou. Dentro de poco, Foster Camp Nou.

Aparece *El Murciélago*

Menudo ambientillo había en España en los primeros meses de 1854. Como para perdérselo. Un desastre de gobierno, un desastre de reina, la revolución social y militar a punto de caramelo y la prensa amordazada. El caldo de cultivo perfecto para que saliera una publicación clandestina llamada *El Murciélago*, que no dejaba títere con cabeza. El primer número apareció el 26 de abril de 1854 y puso las Cortes y el palacio del revés. Nadie sabía quién lo editaba, ni dónde se imprimía, ni quiénes firmaban los escandalosos artículos. Los confidenciales de ahora son una pantufla comparados con *El Murciélago* de entonces.

El Murciélago estaba redactado con tanta violencia como gracia tenía. Sus principales víctimas eran los miembros del gobierno moderado, la reina Isabel II y dos de los personajes más descaradamente corruptos que pisaban la Villa y Corte: María Cristina de Borbón y el marqués de Salamanca.

Cuando la prensa progresista fue silenciada por criticar los turbios negocios de la monarquía y las corruptelas ministeriales, *El Murciélago* decidió volar desde la clandestinidad para dejar impresas todas las desvergüenzas sobradamente conocidas y que pasaban de boca en boca en conversaciones privadas. Se distribuía por correo en unos sobres con orla negra, aparentando una esquela funeraria, y llegaba a políticos, empresarios y hasta a los aposentos reales.

Quienes recibían personalmente un número de *El Murciélago*, al margen de las víctimas vilipendiadas en sus páginas, se convirtieron en unos privilegiados. Pero para la policía fue un suplicio, porque tenía orden de dar caza a los autores, impresores y distribuidores, pero no sabía por dónde empezar. Sólo salieron cinco números, pero tuvo tan exagerada repercusión que hasta Pérez Galdós lo recogió en sus *Episodios Nacionales*.

Nunca se confirmó la autoría, pero detrás parecían estar un ex jefe de gobierno, el progresista Luis González Bravo, y un futuro presidente, el conservador Antonio Cánovas del Castillo. Siempre lo negaron, pero fueron ellos.

El Golden Gate

Ya no es el puente más largo del mundo, pero sigue siendo el más famoso porque es su momento fue un prodigio de la ingeniería civil. El Golden Gate, el puente colgante que une los dos extremos de la bahía de San Francisco, se abrió al tráfico el 28 de mayo de 1937. La única faena es pintarlo. La última vez que le dieron una mano a todo el puente se tardaron treinta años, pero lo hicieron tan bien que el Golden Gate sólo necesita ligeros retoques de los que se encarga una brigada de treinta y ocho pintores de brocha gorda, muy gorda, porque el puente es grande, muy grande.

Antes de construirse el Golden Gate, ya saben, ése de color rojizo que tiene dos grandes torres y muchos cables colgando, la única manera de cruzar la bahía de San Francisco era en *ferry*, y la densa niebla que suele empadronarse allí convertía la travesía en un suplicio. El caos marítimo que se montaba por el intenso tráfico era peor que la operación retorno del puente de mayo.

Pero nadie se atrevía a construir un puente, porque era imposible salvar aquella gigantesca distancia de casi 3 kilómetros, luchando, encima, contra los fuertes vientos y las corrientes marinas durante su hipotética construcción. Hasta que llegó el arquitecto Joseph Strauss y dijo, venga, yo lo hago.

Calculó todo al milímetro: las desviaciones del puente en función del azote de los vientos y la carga; la resistencia a los posibles seísmos que lo sacudirían... ordenó que se fuera pintando a medida que se construía, porque se oxidaba a la velocidad del rayo... Por calcular, calculó hasta la siniestralidad laboral que se iba a producir durante los cuatro años de construcción: treinta y cinco muertes. Y en esto fue en lo único que se equivocó Strauss. Porque calculó tan estupendamente bien las medidas de seguridad, vigilando que todo el mundo llevara casco, haciendo controles de alcoholemia y colocando redes, que el Golden Gate sólo se cobró doce víctimas durante su construcción.

Pero las cifras más siniestras del puente las han puesto las más de mil trescientas personas que han decidido saltar al vacío desde sus barandillas. Una tragedia que rompe la enorme belleza del Golden Gate.

Pasajeros, al tren

En el calendario de la Revolución industrial hay que marcar en rojo el 15 de septiembre de 1830. Arrancó en Liverpool la primera locomotora a vapor, una máquina infernal que alcanzaba la endiablada velocidad de 30 kilómetros por hora. El destino era Manchester y con ella quedó inaugurada la primera línea férrea del mundo para el transporte de pasajeros y carga que funcionaba sólo con vapor. Ahora, la mala noticia: aquel día se produjo la primera víctima mortal de un accidente de ferrocarril.

La inauguración de la línea Liverpool-Manchester puso a Inglaterra boca abajo y al inventor de la locomotora, a George Stephenson, en la vanguardia industrial. Cincuenta mil espectadores acudieron a ver el estreno y los primeros espadas de la política hicieron aquel primer viaje para ser testigos de cómo la revolución del transporte arrancaba a todo tren. Todo fue bien, muy bien, hasta que la locomotora paró en mitad del recorrido para repostar agua. Como en el tren iban varios parlamentarios, alguno bastante pelota, uno de ellos quiso aprovechar la parada para ir a saludar al duque de Wellington, el primer ministro inglés, que viajaba en otro vagón.

El duque hablaba desde la ventanilla y el político William Huskisson desde las vías, pero no se percató, enfrascado en su charla con el primer ministro, de que por la vía contraria se acercaba otra locomotora. Lo arrolló, y el parlamentario se convirtió en el primer muerto por accidente de tren. Se confirmó así la desconfianza que tiempo antes un político de la Cámara de los Comunes le planteó a Stephenson cuando acudió a defender su proyecto. Le preguntó el parlamentario: «Supongamos que una de sus máquinas va marchando a razón de unos 3 kilómetros por hora y que una vaca cruzase la línea e interceptara el camino de la máquina, ¿no sería esto una circunstancia muy delicada?». A lo que Stephenson respondió: «Sí, muy delicada para la vaca».

Nace el primer club de fútbol del mundo

De que el fútbol es una religión para algunos ya no cabe duda y si no, ahí están los argentinos, que han elevado a Maradona a los altares. Pero más allá de la pasión y de la devoción, está la solera, el abolengo y por eso hay que recordar que el 24 de octubre de 1857 se fundó el primer club de fútbol del mundo. Por supuesto, inglés. Es el Sheffield FC, más conocido en Inglaterra como «Los antiguos» por razones obvias. Siglo y medio de historia son muchos años metiendo goles. Aunque en su caso, más que metiendo, encajando.

El fútbol existía desde antes de que el Sheffield fundara su club, porque dar patadas a una pelota es un juego milenario. En Atapuerca es probable que también jugaran a algo parecido. Pero los ingleses, al ser los primeros en fundar un club, también crearon las reglas del fútbol moderno. Es decir, nadie antes que ellos había empleado el juego aéreo. Y también inventaron el saque de esquina, el de banda, la prórroga y el gol de oro o muerte súbita. Y mejoraron el larguero de la portería, porque hasta entonces era una cuerda que unía los dos postes, y el Sheffield utilizó por primera vez un madero.

La idea de fundar el Sheffield se debió a dos jugadores de críquet que se aburrían en invierno, porque el críquet sólo se jugaba en verano. Así que, decidieron montar un equipo para seguir jugando a algo entre temporadas. Los partidos que organizaban eran de lo más cándidos: solteros contra casados o profesionales contra obreros. No había interés alguno más allá del deporte puro y duro.

Cuando fueron creándose nuevos equipos, los del Sheffield decidieron seguir siendo *amateurs*, no quisieron profesionalizar su deporte. Y así les fue, claro... sus estanterías tienen más polvo que trofeos. Está claro que ser el decano del fútbol universal no le aseguró ser también el mejor.

De presidiarios, asesinos y asesinados

El Hombre de la Máscara de Hierro

Ocurrió el 18 de septiembre de 1698, pero se mantiene aún hoy como uno de esos enigmas por el que cualquiera pagaría por desvelar. Este día ingresó en la prisión de la Bastilla, para no salir nunca más, el enigmático Máscara de Hierro. Nunca se ha sabido a ciencia cierta quién fue ni jamás alguien ha aclarado por qué lo encerraron... lo único cierto es que no se parecía en nada a Leonardo di Caprio ni era el hermano gemelo de Luis XIV.

El Hombre de la Máscara de Hierro existió porque su detención, su encarcelamiento en la isla de Santa Margarita, su traslado a la Bastilla y su muerte están documentados. Pero lo que no aparece por ningún lado es su identidad y las razones por las que el Rey Sol, Luis XIV, ordenó su encarcelamiento. El propio Voltaire, que durante su estancia en la Bastilla recogió testimonios de presos que habían coincidido con Máscara de Hierro, escribió en su obra *El siglo de Luis XIV* que «quedan aún muchos de mis contemporáneos que atestiguan la verdad de lo que apunto, y no conozco hecho más extraordinario ni mejor comprobado». Luego llegó Alejandro Dumas y terminó de liarla, porque en su obra *El vizconde de Bragelonne*, una de las muchas continuaciones de *Los tres mosqueteros*, introdujo al misterioso personaje como hermano gemelo de Luis XIV, encarcelado para que no pudiera disputarle el trono.

Pero esto es literatura de ficción y luego cine, porque hasta hoy ha sido del todo imposible averiguar quién era el hombre oculto bajo la máscara y que, por cierto, según otras fuentes más fiables, no era de hierro, sino de terciopelo negro. Lo único que se sabe es que en prisión era tratado con exquisitez, que no le faltaron comodidades, que había orden de matarlo si hablaba de más y que se murió, probablemente de aburrimiento, en 1703.

Fue enterrado en el cementerio de San Pablo de París bajo una lápida con seudónimo. Aquí se acabó El Hombre de la Máscara de Hierro, un personaje que continuó seduciendo a los herederos de la corona francesa. Luis XV y Luis XVI ordenaron revolver todos los archivos para averiguar la identidad de aquel individuo, pero se quedaron con las ganas. Al Hombre de la Máscara de Hierro se lo tragó la tierra.

Madame Guillotina

Más de la mitad de los países del mundo ha abolido la pena de muerte. Pero esto es el falso consuelo de ver la botella medio llena, porque si la miramos medio vacía, las cuentas dicen que en 2007, veinticuatro países aplicaron la pena capital. China, por supuesto, se llevó la medalla de oro olímpica, pero también subieron al podio Irán, Arabia Saudí, Pakistán y Estados Unidos. Asunto tan desagradable viene a cuento porque el 10 de octubre de

1789 se presentó en sociedad la propuesta que daría pie al más afilado de los artilugios para matar: madame Guillotina.

La Asamblea revolucionaria francesa no hizo mucho caso aquel 10 de octubre a la propuesta del diputado del tercer estado Joseph Ignace Guillotin, y hasta tres años después no se decidieron a diseñarlo, construirlo y probarlo. El diseño correspondió al médico cirujano Antoine Louis, porque nadie mejor que un médico sabía dónde apuntar para matar a un reo sano. Pero la construcción del primer prototipo corrió a cargo de un hombre con sensibilidad: el famoso constructor de pianos alemán Tobías Schmidt. Funcionó tan bien, que le encargaron otros ochenta y tres, así que Schmidt dejó de afinar pianos y comenzó a afilar guillotinas.

El armatoste consistía en una hoja oblicua de acero, coronada por un peso de 60 kilos que caía a velocidad endiablada desde casi 3 metros de altura. La caída la frenaba el cuello del reo, sujeto por un cepo de madera. La cabeza iba a una bolsa de cuero, el cuerpo a un cesto de mimbre, y, hala, que pasara el siguiente. En la Francia revolucionaria, la guillotina contribuía a que la muerte fuera igual para todos, sin distinción de rangos. Cortaba con la misma precisión, a la altura de la cuarta cervical, el pescuezo de un burgués, un clérigo o un rey.

Francia le cogió el gusto a la guillotina, porque la hoja cayó por última vez en 1977 sobre el cuello de un reo en la prisión de Marsella.

El bello Candelas

El bandolerismo urbano lo inventó Luis Candelas a principios del siglo XIX. Luego le han salido presuntos imitadores, pero ni el Dioni, ni Luis Roldán, ni Juan Antonio Roca han alcanzado su arte y sus buenas maneras. Luis Candelas, el bandolero más guapo de Madrid, murió ajusticiado a garrote vil el 6 de noviembre de 1837. Eran las once de la mañana cuando en el patíbulo instalado en la Puerta de Toledo el verdugo le rompió el pescuezo a Candelas entre los quejidos de las damas madrileñas.

Su ficha policial decía: ladrón, de estatura regular, pelo y ojos negros, boca grande, dientes iguales y blancos, muy bien formado, sin bigote, perilla ni patillas. Con tal descripción no se sabe si Luis Candelas fue el más famoso bandolero urbano del siglo XIX o míster Madrid, pero a las señoras las traía de cabeza.

Luis Candelas se hizo tan popular porque introdujo importantes mejoras en los robos a domicilio, sin daños a terceros ni destrozos innecesarios; porque se ocupaba de que sus rehenes permanecieran cómodos y tranquilos mientras los robaba; porque no dejó viudas ni huérfanos y jamás hirió a nadie ni acogotó a ciudadanos pobres. Además, era muy educado y muy ilustrado, lo cual está estupendo, porque al menos se puede mantener una conversación inteligente mientras te roban.

Pese a no tener delitos de sangre, Luis Candelas fue condenado por cuarenta robos y condenado a garrote vil, el que obligaba al condenado a llegar hasta el patíbulo en burro o arrastrado. Si le hubieran sentenciado a garrote noble, habría llegado en caballo ensillado. Y son curiosas las cabriolas que hace la historia, porque Luis Candelas, que robaba de noche y de día se hacía pasar por un rico hacendado peruano, un inmigrante de los que entonces entraban en España por la puerta grande porque traían la faltriquera llena, nunca supo que su lugar de encierro en la cárcel de la Corte acabaría siendo el actual Ministerio de Asuntos Exteriores.

Cárcel o ministerio, Luis Candelas salió de allí hacia el patíbulo y pasó luego, ya con los pies por delante, al cementerio general del sur, a la fosa común que esperaba a todos los ajusticiados. Triste fin para un bandolero guapo.

Primera inyección letal

El asunto no tiene la menor gracia, porque se trata de recordar que el 7 de diciembre de 1982 un hombre de raza negra llamado Charles Brooks estrenaba un revolucionario método de ejecución: la inyección letal. Por supuesto, fue en una cárcel de Texas, ese Estado tan orgulloso de ser el que más y mejor mata en Estados Unidos. Lo cierto es que lo hacen muy bien, no se les escapa ni uno vivo. En los diez primeros meses de 2008, según informaciones de Amnistía Internacional, habían sido ejecutados veinticuatro reos, todos por inyección letal, salvo uno, que eligió ser electrocutado en Carolina del Sur. Los hay caprichosos.

Estados Unidos es el único país democrático, junto con Japón, que sigue aplicando la pena de muerte. Intenta, eso sí, que duela menos, por eso optaron en 1982 por inaugurar la inyección letal, porque la cámara de gas, la silla eléctrica, la horca y el fusilamiento hacen más daño y, además, son muy desagradables para los testigos que acuden a los asesinatos. Alguno salía hasta vomitando. En Estados Unidos creen haber revolucionado las técnicas de ejecución con esto de la inyección letal, pero, en realidad, se lo copiaron a los nazis, que ya las usaban en los campos de concentración.

La aplicación es sencilla: consiste en atar a una camilla al futuro asesinado e inyectarle un cóctel letal. Primero, pentotal de sodio para atontarlo; luego, bromuro para relajar los músculos y después, cloruro de potasio, que colapsa primero los pulmones y luego el corazón. Ya está. Se supone que este método es el más humano porque te liquidan en segundos y no duele. La mala noticia es que a veces sí duele, y mucho, y que la agonía de algunos condenados se ha alargado durante cuarenta y cinco minutos. Unas veces porque no le encuentran una buena vena; otras, porque los espasmos involuntarios expulsan la aguja; otras, porque el aparato se atasca; y otras porque los enfermeros anestesistas son unos inútiles.

Ya se sabe lo que creen muchos estadounidenses, que la pena de muerte evita futuros crímenes. Está claro que los últimos informes del FBI están mal hechos, porque resulta que gran parte de las ciudades con mayor criminalidad de Estados Unidos son de Estados que aplican la pena de muerte. Será que matan a pocos.

«Decíamos ayer»

Fray Luis de León aguantó con paciencia de místico los casi cinco años de cautiverio que le impuso la Inquisición, hasta que el 11 de diciembre de 1576 salió de la cárcel de Valladolid absuelto de todo delito y de todo pecado. Le acusaron por dos tonterías, y como con la Inquisición todo el mundo era culpable mientras no se demostrara lo contrario, defender su inocencia le costó lo dicho, casi cinco años. Cuando recuperó su cátedra, se dirigió a los alumnos con la famosa frase «Decíamos ayer...». Y les dejó a todos con un pasmo, porque esperaban que Fray Luis al menos les cotilleara todo lo relativo a su cautiverio. Él ni se inmutó. Volver al lugar exacto donde lo había dejado años antes era su particular triunfo contra la maldad humana.

La envidia y las constantes rencillas entre dos órdenes religiosas fue el móvil del encarcelamiento. Fray Luis era agustino, y los agustinos se llevaban fatal con los dominicos. En la Universidad de Salamanca trabajaba Fray Luis de León como catedrático de Teología, y en la misma universidad enseñaba un dominico muy envidioso de nombre fray Bartolomé de Medina, que no soportaba que el agustino Fray Luis escribiera muy bien, enseñara mejor y fuera muy admirado por los alumnos.

¿Qué hizo el dominico? Denunció a Fray Luis. Primero, como presunto traductor al castellano del *Cantar de los Cantares*, de Salomón, que como estaba considerado un texto sagrado tenía prohibida la traducción a lengua vulgar. Sacrilegio. Y la segunda denuncia era porque, supuestamente, Fray Luis defendía el texto escrito en hebreo del Antiguo Testamento, cuando la Iglesia sólo aceptaba la traducción latina de la Biblia, la Vulgata. En la época de Fray Luis, cualquier cosa que oliera a judío te llevaba a la cárcel de cabeza, así que sólo faltó, encima, que alguien dejara caer, así, como quien no quiere la cosa, que el fraile tenía un abuelo judío. Fue la puntilla para que el catedrático acabara siendo sospechoso de herejía.

Fray Luis escribió en su encierro el famoso verso que empezaba «Aquí la envidia y la mentira me tuvieron encerrado», el mismo que terminaba considerando dichoso al que por la vida pasa, «ni envidiado ni envidioso».

La testa de Luis XVI

Para el rey de Francia Luis XVI, el 17 de enero de 1793 fue un mal día. Se le cortó la risa al conocer su sentencia a muerte. Claro, que lo peor llegó cuatro días después, cuando además de la risa le cortaron la cabeza. Entre las cosas más innecesarias, absurdas e ilegales que se hicieron para consolidar la Revolución francesa estuvo precisamente la decapitación de Luis XVI. Quizás mereció la cárcel por tonto o por rey, pero, como los revolucionarios se envenenaron con su propia ideología, lo fueron a condenar justo por lo que no hizo: traicionar a Francia.

A Luis XVI no lo sentenció un tribunal de justicia. Lo hizo una asamblea de políticos, voto a voto y de viva voz. Las sesiones de la Convención francesa donde se discutía la conveniencia o no de ejecutar al rey fueron de locos. Allí había tres grupos políticos: los girondinos, representantes de la burguesía pudiente; los montañeses, llamados así porque estaban en la parte alta de la cámara y que defendían a la pequeña burguesía y al populacho; y los de la llanura, que eran mayoría pero que en vez de mandar por ser más se dedicaban a dejarse arrastrar por montañeses o girondinos. Unos veletas.

Y tantos políticos con peluca se olvidaron de un detalle que ellos mismos habían aprobado: el rey tenía inviolabilidad constitucional, que sólo se vería suspendida en tres supuestos: si el rey abandonaba el reino, si se ponía a la cabeza de un ejército extranjero o si rechazaba el juramento de fidelidad a la Constitución. Ninguno de los tres supuestos se dio, pero, como a todos se les fue la cabeza, 361 votaron a favor de la decapitación, 277 en contra y 72 se abstuvieron. Si se suman votos en contra y abstenciones, resulta que Luis XVI fue decapitado por un solo voto de diferencia.

Robespierre fue uno de los que se cubrió de gloria al intervenir con su frase «decapitar al rey es una medida indispensable para la salud pública». Como si fuera un antigripal. Si hubiera sabido que él mismo iba a ser uno de los 74 asambleístas que acabarían con el pescuezo en la guillotina, otro hubiera sido su voto y, quién sabe, a lo mejor Francia iría ahora por el Luis número XXVII.

Sifilítico Al Capone

Llevamos más de seis décadas sin Al Capone y nadie le echa de menos. El 25 de enero de 1947 moría demente perdido sin ser ni sombra de lo que fue Alfonso Capone, uno de los malos más malos de la historia del hampa.

Malo, pero también más listo que el hambre, porque después de toda una vida de fechorías, asesinatos, sobornos, trata de blancas, tráfico de alcohol y drogas, y apuestas clandestinas sólo pudo ser condenado por un mísero delito fiscal. De jovencito sí firmaba sus crímenes, porque se estaba haciendo una carrera criminal y no le quedaba más remedio que apretar el gatillo para pasar el examen, pero en cuanto organizó su propia banda ya se hizo muy difícil pillarle. Sobre todo porque tenía en nómina a media policía y a tres cuartos de la judicatura.

Pero al final le cazaron. Y lo hizo Kevin Costner, que se parecía horrores a Elliot Ness, el policía que con sus nueve agentes intocables consiguió que Al Capone diera con sus huesos en prisión por evasión de impuestos. Le condenaron a diez años y lo encerraron en un vulgar centro penitenciario, con lo cual Al Capone seguía controlando sus negocios desde la cárcel y viviendo a cuerpo de rey.

La buena vida se le acabó cuando fue trasladado a Alcatraz, donde se le vinieron encima todas sus miserias y las consecuencias de una sífilis que nunca se dejó tratar. Y esto tiene guasa, porque este criminal casi sin alma le tenía tanto miedo a las inyecciones que nunca permitió que le pusieran una para curarle la sífilis. El pánico a las inyecciones es una subfobia de la hematofobia, el miedo a la sangre, y los dos terrores suelen ir unidos. Así que ya me contarán qué hacía Capone cuando se encontrara con las matanzas que él mismo provocaba. O miraba para otro lado o se desmayaba cada dos por tres.

Atentado a Isabel II

El cura Merino le suena a casi todo el mundo, a unos como héroe y a otros como villano, y todos tienen razón, porque hubo dos curas Merino y los dos contemporáneos. Uno fue un héroe de la Guerra de la Independencia y el otro, el que atentó contra Isabel II el 2 de febrero de 1852. Se llamaba Martín Merino, era franciscano y estaba un poco loco, porque le dio por ir agrediendo a todo dirigente que se le pusiera por delante y que no comulgara con sus ideas liberales extremistas.

El cura Merino ya apuntaba maneras desde el reinado de Fernando VII. Se le atribuye aquella frase que gritó al rey con la Constitución en una mano y una pistola en la otra. «O te la tragas o te mato», le dijo. De aquí fue derechito al exilio.

Pero el cura Merino volvió y, en plan comando Vizcaya, como no tenía cosa más productiva que hacer, se elaboró una lista de sus objetivos. Entre ellos el general Narváez y la reina Isabel II. Decidió empezar por arriba, por la reina, y lo primero que hizo fue equiparse con el armamento adecuado, así que se fue al Rastro madrileño y se compró una navaja de Albacete de segunda mano.

Aquel 2 de febrero esperó a que la reina saliera de palacio camino de la basílica de Atocha, porque acababa de parir hacía poco más de un mes y llevaba a la niña, a la conocida luego como la Chata, para ofrecerla a la Virgen. El cura Merino esperó entre el gentío, se abrió paso entre los alabarderos... porque, claro, quién iba a desconfiar de un tipo vestido de cura... se fue a por la reina y le clavó la navaja en un costado. La frase esta vez fue «toma, ya tienes bastante». Este hombre, desde luego, no tenía desperdicio con sus frases lapidarias.

La reina se desmoronó con su bebé en brazos, el coronel de los alabarderos cogió al vuelo a la niña, el rey consorte Francisco desenvainó su espada en un ataque de hombría extraño en él y el cura Merino se salvó por los pelos en aquel momento. La reina sólo tenía un rasguño, porque aquellos ropajes eran auténticos chalecos antibalas y antipuñales de Albacete, pero al cura Merino sólo le faltaban seis días para pisar el patíbulo. Su ejecución es otra historia...

El locuelo cura Merino

El 7 de febrero de 1852 el cura Merino recibió garrote vil tras comprobarse en una rápida investigación y tras un interrogatorio kafkiano que, efectivamente, no sólo había intentado matar a la reina con una navaja de Albacete de segunda mano, sino que, además, estaba como una chota. Su defensor de oficio, Julián Urquiola, intentó salvarle el cuello alegando enajenación mental, pero el cura Merino se negó a aceptarlo. Él lo tenía muy claro, quiso matar a la reina porque era una impresentable. Es más, cuando le preguntaron si tenía cómplices, muy ofendido respondió: «¿Pero os creéis que en España hay dos hombres como yo?».

En el interrogatorio se identificó como Martín Merino Gómez, riojano, natural de Arnedo, de sesenta y tres años, ordenado sacerdote, residente en Madrid y hecho un saltamundos. Literal. Confesó ser un regicida, reconoció su odio a los reyes y su cabreo por la falta de justicia. Su frase fue: «Siempre he creído que en España no había justicia y ahora me convenzo de ello al ver que aún estoy vivo». La sentencia fue garrote vil, pero antes de la ejecución hubo de cumplirse un protocolo: la degradación de sus derechos sacerdotales. Se le vistió con todos sus avíos de cura y medio Madrid intentó ver la ceremonia de degradación en la cárcel del Saladero, en la actual plaza de Santa Bárbara.

Arrodillado el cura Merino, sujetando el cáliz y la patena con la hostia, el obispo de Málaga se los quitó de las manos, privándole así de la potestad para celebrar misa; luego le rayó las yemas de los dedos con un cuchillo para privarle de bendecir y continuó despojándole de la casulla y la estola. Lo último fue cortarle pelo del cogote para hacer desaparecer la tonsura. Y fue entonces cuando intervino de nuevo el cura Merino. Pidió que no le cortara mucho porque aquel febrero hacía frío y no quería resfriarse.

Pero no tuvo tiempo de estornudar. A la una del mediodía ya le habían dado garrote y a las cinco apenas quedaba nada de él. El Consejo de Ministros, para disuadir a los fetichistas, ordenó quemar el cadáver y echar las cenizas a una fosa común. Fin del locuelo cura Merino

Agnes Sorel

La primera amante oficial de un rey francés fue Agnes Sorel, liada con Carlos VII. No significa que los anteriores soberanos no tuvieran amantes; significa que no estaban reconocidas socialmente. Agnes Sorel era la amante oficial, admirada incluso por la reina porque metió en cintura al rey y aceptada por la corte. Marcó tendencia. Era joven, monísima, lista y estilosa. Pero el 9 de febrero de 1450 Agnes Sorel murió durante el embarazo de su cuarto hijo. Se diagnosticó entonces que el fallecimiento se produjo por un «flujo de vientre», o sea, un embarazo complicado. Pero la ciencia ahora ha dicho que no, que murió con mercurio hasta las cejas.

Carlos VII, para situarnos, llegó al trono de Francia gracias a Juana de Arco. Se enamoró de Agnes con el beneplácito de la reina María de Anjou, porque la reina estaba aburridísima de su marido y lo que quería es que alguien lo mantuviera entretenido. Agnes Sorel era la mejor opción. Mejor ella, una mujer sensata, que cualquier pilingui ansiosa de poder.

La amante del rey, sin embargo, murió de forma extraña, por eso un grupo de genetistas, toxicólogos, parasitólogos y forenses decidieron no hace mucho averiguar exactamente las causas de la muerte. Así que, exhumaron sus restos y descubrieron que, efectivamente, Agnes Sorel murió por una sobredosis de mercurio.

Ahora bien, los expertos se han curado en salud y, aunque aseguran que el mercurio mató a la amante del rey, no están seguros de si la envenenaron o si lo tomó ella misma. Antes los maquillajes contenían mucho mercurio, y Agnes Sorel iba pintada como una puerta. Pero también es cierto que el mercurio se usaba como purgante y, como el análisis de los restos ha descubierto la presencia de lombrices, puede que tomara mercurio de más para combatirlas.

La teoría del envenenamiento, sin embargo, es la más probable. Primero, porque Agnes Sorel tenía muchos enemigos; y segundo, porque el mercurio era un veneno habitual. Una pena que acabara envenenada la amante más lista que ha tenido la corte francesa. Ya se sabe, las peores amantes son las que piensan.

El secuestro del hijo de Lindbergh

Charles Lindbergh saboreó las mieles del éxito al convertirse en el primer piloto que atravesaba el Atlántico en un vuelo sin escalas y en solitario. Tardó 33 horas y 32 minutos. Antes que él ya lo habían hecho dos pilotos, pero viajaban juntos, y poder charlar restó mérito al vuelo. La fama de Lindbergh y los 25.000 dólares con que fue recompensado le trajeron, sin embargo, amargas consecuencias. El 2 de marzo de 1932 secuestraron a su hijo pequeño, de año y medio.

Pidieron un rescate de 50.000 dólares y Lindbergh pagó, pero el crío apareció muerto con un golpe en la cabeza. Aquella noticia llenó todos los diarios de Europa y América, y la policía no paró hasta que en 1934 detuvo a un inmigrante alemán y lo acusó del secuestro. A raíz de aquello, se creó la Ley Lindbergh, que convertía el secuestro en delito federal seguido de pena de muerte.

Pero además de la repercusión mundial que tuvo el asunto, Salvador Dalí y su musa Gala vinieron a empeorar las cosas por pasarse de listos con sus surrealismos y sus excentricidades. Ocurrió lo siguiente: Dalí y Gala llegaron a Nueva York en plena ebullición del asunto, cuando ya se sabía la identidad del secuestrador y su destino, la silla eléctrica. El artista y su musa fueron invitados a una fiesta de disfraces y Gala llegó con aqueste atuendo: muy elegante de cuello para abajo, vestida de negro y marcando figura; y en la cabeza, sobre una gran cofia negra, una muñeca con una herida en la cabeza en la que Dalí pintó muchas hormigas. Parecía, y de hecho era, la representación del cadáver del hijo de Lindbergh.

La que se montó fue de órdago. Era la provocación por la provocación, un guiño de Dalí a sus compañeros surrealistas de París. Pero como la repercusión fue tan enorme, Dalí tuvo que medio disculparse en Nueva York y decir que su disfraz nada tenía que ver con el secuestro del niño. Pero entonces los que se enfadaron fueron los surrealistas, sobre todo André Breton, porque Dalí había renegado en público de un acto provocador. Así eran los surrealistas y así era Dalí: capaz de cualquier cosa con tal de salir en los papeles y abrirse paso en Estados Unidos.

Duelo por un trono

Hace casi ciento cuarenta años, en la madrugada del 12 de marzo de 1870, se produjo uno de los episodios más tontos de este país en la lucha por el trono. Dos duques se retaron en duelo: Enrique de Borbón, duque de Sevilla, y Antonio de Orleans, duque de Montpensier. Los dos eran cuñados de Isabel II, porque uno era hermano del marido de la reina y el otro estaba casado con la hermana de Isabel. Para más inri, los dos duques eran primos y no se soportaban.

Tras la caída de Isabel II llegó la mayor bronca entre ellos. Se insultaron en público, se acusaron de traidores y acabaron batiéndose en duelo. Enrique de Borbón murió de un disparo, pero aquel tiro también fue el suicidio político del asesino, Antonio de Orleans.

Para entender este tremendo lío familiar y político hay que irse al destronamiento de Isabel II con la revolución de 1868, conocida como la Gloriosa. Antonio de Orleans, el duque de Montpensier, era un conspirador y de hecho financió y participó en el derrocamiento de su cuñada. Con Isabel II en el exilio, se planteó si España optaba por la república o por una monarquía renovada, sin Borbones, y como aspirante al trono se colocó el duque de Montpensier. Su primo, el duque de Sevilla, dijo que por ahí no pasaba, y comenzó entre ambos un cruce de acusaciones y manifiestos en periódicos franceses, ingleses y españoles en los que se ponían a caldo.

Llegó un momento en que Antonio de Orleans retó en duelo a su primo Enrique de Borbón, que, por supuesto, aceptó. Y aceptó porque dijo: «Si yo le mato, no será rey de España y si él me mata, tampoco será rey». Y así ocurrió. El duelo fue en Madrid. Cada uno disparó dos veces, pero no se dieron. El tercer disparo de Enrique de Borbón rozó el brazo de Antonio de Orleans, y el tercer tiro de Antonio mató a Enrique. La profecía se cumplió. El duque de Sevilla fue enterrado y el de Montpensier vio sepultadas definitivamente sus aspiraciones al trono.

Del duelo se enteró toda España. Pero no se lo pierdan, todos los periódicos dijeron que Enrique se había matado accidentalmente limpiando sus pistolas.

Idus de marzo

Los idus más famosos son los de marzo, aunque todos los meses del calendario juliano tenían sus idus. En mayo, julio, octubre y marzo, los idus eran los días 15, y el resto de los meses del año los idus caían en día 13. Y tal idus como el del mes *martius* del año 44 antes de nuestra era, Julio César tuvo el peor de sus días. Mira que le avisaron: guárdate de los idus de marzo…

mira que tienes muchos enemigos... no vayas al Senado, que te la tienen jurada. Pero Julio César fue y allí lo mataron de una puñalada. Le dieron veintitrés, pero, como los conjurados eran un poco mantas, sólo una fue mortal.

¿Por qué mataron a César? Demasiado poder acumulado en sólo dos manos. Era amo y señor absoluto del Imperio romano, general de todos los ejércitos y sumo sacerdote, pero lo peor es que se había hecho nombrar dictador vitalicio, perpetuo. Y esto era una patada a la República, que sólo admitía dictaduras durante seis meses en situaciones graves.

César dijo que no, que eso de dictador a él le gustaba para siempre. Así que se le pusieron enfrente, no sus enemigos de toda la vida, los seguidores de Pompeyo, sino también antiguos colaboradores a quienes cada vez gustaba menos tanta acumulación de poder. En total, sesenta hombres estuvieron implicados en el asesinato de Julio César. Cuando llegó el momento de matarlo, hubo que pedir turno para apuñalar.

Pero ya le avisó Espurina, el sacerdote que días antes del asesinato analizó las vísceras de un animal sacrificado. Los higadillos le dijeron que César sería asesinado «no más tarde de los idus de marzo», y así se lo hizo saber. No es que el sacerdote fuera especialmente hábil con la casquería, es que todo Roma era un hervidero de rumores sobre el complot contra César, y el adivino sólo trasladó sus temores al dictador. Lo que pasa es que clavó la fecha.

Julio César se cruzó con Espurina en el Senado y encima se puso chulo y le dijo al sacerdote: «Son los idus de marzo y no me ha sucedido nada»; a lo que Espurina respondió: «Sí, pero aún no han pasado». Minutos después, Julio César ya era historia y Espurina, digo yo, subiría sus tarifas.

La polifacética Alcatraz

Hay un lugar junto a la bahía de San Francisco, en California, a donde antes nadie quería ir ni muerto, pero ahora la gente paga para que la lleven. Fue el 21 de marzo de 1963 cuando Alcatraz dejó de existir como prisión de máxima seguridad de Estados Unidos. Ahora, por 60 dólares más o menos, dependiendo de si uno tiene menos de cinco o más de sesenta y siete años, te llevan a Alcatraz, te enseñan dónde estuvo encerrado Al Capone, en qué cuchitril se hizo un experto ornitólogo Robert Stround y hasta te encierran un minuto a oscuras en un celda de castigo para que sepas lo que se siente. Pero con bermudas y cámara digital al hombro no se siente nada.

El islote de Alcatraz lo descubrió un español, Juan Manuel de Ayala, en 1755, pero fue visto y no visto. Como era muy pequeño —el islote, no Ayala—, llegó, lo exploró un rato y se fue. No se quebró el pensamiento a la hora de bautizarlo. Vio que había muchos alcatraces allí instalados y lo llamó Alcatraz. El islote luego se convirtió en fuerte y prisión militar, después en cárcel para los indios que se negaban a someterse a los rostros pálidos, más tarde en penal para delincuentes peligrosos y, por último, en plató cinematográfico y destino para turistas, algunos más peligrosos que los delincuentes.

Pero hubo un grupo humano que se encerró voluntariamente en aquel islote cuando Alcatraz ya había dejado de ser prisión. Ocurrió en 1969. Un grupo de sioux, basándose en el Tratado de Fort Larami, se hizo fuerte en Alcatraz. Aquel tratado de 1868, firmado por Estados Unidos y los sioux, reconocía el derecho de los pieles rojas a quedarse con las tierras desocupadas por el Gobierno. Lo único desocupado en Estados Unidos era Alcatraz, y los sioux fueron y se lo quedaron.

Pretendían comprárselo a Nixon por 24 dólares y convertirlo, no en reserva, sino en territorio indio. Montaron sus tiendas y ocuparon Alcatraz durante diecinueve meses, hasta que trascendió lo suficiente aquella protesta simbólica. Al final abandonaron. Demasiados indios para tan poco islote.

Los Niños de Guadix

Si hubo algo que sentó fatal a los bandoleros de la segunda mitad del siglo XIX fue la fundación del Benemérito Cuerpo de la Guardia Civil. Y les sentó mal porque fue aparecer los civiles y comenzar el principio del fin del bandolerismo. El 3 de abril de 1881 la Benemérita se apuntaba otro tanto con la desarticulación definitiva de la temible banda de Los Niños de Guadix, cinco reclusos que se conocieron en la cárcel y que al salir se convirtieron en azote de la provincia de Granada. Fueron los penúltimos en caer, pero dieron mucha guerra. Y además de bandoleros eran unos optimistas, porque se llamaron Los Niños de Guadix si bien la mayoría no cumplía los cuarenta.

Los bandoleros eran admirados por los viajeros británico, que se empeñaban en escribir relatos románticos sobre sus peripecias siempre y cuando no les asaltaran a ellos, y por las clases populares, que se creían libres de sus ataques porque nada les podían robar. Pero salvo Curro Jiménez, el de la tele no, el auténtico, y Luis Candelas, que era guapo y educado, los bandoleros eran eso, delincuentes, ladrones y la mayor parte de las veces, asesinos.

Los Niños de Guadix actuaron sólo durante unos meses, y al final sólo quedaron dos: Juan Jiménez y Rafael Olivenza, los más insensatos de la banda. Y estos dos fueron los que se encerraron en una cortijada del municipio de La Peza cuando aquel 3 de abril la Guardia Civil dio con ellos. Lo que pasa es que no había forma de hacerlos salir. Durante treinta horas se estuvieron cruzando disparos, así que la Benemérita tiró por la calle de en medio. Un par de civiles se acercaron a Guadix a por dos latas de petróleo, un guardia se subió al tejado, roció el líquido y prendió fuego al cortijo.

Pero antes de provocar el incendio, el teniente y los catorce civiles midieron las consecuencias. En caso de que el Estado no se hiciera cargo de la reconstrucción del cortijo, ellos pondrían el dinero. Pero por su tricornio que de aquélla no salían vivos los bandoleros. Y no salieron. Lo que no sé es quién pagó al final el cortijo.

La conjura de los Pazzi

Impresionante la que se montó en Florencia el 26 de abril de 1478. Un complot cuidadosamente urdido intentó acabar con la poderosa familia de los Medici, asesinando a los hermanos Juliano y Lorenzo dentro de la catedral. Sólo pudieron matar a uno y cometieron el error de dejar sólo herido a Lorenzo de Medici, a Lorenzo el Magnífico. Su venganza fue terrible. Aquel episodio fue conocido como la conjura de los Pazzi, y ha pasado a la historia como uno de los más apasionantes y noveleros del Renacimiento.

Las familias de los Pazzi y los Medici se odiaban cordialmente. Todos eran banqueros y mantenían las formas, pero los Pazzi miraban a los Medici como unos nuevos ricos que habían adquirido un poder excesivo y una influencia desmedida a base de corrupción y engaño. Las cosas se pusieron feas cuando el papa Sixto IV pidió a la banca de los Medici un préstamo para comprarse unos terrenitos. Concretamente la ciudad de Ímola. Lorenzo de Medici le negó el préstamo porque él quería Ímola para Florencia, no para el papa. Los Medici pidieron a la banca Pazzi que tampoco diera el préstamo, pero los Pazzi lo concedieron. El papa se puso a bien con los Pazzi y desde entonces los Medici dejaron de ser la banca de la Santa Sede.

Así que ya tenemos el enfrentamiento de dos bancos y de dos familias; con el papa de parte de una de ellas y en medio de todo un asunto de expansión territorial. Estaba claro, había que matar a Lorenzo y Juliano de Medici para que dejaran de molestar. Los Pazzi organizaron un gran banquete para agasajar a los Medici, pero antes se celebraría una misa en la catedral. Juliano dijo que iría a la misa pero no al banquete, porque no se encontraba bien. Vaya por Dios. Hubo que modificar los planes para matarlos mientras rezaban, no mientras comían.

A la señal convenida, dos Pazzi se fueron a por Juliano y dos curas a por Lorenzo. Juliano murió, pero los curas, un poco negados para esto del homicidio, sólo hirieron a Lorenzo. Los conjurados creyeron que los florentinos apoyarían su acción, pero no fue así. El apoyo se lo llevó Lorenzo, y entonces la escabechina la organizó él.

Muerte en el Liceo

Lo más granado de la burguesía barcelonesa acudió el 7 de noviembre de 1893 a ver la ópera *Guillermo Tell*, de Antonio Rossini. Se representaba en el Teatro del Liceo de Barcelona y aquel día llovía a cántaros. Por una puerta lateral del Liceo entró un personaje tapado hasta la nariz y con dos bombas escondidas en su faja. A las diez y cuarto, durante el segundo acto, el anarquista Santiago Salvador arrojó una de las bombas. Impactó en una butaca de la fila 13. Mal número. Pero peor fue el de las víctimas: veintidós muertos y treinta y cinco heridos.

La segunda bomba no llegó a estallar, porque el anarquista tuvo el buen tino de arrojarla sobre el vestido de una mujer ya cadáver que amortiguó el impacto y frenó la explosión. De haber estallado el segundo artefacto, la matanza se habría duplicado. Barcelona enmudeció tras el atentado, los burgueses se encerraron en casa y los espectáculos y restaurantes se resintieron por el miedo de las clases pudientes a salir de casa y cruzarse con un anarquista desquiciado. Porque burgueses, religiosos, políticos y reyes eran los principales objetivos anarquistas. Tiraban al tuntún, pero tiraban a dar.

Los seguidores de Mikhail Bakunin, aquel ruso empeñado en imponer la anarquía en el mundo a base de bombazos, se cebaron con Barcelona porque, decían, era el símbolo industrial de España gracias a la cruel explotación obrera. Y no había quien los sacara de ahí. Cuando Santiago Salvador fue detenido, se demostró que sus argumentos no iban más allá de cuatro frases hechas del tipo «mi objetivo era destruir la sociedad burguesa y atacar la organización de la sociedad para implantar el comunismo anárquico».

Subió al patíbulo gritando «¡Viva la anarquía!» y «¡Mueran las religiones!», pero la última frase que pronunció este genio de la revolución fue otra. Cuando su verdugo comenzó a darle garrote vil, le dijo: «No aprietes tanto que me haces daño».

Venganza con Calvo Sotelo

Calentito estaba el ambiente de preguerra en Madrid el 13 de julio de 1936 cuando un sonado atentado vino a echar más leña al fuego: el asesinato de José Calvo Sotelo, el líder más carismático de la derecha española y por ello en el punto de mira de la izquierda. Su muerte fue una represalia sin disimulo por otro asesinato cometido justo el día anterior, el del teniente republicano José Castillo, muerto a tiros por la extrema derecha mientras paseaba con su esposa por el antes castizo y ahora cosmopolita y rosado barrio de Chueca.

Aquellas dos muertes de uno y otro bando, patrocinadas por uno y otro bando, fueron, como bien definió Clara Campoamor, un episodio más de una lucha de odio entre dos grupos que resolvían sus diferencias fuera de la ley. Algunos tomaron el asesinato de Calvo Sotelo como la excusa perfecta para justificar el golpe de Estado que dio inicio a la Guerra Civil. Pero esto es más falso que un euro de madera, porque el golpe estaba en marcha desde días antes de los dos atentados.

Las del teniente Castillo y Calvo Sotelo sólo fueron dos muertes más de las que se venían produciendo en Madrid, y sobre todo la del militar republicano ni siquiera hubiese pasado a la historia de no haber sido porque soliviantó los ánimos de la izquierda y provocó a su vez la de Calvo Sotelo.

Fueron las dos muertes más famosas justo antes de que empezara la guerra, pero no las últimas, porque tras el entierro de Calvo Sotelo una manifestación que intentó adentrarse en el centro de Madrid en protesta por el asesinato del líder acabó en un enfrentamiento en el que murieron cinco personas más. España ya estaba muy lejos de toda normalidad política. Las formas se habían perdido. Y aún hoy, cuando ya han pasado más de setenta años del entierro de uno y de la muerte del otro, el teniente Castillo y Calvo Sotelo siguen guardando las distancias. Yacen enterrados en el mismo cementerio, separados por pocos metros, pero uno en la zona civil de la Almudena y el otro en la católica. Los dos bajo la misma tierra sagrada de la sinrazón.

El compromiso de Aldo Moro

Durante cincuenta y cinco días el mundo entero cruzó los dedos para que el político italiano Aldo Moro salvara la vida. Pero pedir cordura a una banda terrorista es pedir peras al olmo, y el 9 de mayo de 1978 apareció desmadejado y envuelto en una manta, dentro del maletero de un coche, el cadáver de Aldo Moro. El golpe de efecto puso en la picota de la actualidad mundial a la banda terrorista Brigadas Rojas, porque eso era lo que buscaban: ser famosos. Pero el asesinato de Aldo Moro fue el principio de su fin, porque las Brigadas Rojas perdieron el poco apoyo político que tenían. Terrorismo y política son polos opuestos. En pleno siglo XXI algunos no se han enterado.

El secuestro se produjo a mediados de marzo, cuando Aldo Moro, presidente de la Democracia Cristiana y primer ministro en dos ocasiones, se dirigía al Parlamento italiano para votar un asunto clave para el país: la formación de un nuevo gobierno democristiano que impulsaría el llamado Compromiso Histórico. Una especie de alianza entre todas, absolutamente todas, las fuerzas políticas italianas para sacar a la nación de una crisis que arrastraba desde hacía años.

El principal artífice de este Compromiso Histórico era Aldo Moro, que había conseguido implicar en esta unión política incluso al Partido Comunista. Pero, claro, no más a la izquierda del Partido Comunista, sino veinte pueblos más allá estaban las ultraizquierdistas y descerebradas Brigadas Rojas, que lo último que aceptaban, como les ocurre a todas las bandas terroristas, era negociar sin sangre. O se hacía como ellas decían, o no se hacía. Así que, un comando de locos secuestró al político, asesinó a sus cinco guardaespaldas y luego ejecutó a sangre fría a Aldo Moro.

Lo hicieron, según dijeron, en defensa de la revolución proletaria de Italia, aunque las Brigadas Rojas no llamaban al país Italia; lo llamaban Estado Imperialista de las Multinacionales. A los terroristas italianos se les acabó el rollo cuando su brazo político les dijo que por ese camino iban mal. Les negó su apoyo y las Brigadas murieron de inanición social.

Anwar el-Sadat, el fin de la esperanza

A las doce y media de la mañana del 6 de octubre de 1981 el presidente egipcio Anwar el-Sadat moría en un atentado, y con él murió también uno de los intentos más sensatos de paz en Oriente Próximo. Han pasado casi treinta años y todavía están a tortas. A Sadat lo mató el integrismo islámico. Cómo le iban a perdonar que de su mano saliera la primera firma árabe para sellar una paz duradera con Israel. Imposible que le disculparan las palmadas en la espalda que se daba con el presidente estadounidense Jimmy Carter y con el primer ministro israelí Menahem Beguim durante los acuerdos de Camp David. Y mucho más les encendió que Sadat y Beguim recibieran al alimón el Nobel de la Paz. Demasiadas buenas noticias juntas.

Para Estados Unidos el asesinato de Sadat fue una catástrofe. En Israel se quedaron estupefactos, en Irán y Libia hubo júbilo nacional y el resto del mundo pensó que, para bien o para mal, se acabó lo que se daba. A los funerales y entierro, celebrados cuatro días después del atentado, acudieron los más altos dirigentes internacionales, pero sólo tres de la Liga Árabe. Ronald Reagan no se atrevió a ir por motivos de seguridad, pero envió a Carter, Ford y Nixon. Siempre es mejor que ante un posible atentado caigan tres ex presidentes que no uno que todavía manda. Mitterrand fue y Calvo Sotelo, también.

Pero Anwar el-Sadat, el presidente de perfil faraónico, no está enterrado donde pidió. Su sepultura, a sólo 300 metros de donde sufrió el atentado, junto a la tumba del soldado desconocido, es sólo provisional, aunque esta provisionalidad dure ya tres décadas. El presidente egipcio quiso ser enterrado en el sector del desierto del Sinaí que Israel devolvió a Egipto y donde no tuvo tiempo de construir su sueño: una mezquita, una iglesia y una sinagoga. Porque Sadat tuvo una consigna: «Nada de política en la religión, nada de religión en la política». Que dicho así queda majo, pero a ver cómo se le explica a un fundamentalista que el Corán y el gobierno de una nación son cosas distintas.

José Canalejas

El atentado anarquista al Liceo de Barcelona sólo fue uno de los primeros estornudos de una gripe anarquista que infectó España a finales del siglo XIX y principios del XX. La fiebre estaba aún alta cuando el 12 de noviembre de 1912 José Canalejas, presidente del Consejo de Ministros y líder del Partido Liberal, fue una muesca más en la culata anarquista. El exaltado Manuel Pardiñas lo dejó en el sitio de dos disparos en plena Puerta del Sol.

Iba el hombre tan tranquilo caminito del Ministerio de la Gobernación, lo que hoy es la sede de la Comunidad de Madrid, cuando se paró don José donde se paraba siempre: frente al escaparate de la librería San Martín, en la esquina de Sol con la calle Carretas. Dos policías que se supone que escoltaban a Canalejas iban demasiado rezagados, y un tercero se había adelantado para comprobar que la entrada al Ministerio estuviera despejada. Conclusión: Canalejas estaba solo. Genial protección. Y allí, frente a la librería, sin moros en la costa, el anarquista Manuel Pardiñas descerrajó dos tiros en la cabeza al presidente del Consejo.

El terrorista intentó huir, pero uno de los policías acertó a liarse a porrazos y, con la ayuda de algún viandante, logró cortarle la huida. Manuel Pardiñas se vio perdido y allí mismo se pegó un tiro para evitar el garrote vil. La conexión anarquista quedó más que demostrada en el asesinato de José Canalejas, pero aún hubo gente que siguió buscando tres pies al gato. Un tal Hakim Boor se empeñó en que a Canalejas lo mataron los masones. Pero nadie le hizo caso, porque Hakim Boor era el seudónimo de Francisco Franco.

Y otro asunto: el primero que reglamentó que los políticos eligieran entre jurar por los Evangelios o prometer por el propio honor fue Canalejas. Sepan, pues, quienes creen que esto de jurar o prometer es una modernez, que se hace desde hace casi cien años. Prometido.

Rafael del Riego, sin cabeza pero con himno

Unas líneas más atrás les hablaba de la pérdida del bandolero más guapo de Madrid, y ahora le toca el turno a un colega de patíbulo que salió de la misma cárcel y terminó en las mismas y deplorables condiciones: muerto. El general Rafael del Riego, el que puso apellido al famoso pronunciamiento, no coincidió en la celda con el bandolero, porque el militar que inició el levantamiento liberal contra el absolutismo de Fernando VII fue ejecutado el 7 de noviembre de 1823, catorce años antes que Luis Candelas.

Pero ya hubiera querido Riego tener la misma muerte que el bandolero. Si lo llega a saber con tiempo, no se pronuncia y hasta se hace paje del rey. Riego perdió todo lo ganado y la España constitucional perdió mucho más, pero al menos las dos repúblicas que ha tenido el país aprovecharon el canto de Riego como himno nacional.

Del general Riego habría mucho que contar, bueno y malo, porque alguna vez patinó y como político era un poco bocazas. Pero no es menos cierto, que diría un letrado, que provocó tal cascada de acontecimientos que su lugar en la historia está más que merecido. Rafael del Riego fue asturiano, masón y un liberal un tanto exaltado. Obligó a Fernando VII a jurar la Constitución de 1812, pero, como el rey era un cínico y no estaba dispuesto a dejar que los liberales corrieran a sus anchas por España, llamó a los Cien Mil Hijos de San Luis para que le echaran cien mil pares de manos. Menuda estafa... porque resultaron ser sólo 95.062.

Con la ayuda de los franceses, a Rafael del Riego le acabaron apresando en Andalucía y no tardaron en condenarle a muerte. Estuvo encerrado en la cárcel de la Corte de Madrid, recuerden, el actual Ministerio de Exteriores, y de allí salió hacia la horca en la plaza de la Cebada. Llegó arrastrado encima de un serón para mayor humillación, pero su condena iba más allá. Tenía que ser decapitado... después de ahorcado, claro, porque si no la ejecución hubiera sido harto complicada. El fiscal pretendió que la cabeza de Riego fuera enviada a Las Cabezas de San Juan, en Sevilla, porque allí inició Riego su pronunciamiento. Pero lo cierto es que en Las Cabezas de San Juan no tienen noticias de la cabeza de Riego porque el tribunal no aceptó semejante sugerencia. Allí lo recuerdan con cariño y como héroe, pero la cabeza no la tienen. De Riego, sólo queda su himno.

«*Mister Lennon?*»

Han pasado casi treinta años y muchos aún seguimos con la boca abierta por una muerte tan absurda y tan innecesaria como la de John Lennon. El 8 de diciembre de 1980 John Winston Lennon y su mujer, Yoko Ono, regresaban a su casa del edificio Dakota, en el número 1 de la calle 72 de Nueva York, cuando alguien llamó la atención de la pareja por la espalda. «*Mister Lennon?*». El músico se giró y recibió por toda respuesta cinco tiros. Aquella frase que salió del genio de Lennon y que decía «imagina que no hay nadie por quien matar o morir» se fue al garete.

Mark David Chapman fue su asesino. Un tipo desquiciado, un mitómano de veinticinco años que admiraba a Lennon hasta la obsesión. Un vulgar cazador de autógrafos a quien el propio músico le había regalado su firma, estampada sobre el disco *Double Fantasy*, sólo unas horas antes de morir. Chapman llevaba en los bolsillos el libro de Salinger *El guardián entre el centeno*, de donde, según él mismo declaró, sacó la inspiración para matar al Beatle. Pero esto es lo de menos, porque dado su estado mental, también un prospecto de aspirinas le hubiera empujado a asesinar a Lennon.

Lennon llegó todavía vivo al Hospital Roosevelt en un coche de policía, pero una de las cinco balas había destrozado la aorta y murió desangrado. Chapman cumple cadena perpetua en la prisión neoyorquina de Attica, alejado del resto de los internos por su propia seguridad. Lleva desde el año 2000 intentando salir con la condicional, pero no hay tutía. Cuatro veces se la han denegado, y se la volvieron a rechazar en octubre de 2008 cuando la solicitó por quinta vez.

Todos los 8 de diciembre los admiradores de John Lennon se congregan en Central Park, junto al gran mosaico que recuerda al Beatle con la inscripción «*Imagine*». Es su única y simbólica tumba. David Chapman ya ha cumplido más de medio siglo, pero por su culpa Lennon no pudo cumplir más de cuarenta.

Calígula, alias *Sandalita*

Roma sólo ha tenido un emperador más chiflado que Nerón, Calígula, y el 24 de enero del año 41 se le acabó lo de hacer más chifladuras. Durante la celebración de los Juegos Palatinos dos miembros de la guardia pretoriana, Casio Querea y Cornelio Sabino, le esperaron en un pasillo que llevaba del palco real al lugar donde se servía la comida. Le arrearon treinta espadazos y lo dejaron en el sitio. El imperio se libraba así de un pirado, pero sólo a la espera de que llegara Nerón.

Calígula no se llamaba Calígula, que ése era su apodo. Su nombre era Cayo Julio César, pero cuando era pequeñito lo presentaron ante los ejércitos romanos con las sandalias típicas que llevaban los soldados y que se llamaban cáliga. A partir de ahí le pusieron Calígula, que era diminutivo de cáliga. O sea, que el emperador más perturbado de Roma pasó a la historia con el nombre de Sandalita.

Fue asesinado con sólo veintiocho años, pero tuvo tiempo de casarse cuatro veces, de sacar a los romanos de sus casillas y de convertir su palacio en un lupanar. Su gobierno estuvo tan lleno de excentricidades que es imposible extraer alguna que destaque. Empezando por el nombramiento de su caballo *Incitatus* como cónsul y terminando por aquella guerra que se inventó contra germanos y británicos sólo para volver a Roma y recibir una ovación. Pero no se había pegado con nadie.

Calígula, como todos los emperadores defenestrados, acabó incinerado apresuradamente y sus restos enterrados en cualquier parte. Había que pasar página cuanto antes, y mientras la guardia pretoriana nombraba a su tío Claudio como nuevo emperador, el Senado decretó una *damnatio memoriae* contra Calígula, una condena de la memoria que implicaba borrar su nombre de los monumentos, destruir sus imágenes y prohibir la pronunciación de su nombre. Dio igual. Casi dos mil años después resulta que su memoria nos ha alcanzado por encima de la de cualquier otro emperador precisamente por ser un estrafalario y el más peliculero.

Adiós al alma grande de Gandhi

Un 2 de octubre nació Mahatma Gandhi y esto fue suficiente excusa para que la ONU declarara esta jornada de cada año como el Día Internacional de la No Violencia, una entelequia que adorna el calendario, pero que, lamentablemente, sirve para poco más. Gandhi fue asesinado el 30 de enero de 1948… qué gran incongruencia. El más destacado abanderado de la no violencia, el tipo más pacífico del mundo y el líder más escuchimizado del que se tienen noticias caía bajo las balas de un fanático.

La mañana que precedió a su muerte, Gandhi pronunció unas proféticas palabras: «Si todos los que ahora me escucháis caminarais hacia la paz por el sendero de la no violencia, me iría de este mundo muy satisfecho, aunque muriera abatido por la violencia de los fusiles». Menuda puntería la suya, la misma que tuvo, sólo unas horas después, el hombre que le descerrajó tres tiros en el pecho cuando el líder indio se dirigía a los rezos de la tarde. Su muerte se consideró una catástrofe internacional y la condena fue unánime. Hasta la Asamblea de Naciones Unidas declaró un periodo de luto, y esto ha ocurrido muy pocas veces.

Dos millones de personas acudieron a los funerales del «alma grande». Eso significa Mahatma, alma grande, y aquel pedazo de alma se hizo humo en una impresionante pira funeraria de madera de sándalo en la ciudad de Allahabad. Allí confluyen los ríos Ganges y Yamuna, y un tercero que sólo existe en la mitología hindú, el Sarasvati, una poderosa corriente de propiedades purificantes. En esa confluencia debían diluirse parte de las cenizas de Gandhi, porque otra parte aún pulula por la India en un rito de veneración que el líder jamás hubiera aceptado.

Gandhi, aquel que nunca dejaba que muriera el sol sin que antes hubieran muerto sus rencores, desapareció hace sesenta años, y con este hombre calvo y delgaducho que logró la independencia de todo un país con su voz y en taparrabos, también se fue el Mahatma. Su gran alma se quedó sin hueco en un mundo violento.

El enigma de Mayerling

El emperador austrohúngaro Francisco José I cavilaba el 31 de enero de 1889 cómo escamotear a la historia oficial el mayor escándalo de su imperio.Y tomó una decisión: el emperador dio orden de enterrar en una tumba secreta en las afueras de Viena, sin nombre y sin lápida, el cuerpo de la amante de su hijo, la baronesa María Vetsera. Mientras, su heredero, el archiduque Rodolfo de Habsburgo, muerto junto a su enamorada de dieciocho años, salía camino de unas honras fúnebres imperiales. Nació el enigma de Mayerling.

La tragedia de Mayerling sigue siendo uno de los mayores misterios de la historia de Austria. Aún hoy no se ha aclarado oficialmente si aquellas dos muertes fueron producto de un suicidio concertado, un crimen de Estado o un complot internacional. Ocurrió en el antiguo pabellón de caza de Mayerling, en las afueras de Viena. Allí, sobre la cama, se descubrieron los cuerpos de los dos amantes. Continúa sin saberse si fueron asesinados, o si el desequilibrio emocional de Rodofo le llevó a disparar a su amante para luego suicidarse, porque aquel amor no tenía solución de continuidad.

El crimen recorrió las monarquías europeas, a su paso convulsionó el Vaticano y cuando los ecos regresaron a Austria la orden era, por encima de todo, guardar silencio. Francisco José I y su mujer, la edulcorada emperatriz Sissi, utilizaron todas las trampas a su alcance para evitar que se supiera la verdad. De aquellas dos muertes sólo trascendió una, la del heredero, porque María Vetsera acabó enterrada en secreto aquel 31 de enero, bajo 2 metros de tierra mezclada con chanchullos imperiales. Se impuso un pacto de silencio entre los Habsburgo, que se mantuvo hasta 1983, cuando Zita de Borbón-Parma, la que fue última emperatriz de Austria, se negó a llevarse el secreto a la tumba. Aseguró que el archiduque Rodolfo fue asesinado junto a su amante por negarse a participar en una maniobra internacional para convertir el imperio en una federación. Nadie hasta hoy lo ha desmentido, quizás porque para que el enigma de Mayerling siga siendo apasionante, necesita seguir rodeado de misterio.

El gustillo de Sevilla por los autos de fe

La Inquisición le cogió el gustillo a organizar autos de fe el 6 de febrero de 1481. Se celebró el primero y se lo pasaron tan bien que ya no pararon hasta siglos después. Sevilla tuvo el dudoso honor de presenciar aquel primer auto de fe en el que murieron en la hoguera seis supuestos herejes, a los que se acusaba de ser conversos judaizantes. Es decir, que se habían convertido al catolicismo... pero poco, porque como los convirtieron a la fuerza, ellos seguían a lo suyo, a sus ritos judíos. Es lo que tiene vencer sin convencer.

Torquemada ya llevaba unos años dando la matraca a los Reyes Católicos para que dieran caña a judíos y falsos conversos. Y al final consiguió que Isabel y Fernando, previa bula del papa Sixto IV, nombraran a los dos primeros inquisidores, Miguel Morillo y Juan de San Martín, que se fueron en comisión de servicio a Sevilla a ver si recolectaban para la hoguera unos cuantos herejes. Y los primeros seis que pillaron tenían como cabecilla al famoso banquero converso Diego de Susón, una de las mayores fortunas del país. Y esta circunstancia dineraria provocó la sospecha de si de verdad el tal Susón era un mal cristiano o si se lo cargaron para poderle confiscar los bienes. Y, por cierto, la hija de Diego Susón, la bella Susona, se hizo tan famosa que la ciudad aún tiene una calle dedicada a ella.

A las seis primeras víctimas de la Inquisición se las acusó de ser falsos conversos. El auto de fe se celebró en una explanada que se conocía como Prado de San Sebastián, un lugar donde siglos más tarde se asentó la Feria de Abril de Sevilla. O sea, que se quedó como una zona de jolgorio. Pero aquellos primeros seis condenados sólo fueron el principio, porque durante los siguientes cuarenta y cuatro años, y según los estudios del profesor Francisco Morales Padrón, fueron quemadas en Sevilla mil personas. Calculen las que ardieron en el resto de España. El que no era judío, era blasfemo, el que no, usurero y el que no, sodomita.

Qué época aquella. Si alguien estornudaba y el de al lado no decía Jesús, a la hoguera.

Lady Jane Grey, nueve días trágicos

Hay quien nace con estrella y quien nace estrellado. Lady Jane Grey fue de las que se estrellaron. El 12 de febrero de 1554 la decapitaron en la Torre de Londres sin comerlo ni beberlo. Se la conoce como la reina de los nueve días, aunque ella jamás pretendió ser soberana de Inglaterra. La utilizaron católicos y protestantes en beneficio propio, y cuando hubo que buscar una cabeza de turco, cayó la suya. Cuando subió al patíbulo con diecisiete años, no entendía qué demonios hacía allí.

Jane Grey creció sin afecto y con una educación muy severa en previsión de que, por una lejana eventualidad, pudiera llegar a reina de Inglaterra. La casaron a la fuerza y la sentaron en el trono para que rigiera un país convulso y a la greña por el poder y la religión. Fue una época, aquellos mediados del siglo XVI, en la que Inglaterra se había separado de Roma y todo el país andaba a trastazos por ver quién mandaba más, católicos o anglicanos.

La buena suerte quiso que se muriera Enrique VIII y la mala fortuna decidió que su hijo y sucesor, Eduardo VI, durara vivo menos que un Bollicao en la puerta de un colegio. La heredera más cercana para seguir manteniendo el protestantismo en Inglaterra era lady Jane Grey, porque María Tudor, de la facción católica, era la otra alternativa. En realidad, era la legítima alternativa, porque también era la heredera legítima.

Pero, al final, lady Jane Grey fue proclamada reina hecha un mar de lágrimas y en contra de su voluntad, porque ella también consideraba a María Tudor la legítima sucesora. Pero dio lo mismo, porque lady Jane Grey sólo era un monigote al servicio de intereses políticos y religiosos. Nueve días después de la entronización, María Tudor consiguió arrebatarle la corona a lady Jane y ordenó que rodaran todas las cabezas implicadas en impedir que ella llegara a reinar. Y a punto estuvo de perdonar a lady Jane, porque no la consideró culpable de las maquinaciones de los demás, pero puso una condición a la joven: que abjurara de su fe anglicana y se uniera a los católicos.

Fue la única vez en toda su vida que lady Jane Grey pudo decidir por ella misma, aun a riesgo de perder la vida. No quiso aceptar ni una sola imposición más.

La madre de Ramón Cabrera

Madre no hay más que una, por eso, cuando al líder carlista Ramón Cabrera le fusilaron a la suya simplemente por haberlo parido, perdió del todo los estribos. El 16 de febrero de 1836 María Griñó fue fusilada por orden del general isabelino Agustín Nogueras para escarmentar al hijo de la rea, pero lo único que consiguió con ello fue que Ramón Cabrera decretara la guerra sin piedad y se convirtiera en el general carlista más sanguinario que se recuerda. La pobre mujer no tenía culpa de nada.

No queda otra que recordar por qué se pegaban isabelinos y carlistas. Fernando VII se muere y deja como heredera a su hija Isabel II, porque no tenía un niño al que ajustarle la corona. Esto sentó fatal, pero que muy mal, al hermano del rey, a Carlos María Isidro, que estaba loco por reinar y que se sentía heredero legítimo por obra y gracia de la ley sálica. Y en torno al aspirante Carlos se unió un sector poco dado a las ideas liberales, católico a muerte y muy tradicionalista: los carlistas.

Ramón Cabrera se unió a la causa de Carlos María Isidro y tenía tal cerebrito para esto de batallar que organizó un ejército regular con lo que hasta entonces sólo eran grupos de carlistas desperdigados y anárquicos. Y andaba Ramón Cabrera por Teruel cuando se enteró de que dos alcaldes de la zona se chivaron a los isabelinos de que los carlistas andaban cerca. Cabrera fusiló a los alcaldes acusicas, y a un general isabelino, Agustín Nogueras, no se le ocurrió otra que irse a por la madre del carlista a Tortosa.

La detuvo y la fusiló por no haber hecho nada. La decisión de matar a la madre de Ramón Cabrera fue torpe a más no poder, y más torpe aún la de Cabrera, cuando en represalia fusiló a cuatro mujeres vinculadas con los liberales. A partir de aquí la pelota engordó de tal manera que aquella primera guerra carlista se convirtió en un sinsentido de sangre y violencia. Se les fue a todos la cabeza, a los carlistas, a los isabelinos, a los soldados y a los civiles. Y todo por un trono en el que los únicos que no se mancharon de sangre fueron la que reinaba y el que pretendía reinar.

La vuelta de tuerca de Malcolm X

La muerte de Malcolm X se veía venir, porque al final todo el mundo le tenía ganas: los blancos, los negros, los suyos, los de enfrente, el Ku Klux Klan, el FBI... todos. Así que estaba claro que unos u otros lo quitarían de en medio el día menos pensado. Y ese día fue el 21 de febrero de 1965. Durante uno de sus mítines en Harlem (Nueva York, Estados Unidos), un tipo le descerrajó un tiro en el pecho con una recortada. Aquel disparo le catapultó a la gloria y a las enciclopedias.

Malcolm X fue fundamental en la lucha por los derechos civiles, pero la religión radicalizó sus posturas más allá de la lucha civil. Mezcló churras con merinas y acabó volviéndose tan extremista como los mismos a los que combatía. La verdad es que no lo tuvo fácil, porque vivir una infancia marcada por los desmanes del hombre blanco, la humillación social y el racismo más brutal no le dejó muchas opciones.

Su abuela fue violada por un blanco; su padre, hostigado y finalmente asesinado por el Ku Klux Klan; su madre, internada en un manicomio; Malcolm, primero adoptado y luego, en un reformatorio... Con estos antecedentes está claro que el niño no iba a salir físico nuclear. Se metió a delincuente y acabó en la cárcel.

Seis añitos entre rejas le dieron tiempo para estudiar y encontrar una salida: el islam, pero el islam racial más radical, el que afirmaba la superioridad de raza sobre los blancos, con lo cual se metió en la misma espiral de discriminación. Fue entonces cuando cambió el apellido que le legó su padre, Little, por una X que representaba el nombre desconocido de sus antepasados africanos, su herencia esclava. Se convirtió en un líder indiscutible, porque labia la tenía toda, y logró tanto éxito popular que los mismos miembros de su organización se la juraron. Rompió con su líder espiritual, montó su propio movimiento y continuó haciendo amigos.

Los Musulmanes Negros no le perdonaron el abandono ni el giro hacia posturas más políticas y menos religiosas. Tres ex colegas suyos fueron detenidos por el asesinato, y sólo uno continúa cumpliendo cadena perpetua. Está artrítico, pero en la cárcel.

Magnicida Booth

Decir que el 10 de mayo de 1838 nació un crío al que llamaron John Wilkes Booth suena a poco. Pero a Abraham Lincoln este nacimiento le hizo la pascua, porque Booth fue su asesino. Era hijo de actores, él mismo se metió a actor y llegó a ser todo un especialista en Shakespeare. Pero llegó un momento en que buscó más protagonismo del que aconseja la cordura y decidió cometer el primer magnicidio de la historia de Estados Unidos. Triste honor.

John Wilkes Booth estaba cabreado con el presidente Lincoln porque los confederados habían perdido la guerra con la Unión. Tampoco se entiende muy bien de dónde había mamado esas ganas de guerrear por la secesión estadounidense ni por qué le enfadó tanto que los esclavos fueran liberados. Él era hijo de inmigrantes ingleses… prácticamente un recién llegado. Y encima apuntó hacia Lincoln, precisamente el hombre que le había aplaudido un año antes tras una representación teatral. Y, eso sí, teatrero era un rato, porque asesinar al presidente al grito de «*sic semper tyrannis*», dicho así, en latín, es querer pasar a la historia dando la nota. Ése era el lema del Estado de Virginia, uno de los primeros en sumarse a la secesión, y significa, más o menos, «así suceda siempre a los tiranos».

Días después del asesinato la policía dio caza al magnicida, pero como en Estados Unidos les encantan las teorías conspiratorias, de inmediato se inventaron una: todavía hay quien dice que no mataron a Booth, sino a un cabeza de turco para cerrar el caso. Unos dicen que se suicidó más tarde en Oklahoma y otros, que huyó a Japón y vivió feliz y contento el resto de sus días. Y una última curiosidad en torno a este hombre, recientemente desvelada por el diario londinense *The Times* y que ha resultado ser uno de los secretos mejor guardados por la esposa del ex primer ministro británico Tony Blair. El nombre de soltera de Cherie Blair era Booth, porque desciende del hermano del asesino de Abraham Lincoln. Vamos, que el que mató al presidente era su tío abuelo. Sorpresas te da la vida.

El buen talante mató a Enrique IV

Iba Enrique IV tan tranquilo en su carroza abierta por las calles de París, cuando al mediodía del 14 de mayo de 1610 un católico ferviente, perturbado y aspirante a cura le asestó tres puñaladas mortales. Así murió el primer Borbón de la historia, uno de los mejores reyes que ha tenido Francia, a manos de un fanático loco perdido que le quitó de en medio porque, dijo, Enrique IV era culpable ante Dios de no haber sometido a los protestantes franceses a la Iglesia católica. Y todo porque el rey firmó alianzas con los holandeses y fue tolerante con los calvinistas. Qué falta de buen talante, por Dios.

Enrique IV pasa por ser para los franceses el mejor rey y el más querido. Afable, currante, pacificador, con cuatro amantes, negociador. Sólo tuvo un defectillo, que era protestante, pero lo solucionó de inmediato. Se planteó: ¿qué hay que hacer para pacificar Francia y acabar con todas las guerras de religión? ¿Hacerse católico?; pues me hago, que todo el problema sea ése. Y su conversión ha pasado a la historia gracias a la famosa frase que se le atribuye, «París, bien vale una misa». Pero a decir de los estudiosos, ésta es una de las muchas falacias de la historiografía, porque la cita se la adjudicaron con posterioridad quienes quisieron demostrar la actitud cínica del rey.

Fuera por convencimiento o por política, lo cierto es que renegar del protestantismo fue una decisión acertada, se lo creyera o no. Convertirse al catolicismo le permitió ser coronado, poner fin a treinta años de guerras religiosas y reconstruir la economía, pero en sus cuentas no entraba masacrar a los protestantes. Y esta tolerancia nunca gustó a España, el país que abanderaba la defensa del catolicismo en Europa y que apoyó con armas y con malas artes a los fanáticos franceses de la Liga Católica, que buscaban, más allá de una Francia pacífica, un país que se erigiera como verdugo de los infieles. Enrique IV intentó reinar con sentido común, pero siempre hay alguien que, usando el nombre de Dios en vano, lo fastidia todo.

A la caza del nazi Eichmann

Israel nunca se ha dado un respiro a la hora de dar caza a los nazis responsables del holocausto, y el 21 de mayo de 1960 logró uno de sus mayores triunfos al secuestrar y sacar de incógnito de Argentina a uno de los nazis más buscados: Adolf Eichmann, el arquitecto del Holocausto, el tipo que organizó todo para dar con la llamada «Solución Final», con el exterminio. Como la vida da muchas vueltas, acabó siendo el exterminador exterminado.

Israel estuvo durante cuarenta y cinco años cantando el pío, pío que yo no he sido y manteniendo que el secuestro lo llevaron a cabo caza-nazis ajenos al gobierno. Pero, por fin, en el año 2005 reconoció que fueron, sus servicios secretos, el Mosad, los que orquestaron toda la maniobra para localizar a Eichmann en Argentina, sacarlo ilegalmente del país, trasladarlo a Tel Aviv, juzgarlo y ejecutarlo. ¿Por qué no se utilizó la vía diplomática para lograr la extradición del criminal nazi? Porque ya se había intentado con el perturbado de Joseph Menguele y la Argentina de Perón, gran admirador del fascismo, había denegado la entrega. Así que, Israel sabía que o lo hacía por las bravas, o nunca conseguiría ejecutar a un nazi con sus propias manos.

Eichmann llevaba años viviendo de incógnito en Argentina, como muchos otros nazis, gracias a los documentos falsos que la Asociación San Rafael, una organización que operaba desde el Vaticano, proporcionaba a los criminales de guerra para ponerse a salvo. Y en Argentina vivió Eichmann feliz y contento, con identidad falsa, durante dieciséis años, hasta que el Mosad dio con él y aquel 21 de mayo lo subió a un avión con destino a Israel.

El gobierno argentino se agarró un cabreo impresionante y exigió a través de la ONU las disculpas de Israel. Pero los judíos no estaban dispuestos a pedir escusas por haber cazado a un asesino. Apenas un año después, Eichmann fue juzgado durante un proceso de tremenda repercusión internacional, sentenciado a la horca, incinerado y sus cenizas arrojadas al Mediterráneo. Fue la primera y última vez que Israel aplicó la pena de muerte. Oficialmente, se entiende.

Ejecución del matrimonio Rosenberg

A las ocho de la tarde del 19 de junio de 1953 la silla eléctrica de la prisión estadounidense de Sing-Sing dejó frito al ingeniero Julius Rosenberg. Quince minutos después se sentó en el mismo lugar su mujer, Ethel. Murieron acusados de haber facilitado a la Unión Soviética los secretos de la bomba atómica. Pero hoy, desclasificados ya los documentos de aquel proceso y tras la confesión de uno de los cómplices, Morton Sobell, se sabe que no hubo ni una sola prueba en firme contra ellos. Cierto que Julius pasó a los soviéticos secretos militares, pero no atómicos. Tan cierto como que Ethel no tuvo nada que ver. Pero esto es *peccata minuta*, lo importante es que los estadounidenses, en plena caza de brujas, respiraron tranquilos. Dos rojos menos.

El matrimonio Rosenberg, una pareja judía que en su juventud militó en el Partido de los Jóvenes Comunistas, cargó con la culpa de haber facilitado a los soviéticos las claves para fabricar la bomba atómica, un monopolio de Estados Unidos. A los yanquis les entró el pánico cuando vieron a la Unión Soviética hacer pruebas nucleares y se dijeron, ya está, nos han robado la exclusiva.

El cirrótico senador Joseph MacCarthy y sus secuaces se pusieron a buscar culpables como locos, y los Rosenberg les cuadraron como sospechosos. La pareja siempre negó la acusación, pero gobierno, FBI y jueces echaron mano de eso que llaman «la duda razonable», que viene a ser algo así como no tengo pruebas contra ti, pero como me tienes muy mosqueado te acuso por si acaso. Dio lo mismo que hasta el último aliento Julius y Ethel Rosenberg reivindicaran su inocencia. MacCarthy necesitaba culpables para escarmentar a los comunistas.

Quienes han estudiado a fondo los documentos del proceso, desclasificados en 1987, aseguran que aquel juicio rebosaba irregularidades, que sólo se basó en indicios y en testimonios negociados con testigos que facilitaron acusaciones falsas a cambio de librarse ellos mismos de la imputación. Pero a buenas horas, mangas verdes. La caza de brujas llegó a la cima de la insensatez con la ejecución de los Rosenberg aquel 19 de junio, y MacCarthy se fue a la cama feliz por el deber cumplido. Si le hubieran sentado a él en la silla eléctrica no hubieran podido apagar las llamas en meses. Sustituyó su sangre por whisky con tal de no tener glóbulos... rojos.

Fusilado el cura Hidalgo

La independencia de México comenzó en un púlpito de la ciudad de Dolores. A él se subió un cura de nombre Miguel Hidalgo y, aprovechando que la iglesia estaba hasta los topes en la misa del domingo, arengó a indios y campesinos para que se levantaran contra la tiranía española. Fue el famoso «Grito de Dolores», con el que el cura Hidalgo armó la marimorena e inició el camino de la independencia. El 1 de agosto de 1811 el cura Hidalgo pagó caros sus gritos y fue fusilado por los españoles. No hay nada que echarles en cara a los mexicanos... al fin y al cabo, a los curas los llevamos nosotros.

Había pasado casi un año desde que el cura Hidalgo, desde su iglesia de la ciudad de Dolores, terminara su sermón al grito de «¡Viva la Virgen de Guadalupe! ¡Abajo el mal gobierno! ¡Viva Fernando VII!». Este último viva al rey no se supo a qué venía, puesto que se estaba promoviendo el levantamiento contra los españoles y Fernando VII era el rey de España. Quizás el cura se hizo un lío en el fragor del discurso, pero el caso es que aquel momento marcó de manera formal el comienzo de la lucha por la independencia de Nueva España. Por aquel entonces, México no se llamaba México sino Nueva España.

El cura Hidalgo finalmente fue capturado, y como era eso, cura, la parafernalia de su ejecución aquel 1 de agosto fue un poco más teatrera de lo habitual. Hubo que rasparle las manos y las yemas de los dedos con un cuchillo para quitarle la potestad de consagrar y bendecir; se le despojó del hábito y se le arreó un trasquilón en el pelo para descuajaringarle la tonsura. Y, ahora sí, como ya no era cura se le podía fusilar. Lo fusilaron sentado, no se fuera a hacer daño al caer.

Lo único que consiguieron los españoles con aquella ejecución fue convertir a Miguel Hidalgo en un héroe y a su famoso «Grito de Dolores» en el emblema de la nueva nación. Por eso ahora México tiene un parque nacional, un Estado, infinidad de ciudades y numerosos municipios que se llaman Hidalgo. Pues eso, que Hidalgo fue, además de cura, el padre de la patria.

Pat Garret mata a Billy el Niño

Pasados sólo unos minutos de la medianoche del 14 de julio de 1881 se largó de este cochino mundo William McCarthey para entrar en la leyenda como el mítico Billy el Niño, el imbatible forajido de veintidós años y con veintiuna muescas en la culata de su revólver. Aquella noche de hace casi ciento treinta años, el *sheriff* Pat Garrett se cargó a Billy el Niño, consiguió los 5.000 dólares de la recompensa y se pasó el resto de su vida vacilando de haber matado al bandido más famoso de Nuevo México.

Billy el Niño tenía muy cabreado a Pat Garrett, porque hacía menos de tres meses que el *sheriff* había logrado encarcelarlo, pero el forajido se le escapó de la cárcel con el viejo truco de ir al servicio. Como tenía unas muñecas muy finas, se zafó de las esposas, desarmó a los dos ayudantes de Garret y le pegó un tiro a cada uno. Sin embargo, el gran error de Billy el Niño tras su huida fue quedarse en Nuevo México. Al parecer andaba en tratos con una hispana muy mona y no se quiso ir. Se empleó en un rancho donde relajó sus costumbres porque se sentía protegido y rodeado de amigos.

Billy, que nunca salía sin su Colt 41 al cinto y su Winchester al hombro, aquella medianoche abandonó su habitación descalzo y desarmado para buscar algo de comer. Cuando regresaba vio unas sombras que entraban en su cuarto y, ya dentro, con el perfecto español que manejaba preguntó: «¿Quién es?, ¿quién anda ahí?». La respuesta fue un certero disparo al corazón.

Aquí comenzó la leyenda de Billy el Niño, capturado gracias a la traición de un amigo que le chivó a Pat Garret el paradero del pistolero más buscado de Nuevo México. Es el bandido más biografiado y peliculero de la historia, cuyo mérito fue sobrevivir veintidós años en el duro oeste jugando al póquer, robando ganado y disparando antes de que le dispararan a él. Todo lo demás que rodea a Billy el Niño navega entre la realidad y la ficción más romántica. Ya lo dijo alguien, «los americanos adoran a los héroes y siempre los eligen entre los fuera de la ley».

Ejecución de Mata Hari

Cuentan que lanzó un beso al pelotón de fusilamiento antes de caer bajo las balas. Y dicen también que los doce soldados franceses que la dispararon tuvieron que ser vendados para no sucumbir a los encantos de la condenada. Pero esto es del todo falso, porque la agente H-21, vestida de negro del cuello a los tobillos, sin velos, sin perlas y sin joyas, perdía bastante. Al amanecer del 15 de octubre de 1917, Mata Hari fue fusilada.

Mata Hari significa en malayo «Ojo del Amanecer», un nombre que se inventó porque el verdadero, Margarita Gertrudis, no servía para ser bailarina exótica. Como agente secreto era H-21, porque la espía Margarita tampoco servía. ¿Y cómo se metió en aquel lío Margarita Gertrudis? Pues empujada por sus delirios de grandeza, por sus ganas de codearse con los galones y por sus pocas luces al creer que aquello de tontear con el espionaje durante la Primera Guerra Mundial era moco de pavo. Porque espiar, lo que se dice espiar, espió poco, y como, lejos de moverla el patriotismo, Mata Hari se movía sólo por dinero, además de cotillear para los alemanes, comenzó a hacerlo también para los franceses. Se convirtió en agente doble, bastante manta, pero en agente doble al fin y al cabo.

Los franceses la habían pillado ocho meses antes gracias a que supuestamente interceptaron un mensaje cifrado que la implicaba. Pero a estas alturas parece estar claro que ni una sola de las operaciones de Mata Hari hizo pupa a uno u otro bando, ni las informaciones que facilitó provocaron un estropicio en el desarrollo de la Primera Guerra Mundial.

El proceso que terminó con su condena a muerte fue más que irregular, y las pruebas condenatorias hubieran dado como mucho para un par de azotes. Pero Francia necesitaba un chivo expiatorio y aquella mujer de moral disipada sirvió para el caso. Y no, no es cierto que el pelotón de fusilamiento disparara con los ojos vendados para evitar sucumbir a sus encantos. Pero sí debieron de cerrar los ojos, porque de doce disparos sólo impactaron cuatro. Uno de ellos, el que le atravesó el corazón, convirtió a Mata Hari en mito.

Descubriendo, investigando…

El *Mici sepe*

René Robert Cavelier de La Salle es de los pocos exploradores franceses que han descubierto algo. Hombre, hubo varios, pero en comparación con ingleses, portugueses y españoles, lo que se dice descubrir, descubrieron poco, aunque el 9 de abril de 1682 se produjo uno de esos grandes hallazgos. Monsieur de La Salle navegó el río hasta el golfo de México y tomó posesión de la desembocadura del Misisipi, un delta tan formidable, que al quedarse con él se quedó con todo un Estado.

El río Misisipi, además de tener muchas eses y muchas pes, tiene mucho caudal, una exageración de caudal. Pero esto ya lo sabían los indios, porque el nombre viene de antiguo. *Mici sepe* significa «gran río» en lengua indígena, pero los blancos cambiaron el *mici sepe* por Misisipi.

El francés desembocó con el río tras navegarlo desde el sur del lago Michigan y se quedó pasmado cuando vio el tamaño de aquel delta. Si sería grande, que La Salle tomó posesión del territorio en nombre del rey Luis XIV y aquella vasta extensión pasó a ser el Estado de Luisiana. Ahora bien, René Robert Cavelier de La Salle ni fue el primer rostro pálido en navegar aguas del Misisipi ni tampoco el primero en ver la desembocadura.

El primer europeo que vio el río y lo cruzó fue un extremeño, Hernando de Soto, y ocurrió más de cien años antes de que apareciera el francés. Lo que pasa es que el español no hizo mucho caso del Misisipi porque a él sólo le interesaba llegar al otro lado para buscar otros territorios.

Pero incluso antes que el extremeño, otra expedición española, la de Pánfilo Narváez y Álvar Núñez Cabeza de Vaca, se dio de bruces con la desembocadura. Pasaban con sus barcos por aguas del golfo de México, cuando la violencia del agua del río y las corrientes que provocaba su caudal les enviaron a hacer gárgaras mar adentro. Parece mentira que un río que mide en su nacimiento menos de cuatro metros de ancho y cubre hasta las rodillas se anime tanto en su recorrido hasta alcanzar una anchura de kilómetro y medio. Vamos, que un miope no ve la otra orilla desde la contraria.

La penicilina, asesina de estafilococos

El hallazgo más extraordinario del siglo XX, aún sin parangón en lo poco que llevamos del XXI, es la penicilina, la primera sustancia que demostró ser capaz de mantener a raya a las bacterias dentro del organismo humano. A mediados de agosto de 1928 el profesor de bacteriología británico Alexander Fleming, harto de ver la cara sólo de los microbios que criaba en su laboratorio, decidió tomarse unas vacaciones. Y era 22 de septiembre cuando el profesor Fleming regresó a sus probetas y sus pipetas y descubrió que era un genio. Por casualidad, pero un genio.

Fleming, prototipo del investigador desordenado, por no decir cochino, antes de irse de vacaciones olvidó sobre una de las mesas del laboratorio una placa de cultivo con bacterias, concretamente estafilococos. A su regreso comprobó que en aquel cultivo bacteriano se había instalado un hongo. Un «hongo okupa» al que nadie había invitado. Igual que cuando te olvidas en un rincón de la nevera un bote de tomate frito y cuando meses después te apetecen un par de huevos con tomate descubres que dentro del bote hay una decorativa capa de moho verde y blanco. Eso sucedió en el laboratorio de Fleming. Y menos mal que se fijó en el hongo, porque estuvo a punto de tirarlo.

Pero se fijó, sobre todo, en que sus estafilococos, aquellos que se olvidó cuando se fue de vacaciones, y justo los que estaban en contacto con aquel hongo, estaban aniquilados. Al asesino le puso por nombre penicilina.

Como la envidia es muy mala, a Fleming le dieron en principio un par de palmaditas en la espalda y le dijeron que, bueno, para curar un par de infecciones sencillitas la penicilina estaría bien. Años después, las palmaditas en la espalda se las dio el rey de Suecia cuando le entregó el Nobel de Fisiología y Medicina. La penicilina había salvado miles de vidas en la Segunda Guerra Mundial, y aún hoy las sigue salvando.

Tanto, que hasta los toreros agradecidos le dedicaron un monumento en Madrid, porque morían más de infecciones que de cornadas. No hay japonés que pase por la plaza de Las Ventas que no se pregunte qué pinta un torero de bronce haciendo un brindis al busto del doctor Fleming.

Núñez de Balboa se queda el mar del Sur

El capítulo más importante de la conquista de América, después, evidentemente, de la propia conquista, fue la toma de posesión de lo que había al otro lado. Pues bien, eso sucedió el 29 de septiembre de 1513, fecha en la que Vasco Núñez de Balboa tomó posesión del mar del Sur, al que luego Fernando de Magallanes cambió el nombre por el de océano Pacífico, una historieta que encontrarán unas páginas más adelante. Alguna fuente señala que todo esto sucedió el 25 de septiembre, pero no. El día 25 Núñez de Balboa vio el mar, pero no se lo pudo quedar oficialmente hasta el día 29. ¿Y cómo se toma posesión de un océano? Pues fácil. Es conveniente saberlo por si se presenta la oportunidad.

Se mete uno en las aguas hasta las rodillas, con la espada en la mano derecha y un estandarte con la Virgen en la izquierda. Se levantan los brazos y dice uno algo así como «me quedo con esto en nombre de mis soberanos los reyes de Castilla y Aragón y bla, bla, bla». Al menos así lo hizo Núñez de Balboa y ha quedado para la historia.

Núñez de Balboa llevaba meses empeñado en comprobar si era cierto lo que le contaban los indígenas. Que muy cerca del Atlántico, hacia el oeste y atravesando unas montañas había otro inmenso mar. Ahora sabemos que Balboa estaba en el istmo de Panamá, esa franja larga y estrecha de tierra sujeta a Norteamérica y de la que pende América del Sur. Y no es en sentido figurado, porque Estados Unidos no dejó el control del famoso Canal en manos de Panamá hasta el 31 de diciembre de 1999.

El Canal, el principal recurso del país, no para de dar dinero y satisfacciones y ya está en marcha la ampliación de este emporio acuático, una obra que va a ser de órdago a la grande.

El Canal no pierde actualidad y Balboa, tampoco, porque cada vez que un ciudadano abre el monedero saca eso, unos cuantos balboas.

... y Rodrigo de Triana gritó: «¡Tierra!»

El 12 de octubre de 1492 un tipo subido en lo alto de un mástil gritos: «¡Tierra!», y el mundo se puso del revés. Se llamaba Juan Rodríguez Bermejo, era sevillano y pasó a la historia como Rodrigo de Triana. El marinero iba a bordo de *La Pinta*, por delante de la carabela en la que estaba don Cristóbal, cuando vio la isla de Guanahaní.

Está muy bien eso de que el 12 de octubre Colón descubrió América. Pues, no. Colón la descubriría, pero fue Rodrigo el que la vio. Con este asunto hubo sus más y sus menos, porque el descubridor había prometido 10.000 maravedíes al primero que divisara tierra, y cuando Rodrigo de Triana le reclamó la recompensa Colón dijo que nanay. Que él la había visto primero. Pero, por el amor de Dios... si Colón iba en la carabela de atrás. El marinero Rodrigo acabó tan enfadado que se largó al norte de África y allí terminó sus días convertido al islamismo.

Está claro que Colón era un tacaño importante y que se embolsó los 10.000 maravedíes. Menos mal que fray Bartolomé de las Casas hizo una crónica de alcance y puso las cosas en su sitio. El fraile dejó escrito que fue Rodrigo el primero en ver y gritar «¡tierra!», y que Colón, mientras el marinero se desgañitaba en lo alto de la torre, preguntaba a otro oficial: «¿Tú ves algo? Porque yo no veo nada...». Y el oficial le respondía: «Pues yo tampoco veo nada». Y Rodrigo seguía en su puesto de vigía dando brincos y gritando «¡tierra!» como un poseso.

Con la llegada de Colón, en América se acabó el sosiego y el correr en taparrabos por la selva. La cruz se impuso a sangre y fuego; el oro, la plata y los tomates comenzaron a salir a manos llenas con destino a España, y hasta hoy.

Roland Garros, sin red

Roland Garros antes de ser un torneo de tenis era un señor, lo que pasa es que ha perdido su verdadera identidad en beneficio del Gran Slam. Roland Garros no se hizo famoso con una raqueta, porque, como mucho, jugaba los domingos en una pista alquilada de once a doce. Garros era piloto de aviación, y en el aire es donde a él le gustaba competir. El 18 de diciembre de 1912 el señor Garros batió la plusmarca mundial de altura al alcanzar los 5.600 metros en un aeroplano. Ahora parece una tontería, pero entonces se podía haber matado, porque los aviones eran unas tartanas.

El que bautizaran con su nombre al estadio de París y al trofeo más importante de tenis en tierra batida no tuvo otra razón que el considerarlo un héroe nacional. Es como los Premios Goya. Se llaman así pese a que Goya jamás dirigió una película.

Roland Garros fue un pionero de la aviación. Además del récord de altitud, que se arrebató a sí mismo varias veces, también fue el primero en cruzar el Mediterráneo. Pero ganó más cosas. Fue el ganador en una carrera de aviones entre París y Roma, y también el primero de la historia de la aviación que derribó a tiros a otro avión; por eso está considerado el primer piloto de guerra del mundo. Y esto fue clave en el desarrollo de la Primera Guerra Mundial.

Roland Garros se convirtió en héroe durante la Primera Gran Guerra gracias a que desarrolló con un ingeniero un artilugio que permitía disparar frontalmente a un avión enemigo. Antes no quedaba más remedio que hacerlo de costado, porque si disparabas al frente te cargabas tu propia hélice y te derribabas a ti mismo. Garros y su ingeniero se inventaron un blindaje de las hélices para que las balas rebotaran, mientras que las que pasaban entre aspa y aspa podían hacer blanco.

Después de cuatro derribos, los alemanes capturaron el avión de Roland Garros y le copiaron el invento. No sólo lo copiaron, sino que lo mejoraron con un sincronizador que sólo permitía el disparo cuando las balas pudieran pasar entre las aspas. Garros continuó con sus hazañas aéreas hasta que, tanto fue el cántaro a la fuente, que acabó derribado y muerto sin haber ganado un solo trofeo de tenis en toda su vida de aviador.

Paul Ehrlich: a la 606 va la vencida

Muchos investigadores se empeñan en poner nombres muy rebuscados a los medicamentos que descubren para que los demás no sepamos pronunciarlos. Por eso hay que estarle doblemente agradecido al alemán Paul Ehrlich, porque el 30 de julio de 1910, además de descubrir el primer fármaco eficaz contra la sífilis, tuvo el buen juicio de bautizarlo con un nombre tan sencillo como 606. Ehrlich era un tipo listísimo, meticuloso y muy paciente, pero poniendo nombre a sus descubrimientos era más simple que el asa de un cubo.

Ehrlich llamó 606 a su medicamento contra la sífilis por una cuestión muy sencilla. Porque fue en el experimento 606 cuando llegó a donde quería. Había realizado previamente 605 ensayos con compuestos a base de arsénico que durante años estuvo inyectando en roedores para ver si les curaba de la sífilis que previamente les había contagiado. Fue una faena para los ratones, porque contrajeron la enfermedad sin haber conocido ratita que les transmitiera el mal como Dios manda. Ni se sabe los miles de roedores que se cargó Ehrlich en su laboratorio hasta que su fármaco 606 empezó a curarles.

Pero el 606 también se llamó de otra manera, Salvarsan, que no es otra cosa que «arsénico salvador», el primer medicamento con el que se inició la farmacoterapia moderna. Por eso a su descubridor, a Paul Ehrlich, se le considera el padre de la quimioterapia, de la terapia química.

Aquel primer fármaco capaz de curar la sífilis fue una revolución en todo el mundo, porque la enfermedad llevaba 418 años matando a diestro y siniestro. ¿Y quién fue la primera víctima mortal y oficial? Pues un viejo conocido nuestro. Cuando en 1493 *La Pinta* llegó al puerto de Bayona, en Pontevedra, además de maíz, cacahuetes y papagayos, trajo otra cosa igualmente desconocida y exótica: la sífilis. La traía puesta Martín Alonso Pinzón, que acabó siendo el primero que se murió sifilítico perdido por andar haciendo de las suyas con las americanas. Nosotros les llevamos la viruela y ellos nos devolvieron el favor.

Los riesgos del sombrero de copa

Cuánto riesgo para la integridad física acarrea ser diseñador de moda. Alguno del siglo XVIII vio peligrar su vida por crear más allá de lo socialmente aceptado. El 15 de enero de 1797 un inglés de nombre John Etherington salió a pasear por las calles de Londres con un nuevo diseño en la cabeza: el sombrero de copa. Su paseo vespertino acabó en comisaría y él detenido por extravagante. Algún diseñador contemporáneo que se empeña en que todas tengamos la talla 36 debería correr igual suerte.

John Etherington salió de su mercería aquel 15 de enero muy confiado en que su nuevo diseño de sombrero atraería las miradas de los caballeros londinenses, todos tocados con el típico bombín de fieltro duro y ala corta que quince años antes había puesto de moda el XII conde de Derby para acudir a las carreras de caballos. Etherington, efectivamente, concitó la atención con su sombrero de copa, y tanta gente comenzó a seguirle, tanto tumulto provocó, que la muchedumbre o el propio Etherington, nunca quedó claro, rompió un escaparate. Llegaron los polis, buscaron al causante del desastre callejero, todos señalaron al del sombrero raro y el pobre mercero acabó detenido.

Se le impuso una multa de 500 libras por alteración del orden público. La multa fue excesiva, pero no importó. La repercusión de la noticia provocó que, un mes después, Etherington no diera abasto para atender la descomunal demanda de sombreros de copa. Ya se sabe que los ingleses se ponen cualquier cosa en la cabeza. Fue el diario *The Times* el que recogió el revuelo diciendo que un comerciante de reputación intachable había osado salir a la calle con un sombrero «de ala estrecha y alto como una chimenea».

Dado el éxito del nuevo tocado, los franceses, por supuesto, dijeron que ese inglés no había inventado nada. Que un año antes, un comerciante textil había creado algo muy parecido a lo que Etherington se puso en la cabeza. Nadie prestó atención a la protesta, porque los franceses no soportan ir por detrás en algo que tenga que ver con la moda.

Isaac Peral, el sumergible hundido

Nadie es profeta en su tierra. El cartagenero Isaac Peral, tampoco, y si lo fue, sólo durante diez minutos. El 9 de septiembre de 1885 presentó oficialmente al gobierno español su proyecto de torpedero sumergible. Pasmados se quedaron. Aquello era tecnología punta, un arma de destrucción masiva de las de entonces, la oportunidad de dejar boquiabierto al mundo porque era el primer submarino efectivo con motor eléctrico. Pero fue un espejismo. La mojigatería de algunos políticos, las presiones internacionales interesadas y la envidia de sus colegas marinos acabaron por hundir el sumergible de Isaac Peral. ¿Un submarino? Valiente paparruchada.

La escuadra naval española estaba para el arrastre, con barcos que no se renovaban desde ni se sabe y con la tecnología obsoleta. Para colmo, en aquel 1885 España andaba a la greña con Alemania por la posesión de las Carolinas, unas islas perdidas en mitad del Pacífico, que al final se quedaron los alemanes. Como nuestra armada se componía sólo de un puñado de cafeteras desgastadas con casco de madera, en caso de que Alemania intentara atacar nuestras costas nos iban a dar la del pulpo. Por eso Isaac Peral caviló un artefacto que pudiera sorprender a los alemanes en caso de ataque. Un arma que les diera por donde menos lo esperasen.

Y al principio todo fue muy bien. Peral fue celebrado, aclamado, comparado con Colón y apoyado política y económicamente para que construyera su sumergible. El ingeniero naval superó cien pruebas y mil desconfianzas; sorteó zancadillas y demostró que la armada española podría recuperar su esplendor. Hasta que entraron en juego mentes estrechas como la del conservador Cánovas del Castillo. ¿Saben lo que dijo de Isaac Peral?: «¡Vaya! un quijote que ha perdido el seso leyendo la novela de Julio Verne».

Ahí se acabó el sueño, y aunque el sumergible de Peral consiguió una velocidad que no alcanzaron ni de lejos los submarinos construidos muchos años después y una efectividad como arma sorprendente, al submarino lo hundieron. Y Peral, harto, envió a todo el mundo al mismo sitio a donde enviaron su proyecto, a hacer gárgaras.

Lo que inició Magallanes lo terminó Elcano

A Magallanes le pasó lo mismo que a Colón, que salió para hacer una cosa y terminó haciendo otra. Colón descubrió un continente y se murió sin saberlo, y Magallanes comenzó lo que sería la primera circunvalación al globo y también se murió sin enterarse porque se lo comieron en el camino. El 20 de septiembre de 1519 cinco barcos partieron de Sanlúcar de Barrameda con la misión de abrir una ruta marítima hacia las islas de las Especias. Volvió sólo uno y, de milagro.

Hasta entonces las especias llegaban a Europa por vía terrestre, y aquello era una paliza. Pero era la única forma de echar a los guisos clavo, canela, pimienta y nuez moscada. Cuando Magallanes consiguió que la corona española apoyara su aventura, Portugal, que previamente le había negado la financiación, inició una carrera desenfrenada contra España. Los portugueses estaban picados. Siempre les ganábamos por la mano, así que cuando se enteraron de que Fernando de Magallanes tenía intención de abrir una ruta hacia las Molucas, en Indonesia, pero atravesando el Atlántico y pasando por debajo de América, los lusos salieron en su busca para fastidiarle los planes.

Más de un año estuvieron jugando al ratón y el gato por el mar, pero los portugueses no dieron caza a Magallanes. A Magallanes se lo acabaron merendando unos indígenas durante una escala técnica y, por eso, Juan Sebastián Elcano asumió el mando de la flota, que ya no era flota ni era nada, porque fueron perdiendo barcos por el camino.

Lo que sí tenía claro Elcano es que no volvería por donde habían venido, que no atravesaría otra vez ni loco el maldito estrecho de Magallanes. Y, además, esa ruta no era tan corta como creían cuando zarparon. Así que Juan Sebastián volvió a casa siguiendo ruta hacia el oeste y, cuando se quiso dar cuenta, había sido el primer hombre en dar la vuelta al mundo. El objetivo de la misión se cumplió, pero a qué precio. Habían partido cinco barcos y doscientos cincuenta hombres. Regresó una nave, la *Victoria*, y quince marineros harapientos y mareados. Eso sí, las bodegas venían hasta arriba de canela y clavo.

Scott llega al Polo Sur

Qué chasco. Robert Falcon Scott, aquel expedicionario que intentó ser el primero en llegar al Polo Sur, cuando finalmente lo hizo, el 18 de enero de 1912, se encontró clavada y tiesa por congelación la banderita noruega que un mes antes había puesto Roald Amundsen. El trágico diario de Scott, la muerte de los otros cuatro aventureros, Evans, Wilson, Bowers y Oates, y ese magnífico orgullo inglés que eleva a héroes hasta a los perdedores acabaron dejando a Amundsen en segundo plano. El único héroe de la Antártida fue Robert Scott.

Amundsen y Scott estaban picados. Eran como Hamilton y Fernando Alonso pero en el Polo, que tiene más mérito porque hace más frío. Ya cuando las dos expediciones iban de camino hacia la Antártida el noruego le hizo llegar un mensaje al inglés diciéndole que abandonara a tiempo, porque él no aceptaba competidores. Scott se vino arriba con lo que entendió como una bravuconada, y descartó que Amundsen —craso error— estuviera mucho mejor preparado para alcanzar el Polo Sur. Entre otras cosas porque el noruego llevaba explorando tierras y aguas gélidas desde los quince años y la estrategia que puso en marcha para ganar el objetivo estuvo calculada al milímetro.

Aquella chulería noruega no fue la última que le llegó a Scott. Cuando aquel 18 de enero a los cinco ingleses se les congelaban las lágrimas al ver la bandera noruega clavada en los 90 grados de latitud sur, vieron allí al lado una pequeña tienda que había construido Amundsen. Dentro había algunos alimentos y una carta para el inglés. Decía: «Mi querido capitán Scott, probablemente será usted el primero que alcance el Polo después de nosotros. Le ruego acepte mis sinceros deseos de un feliz retorno».

Pero el regreso fue de todo menos feliz. Cayeron uno a uno en unas condiciones de frío extremo, Oates incluso sacrificándose para que se salvaran los demás. Ahora bien, la historia está para revisarse y, al margen de enternecedoras heroicidades, quede dicho que Scott fue mal equipado, se organizó mal, no conocía el terreno y calculó mal la carga. Amundsen ganó porque lo hizo mejor.

Las minas de Potosí

«En el nombre del Padre, del Hijo y del Espíritu Santo y a nombre del muy augusto emperador de Alemania, España y los reinos del Perú, señor don Carlos, tomamos posesión de esta montaña». Sucedió el 1 de abril de 1545. Cinco capitanes del ejército español se apropiaban bajo fórmula tan divina del cerro Potosí, un monte cuajado de plata en sus entrañas que haría un poco más rico al imperio español y mucho más esclavos a los indios del virreinato de Perú.

El cerro Potosí está ahora en Bolivia, pero cuando se descubrió, aunque no se ha movido del sitio, estaba en territorio peruano, según la división que hicieron los conquistadores. Está aceptado que fue un pastor indio, Diego Huallpa, el que encontró la primera veta de plata del cerro Potosí, pero no está tan claro que, como dice el mito, fuera por casualidad, porque los incas ya conocían las minas de plata antes de que llegara el hombre blanco. Es más, no fue el indio Diego quien les dijo a los españoles lo que había encontrado, sino otro indio chivato amigo del indio Diego.

Sea como fuere, el monte Potosí se destapó como un yacimiento excepcional y por eso creció en sus faldas la ciudad más próspera, desordenada y comercial de América. Pasó de ser poblacho a villa imperial y luego a metrópoli; tan grande en habitantes en el siglo XVII como las grandes ciudades europeas de la época.

Pero más divertido que el crecimiento comercial de Potosí es el origen del nombre. Se remonta a la época prehispánica del emperador inca Huayna Cápac. Le gustó a él aquel cerro y lo bautizó como «el monte más hermoso» por su color rojizo. Y fue precisamente el color el que le hizo sospechar al inca que allí habría piedras preciosas, por eso envió a sus súbditos a extraerlas. Cuando empezaron a picar, surgió un trueno de las profundidades del cerro que dijo: «Esta plata no es para vosotros, es para quienes vendrán del más allá». Los indios se acongojaron, dejaron el monte en paz y lo llamaron Potocsi, que significa «estruendo, explosión».

Como leyenda está muy bien, pero eso de que los dueños iban a venir del más allá suena a invento español puesto en bocas indígenas.

Plutón, un planeta birlado

Qué tendrá el 13 de marzo para el mundillo científico, porque a muchos astrónomos parece gustarles descubrir algo ese día. Algunos incluso decidieron nacer o morir un 13 de marzo. En 1781, William Herschel descubrió Urano, el séptimo planeta del Sistema Solar. En 1930, Clyde Tombaugh y Percival Lowell anunciaron el 13 de marzo el descubrimiento de Plutón, noveno planeta; pero es que uno de sus descubridores, Lowell, nació este mismo día de 1855. El 13 de marzo de 1933, sin embargo, subió al cielo el astrónomo inglés Robert Thorburn, descubridor de la estrella más cercana a la Tierra después del Sol, Próxima Centauri. Salvo la mala noticia del que se murió, el 13 de marzo es un buen día para la Astronomía.

De los dos planetas descubiertos el citado día, Urano y Plutón, el que peor suerte ha corrido es Plutón, aunque no es de extrañar porque recibió el mismo nombre que el dios de los infiernos en la mitología romana. Plutón, en dos palabras, nació muerto. Sólo ha ocupado un lugar privilegiado como uno de los grandes nueve planetas durante sesenta y siete años, hasta que la Unión Internacional de Astronomía decidió en Praga en agosto del año 2006 degradarlo a planeta enano.

Se levantó una buena polvareda no entre los científicos, sino entre la plebe terrestre, porque nos quitaron de un plumazo un planeta que habíamos tenido que recitar en la escuela y al que le habíamos tomado cariño. Plutón murió, pero murió con dignidad, porque fue la estrella de todos los periódicos.

Los astrónomos, ante la irreparable pérdida de Plutón, nos han consolado con otro dato: el número de planetas que giran alrededor del Sol y descubiertos hasta el 1 de enero de 2007 asciende a 362.447, y entre toda esta morralla está Plutón. Como la técnica afina tanto, hemos pasado de tener localizados 5.000 planetas en 1991, a los trescientos y pico mil de ahora. Lo raro no es que, como pronostican los cerebritos del espacio, en 2036 se nos caiga un asteroide encima, lo extraño es que en el Sistema Solar no haya un atasco impresionante de nivel amarillo y circulación lenta con paradas intermitentes.

Leonardo y su «ornitóptero»

La primera vez que alguien escribió sobre aviación civil fue el 14 de marzo de 1505. Hace cinco siglos que Leonardo da Vinci dejó escrito en su diario que el hombre un día llegaría a volar, y se le ocurrió mientras observaba el vuelo de un buitre cuando iba de camino desde Florencia a Fiesole —Leonardo, no el buitre—. Escribió que «las aves de grandes alas y ala corta despegan del suelo con ayuda del viento», y a partir de ese momento no abandonó la idea de diseñar algo que permitiera volar al hombre mezclando la mecánica y eso mismo, la fuerza del viento. El primero que voló se la pegó.

Leonardo construyó un artilugio con alas de tela parecidas a las de un murciélago, cortas y anchas. Sólo había que agitar los brazos para mover un sistema de poleas y tensores que trasladarían ese movimiento a las alas. Da Vinci lo llamó «ornitóptero» y cuando estuvo terminado él y sus asistentes trasladaron el artefacto a un monte en un día soleado de ligera brisa. Leonardo era un genio, pero no era tonto, así que no tripuló él su aparatejo. Subió a uno de sus asistentes, a Antonio, y Antonio voló un rato y luego cayó en picado y se rompió una pierna. Pero, bueno, ésos eran los riesgos de ser asistente de Leonardo da Vinci, que todo lo que inventaba el maestro había que probarlo.

Leonardo inventó de todo y, aunque la mayoría de sus ingenios no funcionaron, al menos sentó las bases para que sí lo hicieran siglos después. Construyó algo parecido a un submarino, a un traje de buzo, unos flotadores para caminar sobre el agua, un carruaje sin caballos que era claramente el antecesor del automóvil... diseñó volantes, paracaídas... de todo, aunque lo cierto es que tuvo más fracasos que éxitos.

Como cuando se empeñó en desviar el curso del río Arno para unir Florencia con el mar y acabó convirtiendo la ciudad en un enorme pantano. Llegó el verano, los mosquitos proliferaron y Leonardo acabó provocando una epidemia de malaria. Un desastre.

El buen ojo de los Lumière

Los hermanos Lumière, Louis y Auguste, inventaron el cinematógrafo, pero, como suele ocurrir, no alcanzaron a ver las posibilidades de su descubrimiento. Fueron, como su apellido indica, unos iluminados, pero al principio ni se enteraron. El 22 de marzo de 1895 los hermanos Lumière presentaron a un grupo de empresarios en la Sociedad de Fomento a la Industria Nacional, en París, una peliculita de quince minutos titulada *Salida de los obreros de una fábrica*. Sólo se veía eso, obreros saliendo de una fábrica, pero se les veía moverse, y eso sí que fue lo nunca visto.

Después de aquella proyección a los empresarios, un industrial francés se dirigió a Auguste Lumière para ver cómo se podía explotar aquel invento comercialmente. Auguste respondió al industrial lo siguiente: «Nuestro descubrimiento no está en venta. Y puede usted estar contento, porque se arruinaría. Como curiosidad científica vale, pero no tiene futuro comercial». Auguste Lumière se percató años después de que aquélla había sido la mayor tontería que había dicho en su vida.

El invento del cinematógrafo consistía en la proyección de dieciséis imágenes por segundo y, en realidad, era un paso más allá del invento que unos años antes había presentado Thomas Alva Edison, aquel que lo inventó todo. El de Edison se llamaba el kinetoscopio y era un artilugio que también mostraba imágenes en movimiento, pero había que mirar a través de una ventanita.

Los Lumière perfeccionaron el invento proyectando esas imágenes a una pantalla, pero lo único que se les ocurría hacer eran documentales. Los obreros, la llegada de un tren, la familia Lumière jugando a las cartas, un niño almorzando... Menos mal que meses después de aquella proyección a empresarios hubo otra pública en un café de París. A ella acudió Georges Meliès, y fue el primero en entender las posibilidades de aquel invento. Mientras los Lumière se fueron a recorrer mundo grabando documentales, George Meliès se dedicó a hacer cine. El cinematógrafo... de los Lumière. El cine... de Meliès.

Yuri Gagarin

El 12 de abril de 1961 John F. Kennedy se mordía los codos en la Casa Blanca. Los soviéticos habían mandado el primer hombre al espacio mientras ellos sólo habían podido enviar un par de monos cosmonautas. Yuri Gagarin despegó de Kazajistán aquel 12 de abril, dio una vuelta completa a la órbita terrestre y 1 hora y 48 minutos después ya estaba de regreso. Nunca ha sido más cierto eso de voy a dar una vuelta y enseguida vengo. Fue visto y no visto, porque conducía como loco, a 27.400 kilómetros por hora. Tardó menos en darse un garbeo alrededor de la Tierra que lo que tardaron en reaccionar en Washington. Había comenzado la carrera espacial. Unión Soviética uno, Estados Unidos cero.

Un año después los estadounidenses también mandaron a John Glenn a que se diera una vueltecita. Igualados a uno. Pero el desempate llegó cuando los soviéticos pusieron a la primera mujer en órbita. Dos a uno. Aunque el primer alunizaje se lo llevaron los americanos. Empate a dos. Al final se dejaron de tonterías y acabaron jugando juntos en la estación internacional MIR.

Pero el hito espacial por excelencia fue el de Yuri Gagarin, que además tiene el récord de ascensos en la carrera militar. Cuando despegó aquel 12 de abril era segundo teniente y cuando aterrizó, hora y pico después, ya era mayor. Los rusos no tenían muy claro que fuera a regresar vivo, así que lo ascendieron de rango en pleno vuelo para al menos enterrarlo, si lo recuperaban, con todos los honores.

Gagarin se convirtió en el héroe nacional y en un ídolo internacional. A partir de ese momento todos los niños del mundo quisieron ser astronautas. Yuri Gagarin debería haber muerto de viejo y disfrutar de su fama, pero no pudo ser. Pilotando un vulgar cazabombardero cayó desde el cielo y se hundió seis metros bajo tierra. Sigue siendo un héroe y como tal está enterrado en las murallas del Kremlin. Como cada 12 de abril, Rusia celebra fiesta nacional desde que Yuri Gagarin se dio un garbeo por el espacio.

Océano… ¿Pacífico?

El 28 de noviembre de 1520, el explorador Fernando de Magallanes, navegando en calma por el mar del Sur después de haberlas pasado canutas en el Canal de Todos los Santos, decidió enmendarle la plana a uno de colegas de conquista. Vasco Núñez de Balboa, siete años antes, había bautizado las aguas por las que ahora discurría Magallanes como mar del Sur. Pero el portugués pensó que el nombre no le hacía honor, lo cambió por el de océano Pacífico, que de pacífico tenía poco, pero a él se lo pareció. Magallanes aún no sabía que aquélla era la mayor masa de agua que existe sobre la faz de la Tierra.

Magallanes había sudado la gota gorda atravesando los 560 kilómetros de aquel maldito estrecho que hay en la punta sur de América. Lo llamó el Canal de Todos los Santos porque entró en él, precisamente, el primero de noviembre, aunque tuvo tanto mérito que saliera vivo de allí que luego también le enmendaron la plana a él y rebautizaron aquel canal como estrecho de Magallanes.

Cuando por fin pudo abandonar aquel laberinto de islas y arrecifes, después de veinte días asediado por corrientes que ya no sabía ni de dónde le venían, azotado por tormentas encadenadas y cruzándose sólo con pingüinos, se encontró con unas aguas calmadas y profundas que le parecieron gloria bendita.

Tras ocho días navegando en completa calma, Magallanes pensó que era una tontería llamar mar del Sur a aquella inmensa cantidad de agua. Eso era un océano en toda regla, tranquilo y sereno. Ocurre que el navegante tuvo la inmensa fortuna de que en su camino hacia Asia le acompañara permanentemente el buen tiempo, y por eso el nombre de ese océano no podía ser otro que Pacífico. Pero, claro, no siempre es así, y en los siguientes siglos más de uno se ha acordado del padre de quien bautizó al océano, porque los huracanes, los tifones y los seísmos están en la orden del día. Pero, bueno, ya no es cuestión de cambiarle otra vez el nombre.

La travesía del *Mayflower*

Menuda aventura en la que se embarcaron el 6 de septiembre de 1620 un grupo de disidentes religiosos ingleses camino de América. Eran peregrinos que no comulgaban con el anglicanismo oficial inglés y se dijeron, pues, mira, fletamos un barco y nos vamos a la otra punta del mundo, que allí sólo hay indios y no nos meterán el dedo en el ojo. El famoso buque *Mayflower* partió aquel día 6 de Plymouth con ciento dos colonos a bordo. Qué mareo de travesía.

Los peregrinos del *Mayflower* se fueron a América en busca de riqueza y libertad, para que nadie les dijera cómo pensar ni en qué creer, lo cual no quiere decir que no fueran religiosos. Eran más que eso. Eran puritanos. Como al rey de Inglaterra, Jacobo I, no le gustaban, y a ellos tampoco les gustaba Inglaterra, llegaron a un acuerdo con la corona, el rey les dio permiso y se largaron con viento fresco y mar en calma. Dos meses duró la travesía, porque se metió el mal tiempo, hubo muchas averías y el pasaje tuvo que encerrarse en las bodegas, mareado perdido. Tenían muy claro que llegaban vivos o no llegaban, pero no iban a dar la vuelta. Fue un milagro, en el periplo sólo murió una persona.

Tres mujeres se embarcaron embarazadas y una de ellas parió en el camino. Al niño, por supuesto, lo llamaron Océanus. Al final llegaron, pero no les interesaba desembarcar en una colonia inglesa, porque estaría llena de anglicanos y acabarían teniendo el mismo problema que en Inglaterra. Continuaron hasta un lugar que John Smith, aquel que dijeron que fue el novio de Pocahontas, había bautizado como Plymouth. Qué casualidad, partieron de Plymouth, Inglaterra, y se instalaron en Plymouth, América.

Los indios recibieron bien a los peregrinos del *Mayflower*, les enseñaron cómo cultivar allí la tierra y todos hicieron buenas migas. Meses después recogieron la primera cosecha, tan abundante, que montaron una juerga de tres días. Y esta fiesta fue la que dio origen al famoso y machacón Día de Acción de Gracias, ese que sale en todas las películas con la familia comiéndose un pavo.

Colón, vuelta a las andadas

Había una buena montada en Cádiz aquel 25 de septiembre de 1494. Un tipo de nombre Colón iniciaba su segundo viaje hacia unas nuevas tierras conquistadas en nombre de la corona de Castilla un par de años antes. Nadie sabía entonces que aquello era un continente nunca explorado, porque Colón seguía empeñado en llegar a Cipango, a Japón, por una ruta hacia el oeste y demostrar, así, que la tierra se podía rodear en barco. De hecho, Colón se murió sin enterarse de que entre Asia y Europa, en mitad del mar, estaba América.

Este segundo viaje de Colón ya no tenía la modestia del anterior. Ahora viajaban diecisiete naves, nada de tres miserables carabelas, y casi mil quinientos hombres entre soldados, frailes, artesanos y campesinos. Se trataba de afianzarse en los nuevos territorios, de comenzar la colonización, pero, sobre todo, Colón estaba empeñado en llegar a Cipango, y anda que no quedaba lejos Cipango; como unos 15.000 kilómetros más hacia Occidente. Pero, bueno, mientras buscaba lo suyo, Colón iba desembarcando en islas caribeñas y tomando posesión: La Deseada, Dominica, Guadalupe, Montserrat, Puerto Rico... Hasta que se dio de bruces con el primer disgusto: el fuerte Navidad, aquel que se construyó en La Española durante el primer viaje con los restos de la carabela *Santa María*, estaba hecho añicos. Y lo peor, a los treinta y nueve hombres que dejó allí los habían matado los indios.

Aquí comenzaron las tiranteces con los indígenas y desde entonces nos tienen cierta manía. Lógico, porque los nativos querían seguir a lo suyo y correteando en taparrabos, y los conquistadores se empeñaron en quitarles el oro con una mano mientras con la otra los cristianizaban. Sin olvidar los desmanes con la población femenina, que ésta fue otra. Pero, bueno, aquel segundo viaje quedó marcado en la historia porque fue en el que se fundó la primera ciudad española en América, La Isabela, y en donde comenzó la mala fama de Cristóbal Colón, porque, además de descubrir, ahora había que gobernar. Y eso era otra historia.

Hernán Cortés *versus* Moctezuma

La jornada del 8 de noviembre de 1519 a los españoles no nos dice gran cosa, pero los mexicanos tienen la fecha clavada en el alma. Este día se vieron por primera vez las caras Hernán Cortés y el señor de México, Moctezuma. El encuentro fue en Tenochtitlán, una impresionante urbe construida sobre el agua, justo donde ahora está la caótica ciudad de México Distrito Federal.

En aquel encuentro entre Moctezuma y Hernán Cortés se juntaron el hambre y las ganas de comer. El conquistador extremeño iba a por todas y el emperador mexica tenía mejor talante con el español que espíritu guerrero, así que, a la primera de cambio, Cortés hizo prisionero a Moctezuma, le quitó el penacho de plumas y se quedó con México. Cierto es que Hernán Cortés fue un hábil invasor, porque desde que desembarcó en la costa de Veracruz supo ver que los aztecas, con Moctezuma al frente, tenían muy descontentos a otros pueblos.

En su camino desde Veracruz a Tenochtitlán, Cortés fue estableciendo alianzas con las poblaciones sometidas, y esto fue fundamental para vencer a Moctezuma. Utilizó el viejo truco del divide y vencerás.

La superstición también jugó un papel importante, porque el emperador mexica temía que aquel tipo llegado del mar fuera en realidad el mismísimo dios Quetzalcoatl, literalmente «serpiente emplumada», a veces representado en la imaginería azteca con aspecto de hombre blanco, rubio y barbudo. O sea, clavadito a Cortés. Los caballos, unos animales que en México no habían visto nunca, y el despliegue de armas con pólvora que hicieron los españoles, terminaron por convencer a Moctezuma de que aquélla era una delegación sobrenatural retornando del pasado.

Cuando Cortés por fin se encontró con el emperador aquel 8 de noviembre, la mitad del camino para la conquista estaba andado. El boato con el que fueron recibidos los españoles y las riquezas que desplegaron los aztecas para agasajarlos fue el último buen rollito que tuvieron invasores e invadidos.

Sir Francis Drake

Cuán cierto es eso de que todo es según el color del cristal con que se mira, porque no hay país que no tenga en la nómina de los héroes a personajes que no son más que villanos para el resto del mundo. Francis Drake, por ejemplo. Un figura en su país y un ladrón y asesino a sueldo para quienes sufrieron sus saqueos y sus bandidajes. O sea, los españoles. El 9 de enero de 1595 se acabaron sus fechorías. Murió de disentería y dio con sus huesos en el agua porque así lo dictaba la ley del mar. Para Inglaterra murió un héroe; para España, un bandido.

Sir Francis Drake no era exactamente un pirata, ni un bucanero, ni un filibustero. Era un corsario, una rama finolis de la piratería, porque actuaba con patente de corso expedida por la reina y bajo el amparo de la corona de Inglaterra. No tenía parche en el ojo, ni tenía un loro por mascota, ni iba zarrapastroso. Vestía bien, llevaba la barba bien peinada y era limpio y aseado, pero tan delincuente como los que llevaban la pata de palo. Drake, simplemente, era el más pijo de los piratas.

Los golpes más sonados de este corsario los dio en puertos españoles en el Caribe y a barcos que transportaban de América a España lingotes de plata, monedas de oro, joyas y piedras preciosas. Una vez consiguió abordar un buque español, conocido como *El Cagafuego* por la cantidad de cañones que llevaba a bordo para proteger las riquezas, y se calcula que birló un botín de 400.000 pesos de la época, unos 18 millones de euros de ahora según los que saben calcular estas cosas.

Cierto es también que Francis Drake fue un gran navegante, aunque no tan bueno como los españoles. Fue el primer inglés en pasar el estrecho de Magallanes, después de Magallanes, por supuesto; y el primer inglés en completar la vuelta al mundo, después, evidentemente, de Juan Sebastián Elcano. Y fue también el que logró derrotar a la Armada Invencible, aunque ya quedó claro en su día —y en este caso concreto nos interesa creerlo— que no fue él, que fueron los elementos. Es lógico que tuviera tanta ojeriza a los españoles. Robar, nos robaba mucho, pero ganar, no nos ganaba ni una.

Muere Juan de la Cosa

Fue un tipo muy importante Juan de la Cosa. No sólo navegante, aventurero y conquistador, sino que gracias a estos tres oficios se convirtió también en el primer cartógrafo de América. Menos mal que el primer mapa en el que aparecía el nuevo mundo descubierto le dio por hacerlo antes del 28 de febrero de 1510, porque ésta fue su última jornada de trabajo. Se lo cargaron los indios. Y, encima, él lo sabía. Sabía que iba a ocurrir.

Juan de la Cosa vivió el descubrimiento paso a paso. No perdió ripio desde el mismo momento en que Colón le pidió prestada su nave para que fuera una de las tres carabelas del viaje inaugural a las Indias. El barco de Juan de la Cosa se llamaba *La Gallega,* pero acabó pasando a la historia rebautizado como *Santa María.* A partir de entonces no dejó de ir y venir. Si Colón hizo cuatro viajes, Juan de la Cosa acabó haciendo siete, y fue, evidentemente en el último, cuando las cosas se torcieron.

La expedición iba comandada por Alonso de Ojeda, pero el que conocía el terreno era Juan de la Cosa. Ojeda quería desembarcar en las costas de Cartagena, en la actual Colombia, atacar a los indios y quedarse con aquel pedazo de selva. De la Cosa le aconsejó que no hiciera eso. Le dijo, más o menos, «mira que a estos indios los conozco yo de antes, que gastan malas pulgas, lanzan flechas envenenadas y son poco dados a las relaciones públicas. Mejor desembarcamos en otro sitio y luego ya veremos». Pero Ojeda, erre que erre, desembarcó, se fue a por los indios y les leyó la famosa proclamación por la que tenían que someterse al imperio español y a la cruz cristiana. Los indios dijeron que de eso nada y se enzarzaron.

Al principio, ganó Ojeda, pero los indígenas se replegaron hacia el interior, el conquistador se envalentonó y los siguió tierra adentro. Juan de la Cosa, mientras, insistía «no vayas, Alonso, acuérdate de lo de las flechas». Y, efectivamente, en plena selva cayeron los españoles como chinches, y fue Juan de la Cosa quien recibió un flechazo envenenado por salvar el pellejo de Ojeda. Mira que lo venía advirtiendo. Pues ni caso.

Colón regresa a Palos

Tan contento llegó Colón, el 15 de marzo de 1493, al mismo puerto de donde había partido siete meses antes. Regresaba de su primer viaje a las Indias, triunfante, con una nave menos, una tripulación hecha polvo, un par de indios mareados, varios papagayos y una ignorancia supina. Anunció a bombo y platillo que había abierto una nueva ruta y que había llegado a los alrededores de China. Aun después de cuatro viajes, siguió sin enterarse de que había descubierto un continente.

Colón tocó el puerto de Moguer, a orillas del río Tinto y al mando de *La Niña*, sólo unas horas antes de que lo hiciera *La Pinta*, comandada por Martín Alonso Pinzón. Y, por cierto, llegaron de morros y no se volvieron a dirigir la palabra, sobre todo porque el Pinzón se murió a los pocos días.

Lo primero que hizo la tripulación de *La Niña*, con Colón a la cabeza, nada más desembarcar aquel 15 de marzo fue encaminarse al convento de Santa Clara, allí mismo, en Moguer, para cumplir lo que se conoció como el voto colombino. Esto del voto fue una promesa que hizo la tripulación sólo un mes antes, a mediados de febrero y en pleno temporal en las Azores, si se daba el milagro de salir con vida de aquel mar embravecido. Tiene gracia. Toda la vida oyendo hablar del anticiclón de las Azores y al pobre Colón le pilló una borrasca.

Como aquel milagro se dio, la tripulación cumplió con el voto colombino y se fue de inmediato al convento de Santa Clara, donde el descubridor encendió un cirio de cinco libras de cera, pidió una misa y se pasó toda la noche de vigilia. Los papagayos los dejó fuera. Precisamente por esta acción de gracias el convento ha pasado a ser el monumento colombino más importante de Moguer y cada año aún se conmemora el evento.

Una vez en paz con Dios, Colón emprendió camino a Barcelona para recibir de los reyes los agasajos, gobiernos, virreinatos y títulos prometidos. Se los dieron, pero conste que él continuó empeñado en que había llegado a China.

Descubierta la isla de Pascua

El 5 de abril de 1722 cayó en domingo, en Domingo de Resurrección, y aquel día, por primera vez un europeo puso los ojos en una isla perdida en mitad del Pacífico. Era inhóspita y estaba superpoblada por unos señores bronceados cuya principal actividad era erigir esculturas gigantescas de sus ancestros. La isla era rara, muy rara, pero, incluso así, el marino holandés Jakob Roggeveen se la quedó. ¿Y cómo se bautiza a una isla descubierta un Domingo de Resurrección? Pues no hay que darle muchas vueltas. Isla de Pascua.

Al marino Roggeveen le pasó lo que a todos, que iba buscando una cosa y se encontró otra. Era una manía habitual en los descubridores. Él intentaba llegar a la Tierra de Davis, un supuesto continente que ni siquiera existía, pero se encontró con una pequeña isla que los vecinos del lugar llamaban Rapa Nui. No es que le apeteciera mucho quedarse, porque aquello estaba de bote en bote. Demasiada gente en tan poco terreno. Es lo que tiene vivir en una isla tan alejada de otra tierra, que no hay otro entretenimiento más que reproducirse y llega un momento en que la isla no da más de sí. Eso pasaba en Rapa Nui, que tenía quince mil habitantes y muchos clanes a la greña, porque todos querían mandar.

Rapa Nui era la viva imagen de la desolación, aunque en su día fue un paraíso tropical, una isla frondosa, repleta de palmerales. Pero a los indígenas les dio por construir moáis, gigantescas esculturas de piedra volcánica que representaban a sus ancestros y que se supone protegían su civilización. Y tantos moais construyeron y tantos árboles talaron para construir trineos, postes y palancas con los que trasladar las esculturas desde las canteras que la isla quedó deforestada.

Lejos de proteger su modo de vida, los moais acabaron siendo los verdugos de la civilización Rapa Nui. Pero si mal estaban los indígenas antes de que llegaran los europeos, peor lo tuvieron después, porque entre las enfermedades y el comercio de esclavos, la población quedó prácticamente exterminada. Aquel Domingo de Resurrección a los rapanui les hicieron la pascua.

Idas y venidas de reyes y políticos

Carta con mala leche a Enrique IV

Los nobles y la jerarquía eclesiástica de Castilla se la tenían jurada al rey Enrique IV. Por eso, el 28 de septiembre de 1464 se pusieron de acuerdo para hacerle llegar un mensaje cargado de mala leche. Le escribieron diciendo que su hija, la princesa Juana, no era su hija. Le dijeron que su mujer se la había pegado con un jovenzuelo llamado Beltrán de la Cueva. Le dijeron que aquella niña no podía ser la heredera al trono porque no era legítima. Pobre cría, en aquel momento la marcaron como Juana la Beltraneja.

La historia ya ha sido revisada y en algunos puntos se ha vuelto del revés. Que Enrique IV fuera homosexual... puede; que la niña no fuera suya... pues quizás; pero a ver desde cuándo eso ha sido un inconveniente para reinar en España. La historia de las monarquías está repleta de hijos extramatrimoniales. Parece demostrado que todo el tinglado que le montaron a Enrique IV iba destinado a lo que al final ocurrió, a desacreditar su imagen y su hombría para declarar heredero al hermano menor del rey.

Porque aquellos nobles castellanos que se propusieron deshonrarlo eran como el *Aquí hay tomate* del siglo XV: primero lanzaban el rumor y luego lo convertían en noticia.

Y fueron ellos quienes propagaron por todo el reino que la princesa Juana era hija de otro hombre porque el rey era impotente. Nunca se ha demostrado que Enrique IV fuera incapaz; aquello fue una maniobra aprovechada a raíz de su presunta homosexualidad. Como si una cosa tuviera que ver con la otra.

Ni mucho menos se ha probado que la princesa Juana no fuera su hija. Enrique IV siempre defendió que era legítima, y además hay un detalle que hace sospechar que esto es cierto: el supuesto padre de la niña, Beltrán de la Cueva, cuando Juana y su tía Isabel se enzarzaron en la lucha por el trono, guerreó en el bando de la futura Isabel la Católica. De haber sido realmente el papá de Juana, ¿no hubiera sido más lógico que defendiera los intereses de su hija? Sea como fuere, a Juana la Beltraneja le birló el trono su tía Isabel. Conste.

El timo de Fontainebleau

A quién no le ha caído en un examen de historia el Tratado de Fontainebleau. Los libros dicen que fue un acuerdo entre Francia y España firmado el 27 de octubre de 1807 para invadir y repartirse Portugal. Pero se puede añadir algo más: el Tratado de Fontainebleau fue una imperial tomadura de pelo a Carlos IV, que se resume en cuatro pactos que Napoleón no pensaba cumplir, para, de paso, quedarse con España.

Toda Europa sabía que Napoleón no daba puntada sin hilo. Bueno, toda no. En España había un rey convencido de que si le bailaba el agua al Bonaparte su trono quedaría a salvo. Así que Napoleón, aprovechando que Carlos IV le comía en la mano, le dijo, verás, vamos a hacer una cosa... tú me dejas que entre en España con unas cuantas tropas y luego entre los dos atacamos Portugal y nos lo repartimos. Como los portugueses son amigos de los ingleses, si nos quedamos con los puertos del Atlántico, Inglaterra se fastidia sin poder abastecerse en las costas, le quitamos a uno de sus aliados principales y de paso nos vengamos de la paliza que nos dieron en Trafalgar. ¿Hace? Dijo Napoleón. Vale, contestó Carlos IV.

No es que Napoleón tuviera una carta en la manga, es que tenía la baraja entera. Primero, no sólo iba a quedarse con todo Portugal, porque en el paquete también iba España. El puñadito de tropas napoleónicas acordado acabó convirtiéndose en ciento veinte mil hombres, que atravesaron nuestra frontera con todos los permisos y sin pegar ni un solo tiro. Siguiente paso, efectivamente, invadir Portugal y, tercero, quedarse con España y pegar un cambiazo de dinastía: Borbones por Bonapartes.

Carlos IV picó como un pipiolo cuando autorizó la firma de aquel pacto envenenado que ha pasado a los libros de historia como el Tratado de Fontainebleau. Bastaba con que se hubiera hecho una sencilla pregunta antes de firmar: ¿desde cuándo Napoleón atraviesa un territorio sin quedárselo?

Juana I de Castilla

Hija de reyes, esposa perturbada y madre de emperador, Juana I de Castilla, Juana la Loca, murió el 11 de abril de 1555 en su encierro del convento de Santa Clara, en Tordesillas (Valladolid). Loca, lo que se dice loca, no estaba. Un poco trastornada sí, primero por herencia genética de su abuela, Isabel de Portugal, y segundo y lo que la remató, porque su marido Felipe el Hermoso, míster Flandes, la tenía de los nervios de tanto correr tras las faldas de otras. Encima de enviudar embarazada de su sexto retoño, le robaron la corona, le quitaron sus hijos y la encerraron cuarenta y seis años. Así no hay reina que mantenga la calma.

Al margen de sus ataques de celos más que justificados, lo que contribuyó a tejer la leyenda definitiva sobre la locura de la reina Juana fue su peregrinaje por Castilla con el guapo cadáver de Felipe. ¿Iba ya loca perdida o la terminaron de enloquecer en el camino? Pues de todo un poco. Ella quería enterrar a su marido en Granada, junto a su madre Isabel la Católica; pero su padre, el católico Fernando, y su acólito, el cardenal Cisneros, le cerraban el paso en cualquier avance porque lo único que querían era que Juana dejara en sus manos la corona. Al final, lo consiguieron.

La encerraron en Tordesillas con sólo treinta años y la poca cordura que le quedaba la mantuvo gracias a la menor de sus seis hijos, Catalina, la única a la que le permitieron conservar a su lado. Durante aquel encierro de cuarenta y seis años, y vestida de monja, Juana la Loca pasó el tiempo desvariando, rezando y tocando el clavicordio. Fernando el Católico la visitó sin ganas tres veces, y su hijo, el emperador Carlos, ni siquiera intentó librarla del encierro cuando era una anciana inofensiva.

Juana I de Castilla, la reina que murió loca pero murió reinando, no mereció a su lado ni uno sólo de los hombres que tuvo.

El príncipe don Carlos

El primer hijo de Felipe II fue un desastre de hijo, pero también Felipe II fue un desastre como padre. El príncipe don

Carlos, primogénito del rey, estaba llamado a ser el heredero de la corona española, pero desde el principio se vio que eso sería imposible. El 24 de julio de 1568, con sólo veintitrés años, Carlos de Habsburgo moría de no se sabe qué durante el encarcelamiento que le impuso su propio padre. Aún no está claro si se murió de un ataque de rabia o si fue Felipe II quien le quitó la rabia de un golpe.

El príncipe Carlos vino al mundo con mal pie. Su madre, primera de las cuatro esposas de Felipe II, murió a los cuatro días del parto, y el padre estaba más atento a sus gobiernos que a su vástago. Creció sin padre, sin madre, sin abuelos, pasando de mano en mano y con tutores que eran unos peñazos. Era enfermizo, tenía chepa, una pierna más corta que otra, el pecho hundido, pocas luces... y a todo esto hay que añadir un carácter violento y mucha soberbia. ¿Era todo culpa suya? Pues quizás no, porque además de crecer desatendido, el chaval era producto de la endogamia más exagerada.

Como los monarcas europeos se organizaban esos matrimonios en los que se casaban primos con primas y tíos con sobrinas, al príncipe Carlos le tocó una mezcla totalmente insana. Ejemplo: cualquier persona tiene ocho bisabuelos y dieciséis tatarabuelos. El príncipe Carlos tenía cuatro bisabuelos y seis tatarabuelos.

Cuando llegó a la adolescencia ya era un joven insufrible: le arrancó la cabeza de un mordisco a una ardilla viva, tiró a un criado por la ventana e intentó apuñalar al duque de Alba. Este intento de agresión fue lo que colmó el vaso.

Carlos quería responsabilidades de Estado, pero Felipe II no se las daba porque hubiera acabado con el imperio español en dos patadas. Y cuando su padre le negó ir a Flandes y en su lugar mandó al duque de Alba, el príncipe se fue a por él, a por el duque. Felipe II ordenó el encarcelamiento de su hijo y tiempo después murió de forma más que extraña. Al final, el heredero fue Felipe III, menos violento pero tres veces más tonto que su hermano el príncipe Carlos.

Napoleón abole la Inquisición

Si alguien preguntara cuándo fue abolida la Inquisición en España, la respuesta correcta es... varias veces. Pero la primera ocasión que se presentó para acabar con los desmanes de aquellos que se proclamaron jueces de Dios en la tierra fue el 4 de diciembre de 1808. Y tuvo que ser Napoleón. Después de tres siglos campando por sus respetos, el Tribunal del Santo Oficio se disolvió. Del Bonaparte se puede decir de todo, pero también que fue enemigo de la intolerancia religiosa, del fanatismo devoto y de la mística superstición, precisamente los tres pilares de la Inquisición.

Con España ya bajo el poder napoleónico, el emperador francés firmó aquel 4 de diciembre, justo antes de entrar en Madrid, los famosos Decretos de Chamartín. Uno de ellos suprimía la Inquisición y reducía las comunidades religiosas a un tercio de las existentes, porque había más frailes y monjas en España que población civil. No es que el Santo Oficio estuviera muy activo a principios de aquel siglo XIX, al menos no tanto como lo estuvo en las tres centurias anteriores, cuando casi te llevaban a la hoguera por estornudar en misa. Pero mejor era suprimirlo, porque era un virus latente con suficiente autoridad para hacer la puñeta.

Napoleón, tras firmar el decreto, argumentó su decisión: «He abolido el tribunal contra el cual estaban reclamando el siglo y

Europa. Los sacerdotes deben guiar las conciencias, pero no deben ejercer jurisdicción alguna sobre los ciudadanos». Y sería francés, pero tenía razón. Como no hay mal que por bien no venga, cuando España expulsó a Napoleón y el absolutismo volvió a sentarse en el trono con Fernando VII, la Inquisición recuperó poderes. A partir de entonces, apareció y desapareció según los vaivenes políticos del país, hasta que la abolición definitiva llegó con la reina regente María Cristina. Una pena que no se hiciera antes, porque entre tanta ida y venida del Santo Oficio, aún hubo tiempo de ejecutar a un hereje más.

La cómoda neutralidad suiza

Todos sabemos que Suiza es un país neutral, pero no siempre se entiende a cuento de qué y desde cuándo los suizos tienen la ventaja de no pringarse en nada con el beneplácito internacional. Pues fue el 20 de noviembre de 1815 cuando las potencias europeas ratificaron que Suiza disfrutaría de una perenne neutralidad y de un territorio inviolable. Aquel día a Suiza le tocó el gordo, porque, dicho a las claras, desde entonces va a su bola.

Pero todavía hay que irse trescientos años más atrás para saber por qué Suiza es neutral. En mil quinientos y pico, los suizos se metían en guerras como todo hijo de vecino; es más, eran famosos mercenarios que luchaban al lado de quien mejor pagara. Había una frase muy utilizada hace cinco siglos en Europa que decía: «¿No hay dinero? Pues no hay suizos».

Pero a raíz de una derrota ante Francia, los suizos tuvieron que firmar una paz perpetua que les exigía estarse quietos y no meterse en guerras ajenas. Luego vinieron más acuerdos y más tratados en los que, con altibajos, se fue perpetuando esta neutralidad, a la que se fueron acomodando los suizos, porque, la verdad, es un chollo. Si un país iba y le decía a los suizos, oye, echadnos un cable, los suizos decían «ahhhh, se siente, somos neutrales». Si ellos no ayudaban a nadie a guerrear, nadie se metería con ellos.

Y así continuó la cosa hasta 1815, cuando se ratificó la perenne neutralidad de Suiza durante el famoso Congreso de Viena, aquel en el que se reunieron representantes absolutistas europeos para arreglar el desbarajuste de fronteras que había dejado Napoleón. Cuando los congresistas terminaron de repartirse Europa, vieron que ahí seguía la Confederación Suiza, una parcela en mitad del continente que no tenía rey, ni emperador, ni papa. Sólo suizos. Y ahí fue cuando toda Europa dijo, bueno, pues tú sigue ahí quieta y neutral para los restos. No eres chicha ni limoná. Y hasta hoy.

Bonaparte, *le roi*

En menudo berenjenal metió Napoleón a su hermano mayor José Bonaparte el 6 de junio de 1808. Le proclamó en Bayona, en Francia, rey de España. No se le cayeron los pantalones porque llevaba tirantes, pero sabía que aquel encargo iba a ser el peor de toda su vida. Era consciente, y así se lo dijo a su hermano Napoleón, de que entraba en España sabiendo que tenía como enemigo a una nación con doce millones de habitantes bravos y exasperados hasta el extremo. Y encima, nadie hablaba francés.

Hombre, a José Bonaparte hay que tenerle manía porque sí, porque no era de la casa y porque llegó impuesto tras la invasión francesa, pero peores reyes hemos tenido. Cuando Napoleón nos invadió, los españoles estaban absolutamente despistados por la bronca que había en el seno de la familia real. Carlos IV y su hijo, el futuro Fernando VII, estaban enfrentados, lo cual le venía de perlas al emperador francés. Fernando le quitó la corona a su padre, Napoleón le obligó a que se la devolviera, y cuando Carlos IV la recuperó se la vendió a Napoleón por treinta millones de reales y un palacio. Así que, Carlos IV se largó con viento fresco, Fernando VII quedó cautivo en Francia y José I Bonaparte acabó proclamado rey. Y todo esto sin salir de Bayona.

El francés formó allí mismo su primer gobierno para luego trasladarse a Madrid, donde sólo contaba con el apoyo de unos cuantos afrancesados. Y, además, tampoco es que pudiera hacer mucho con todo un país levantado en armas y unos súbditos que le sacaban apodos con cualquier excusa. Le llamaron Pepino y Pepito Plazuelas, porque se empeñó en construir plazas por todo Madrid. Pero en España se le conoció sobre todo por el Rey de Copas y Pepe Botella, y esto tiene gracia porque apenas probaba el alcohol. Cuentan que en su viaje hacia Madrid, al pasar por Calahorra le robaron el vino de la comitiva real. Como represalia, dio orden de que se decomisara toda la reserva de vino de las bodegas de Calahorra. Corrió la voz de todo el vino incautado y le colgaron el sambenito de borrachín.

Pero José Bonaparte entró sobrio en España y salió sobrio cinco años después. Escaldado, pero sobrio.

Pragmática Sanción

Isabel II llegó a reinar en España porque su padre, Fernando VII, firmó la Pragmática Sanción, aquella que tiró a la papelera la famosa ley sálica que prohibía reinar a las mujeres. Y la firmó en palacio el 29 de marzo de 1830; dos días después se leyó públicamente y el 3 de abril la publicó *La Gaceta de Madrid.* ¿Alguien cree que Fernando VII promulgó aquella Pragmática Sanción en defensa de la igualdad de hombres y mujeres? Pues no, lo hizo por pura desesperación, porque no atinaba a tener hijos, y cuando por fin apuntó bien, en pleno embarazo y sin saber si lo que venía era niño o niña, quiso asegurarse de que, fuera lo que fuese, reinara.

Fernando VII se casó tres veces con mujeres que murieron sin darle descendencia. En el cuarto matrimonio, con su sobrina María Cristina de Borbón, hubo suerte y la reina quedó embarazada. Pero, claro, Fernando VII estaba ya muy cascado y no podía asegurar un segundo embarazo. Así que tenía que dejar muy bien atado que la criatura que iba a nacer siete meses después llegara a reinar. Al final, fue niña y se llamó Isabel.

Pero las consecuencias de aquella Pragmática Sanción fueron terribles para España, porque había un señor al acecho del trono: Carlos María Isidro, que era hermano del rey Fernando VII y que ya estaba tomándose medidas para la corona, porque él era el siguiente en la línea de sucesión.

Cuando Fernando VII firmó la Pragmática los planes de Carlos María Isidro para reinar se fueron a hacer gárgaras. El rey lo expulsó del país, él se negó a jurar fidelidad a la futura reina y España se vio metida en la Primera Guerra Carlista. Luego vino la segunda y hasta una tercera, porque Carlos María Isidro tuvo descendencia que aún seguía aspirando al trono. Es más, los carlistas han seguido inasequibles al desaliento, erre que erre, casi hasta finales del siglo XX.

El belicoso cardenal Cisneros

Que el cardenal Cisneros fue un gobernante excepcional, es imposible ponerlo en duda. Que lo hiciera bien, es otra historia. Sí hay que agradecerle que pusiera en marcha una de las universidades más prestigiosas de España, la de Alcalá de Henares, aunque resulta contradictorio que espíritu tan humanista en bien de la educación no lo empleara antes en apaciguar las relaciones humanas entre musulmanes, judíos y cristianos. Muy al contrario, animó el cotarro, calentó los cascos de los Reyes Católicos y las consecuencias las conocemos todos. Los judíos salieron a carretadas, los musulmanes se rebelaron en Las Alpujarras y el crisol de culturas se fue al garete. Y, encima, como Cisneros vivió tanto, ochenta y un años, tuvo mucho tiempo para dar guerra.

Murió en Roa, en Burgos, el 8 de noviembre de 1517, pero lo hizo sin querer, porque sólo estaba de paso camino de recibir al futuro rey de España Carlos I, aquel que cuando llegó a gobernarnos no hablaba castellano ni en la intimidad.

El cardenal Cisneros fue de todo en esta vida: confesor de la reina, inquisidor, primado de España, consejero real, estratega militar, capitán general, gobernante, látigo de infieles y acosador de reinas locas. En resumidas cuentas, un tipo muy listo que contribuyó a forjar la nueva España que entonces nacía. Tuvo participación directa en la toma de Granada y en el encierro de Juana la Loca en Tordesillas para que Fernando el Católico recuperara el trono castellano. Pero también metió en cintura al clero de la época, que adoptaba poses muy relajadas porque tenía como ejemplo a Alejandro VI, papa y papá de una numerosa prole.

También impulsó Cisneros las campañas militares en el norte de África; pero no sólo las impulsó, es que diseñó los ataques y se empeñó hasta en encabezar las tropas. No le dejaron, porque con las faldas cardenalicias, la espada, el caballo y el báculo hubiera tenido un disgusto.

Existencia tan batalladora y fructífera acabó en un magnífico sepulcro de mármol de Carrara en Alcalá de Henares, tal como fue su deseo, aunque Cisneros pidió ser enterrado en la Universidad y lo dejaron en la iglesia de al lado, la de San Ildefonso. Llegó a abrirse un proceso largo y muy costoso para su canonización, pero no hubo éxito. Al currículum del cardenal Cisneros sólo le faltaba el título de santo. Fue lo único que no logró, porque no dependía de él.

Mao Tse Tung ve la luz

Si Mao Zedong no se hubiera muerto, cada 26 de diciembre estaría soplando ciento y pico velitas para disgusto de mil millones de chinos... chino arriba chino abajo. Nació aquel día de 1893 en el pueblo de Shaoshan. Era un niño regordete que en vez de seguir la honrosa tradición agrícola de su familia se empeñó en estudiar. Y tanto estudió que se pasó de listo.

Resumir aquí el pensamiento de Mao, del gran revolucionario cultural que ejecutaba al que se salía de la fila, es imposible. Y, además, innecesario. Todo el mundo tiene alguna referencia, porque el *Libro Rojo* de Mao, el que recoge su doctrina, es el segundo más editado en el mundo después de la Biblia. En China, el que más, porque su lectura era obligatoria en casa, en el partido, en el ejército y en el colegio. Así cualquiera se hace un escritor de éxito.

Mao Tse Tung dejó de respirar en 1976. Pero una cosa es dejar de respirar y otra muy distinta irse de este mundo. Mao no se ha ido, sigue allí, en Beijing, antes Pekín, anclado en el mundo de los vivos, embalsamado, vigilante, dentro de una urna de cristal. Mao está más tieso que la mojama y a la vista de todos en su gigantesco mausoleo de la plaza de Tiananmen. Pero lo cierto es que Mao permanece insepulto en contra de su voluntad, porque él pidió ser incinerado. Le llevaron la contraria porque estaba muerto... si no, de qué.

Tres de cada cuatro chinos quieren que entierren a Mao, porque están hartos de tenerlo allí, como si no se hubiera muerto. Perfectamente peinado, perfectamente vestido y perfectamente serio. Pero no hay forma, porque el Partido Comunista chino lo sigue utilizando como si fuera el coco. Los que más desean que retiren a Mao de la plaza de Tiananmen son, precisamente, los de su pueblo, porque Shaoshan se ha convertido en una especie de gran parque temático en torno a la figura del Gran Timonel y lo único que les falta es la estrella invitada, el propio Mao. El día que lo consigan, Shaoshan se llevará una parte importante del pastel turístico chino. Mao volverá a su pueblo, el pueblo ganará muchos yuanes a su costa, en Pekín se librarán de la momia acartonada y todos contentos.

Fuga de Varennes

Estamos en plena Revolución francesa, con Luis XVI, María Antonieta y su prole confinados en el palacio de Las Tullerías de París. Los revolucionarios los tenían allí con el pretexto de protegerlos, pero, en realidad, estaban prisioneros. Hasta que la familia real se hartó y decidió salir por pies camino de la frontera el 20 de junio de 1791, para conseguir ayuda extranjera, recuperar la corona de Francia y aplastar la Revolución. Ese día comenzó la famosa fuga de Varennes, llamada así porque allí los pillaron. Y menudo desastre de fuga. Fue un milagro que no los pillaran antes.

La que convenció al rey de que había que huir de París para conseguir aliados fuera de Francia fue María Antonieta, cansada como estaba de vivir en un palacio desvencijado como el de Las Tullerías, no hacer fiestas y no corretear por los jardines de Versalles. Pero además de frívola, María Antonieta era muy lista y enredó a uno de sus amantes para que preparara toda la huida. La fecha se fijó en la tarde del 20 de junio. Pero, claro, de poco les sirvió disfrazarse de plebeyos para luego viajar como viajaron: enormes baúles de ropa; carruajes lujosísimos, y una comitiva tremendamente larga compuesta por enfermeras, estilistas, peluqueros, criados... Así no hay quien se fugue.

Para colmo, Luis XVI, como no tenía intención de regresar si no era triunfante, dejó una carta en Las Tullerías quejándose del trato que habían recibido. Era lógico, porque hasta su salida de Versalles ellos estaban acostumbrados a vivir a cuerpo de rey, y en Las Tullerías, además de no tener libertad de movimientos, los cristales estaban rotos y había corriente, no había muebles ni lámparas y las puertas no cerraban. Un desastre de palacio. Pero el caso es que lograron salir de París y que llegaron hasta Varennes, en un tris de alcanzar la frontera. Allí los reconocieron y les dijeron «andad, tirad pa casa que no son horas». Así que, de vuelta a Las Tullerías. Seguro que en el viaje de regreso hubo bronca:

—Si no te hubieras traído al estilista y a la peluquera, no seríamos tantos y hubiéramos llegado antes...

—Pues si tú no estuvieras tan gordo, no nos habrían reconocido.

Declaración de Carlos María Isidro

«Yo, Carlos María Isidro de Borbón y Borbón, infante de España, hallándome bien convencido de los legítimos derechos que me asisten a la corona de España, siempre que sobreviviendo a vuestra majestad no deje un hijo varón, digo, que ni mi conciencia ni mi honor me permiten jurar ni reconocer otros derechos, y así lo declaro». Estas líneas las firmó Carlos María Isidro el 29 de abril de 1833, para dejarle muy clarito a su hermano Fernando VII que el heredero de la corona de España tenía que seguir llevando pantalones. Comenzó la bronca carlista.

La declaración anterior fue la contestación de Carlos María Isidro a una carta de su hermano Fernando VII en la que le pedía que jurara a la niña Isabel, a la futura Isabel II, como Princesa de Asturias y, por tanto, como siguiente reina de España. El infante Carlos se sentía legítimo heredero de la corona, puesto que su hermano Fernando VII no había tenido hijos varones. Ya palpaba el trono Carlos María (no porque le apeteciera; ¡nooo!, qué va, sino porque era su obligación) cuando su hermano, el rey, derogó la ley que prohibía reinar a las mujeres. Su hija Isabel pasó a ser la heredera y Carlos María se quedó a verlas venir.

Pese a que aquella declaración firmada el 29 de abril suena muy contundente, no crean que lo fue tanto. Esas líneas sólo eran la parte oficial que debía quedar para los anales de la historia, porque la carta que adjuntó Carlos María a Fernando VII junto con esa declaración solemne, en realidad, empezaba diciendo: «Mi muy querido hermano de mi corazón, Fernando de mi vida», para luego añadir que la corona era suya y de nadie más. Carta a la que Fernando contestó igual de cariñosamente, diciendo: «Mi muy querido hermano mío de mi vida, Carlos de mi corazón...», para decirle más adelante lárgate del país y no vuelvas. Y a propósito, te he confiscado todos tus bienes. Es decir, que los hermanos más que quererse se adoraban, pero las consecuencias de tanto corazón mío y tanto cariño de mis entretelas fueron las tres guerras carlistas que desangraron al país. Porque hay cariños que matan.

Carlos XIV, un francés haciéndose el sueco

Carlos XIV, rey de Suecia, es uno de esos ejemplos que sirven para demostrar que los humanos somos unos chaqueteros. Nos ponemos al sol que más calienta. El 5 de febrero de 1818 subió al trono de Suecia Carlos XIV, lo cual, aparentemente, no tiene mayor interés si no fuera porque se llamaba Jean Baptiste Bernadotte, o sea, que era francés, y que en su juventud odiaba a los reyes. Nunca se puede decir de este agua no beberé, pero en su haber hay que indicar que lo hizo muy bien, francamente bien.

Es curioso tirar del hilo y saber que el actual rey de Suecia es directo descendiente de un general napoleónico. Hablamos de una época en la que Europa estaba revuelta porque Napoleón no dejaba títere con cabeza, y en un intento de Suecia de congraciarse con el emperador francés para que les dejara en paz aceptaron a uno de sus generales, a Jean Baptiste Bernadotte, como príncipe heredero. El rey que tenían, Carlos XIII, además de estar muy cascado, no tenía descendencia.

Así llegó al trono Carlos XIV, y se lo tomó tan en serio que se le olvidó que era francés, católico y que había luchado contra la monarquía durante la Revolución francesa. Abrazó el protestantismo con mucho cariño, aparcó lo de Jean Baptiste para comenzar a llamarse Carlos Juan e intentó aprender a hablar sueco, aunque jamás lo consiguió. Se pasó todo su reinado con un traductor al lado. Y tanto se metió en su papel, que cuando Napoleón le dijo «oye, como rey de Suecia que eres ahora, ayúdame a invadir a los ingleses, que fui tu jefe», Carlos XVI le dijo que de eso nada, que quería paz para su país y que bastante tenía con haberse anexionado Noruega como para meterse en camisas de once varas más allá de Escandinavia.

Y no sólo no le echó una mano a Napoleón, sino que acabó pegándose con él. A Carlos XIV se le recuerda como un buen rey, pero las malas lenguas dicen que cuando murió se le descubrió un tatuaje que decía «muerte a los reyes». Se lo hizo durante la Revolución francesa. Pecadillos de juventud que los suecos supieron perdonar.

Isabel y María, dos reinas a la greña

¿Qué es lo peor que le podía pasar a una reina católica en la Escocia del siglo XVI? Tener una prima también reina y, además, protestante en la Inglaterra de ese mismo siglo. La escocesa era María Estuardo y la inglesa, Isabel I, la reina virgen y con un genio endiablado ya imaginan por qué. El 1 de febrero de 1587 Isabel I de Inglaterra firmaba la sentencia de muerte de su prima María Estuardo. Ésa es la fecha oficial, pero, en realidad, la reina Isabel no firmó nada, todo el lío lo armaron sus consejeros, que al final ejecutaron a María Estuardo por su cuenta. Cuando Isabel I se enteró, casi se los come, porque ella no firmó una fecha para la ejecución.

Tras la ejecución de María Estuardo de dos hachazos —el primero falló— lo que subyace es una monumental bronca entre ingleses y escoceses, entre católicos y protestantes, entre los que querían una unión de Escocia, Francia y España para que el catolicismo se impusiera en la isla británica y los que luchaban con uñas y dientes para que el protestantismo gobernara.

La Estuardo, queriendo reinar también en Inglaterra, e Isabel queriendo hacer lo propio en Escocia. Las dos altas, las dos pelirrojas; María más mona que Isabel, la verdad, e Isabel más envidiosilla que María, pero también más sabia y mucho más lista. Isabel, soltera y sola en la vida, porque un marido no servía para sus fines políticos; María, con tres esposos a cual más desastroso.

Cuando María Estuardo no pudo con las argucias y la presión protestante en Escocia, cuando ya perdió hasta el favor de los católicos, abdicó y pidió refugio a su prima Isabel en Inglaterra. Isabel no se lo podía creer. La Estuardo… la que no había parado de conspirar para acceder al trono inglés… su enemiga número uno… ¿le pedía su protección?

Pues se la dio. La encerró en varias cárceles durante casi veinte años hasta que reunió suficientes pruebas en su contra. El final, ya saben, la decapitación. Se presentó ante el verdugo con un vestido rojo chillón, el color del martirio para los católicos, pero muy coqueto. Antes muerta que sencilla. Y menos mal que Isabel y María nunca se vieron las caras. Si se hubieran llegado a encontrar, se arañan.

Marshall tiene un plan

Hubo un tiempo en que el gobierno de Estados Unidos tenía mejores planes que meterse en guerras perdidas. El 2 de abril de 1948 el Congreso estadounidense aprobó el Plan Marshall, un método, una inversión a futuro que ayudó a Europa a levantar cabeza después de la Segunda Guerra Mundial. Pero Estados Unidos no daba puntada sin hilo y aquel Plan Marshall tenía dos objetivos: por un lado, unir a Europa contra el avance comunista y, por otro, dar créditos a los países europeos para que reactivaran su producción a cambio de que estos países compraran todo lo que necesitaran en Estados Unidos. Era un dinero de ida y vuelta.

El plan lo propuso el general George Marshall, pero quien lo trasladó del papel a la realidad y consiguió la aprobación del Congreso fue el presidente Harry Truman. A Marshall al final le dieron el Nobel de la Paz por tener un buen plan y Europa pudo reconstruirse económicamente en tiempo récord.

Sin embargo, no todos los países pillaron un buen trozo del pastel. Gran Bretaña se llevó el más gordo y, luego, Francia, Alemania Occidental e Italia. España, al principio, no pilló ni las migajas, porque teníamos a un dictador con el brazo en alto que llevó al país al aislamiento internacional. Pero tiempo después Estados Unidos negoció, porque tenía que instalar unas cuantas bases militares y España era un lugar estratégico. Así que, los americanos nos dieron unos cuantos millones de dólares (no muchos), mantequilla, unas bolas de queso amarillo y leche en polvo a cambio de instalarse en Rota, Torrejón, Morón, Zaragoza...

El Plan Marshall también tenía previsto apoyo económico para la Unión Soviética y los países de su influencia, pero Stalin dijo que de eso nada... que de los yanquis ni agua... que Estados Unidos no iba a manipular la economía interna. Así que, Moscú, en respuesta al Plan Marshall, puso en marcha su propio plan, el Plan Molotov. Un poco más incendiario, pero también útil.

Fernando VII, el veleta constitucional

A Fernando VII eso de la Constitución y la monarquía parlamentaria le parecían mamarrachadas, tonterías de la plebe. Pero el día 9 de marzo de 1820 tuvo que firmar por segunda vez la Constitución de 1812, aquella que sancionaron las Cortes de Cádiz el día de San José y por ello felizmente bautizada como La Pepa. Pero Fernando VII firmó la Constitución ocho años después de su aprobación porque, prácticamente, le pusieron un trabuco en el cogote. Como era un cínico redomado, cuando se vio sin salida, soltó la famosa frase: «Marchemos francamente, y yo el primero, por la senda constitucional». Comenzaba en España el Trienio Liberal, un trienio que acabó cuando Fernando VII dijo que de lo dicho nada. Que era broma.

Los diputados de Cádiz no sabían lo que hacían cuando proclamaron en el preámbulo de la Constitución que Fernando VII era el rey elegido por las Cortes. El monarca estaba cautivo en Francia y se creían los diputados que cuando volviera estaría tan contento de que España tuviera su primera Constitución. Fernando VII volvió, juró la Constitución en 1814 e inmediatamente después se retractó. Dijo que qué era eso de soberano constitucional. De eso nada. Él era soberano absoluto y punto. Derogó la Constitución, declaró nulos todos los decretos y La Pepa se fue a freír espárragos.

Comenzó entonces la revolución, porque el ejército estaba a rebosar de liberales contrarios al poder absoluto del rey. Hubo constantes pronunciamientos militares y todos empezaban igual, con una arenga a la tropa que decía:

> Es de precisión para que España se salve, que el rey Nuestro Señor jure y respete la Ley Constitucional de

1812, afirmación legítima y civil de los derechos y deberes de los españoles. ¡Viva la Constitución!

Pero los pronunciamientos no triunfaban, hasta que llegó un militar que se pronunció un poco mejor: Rafael del Riego. Gracias a él Fernando VII tuvo que acatar, otra vez, la Constitución, y gracias al apoyo de los Cien Mil Hijos de San Luis el rey pudo retractarse de nuevo tres años después. Otra vez La Pepa al garete.

Muere el infante Alfonso

La muerte del infante Alfonso sigue siendo un caso abierto. Se largó de este mundo con sólo catorce años, exactamente el 5 de julio de 1468, y, pese a morir a tan corta edad, se vio envuelto en uno de los mayores chanchullos monárquicos de este país. ¿Creemos a quien asegura que murió de peste aunque el médico aseguró que no tenía el más mínimo síntoma? ¿O hacemos caso de quienes dicen que lo quitó de en medio su hermana Isabel? Isabel la Católica, la que luego se subió al trono. Hace cinco siglos que esto huele a chamusquina.

Deshagamos la madeja. Juan II de Castilla tuvo tres hijos: Enrique, Isabel y Alfonso. Como Enrique era el mayor, fue el que subió al trono castellano con el nombre de Enrique IV, y que a su vez tuvo una hija, la famosa Juana la Beltraneja, a la que todos señalaban como hija de otro hombre. A esto le daban importancia cuando venía bien que así fuera, porque a ver de cuándo a esta parte los reyes se han estado quietos en su cama. Pero, bueno, en aquel momento interesaba insistir en el tema. ¿Por qué? Porque los nobles castellanos querían derrocar a Enrique IV para poner en su lugar a un rey-títere, a un fantoche al que poder manejar a su antojo. Y ese rey era el infante Alfonso, el hermano pequeño del rey, un chavalín de once años que ni pinchaba ni cortaba.

Enrique IV no aceptó el arreglo porque él defendía a su hija Juana como legítima heredera, así que se metieron a batallar por ver quién se quedaba con el trono, si los partidarios de Enrique o los de su hermano Alfonso, al que los nobles proclamaron como Alfonso XII en mitad de una farsa de chiste. Con lo que no contaron los defensores de Alfonso es que el chaval se iba a morir sólo tres años después.

Pero ahí estaba Isabel para subir en el escalafón y convertirse en la favorita de los nobles castellanos rebeldes en sustitución del difunto Alfonso. Como el chaval se murió no se sabe cómo ni a cuenta de qué, aún hoy se mantienen las sospechas de que la hermanísima le dio matarile para ser ella la candidata a reinar. El resto de la historia ya la conocen.

La «espantá» de la corte portuguesa

Hace sólo unas líneas que recordábamos cómo el listo de Napoleón enredó a Carlos IV para que le dejara entrar en España y así poder invadir Portugal. Tal asunto se materializó a finales de noviembre de 1807, y el día 27 el puerto de Lisboa era un hervidero de nobles, ministros y arzobispos que, encabezados por la realeza, se hacían hueco a codazos por embarcar y huir del país. Hacía sólo unas horas que Napoleón había puesto el pie en Portugal y toda la monarquía ya ponía pies en polvorosa. Los portugueses no daban crédito.

La élite del país abarrotaba el puerto para largarse a paraísos más tranquilos donde instalar la corte. Y Brasil parecía un buen sitio. La nobleza, el alto clero y los reyes no viajaban solos, porque como no sabían freír un huevo ni hacerse una cama, se llevaron a sus criados. En total, se calcula que aquel 27 de noviembre se echaron a la mar diez mil personas camino de la colonia brasileña, y eso que Napoleón aún no había ni estornudado. Menuda corte de valientes, y valiente dinastía la de la Casa de Braganza.

Y así fue como Río de Janeiro se convirtió en capital del imperio portugués mientras la metrópoli se quedaba a verlas venir, abandonada por sus regidores y sin un duro, porque la casa real no embarcó sola: se llevó la mayor parte del tesoro del país. En los meses siguientes continuaron saliendo barcos con carruajes de lujo, y muebles, y bibliotecas completas, y vajillas y todas esas menudencias que necesitaba la realeza para estar en su salsa.

La única nota cómica a esta cobarde huida de la casa real portuguesa fue que, en la travesía hasta Brasil, se instaló una epidemia de piojos en el buque que trasladaba a toda la línea sucesoria de la casa de Braganza, así que todas las princesas acabaron con la cabeza afeitada y todos los príncipes tuvieron que tirar sus pelucas al mar. Lo demás no tuvo ninguna gracia, porque tuvieron que ser los ingleses los que acabaran defendiendo Portugal frente a Napoleón. Por propio interés, pero lo hicieron.

Napoleón se aburre en Elba

Se las prometía felices Napoleón Bonaparte el 26 de febrero de 1815, el día que huyó de su primer destierro en la isla de Elba, en el Mediterráneo. Napoleón salió más cabreado de lo que entró y dispuesto otra vez a comerse el mundo. ¿Por qué acabó Napoleón desterrado en la isla de Elba? Porque tenía a las potencias europeas hasta el gorro. Es que lo invadió todo. Egipto, Holanda, España, Polonia, Italia, Austria... hasta que en Rusia calculó mal sus fuerzas y más que escaldado salió helado. Aquella caída en desgracia provocó que Europa se uniera y que hasta sus mariscales se rebelaran contra él. Entre todos le obligaron a abdicar y Francia le dio el gobierno de la isla de Elba, que era como decirle, anda, quédate allí y déjanos en paz.

Pero en Elba Napoleón se aburría como una ostra, y en los nueve meses y medio que permaneció confinado no dejó de darle vueltas a la cabeza para recuperar su trono imperial. La noche del 26 abandonó la isla acompañado por su escolta, pero, claro, no podía plantarse en París y decir aquí estoy yo. Necesitaba apoyo popular y, sobre todo, tropas. Así que desembarcó en Cannes, donde el festival de cine, y marchó hacia el este para conseguir el favor de los campesinos.

Al paso le salió el Quinto de Infantería, y el oficial al mando ordenó disparar, pero los soldados se quedaron petrificados. Napoleón se percató de que aún tenía el apoyo de la soldadesca y fue cuando soltó su famosa arenga: «Soldados del Quinto... ¿me conocéis? Soy vuestro emperador. Quien quiera puede disparar». Ni un tiro se oyó.

En menos de un mes Napoleón entraba en París, y como los franceses no estaban muy conformes con Luis XVIII, que era quien gobernó durante el destierro de Bonaparte, pues al principio no tuvo mayor problema. Pero las potencias europeas no tragaban con su regreso, y aunque Bonaparte prometió estarse quieto, la guerra se hizo inevitable. Los famosos Cien Días del emperador en el poder terminaron en Waterloo. Pero ésa es otra historia y, como dijo Rudyard Kipling, debe ser contada en otra ocasión.

Congreso de Verona

El Congreso de Verona de 1822 fue una reunión donde se juntaron Francia, Rusia, Inglaterra, Prusia y Austria para que nadie les tocara las coronas. Habían conseguido deshacerse de Napoleón y ahora se trataba de asegurar el orden europeo y de proteger a las monarquías de molestos liberales y de constituciones y otras mandangas que otorgaban derechos a los ciudadanos. De aquel congreso salió un acuerdo que hizo la puñeta a España y a los españoles. Menos Inglaterra, que votó en contra, los otros cuatro países firmaron el 22 de noviembre de 1822 el Tratado de Verona o, lo que es lo mismo, el envío de los Cien Mil Hijos del santo más fecundo del mundo, San Luis. Llegaron a España para que el señor Fernando VII recuperara su poder tan absoluto como nefasto.

El Tratado de Verona hay que leerlo para creerlo, porque parece que lo redactaron los hermanos Marx. Comienza diciendo que las altas partes contratantes están convencidas de que el sistema de gobierno representativo es incompatible con el principio monárquico. Que la libertad de imprenta perjudica a los príncipes, y que la religión es la única que puede contribuir a la obediencia pasiva que los ciudadanos deben a sus reyes. Dado que en España había unas Cortes, libertad de imprenta y la obediencia pasiva a Fernando VII brillaba por su ausencia, las altas partes contratantes acordaron encargar a Francia la formación de un ejército para auxiliar al rey.

Luis XVIII, tío de Fernando VII, reunió casi cien mil hombres para echar un cable a su sobrino e invadir de nuevo España. Hacía sólo diez años que nos habíamos librado de Napoleón y otra vez los franceses encima.

Ésa fue la principal ventaja de Francia para ganar. Que los españoles estaban hartos de pegarse con los galos y no levantaron un dedo en esta segunda invasión. Ahora bien, ya les vale a los liberales la oposición que ofrecieron. Porque los Cien Mil Hijos no habían terminado de cruzar los Pirineos cuando ellos ya habían hecho las maletas y estaban instalados en Sevilla. Pero es que de Sevilla huyeron a Cádiz, y porque en Cádiz se acababa España y aquí no les quedó más remedio que plantar cara, si no, los liberales acaban en Ciudad del Cabo huyendo de los Cien Mil Hijos de San Luis.

Legión Cóndor, el orgullo de Hitler

«Camaradas, me siento feliz de saludaros personalmente y teneros ante mí, porque estoy orgulloso de vosotros. Partisteis para ayudar a España en una hora de peligro y volvisteis convertidos en aguerridos soldados. Sois un ejemplo. ¡Viva el pueblo español y su jefe Franco!». Dicho lo cual, pero en alemán, Hitler, se quedó tan ancho. Fue el 6 de junio de 1939. Los que escuchaban en posición marcial eran los catorce mil soldados supervivientes de la Legión Cóndor.

Los últimos soldados de la Legión Cóndor habían regresado a Alemania apenas una semana antes, después de muchos y variados homenajes en España por haber prestado su inestimable ayuda al bando golpista. Pero aún faltaba la traca final, el recibimiento que les dispensó Hitler. El Führer dio la bienvenida a la Legión Cóndor en un lugar por el que hoy pisan miles de turistas, la Isla de los Museos de Berlín. Hitler estaba en una tribuna sobre las escalinatas, justo en la mitad del frontis que forman las dieciocho columnas de lo que ahora es el Viejo Museo, el que guarda el famoso busto de Nefertiti.

Frente a Hitler se alineaban con la típica bizarría germana catorce mil soldados más tiesos que una vela. La escena era extraña, porque vestían un uniforme que no correspondía a ninguna unidad del ejército alemán. Además, había muchos estandartes con nombres de soldados muertos y Alemania no estaba oficialmente en guerra con nadie. Todavía.

Eran los soldados con los que Alemania materializó su ayuda al bando golpista en la Guerra Civil, que regresaban triunfantes y perfectamente preparados tácticamente para la que se estaba preparando. Porque la Legión Cóndor no sólo le vino de perlas a Franco, también sirvió a los intereses estratégicos de Alemania.

España fue el perfecto banco de pruebas para que los soldados adquirieran experiencia y para probar la efectividad de nuevo armamento. Inmediatamente después de aquel 6 de junio, la Legión Cóndor quedó disuelta, pero cuando los soldados no habían terminado de quitarse las botas, tuvieron que volver a calzárselas. Tres meses después comenzaba la Segunda Guerra Mundial, y los mejores especialistas para acometerla se habían forjado en la Legión Cóndor.

Bando real contra el «¡Viva la Constitución!»

La noche del 8 de octubre de 1824 estaba todo preparado para que alguaciles y funcionarios de la corte comenzaran a clavar en todas las plazuelas de Madrid un bando que condenaba al patíbulo a todo aquel insensato que gritase en público «¡Viva la Constitución!». El bando lo leyeron primero los madrileños, pero en pocos días no había plaza de ciudad o pueblo de España donde no quedara colgada la amenaza. Dio lo mismo, unos cuantos gritones siguieron dando voces por la libertad.

La Constitución a la que no se podía jalear era La Pepa, la de 1812, un texto que más que una Constitución era el río Guadiana. Aparecía y desaparecía según tuviera el día Fernando VII. Dos años después de promulgada volvió el rey de su exilio y la tiró por tierra. Se recuperó durante el Trienio Liberal, pero volvió otra vez el rey a dar la matraca con eso de que el único que podía mandar era él y, esta vez, para defender su tesis se trajo a los Cien Mil Hijos de San Luis. Como ya eran muchos, la Constitución se fue definitivamente al garete y comenzó la famosa Década Ominosa, la restauración del absolutismo con el maligno y cínico Borbón en el trono. Cínico, porque fue él quien dijo eso de «Marchemos francamente, y yo el primero, por la senda constitucional». Hasta que se cansó de andar.

Fernando VII se la tenía jurada a los liberales y a su maldita Constitución, y tuvo un apoyo excelente en el mayor pelota de la corte, el ministro de Justicia Francisco Tadeo Calomarde, que fue quien redactó el bando. Para la historia política de España ha quedado la frase que acuñó Jacinto Benavente para meterse con los gobernantes de turno. «Éste es el peor gobierno desde los tiempos de Calomarde», se decía.

El bando condenando a muerte a quien vociferara «¡Viva la Constitución!» surtió relativo efecto, porque el alboroto no se acalló. Es más, cuando los detenían, al grito constitucional añadían «muera el Rey», «viva la libertad», «abajo los realistas». Total, como no les podían matar cuatro veces…

El Congreso bailón de Viena

Decir que el 8 de octubre de 1814 comenzó el Congreso de Viena para reorganizar las fronteras europeas tras el desbarajuste que dejó Napoleón suena a historieta petardo. Pero aquel congreso tuvo su gracia, no sólo por lo mucho que disfrutaron todos los asistentes durante casi un año, porque se lo pasaron de baile en banquete y de cacería en concierto, sino porque aquella convención fue de las más trascendentes en la historia de la diplomacia. Pero, sobre todo, eso, se lo pasaron en grande.

Napoleón había dejado Europa patas arriba y era necesario volver a organizarla. El Congreso de Viena fue el encargado de hacerlo. La primera decisión fue que Francia perdía todos los territorios conquistados por Napoleón, y la segunda, que el absolutismo tenía que volver a regir Europa. Lógico, porque todos los representantes eran enviados de los reyes. Nada de lo acordado podía oler a república ni a liberalismo. En el Congreso de Viena, el que no era duque era marqués y el que no, rey. Y como la nobleza mezcla bien ocio y trabajo, cuando no había banquete en el palacio austriaco, había una cacería organizada por los ingleses. Y cuando no había baile de los franceses, había un *picnic* de los prusianos. Así se entiende que alguien dijera que el «congreso de Viena no marcha, sólo danza».

España también tuvo su representante. Fue el marqués de Labrador, de quien el duque de Wellington llegó a decir que era el hombre más estúpido que había visto en su vida. Muy espabilado no era, digno representante de Fernando VII, pero tampoco podía hacer mucho, porque el Congreso acordó que las potencias de segundo orden no intervinieran en las decisiones importantes, y España era una segundona. Así que, a nuestro enviado lo tomaron a chufla y se volvió con lo puesto. Y, encima, fue con un presupuesto tan ajustado que no organizó ni un baile. Así no hay forma de hacer amigos.

Doce balas contra Prim

El general Prim, Juan Prim, presidente del Gobierno español, fue aquel que echó a Isabel II del trono y luego sentó en su lugar al italiano Amadeo de Saboya. Pagó caro su empeño, porque el 27 de diciembre de 1870 Prim sufrió un atentado muy cerca de la plaza de la Cibeles.Volvía de las Cortes en coche de caballos cuando le metieron por las ventanillas seis trabucos. Impactaron en Prim doce balas. Ninguna mortal, porque sólo fue herido en un hombro, un codo y una mano gracias a que llevaba puesto el chaleco antibalas de la época: una cota de malla debajo del gabán. Lo que mató a Prim tres días después del atentado fue una infección. Una simple inyección de penicilina le habría salvado, pero el doctor Fleming no había nacido. Le faltaban once años para ser, al menos, cigoto.

Prim fue el primer presidente de gobierno asesinado en España. Luego cayeron Cánovas, Canalejas, Eduardo Dato, Carrero Blanco... pero el atentado a Prim ha sido el único que ha quedado sin resolver. ¿Sospechosos? Muchos. Media España. Unos, porque no les gustó que contratara a un rey en Italia; otros, porque sospechaban que Prim era partidario de dar la independencia a Cuba, con lo cual se perderían grandes fortunas; los aspirantes a monarcas que no fueron elegidos para reinar en España también le tenían ganas; y los anarquistas no podían verle. Con tanto enemigo suelto, era más fácil y rápido preguntar quién no quería matar a Prim antes que localizar al culpable.

Tenía tantos frentes abiertos que nunca quedó del todo claro por qué lo mataron ni mucho menos quién lo hizo. Ahora bien, el que ha pasado a la historia como el más firme sospechoso fue José Paúl y Angulo, un parlamentario extremista que ya había sentenciado a muerte a Prim en un artículo. Precisamente se cruzó con él minutos antes del atentado, en los pasillos de las Cortes, y como Prim era un provocador, le dijo: «Qué, ¿por qué no se viene con nosotros a Cartagena a recibir al nuevo rey?». Y el periodista respondió: «Mi general, a cada uno le llega su San Martín», por no llamarle directamente cerdo.

Luego, qué casualidad, el parlamentario estaba junto al lugar del atentado silbando el pío, pío que yo no he sido. Cuando Amadeo de Saboya llegó a Madrid y se encontró a Prim en una capilla ardiente, supo que lo suyo no había empezado bien.

Amadeo I de Saboya: «Yo dimito»

Menos de tres años duró Amadeo de Saboya con la corona española puesta. Fue Amadeo I, alias «quién me ha mandado a mí meterme en esto». Las Cortes lo eligieron rey el 16 de noviembre de 1870 con 191 votos a favor. El resto de la Cámara hizo una votación de locos: 60 pretendían la república federal; 1, la república indefinida; 2, la unitaria; 27 querían por rey al duque de Montpensier, cuñado de Isabel II; 9 votaron por Espartero y su caballo… en fin, que de aquella sesión no podía salir nada bueno, por eso salió Amadeo. El nuevo rey entró con mal pie. España estaba empobrecida, la bronca política era monumental; la aristocracia lo miraba como un extranjero chulito; la Iglesia no lo quería ni en pintura y a la plebe no le gustaba un pelo que su nuevo rey no hablara español.

Las Cortes de 1870 se empeñaron en que España volviera a tener monarquía —por costumbre más que nada, no por necesidad—, pero no podía ser un Borbón porque dos años antes habían echado a Isabel II. Y, además, tenía que ser un rey que gustara al resto de países europeos. Se llegó a pensar en el príncipe alemán, atentos, Leopoldo Hohenzollern-Sigmaringen, al que en Madrid llamaban «Ole, ole si me eligen» porque aquello no había dios que lo pronunciara. Con un rey que diera lugar a tal pitorreo, finalmente fue seleccionado Amadeo de Saboya, un apellido también con rima pero más fácil de pronunciar.

Amadeo de Saboya puso el pie en su trono sin saber por dónde le venían los tiros y con infinidad de frentes políticos abiertos. Y, encima, nada más llegar a Madrid su primer acto oficial fue ir a la basílica de Atocha a comprobar que el general Prim, su principal valedor, estaba muerto. Ya nada salió bien. Su reinado fue a trompicones y llegó el momento en que Amadeo I de Saboya se largó al grito de «los españoles son ingobernables». Dos años y tres meses después de haber sido proclamado rey de España, Amadeo firmó la dimisión y salió hacia Italia sin hacer las maletas. ¿Dimisión? Hombre... un rey abdica o huye, pero no dimite. Dónde se ha visto semejante extravagancia.

La abdicación de Isabel II

Cuando Alfonsito, el único hijo varón de la reina Isabel II abandonó España camino del exilio y agarrado a las faldas de su madre, sólo era un mocoso. Cuando regresó, ya sabía limpiarse los mocos sólo y volvió como Alfonso XII, rey de España, el monarca de la Restauración borbónica. Pero antes de llegar a este punto, el 25 de junio de 1870, su madre, la reina Isabel, renunció en París a los derechos al trono en favor de su hijo. Oficialmente, abdicó «libre y espontáneamente». Extraoficialmente, a regañadientes. Alfonso XII no había cumplido los trece años.

Ya sabemos que la revolución de la Gloriosa forzó el exilio de la familia real, porque ya nadie aguantaba a Isabel II, sus líos amorosos y su manía de meter la nariz constantemente en política. Se instalaron en París, en un magnífico palacete de tres plantas que compraron a un magnate ruso. Aquélla fue la residencia de Isabel, sus cuatro hijas y su hijo Alfonso. El marido, el rey consorte Francisco de Asís, no duró allí dos telediarios, porque en cuanto se vio libre y en el exilio lo primero que hizo fue salir por pies y largarse a vivir con su novio, Antonio Meneses.

Y allí, en París, comenzó su formación en el exilio el futuro Alfonso XII, bajo la atenta mirada política de Antonio Cánovas del Castillo, que fue el que convenció a Isabel II de que abdicara en su hijo. España era partidaria de la monarquía, pero bajo ningún concepto admitía que ese monarca fuera la reina Isabel, así que hubo que preparar al futuro rey para restaurar a los Borbones en el trono. Pero Alfonsito no se preparó sólo en París, porque su formación tenía que ser católica y, como en Francia se instaló la república, los monárquicos españoles no querían que recibiera una educación laica y republicana. Menuda incongruencia. Así que de París, lo enviaron a Viena, donde además aprendió de qué iba eso de la formación militar; de Viena, a Inglaterra, donde se fijó mucho en qué era eso de la democracia; y de Inglaterra a España para demostrar todo lo que había aprendido. Entre otras muchas cosas, francés, alemán e inglés.

La efímera Primera República

La primera intentona de España para ser republicana duró exactamente once meses, porque el 3 de enero de 1874 un nutrido grupo de guardias civiles irrumpió en el Congreso de los Diputados y, siguiendo órdenes del capitán general Manuel Pavía, ordenó la disolución de las Cortes como sólo ellos saben hacerlo: a tiros. La Primera República se fue a hacer gárgaras.

Aquel pronunciamiento militar sólo dio el tiro de gracia a la Primera República española, porque la República ya estaba herida de muerte. El golpe de Estado del general Pavía fue una locura más dentro del psiquiátrico en el que se había convertido España. La política no había por donde agarrarla, la Administración era un caos y cada provincia campaba por sus respetos, con Sevilla declarándose por su cuenta República Social mientras en Cartagena se instalaba una Junta Revolucionaria y los carlistas daban la matraca en Vascongadas y Navarra. España era un circo de tres pistas.

Hubo cuatro presidentes del Gobierno en menos de un año y, en la madrugada de aquel 3 de enero, a punto de votarse un quinto —el que iba a sustituir al dimitido Emilio Castelar— el presidente de la Cámara, Nicolás Salmerón, leyó una nota que acababan de pasarle dos guardias civiles y en la que se ordenaba «desalojar el local en un término perentorio o de lo contrario se ocuparía a viva fuerza». Serían golpistas, pero también cursis como repollos.

Los señores diputados se indignaron y olvidaron sus diferencias de sólo minutos antes; hubo hasta quien propuso que todos aguardaran la muerte sentados en sus escaños, y la propuesta se aprobó, pero les pudo la sangre cuando por fin irrumpieron los guardias civiles. Algunos diputados se liaron a trompadas con ellos en los pasillos, pero en cuanto se oyeron los primeros tiros, otra parte de sus señorías escaló el hemiciclo a la velocidad del rayo.

Al final triunfaron las armas, pero el éxito de aquel golpe se debió sobre todo al agotamiento de los españoles, que ni prestaron atención a los militares ni hicieron caso a los políticos. Tejero quiso repetir la jugada, pero se equivocó de época y, sobre todo, equivocó el país.

Alfonso XII, un pipiolo restaurador

Los monarcas españoles se han pasado los dos últimos siglos de la ceca a la meca. Pocas cosas hacían con tanta soltura como ir y venir del exilio, y una de estas venidas se produjo el 9 de enero de 1875, cuando Alfonso XII desembarcó en Barcelona para reasentarse en el trono tras seis años de exilio forzoso y compartido con su madre, Isabel II. Los libros de Historia marcan este día como aquel en el que el rey Alfonso XII restauró la dinastía de los Borbones en España, pero él no restauró nada. Lo restauraron a él, porque Alfonso XII sólo vino cuando se le llamó. Nunca antes.

El desastre político de España era tal en aquella segunda mitad del siglo XIX, que el menor de los males era tener un rey. En pocas palabras: Isabel II se exilió en París con toda su prole tras la revolución de 1868; llegaron después varios gobiernos provisionales, todos a la greña; más tarde apareció un rey italiano de saldo que atendía por Amadeo I de Saboya; después vino la Primera República, liquidada por un golpe de Estado del general Pavía, que entró hasta el hemiciclo montado a caballo; por último, y tras el número circense del general, vinieron varios gobiernos provisionales más. En mitad de todo esto, los carlistas dando la tabarra por el norte; los cantonalistas, por el sur; y los cubanos levantándose contra la madre patria. Todo este galimatías político es lo que la historia llama el Sexenio Revolucionario, por no llamarlo el Sexenio frenopático, porque los políticos de entonces acabaron con camisa de fuerza.

Pero durante estos seis años la causa borbónica estuvo siempre muy bien defendida en las Cortes por Antonio Cánovas del Castillo, que preparó el terreno para reinstaurar una monarquía moderna y constitucional. Todo estaba a punto de caramelo, cuando el general Martínez Campos va, se subleva en Sagunto y declara por su cuenta rey a Alfonso XII. A Cánovas le subió el azúcar, porque él llevaba años preparando el regreso de Alfonso XII por medios legales y políticos, y llega un general que hace lo mismo con un innecesario golpe de Estado.

Los objetivos del político y el general eran el mismo, pero, ya saben, para un militar del siglo XIX donde estuviera un buen golpe y cuatro tiros que se quitaran las interminables sesiones del Congreso, con mociones que aburrían a las ovejas.

María Cristina, el regreso de los Austrias

No está claro si la muerte de Alfonso XII fue una fatalidad más para María Cristina de Habsburgo o el mayor golpe de suerte de su vida. Es una faena que se te muera tu marido, pero si tu marido no te quiere, pues sólo es una faena a medias. Alfonso XII sólo se casó con María Cristina para asegurar un heredero oficial al trono, porque extraoficiales ya los tenía. Dos exactamente, pero no servían para reyes. Eran hijos de una actriz... qué desfachatez.

El único que podría servir para rey era el vástago que estaba en camino cuando Alfonso XII se murió y al que María Cristina juró fidelidad el 28 de noviembre de 1885. Lo que ocurre es que María Cristina juró ser fiel a un feto, a un proyecto de rey para España sin saber aún si era chico, chica, tonto o lista. Al final sonó la flauta. Alfonso XIII vino con una corona debajo del brazo.

Aquel 28 de noviembre, apenas unas horas después de haber entregado a los monjes agustinos del Monasterio de El Escorial el cuerpo de Alfonso XII para su custodia en el Panteón Real, a María Cristina de Habsburgo le cambió la vida. Muerto el rey se acabó su calvario. Dejó de ser un simple vientre de alquiler, una reina que ni pinchaba ni cortaba, para ser la regente de España durante los siguientes dieciséis años. Y sólo entonces se descubrió el genio político que llevaba dentro, su profundo conocimiento de la política internacional y su buena mano con liberales y conservadores. Antes no lo tuvo fácil. Era la segundona, la que tuvo que luchar contra la figura ñoña y coplera de María de las Mercedes, la primera mujer de Alfonso XII, que se parecía horrores a Paquita Rico.

Y también tuvo que aguantar carros y carretas con el rey y sus amantes, hasta soportar que nacieran hijos ilegítimos casi en paralelo a las dos infantas de España. Pero llegó su turno y, como lista era un rato, lo primero que hizo en cuanto asumió la Regencia fue cambiarse el nombre de María Cristina de Habsburgo por el de María Cristina de Austria. ¿Por qué? Porque así recordaba a todos que la dinastía de los Austrias volvía a estar sentada en el trono de España. Alumbraría un Borbón, de acuerdo, pero ella era una Austria. Con Alfonso XIII, los Borbones se pusieron otra vez la corona, pero quedó claro que entre el XII y el XIII de los Alfonsos hubo una número uno con acento alemán a la que los españoles bautizaron como doña Virtudes.

La jura de Alfonso XIII

Doble recuerdo histórico el del 17 de mayo de los años 1886 y 1902. Por un lado, el nacimiento del rey de España Alfonso XIII y, por otro, su mayoría de edad para hacerse cargo, con dieciséis años, de las labores de gobierno. Ese día de principios del siglo XX, su cumpleaños, Alfonso XIII juró la Constitución y España dio por terminada la regencia de María Cristina. Todo empezó muy bien, porque el rey entró por la puerta grande, pero salió por la de atrás.

Alfonso XIII, al ser hijo póstumo, nació con la corona puesta. Es decir, vino al mundo, no como heredero, sino como rey con todas las de la ley, pero como sólo balbuceaba, su madre María Cristina fue su voz y su voto. Alfonso XII había muerto de tuberculosis seis meses atrás y dejó al país con la duda de si lo que nacería sería otra niña o, por fin, el sucesor deseado. Y una curiosidad: dados los antecedentes familiares y ante el temor de que naciera muerto, el crío fue bautizado en el útero materno, no se fuera a quedar en el limbo. Pero llegó el feliz día del alumbramiento y el rey nació sano. Tal y como obligaba el protocolo, toda la corte y el gobierno esperaron en la sala contigua a la del parto a que Alfonso XIII fuera presentado sobre una bandeja de plata repujada.

Durante aquel solemne acto, los cronistas cuentan que don Práxedes Mateo Sagasta, líder del Partido Liberal, comentó a su oponente Cánovas del Castillo al ver al niño: «Sí, ya tenemos rey. Una mínima cantidad de rey».

Alfonso XIII alcanzó la mayoría de edad sin sobresaltos y al abrigo de su madre. Sobre si después llevó con acierto sus veintinueve años de reinado, ahí está la historia para discernirlo. Pero es curioso leer unas líneas de su diario escritas sólo cuatro meses y medio antes de comenzar a reinar: «Yo puedo ser un rey que se llene de gloria regenerando a la patria, cuyo nombre pase a la historia como recuerdo imperecedero de su reinado, pero también puedo ser un rey que no gobierne y por fin puesto en la frontera». Fue, efectivamente, rey, pero también profeta.

Hitler y Franco: cita a ciegas en Hendaya

¿Quién dijo que preferiría que le sacaran las muelas antes que volver a entrevistarse con Franco? Ese mismo, Hitler.

Se vieron las caras en el famoso encuentro en la estación de Hendaya el 23 de octubre de 1940. Franco, con gorro cuartelero. Hitler, con gorra de plato. Fue una cita a ciegas entre dos señores con bigote que, lejos de enamorarse, acabaron pensando que el otro era un imbécil. En realidad, quedaron para ver quién podía sacar mayor tajada.

A Hitler no le iban tan bien las cosas contra Gran Bretaña y le hubiera venido bien que España entrara en guerra para invadir Gibraltar, asentarse en el norte de África y tomar el control del Estrecho. Franco dijo, vale, pero a cambio quiero el Marruecos francés, el Oranesado, la ampliación territorial del Sáhara y Guinea... mucha comida, mucho material militar y la defensa de las Canarias. «Hombre, camarada Paco —debió de replicar Hitler—, yo cuando te mandé a la Legión Cóndor no puse tantas condiciones».

Al principio, el encuentro de Hendaya prometía. Pero cuando Franco abría la boca sólo para pedir y adular e intentaba adornar la charla con anécdotas de la mili, Hitler comenzó a bostezar. A las seis y media de la tarde, aburrido, el Führer le dijo a su asistente, anda, dale el protocolo y que lo estudie. Al darse media vuelta soltó la famosa frase: «Con éstos no se puede ir a ningún sitio». El protocolo era el Pacto Tripartito, un acuerdo de colaboración entre Alemania, Italia y Japón. Franco lo firmó, pero con la condición de que España entraría en guerra cuando el gobierno lo considerara conveniente.

Todo salió mal aquel día. Hasta el último momento. Franco, al despedirse en posición de firmes y saludo castrense desde la plataforma de su tren, perdió el equilibrio porque la máquina arrancó de golpe. Si no lo agarra Moscardó, Franco acaba en el suelo. Pero es que salieron mal hasta las fotos. La agencia Efe descubrió en 2006 que otras dos imágenes del encuentro de Hendaya estaban trucadas. Cuando Hitler y Franco no salían en posturas poco marciales, aparecían con los ojos cerrados, así que hubo que hacer recorta y pega para que las fotos de la cita de Franco y Hitler que se distribuyeron aquel 23 de octubre tuvieran la gallardía que requerían aquellos dos señores con bigote y brazo en alto. Quedaron monos.

Salmerón, leal a sí mismo

Uno de los políticos más íntegros y honrados que ha tenido este país se llamó Nicolás Salmerón. Es de suponer que por eso duró sólo dos meses en la presidencia de la Primera República. No temía al rey ni a Dios; sólo tenía miedo de traicionar su conciencia, por eso el epitafio que reza en su magnífico panteón del cementerio Civil de Madrid, el más bonito de la necrópolis, el que atrapa la mirada del visitante nada más entrar, es uno de los más célebres y celebrados: «Dejó el poder por no firmar una sentencia de muerte».

Fue un 20 de septiembre de 1908 cuando Nicolás Salmerón se largó de este mundo mientras estaba de vacaciones en los Pirineos franceses. No tuvo tiempo de sufrir el estrés pos vacacional. El traslado de sus restos en un tren especial desde el sur de Francia hasta Madrid fue, como poco, apoteósico, pero es que su llegada a la capital colapsó la ciudad. Todos los diputados, todos, interrumpieron la sesión del Congreso, aquel que presidió Salmerón en tres ocasiones, para salir a las escalinatas de la Carrera de San Jerónimo e inclinar la cabeza al paso del féretro.

Era lo menos que podían hacer por un tipo que se había partido la cara en voz alta y sin tapujos por la educación en España. La contundencia de sus planteamientos provocó que los Borbones del siglo XIX se la tuvieran jurada. Dijo el temerario Salmerón: «¿Sabéis lo que cuesta la Monarquía... el mantenimiento de una familia? Pues trece millones de pesetas. ¿Sabéis qué se paga en España por el mantenimiento de todos los Institutos de Segunda Enseñanza? Pues diez millones de pesetas. Es decir, que vale más mantener la persona del monarca que educar la nación». Después, evidentemente, lo echaron. Porque tenía razón.

Primo de Rivera, golpe de mano

Jornada dedicada a los salvapatrias la del 13 de septiembre de 1923, el día en que Miguel Primo de Rivera arreó su famoso golpe de Estado. La guerra de Marruecos y la inestabilidad política animaron a don Miguel a dar el golpe desde su Capitanía General de Barcelona. Se hizo un silencio sepulcral en el país, nadie reaccionó y Primo ganó. El primer pasmado fue él. Luego llegó Alfonso XIII y le dijo: «Dios quiera que aciertes, te voy a dar el poder». Mira qué bien, un rey golpista.

El acuerdo al que llegaron rey y militar era que pondrían el país en orden en tres o cuatro meses, harían una limpia de políticos corruptos, solucionarían la sangría del ejército en Marruecos y luego España elegiría a sus gobernantes como Dios manda. ¿Alguien conoce a algún dictador con palabra? Pues eso. Seis años costó apearlo del poder. Como diría Groucho Marx, «éstos son mis principios, si no le gustan, tengo otros».

Primo de Rivera era un militar metido a político, a mal político. Carecía de ideología y sólo tenía un patriotismo exacerbado y un fervor enfermizo hacia la monarquía, dos cosas absolutamente contraproducentes para hacer buena política. Al principio, consiguió el apoyo de todos, pero porque a todos prometía cosas que puestas todas juntas eran incompatibles. Pactó con los catalanistas, con los españolistas, con los liberales, con los radicales, con los que querían abandonar la guerra de Marruecos, con los que querían seguir... con todos. Y luego empezó a liarla: prohibió el catalán, continuó en Marruecos, sustituyó a todos los gobernadores civiles por militares, disolvió todos los Ayuntamientos, desterró a Unamuno... Al final, acabó con todo el mundo en contra: intelectuales, políticos y militares.

Y ahora la parte buena: España vivió en aquellos locos años veinte uno de sus mejores momentos económicos durante la dictadura, ayudado, qué duda cabe, por la bonanza económica que vivía Europa. Pero el mérito no fue del Primo, fue del Calvo. De José Calvo Sotelo, el ministro de Hacienda que manejó los dineros con mucho más arte que el general el país.

El rey de Roma

El 20 de marzo de 1811 nacía Napoleón II, el último rey de Roma, ese que está en boca de todos cuando por la puerta asoma. Pero esto hay que matizarlo, porque ni el refrán es correcto —no se sabe a cuento de qué el ruin de Roma derivó en rey de Roma— ni Napoleón II, hijo del Napoleón de toda la vida, era rey de Roma como se entendió, primero, en la Antigüedad clásica y, después, durante el Sacro Imperio Romano Germánico. Napoleón II fue, el pobre, un rey de Roma de pacotilla.

El Bonaparte, ya saben, repudió a la famosa Josefina porque no le daba un heredero para su imperio. Casó después con la archiduquesa María Luisa de Austria, una artimaña para entroncar con una de las dinastías imperiales con más solera de Europa y con la esperanza de que así fuera mejor aceptado como emperador. No sólo él, sino también el heredero que se supone que debería de llegar. Y llegó. Nació aquel 20 de marzo Napoleón Francisco Bonaparte, un chavalín al que su padre otorgó nada más nacer el título de rey de Roma, paso previo para ser luego emperador. Pero esto se lo inventó directamente Napoleón para intentar continuar una tradición que ya había perdido toda su enjundia en el siglo XIX. Pero, bueno, mejor lo del rey de Roma que no el otro apodo que le pusieron, el Aguilucho.

Le llamaron así porque el águila era el símbolo de las tropas francesas, copiado de las legiones de la antigua Roma. Como el águila simbolizaba el imperio napoleónico, al hijo de Napoleón le pusieron el aguilucho, la cría del águila. Pero, al final, por culpa de los desmanes de su padre, todo se le quedó en nada al heredero: el imperio, el título de rey de Roma y hasta la vida, porque acabó exiliado en Austria, la tuberculosis lo mató con veintiún años y fue oficialmente emperador menos de una semana.

Padre e hijo casi ni llegaron a conocerse y sólo consiguieron reunirse después de muertos, y encima gracias a Hitler, que fue el que envió los restos de Viena a París para que el rey de Roma y el emperador de Francia, enterrados ahora muy cerquita, se lamenten por los siglos de los siglos del hundimiento de su imperio.

Alfonso XIII abdica

Alfonso XIII estaba ya muy malito cuando entendió que jamás recuperaría el trono de España, así que no le quedó otra que abdicar en su hijo Juan. Ocurrió en Roma el 15 de enero de 1941. A Alfonso XIII sólo le quedaba un mes de vida y a su hijo Juan la esperanza de que Franco le diera permiso para reinar como Juan III. Pero no pudo ser, porque para que reinara Juan, Franco tenía que retirarse a sus cuarteles y el dictador no estaba dispuesto a dejar de mangonear España.

Siguiendo el orden sucesorio, a Juan de Borbón no le hubiera correspondido reinar ni de lejos, porque era el penúltimo de los seis hijos de Alfonso XIII y Victoria Eugenia. Echen cuentas. El primogénito, Alfonso, tuvo que renunciar a sus derechos sucesorios para casarse con una cubana plebeya. Jaime, el siguiente, era sordomudo y también renunció porque se lo pidió Alfonso XIII, aunque años más tarde dio la matraca para recuperar sus derechos. No coló.

La tercera hija era Beatriz y la cuarta, María Cristina, y como las dos eran chicas ya se sabe que no están capacitadas para reinar mientras haya otro chico en la cola, y ese chico era Juan.

Y miren que intentó Juan de Borbón caerle bien a Franco. Se puso a sus órdenes, le escribió cartas rogándole que le dejara luchar a su lado, le deseó que Dios le ayudara en la noble empresa de salvar España, y hasta entró por Navarra de incógnito, vestido de falangista y con el nombre de Juan López, para luchar al lado de los golpistas. Pero Franco lo estuvo toreando con buenas palabras porque no quería enemistarse con la familia real, que apoyaba fervientemente la Cruzada.

Franco le decía al voluntarioso Juan que no podía permitirle correr riesgos por el importante puesto que ocupaba en el orden dinástico; que si le pegaban un tiro, España se quedaría sin heredero, y esto era muy malo para los intereses del país. A Juan de Borbón le costó enterarse de que aquel señor al que tanto admiraba sólo era un dictador que no tenía intención de dejar el poder hasta el mismo momento de su muerte. Franco descartó al padre, descartó al hijo y coronó al nieto.

El regreso de Victoria Kent

A Victoria Kent se le pueden reprochar algunas cosas, pero hay muchas más que reconocerle. Fue la primera mujer que ejerció la abogacía en España, la primera que puso las cárceles en orden desde su puesto de directora general de Prisiones y también la primera en meter la pata en contra de que las mujeres pudieran ejercer el derecho al voto en la Segunda República. Fue el 11 de octubre de 1977 cuando Victoria Kent regresó a España tras un exilio de cuarenta años. Si hubiera llegado sólo cuatro meses antes, hubiera podido votar en las elecciones parlamentarias donde los españoles, y las españolas, dieron el triunfo a la ahora extinta y enterrada UCD. Victoria Kent estuvo sólo un rato en España antes de regresar a Estados Unidos; pero tuvo suficiente tiempo de ver que a este país, como dijo Alfonso Guerra, ya no lo conocía ni la madre que lo parió.

Ya se han cumplido siete décadas desde que las Cortes aprobaran el sufragio universal en España, un derecho que salió adelante gracias al demoledor discurso de Clara Campoamor, diputada por el Partido Radical, en la réplica a su compañera del Partido Radical Socialista Victoria Kent, empeñada en que las mujeres no tenían suficiente cabeza para saber qué votar. Pero esto no se lo creía ni ella. Su verdadero pánico estaba en que las españolas, engullidas por el espíritu católico, si se les daba el derecho a votar lo hicieran a la derecha. Victoria Kent prefirió renunciar a su ideal feminista y tragar bilis antes que ver gobernando a los conservadores.

Sería injusto recordar a Victoria Kent sólo por su empecinamiento contra el voto femenino, porque tuvo que ser ella, una mujer, la que aplicara con mano de hierro la reforma carcelaria española. Cerró ciento quince centros penitenciarios que mantenían condiciones infrahumanas; suprimió las celdas de castigo; mejoró la alimentación de los presos y asumió el famoso axioma expresado por la reformadora social Concepción Arenal: «Odia el delito y compadece al delincuente». Victoria Kent lo hizo tan bien, que desde que ella ocupó el cargo sólo en dos ocasiones más los gobernantes se han atrevido a nombrar a otra mujer responsable de Instituciones penitenciarias. Por si las arreglaban del todo. Son Paz Fernández Felgueroso y Mercedes Gallizo.

Victoria Kent acabó muriendo en Nueva York en 1987, con noventa años, y ahora sus restos incinerados descansan en la ciudad de Redding, en Connecticut (Estados Unidos). Entre sus cenizas seguro que hay una espinita que se llevó clavada por haber rechazado, en contra de sus ideales, el sufragio universal.

El corazón de Stalin

El 5 de marzo de 1953 moría uno de los malos más malos de la historia: Iósiv Visariónovich, pero como este nombre no daba suficiente miedo, pasó a llamarse Stalin, «acero». El día 5 es la fecha oficial, pero aún hoy no se sabe qué ocurrió entre el 1 y el 5 de marzo. La noche del 1 al 2 sufrió una hemorragia cerebral y luego se hizo un silencio sepulcral en el Kremlin. Ni un parte médico, ni una comunicación oficial. Nada. El día 5, sencillamente, se dijo al pueblo soviético que el corazón de Stalin había dejado de latir. Pero lo que falló fue su cerebro. El corazón le había dejado de latir muchos años atrás.

Él fue quien decidió en 1924, y sin que nadie se atreviese a rechistar, que había que embalsamar y exponer a Lenin en un inmenso mausoleo de la plaza Roja. Pero no lo hizo sólo para mantener a Lenin como un icono vivo de la Revolución bolchevique. En sus planes también estaba embalsamarse junto a él y permanecer como otro símbolo indestructible. Sus propósitos sólo se cumplieron a medias. Los dos líderes compartieron escaparate durante ocho años, pero desde el mismo día de la muerte de Stalin comenzó a gestarse el fin del estalinismo. Había que acabar con aquella figura de terror como fuera y cuanto antes, pero había que dar pasos firmes.

La última zancada se dio en 1956, durante el XX Congreso del Partido Comunista. Se revisó la figura de Stalin y se consideró entonces que durante sus treinta años de gobierno había cometido inexcusables errores y numerosos crímenes que habían manchado el comunismo. Se decidió castigarlo sacándole de su mausoleo de honor. En 1961 cogieron su cuerpo, lo encerraron en un ataúd y se lo llevaron a una sepultura de las murallas del Kremlin.

Los millones de muertos que se llevó a la tumba y las condenas injustas nunca pudieron ser resarcidos. Y ahí va un chiste que corría por la Unión Soviética en pleno estalinismo: un preso le pregunta a otro por qué le han condenado a veinticinco años, y el preso responde: «Por nada». «Imposible», contesta el otro. «Por nada sólo te caen diez años».

Autocoronado Bokassa

¿Alguien se acuerda de Bokassa, aquel dictador centroafricano borracho de poder y empeñado en parecerse a Napoleón? Las imágenes de su coronación como emperador dieron la vuelta al mundo del derecho y del revés, porque era muy difícil dar crédito a aquella monumental payasada que se desarrolló el 4 de diciembre de 1977. El sanguinario presidente centroafricano se autoproclamó emperador y continuó gobernando su demencial imperio con la ayuda de la interesada Francia.

Bokassa era un loco peligroso necesitado de pompas regias. No tenía dos dedos de frente ni sangre azul, así que tuvo que autocoronarse emperador montándose un teatrillo en el que invirtió veinte millones de dólares para que no faltaran oros, terciopelos y armiños. Tomó como modelo el cuadro *La coronación de Napoleón* y lo reprodujo como pudo.

Bokassa disfrazó a su guardia de soldadesca napoleónica, se calzó unos zapatos de diamantes —acabaron en el *Libro Guin-*

nes como los más caros del mundo—, se plantó una capa de armiño de 15 metros que tuvieron que sujetar nueve soldados y tomó asiento en un trono de oro con forma de águila.

Tras unas palabras ceremoniosas, Bokassa agarró una corona enorme, se la plantó en la cabeza y luego coronó emperatriz a su favorita. Ninguna delegación diplomática acudió a esta bufonada, salvo Francia, que mandó a un ministro en apoyo de aquel perturbado. Y también acudió un cardenal, muy blanco él y con cara de «quién me mandaría a mí venir a esta patochada».

Lo de Francia tenía explicación, porque Giscard d'Estaing, el presidente, quería los diamantes y el uranio centroafricanos, y no iba a renunciar a ello por la bobería de no apoyar a un dictador que torturaba y masacraba a sus ciudadanos. Pero no sólo Francia apoyó a Bokassa. La Argentina del dictador Jorge Videla lo recibió con honores de Estado. Entre locos e interesados andaba el juego.

Calígula

Calígula estaba como una cabra romana, esto no lo discute nadie, lo que pasa es que el pueblo de Roma aún no lo sabía cuando el 28 de marzo del año 37 le aclamó en su primer día como emperador. Cómo iban a sospechar que aquel jovenzuelo de veinticinco años alcanzara tales niveles de perturbación.

Calígula hizo trampa para llegar a emperador. Su antecesor, su abuelo adoptivo Tiberio, dejó dicho en su testamento que el imperio debía ser repartido entre sus dos nietos Gemelo y Calígula. Pero «Sandalita» —eso significaba Calígula—, con la ayuda de otros de su calaña, consiguió que el Senado invalidara el testamento para proclamarle emperador sólo a él.

Al principio la cosa fue bien. Se metió a todo el mundo en el bolsillo: decretó una amnistía, dio al pueblo el derecho a voto para elegir magistrados, repartió dinero, regalos y comida entre la plebe, subió el sueldo a los soldados, organizó banquetes para los senadores… todo estupendo. Hasta que los desequilibrios mentales que aparentemente no se apreciaban salieron a flote todos de golpe tras un ataque epiléptico.

Se vio entonces la otra cara de Calígula: comenzó a envenenar a troche y moche, nombró cónsul a su caballo Incitatus, llenó Roma de estatuas de oro, vació las arcas del Estado y, el colmo, se hizo declarar dios viviente y todo el mundo tenía que arrodillarse ante él. Sus depravaciones sexuales son tan conocidas que es innecesario mencionarlas. En menos de cuatro años de gobierno desquiciado ya había cola para asesinarle, y el fin de Calígula, de «Sandalita», llegó con treinta heridas de espada.

Su tío Claudio, el de la serie de la tele, fue el sucesor. Pero él no quería.

Los pactos de Múnich

Si hubo algún hecho que convenció al perturbado de Hitler de su omnipotencia ante Europa, ése fue el que se produjo el 29 de septiembre de 1938. Se firmaron los nefastos pactos de Múnich, aquellos que permitieron al Führer invadir Checoslovaquia con el beneplácito europeo. El ministro inglés Chamberlain, después de estampar su firma, se volvió a Londres convencido de su heroicidad por haber evitado la guerra. Cuando notó el aliento de Hitler en el cogote, le bajaron los humos.

Y es que fue Europa la que alimentó al monstruo. En los Sudetes, al norte de Checoslovaquia, habitaba gran número de alemanes, y Hitler dijo, puestos en este plan, me quedo la zona. Y lo quiso hacer con la venia de las potencias europeas. Se sentaron a negociar, por un lado, Reino Unido y Francia, y, por otro, Alemania. Como mediador, Mussolini. Menudo cuarteto. Y, por supuesto, en la mesa de negociación no dejaron sentarse a Checoslovaquia. Era el país directamente afectado, pero como sabían que iba a votar en contra de que le invadieran los nazis, le dijeron «tú no negocias».

Los pactos de Múnich dieron alas a Hitler, que al día siguiente de la firma comenzó la invasión. Pero no se quedó en los Sudetes. Unos meses después habia borrado del mapa a Checoslovaquia. Tras la firma de aquellos pactos, el ministro británico Chamberlain volvió a su país encantado de haberse conocido y los ingleses le recibieron como un héroe por haber evitado una guerra en Europa. Aunque lo que en realidad hizo junto con su colega francés fue echarle un hueso checoslovaco a los nazis para que se entretuvieran y así les dejaran en paz a ellos.

Hitler, mientras, se quedó en Múnich partido de la risa por la ingenuidad de los representantes europeos. La Segunda Guerra Mundial comenzó a gestarse y se demostró que Chamberlain no había evitado absolutamente nada. Cero patatero.

El insensato Cromwell

Son muy pocos, poquísimos, los que se han atrevido a lo largo de la historia de Inglaterra a acabar con la monarquía. Una cosa es meterse con las orejas del príncipe Carlos y otra muy distinta tocarles la corona. El que lo ha intentado lo ha pagado caro, y el más famoso de todos ellos fue Oliver Cromwell. Después de hacerse con el poder y decapitar al rey Carlos I, consiguió que el Parlamento proclamara la Primera República de Inglaterra. La primera y la última, claro. Pero es que el 20 de abril de 1652 Cromwell, ya totalmente beodo de poder, además disolvió el Parlamento a lo bestia, al estilo Tejero. A Cromwell le salió bien.

En aquella época tan convulsa no tenía excesiva importancia la disolución de un Parlamento. Cuando no lo hacía uno lo hacía otro. Pero lo curioso es cómo lo hizo Oliver Cromwell: entró con sus soldados, llamó borrachos a unos parlamentarios, a otros los tildó de bandidos, luego los echó a todos a la calle, cerró las puertas, se guardó las llaves y al día siguiente colgó un cartel en la puerta que decía «Casa en alquiler». Nadie se atrevió ni a preguntar por cuánto al mes ni si hacía falta aval bancario.

La decisión de Cromwell fue del todo desproporcionada, sobre todo porque él había sido parlamentario y debería haber mostrado el máximo respeto por la institución a la que perteneció. Pero entre los fallos de Cromwell durante su carrera estuvo el de inclinarse más hacia el ejército que hacia la política, con lo cual en vez de usar la diplomacia en sus decisiones, las hacía cumplir manu militari. Llegó a creer que el ejército era el instrumento elegido por Dios para mantener el orden y una gobernación sensatos. Es más, Dios le había elegido a él para comandar ese ejército.

Cuando se proclamó la república, Cromwell ejerció el poder sin que nadie le hubiera dicho que lo hiciera, y cuando el Parlamento le recordó que él no mandaba tanto como se creía, se mosqueó y lo disolvió. Entonces se hizo nombrar Lord Protector. Líbrenos, precisamente Dios, si es que puede, de tantos y tan desquiciados salvapatrias.

El triste fin de Clara Campoamor

El 30 de abril de 1972 moría en Lausana, en Suiza, exiliada, nostálgica y en soledad, Clara Campoamor, la diputada radical durante la Segunda República que se partió la cara por el sufragio universal. No paró hasta conseguirlo, y eso que tenía enfrente a una compañera republicana, a Victoria Kent, empeñada en que las mujeres no tenían suficiente seso para saber qué votar. Campoamor se la merendó con un discurso que ha pasado a la historia parlamentaria.

Aquel monumental triunfo le trajo a Campoamor tremendos sinsabores, y al final acabó repudiada y humillada por la propia Izquierda Republicana. Luego llegó el exilio, y la diputada Clara acabó deambulando por el mundo para ganarse el pan traduciendo textos, escribiendo biografías, trabajando en un bufete de abogados, juntando algunas perras con conferencias aquí y allí...

En los años cincuenta intentó volver a España, pero si ya estaba tachada de roja, añádanle a esto que perteneció a una logia masónica. O sea, que de regresar, nada de nada, así que el final de su vida le llegó en Suiza, ciega y enferma de cáncer y melancolía. Pero su deseo no era quedarse allí. Quiso volver a su país aunque fuera con los pies por delante. Esto es un decir, porque fue incinerada.

Regresó hecha polvo, en todos los sentidos posibles de la frase. Sus cenizas llegaron al cementerio de Polloe, en San Sebastián, en mayo, unos días después de la muerte, pero en aquel año 1972, con Franco todavía haciendo de las suyas. El traslado fue absolutamente discreto, sin un solo reconocimiento. La mujer que había conseguido el voto femenino en España regresaba en medio del más absoluto silencio social e institucional.

Cirrótico Joseph McCarthy

Estados Unidos también tuvo su particular Inquisición a mediados del siglo XX. Lo que pasa es que allí el malo no se llamaba Torquemada, se llamaba Joseph McCarthy, aquel senador republicano que desató la famosa caza de brujas, una campaña anticomunista en defensa de los intereses norteamericanos y que convirtió a la mitad de los estadounidenses en paranoicos y a la otra mitad en sospechosos. El 2 de mayo de 1957 Joseph McCarthy moría con el hígado consumido por el alcohol. En sus alucinaciones ebrias no veía insectos, veía comunistas.

Joseph McCarthy era un agorero y consiguió contagiar su obsesión a medio país, hasta que el país acabó hasta el gorro de él. Pero mientras le dejaron actuar hizo la vida imposible a intelectuales, artistas, actores, directores de cine, ciudadanos anónimos, científicos... Cualquier comentario un poco distanciado del Dios salve a América le mosqueaba. Se fue a por Humphrey Bogart, a por Lauren Bacall, a por Bertolt Brecht, a por Charles Chaplin... Atacó, incluso, al físico Robert Oppenheimer, el padre de la bomba atómica, y todo porque después de comprobar los devastadores efectos de su invento se manifestó en contra de la carrera armamentística nuclear entre Estados Unidos y la Unión Soviética. Para McCarthy, Oppenheimer era un sospechoso antiamericano, así que consiguió que lo expulsaran de su cargo en el gobierno.

El asunto pasó de castaño a oscuro cuando el loco McCarthy comenzó a señalar como comunistas a militares y políticos estadounidenses. No es de extrañar, porque sus conclusiones las sacaba con el whisky en una mano y los expedientes en la otra. Al final, se deshicieron de él y lo apartaron de la vida política, hasta que murió en mitad de la indiferencia más absoluta.

Si sería obsesivo este hombre que consiguió que se retiraran de librerías y bibliotecas treinta mil libros sospechosos de alentar el comunismo. Entre ellos, no se lo pierdan, *Robin Hood*, porque Robin, como robaba a los ricos para dárselo a los pobres, también era comunista. Y es que la ignorancia es la madre del atrevimiento.

Caso Profumo

Muchos ni se acordarán, porque ocurrió a mediados del siglo pasado, pero el caso Profumo fue uno de los más divertidos y escandalosos que se dieron en la política internacional en plena Guerra Fría. En el caso Profumo se mezclaron con mucha gracia política, espionaje y prostitución. Fue el 4 de junio de 1963 cuando el ministro de Defensa británico John Dennis Profumo dimitió en medio de un escándalo social y político cuando se supo que estaba liado con una prostituta de lujo que a su vez tenía como amante a un espía soviético. A la reina de Inglaterra se le puso la corona de punta.

Las relaciones sexuales de los políticos no es que le importen a nadie, salvo cuando esos líos amatorios trascienden más allá del colchón y afectan a asuntos públicos.

El caso Profumo fue como sigue: el ministro de Defensa, aristócrata, educado en Oxford, conservador y perfectamente casado, se lio con Christine Keeler, una prostituta de alto copete. Él tenía cuarenta y ocho años. Ella, diecinueve. Los servicios secretos británicos descubrieron que la jovencita, además de ser amante de Profumo, también lo era de un espía soviético llamado Eugene Ivanov. Lógico, era prostituta. Pero aquélla era una época en la que los bloques capitalista y comunista en los que se dividió el mundo se miraban de reojo, atentos a ver quién apretaba antes el botón del misil.

Se sugirió al ministro de Defensa que tuviera cuidadito y se le alertó de que a ver qué le había contado a su amante, porque esa información podría estar llegando a la Unión Soviética. Profumo, de entrada, lo negó todo. Un conservador como él cómo iba a estar engañando a su mujer, y encima con una prostituta. Tuvo el desparpajo, incluso, de negarlo ante toda la Cámara de los Comunes.

Los servicios secretos británicos siguieron tirando del hilo, acabó montándose un proceso judicial y ahí estalló todo. Profumo terminó confesando, la mujer le esperó en casa con un rodillo en la mano, la sociedad se escandalizó y el Partido Conservador perdió las siguientes elecciones. Y todo por unos cuantos achuchones extramatrimoniales.

Atentado contra Hitler

El escritor irlandés George Bernard Shaw dijo en una ocasión: «Un chisme es como una avispa; si no puedes matarla al primer golpe, no te metas con ella». Y esto mismo podría aplicarse a Hitler: si no le podías matar a la primera, mejor no tocarle las narices. El 20 de julio de 1944 un grupo de militares conjurados que le tenía ganas intentó acabar con el Führer poniéndole un bombazo en su sala de operaciones. Pero no acabaron con él. Hitler acabó con ellos.

A Hitler no sólo le odiaban fuera de Alemania. En su país también había militares y oposición civil, convencidos tanto o más que en el exterior de que Hitler llevaría al país al desastre, por eso hubo decenas de intentonas para asesinarle. Un grupo contrario a los planes agresivos del Führer intentó frenarle e, incluso, buscó ayuda internacional para acabar con él. Pero nadie confió en ellos, empezando por el propio Churchill. Los planes se pusieron en marcha años antes, en 1938, y consistían en arrestar al canciller Hitler, juzgarle por un delito contra el Estado y luego internarle en un psiquiátrico.

Pero mientras se hacían los preparativos para dar el golpe de Estado, el Führer iba consiguiendo más poder y los conjurados no conseguían ayuda exterior. Y tanto se aplazaron los planes, que al final la única solución que vieron fue la de acabar con la vida de Hitler.

El atentado se fijó para el 20 de julio y sería en la «Guarida del Lobo», el cuartel general del Führer en Rastenburg. El jefe del Estado Mayor del Ejército de Reserva fue el encargado de colocar disimuladamente cerca del Führer durante una reunión una cartera repleta de explosivos. El militar salió de la sala con la excusa de hacer una llamada y, unos minutos después, ¡pum!, la bomba explotó. Dieron por hecho que Hitler habría muerto, pero no. Murieron otros cuatro, pero no él.

Resulta que la cartera con la bomba molestaba a otro de los asistentes a la reunión, así que la cambió a otro lugar bajo la mesa, más alejado del sitio donde estaba Hitler. La madera maciza hizo de escudo y el del bigote se salvó. Entre cinco y siete mil personas fueron detenidas por estar en el ajo de aquel atentado y cientos de ellas fueron ajusticiadas. A Hitler o le dabas a la primera o mal asunto.

Y en éstas llegó Carlos I

Primero, murió su padre, el guapo Felipe; luego, encerraron a su madre, la locuela Juana; después, se murió su abuelo, el católico Fernando; y fue entonces cuando Carlitos de Austria fue proclamado Carlos I, rey de Castilla y Aragón. El 19 de septiembre de 1517 el rey desembarcaba en España para tomar posesión de sus reinos con sólo diecisiete años. Los asturianos casi le dan una somanta de palos cuando le vieron llegar.

La flota que traía al nuevo rey procedía de Flandes y desembarcó más al oeste de lo previsto. Se supone que debía atracar en Cantabria, pero el tiempo se complicó, la ruta se desvió y los barcos acabaron entrando en las costas asturianas. Cuando los paisanos de Villaviciosa, Llanes y Ribadesella vieron llegar aquella comitiva de naves extranjeras, dijeron, tate, nos están invadiendo, y se fueron a por ellos. Costó convencerlos de que aquel chaval del que todo el mundo estaba pendiente era el nuevo rey de España, y que lo único que pretendían ahora era llegar a pie hasta San Vicente de la Barquera, para desde allí iniciar el recorrido oficial hacia Valladolid.

Al final pudieron, y aquello fue sólo el principio de un largo peregrinaje, muy accidentado, recorriendo tierras españolas para darse a conocer como nuevo monarca. Tordesillas, Valladolid, Aranda de Duero. Luego Zaragoza, Barcelona... y todo esto sin hablar ni papa de español.

Pero con quien se entendió muy bien Carlos I nada más llegar fue con su abuela, Germana de Foix. Tuvieron tanto gusto de conocerse que acabaron liados y teniendo una hija. El hecho de que fuera su abuela es una anécdota, porque no lo era de sangre. Germana de Foix era la segunda esposa de Fernando el Católico y una viuda muy mona de veintinueve años cuando acudió a recibir al nieto de su marido para hacerle más agradables sus primeros contactos con el reino.

Por la niña que tuvieron no pregunten; la bautizaron como Isabel y fue convenientemente enclaustrada en un convento. Qué cosas pasan en los imperios sacros.

Rodilla en tierra ante Idí Amín

Idí Amín, el dictador de Uganda, estaba como una cabra, eso lo recuerda casi todo el mundo, lo que pasa es que era un loco peligroso, y pocos se atrevieron a llevarle la contraria. Uno de los episodios más surrealistas de su gobierno se produjo el 2 de octubre de 1975: obligó a cinco británicos a arrodillarse ante él, a integrarse en el ejército ugandés y a prometer que lucharían contra el régimen del *apartheid*. La foto de aquel momento es para verla: cinco ingleses con traje y corbata, arrodillados frente a un mastodonte de casi 2 metros y 110 kilos de peso, vestido de militar y puesto en jarras. A ver quién se negaba.

A Idí Amín, los términos derechos humanos le sonaban a chino, por algo acabó con la vida de casi medio millón de compatriotas durante sus nueve años de dictadura. Asunto que no preocupaba al resto de líderes africanos, porque le llevaron a la presidencia de la Organización para la Unidad Africana, la OUA, y total, sólo porque Amín criticaba abiertamente el régimen racista de Sudáfrica. Ya les vale... como si la sartén tuviera algo que decirle al cazo.

Aquella peripecia de los británicos arrodillados no fue la única por la que pasaron los ciudadanos ingleses residentes en Kampala, en la capital. Aquel mismo año de 1975 también les obligó a que, de vez en cuando, le llevaran a hombros en su trono. Y ni rechistaban, porque les había salido el tiro por la culata. Fueron los británicos quienes entrenaron a Idí Amín como militar y los que le dieron todo su apoyo cuando arreó el golpe de Estado del año 71. Luego vinieron mal dadas y ya era demasiado tarde para actuar.

Aquel extravagante antropófago se les había ido de las manos. Sólo les quedó aguantarse, reírle las gracias cuando se hacía llamar «el último rey de Escocia» y salir por pies en cuanto pudieron. Por supuesto, el mundo nunca se planteó poner orden en el régimen tiránico de Uganda. Todos hicimos mutis por el foro, Estados Unidos cerró su embajada y dejamos que se apañaran ellos. Hay que entenderlo, en Uganda no hay petróleo.

Nace Nerón

Se llamaba Lucio Domicio Ahenobarbo y vino al mundo el 15 de diciembre del año 37. Nació de pie, dicen que un signo de éxito en la vida, y cierto es que, justo hasta el momento en que se murió, todo le fue bien. El nombre de Nerón no lo recibió hasta unos añitos después de nacer, cuando se lo puso su padre adoptivo, Claudio. Ahora, el nombre de Nerón es un sinónimo de chiflado, pirómano, asesino, desviado sexual, megalómano, suicida y, lo peor, un pelmazo.

Nerón llegó a emperador con sólo dieciséis años, gracias a que su madre, la maléfica Agripina, se cargó a Claudio y logró que su hijo fuera aclamado por el Senado y la guardia pretoriana. En la Roma de aquel siglo primero esto no era difícil. Bastaba presentarte en los cuarteles y prometer todo tipo de favores a soldados y oficiales, repartir trigo y dinero entre el pueblo y tener contentos a los senadores. Y la verdad es que cumplió todas sus promesas. De hecho, durante sus primeros cinco años de gobierno fue un emperador modélico.

Buscó la paz, redujo los impuestos, estableció un ecuánime modelo de justicia para todo el mundo, recortó los gastos ostentosos de palacio… ¿En qué momento se le fue la cabeza? Pues no está claro, pero se le fue del todo. A partir de ahí le dio por matar a todo el mundo que amenazara su poder o le llevara la contraria.

Pero el peor castigo que sufrió el pueblo de Roma con Nerón fueron sus supuestas dotes artísticas. La primera vez que actuó fue en Nápoles. Estuvo cantando y tocando la cítara durante varios días. Él paraba y descansaba, pero ordenó el cierre del teatro para que nadie pudiera abandonarlo. Las crónicas cuentan que algunas mujeres dieron a luz durante su soporífera actuación y que algunos espectadores se hicieron los muertos para que retiraran sus cadáveres y así poder huir del castigo.

Lo malo es que Nerón estaba convencido de haber nacido para el arte y la declamación. La última frase que pronunció demuestra que no se apeó del burro ni siquiera en su último momento. Dijo: «Qué gran artista muere conmigo». Lo dicho, un pelmazo.

Traslado de la corte a Valladolid

Que Felipe III es uno de los reyes más lerdos que ha tenido España está admitido por la Historia. Dadas sus pocas luces, el rey se buscó a alguien que le hiciera el trabajo y, como era torpe de natural, eligió al peor: al duque de Lerma, el tipo más corrupto del siglo XVII. Allá va una prueba más allá de la duda razonable: el 11 de enero de 1601 la corte abandonó Madrid y se trasladó a Valladolid. Lo ordenó Felipe III, sí, pero a él se lo impuso el duque de Lerma. Se trataba de una maniobra especulativa inmobiliaria sin precedentes.

Para entender por qué se trasladó la corte a Valladolid sólo hay que coger la operación Malaya y ubicarla cuatro siglos atrás. En España mandaba el duque de Lerma como en Marbella mandaba Roca. Y si los alcaldes de Marbella se dejaban llevar a cambio de estar bien comidos, Felipe III andaba en lo mismo. El duque hizo lo siguiente: antes de convencer al rey para trasladar la corte de Madrid a Valladolid, adquirió infinidad de solares y casas en la ciudad castellana, de tal forma que cuando el traslado se hizo efectivo, como Valladolid no tenía infraestructuras públicas para alojar a funcionarios y cortesanos, el duque alquiló a la corona a precio de oro todas las posesiones que previamente había comprado.

Pero el valido de Felipe III aún tenía que redondear su jugada. Al perder Madrid su capitalidad, se produjo una gran depresión económica y los precios de edificios y terrenos cayeron de forma espectacular. El duque de Lerma, aprovechando lo baratito que estaba todo y sabiendo que tarde o temprano la corte regresaría a Madrid, compró a precio de saldo fincas en los mejores barrios y en los que se adivinaba la expansión urbanística. Ejemplo: toda la zona donde ahora está el Museo del Prado. Y, efectivamente, la corte regresó a Madrid cinco años después.

Al duque se le acabó el chollo cuando se murió Felipe III y al final pudo ser procesado. Pero sólo un poco, porque para evitar su detención y ejecución más que cantadas, consiguió que el papa le nombrara cardenal. Madrid le sacó unas coplillas:

Para no morir ahorcado,
el mayor ladrón de España
se viste de colorado.

Muere Victoria I de Inglaterra

Ahí va una pregunta de Trivial, ¿cuál ha sido hasta hoy el reinado más largo de Inglaterra? Ese mismo, el de Victoria I, reina de Gran Bretaña e Irlanda y emperatriz de la India, más conocida como la abuela de Europa. Pinchen a cualquier monarca o príncipe europeo, incluidos los nuestros, y les saldrá ADN de la reina Victoria. Murió el 22 de enero de 1901, después de sesenta y tres años, siete meses y dos días de reinado. Isabel de Inglaterra intenta alcanzarla, pero para pulverizar el récord de su tatarabuela tendrá que llegar a soplar noventa y cuatro velitas.

La reina Victoria murió en su residencia de verano de la isla de Wight, situada en el Canal de la Mancha. No pregunten por qué se fue a su residencia de verano en pleno enero; es que lo hacía todos los años por Navidad desde que enviudó. Era su costumbre. Y tampoco pregunten por ella en la Abadía de Westminster, porque no la enterraron allí. Reposa en un mausoleo propio, enorme y más ancho que largo, como ella, situado muy cerquita del castillo de Windsor. Ordenó construirlo para su marido, el príncipe consorte Alberto, que tuvo la mala idea de morirse por unas fiebres tifoideas en 1861 y que, además de sumir a la reina en una soberana depresión, la dejó con nueve churumbeles. Durante los cuarenta años que sobrevivió a su marido, jamás consintió quitarse el luto.

Al menos su prole no dejó de darle alegrías. Vio crecer a sus nueve hijos y a sus cuarenta nietos, y a todos los casó con miembros de otras familias reales europeas. Alemania, Prusia, Rumanía, España, Suecia y Rusia acabaron teniendo monarcas con sangre inglesa.

Precisamente tanta estirpe real emparentada fue un problema a la hora de sepultar a la reina, porque hubo que esperar trece días desde el fallecimiento hasta el entierro para que llegaran representantes de todas las monarquías europeas. Victoria está considerada, a día de hoy, quizás la soberana más influyente y poderosa, la única que hasta ahora ha marcado en la sociedad inglesa no una época, sino una era. La era victoriana. De gustos refinados, formas conservadoras y fondo hipócrita.

Nace Ana de Bretaña

El mapa de Francia que hoy conocemos está así de completito y de mono gracias a que el 26 de enero de 1473 nació una cría a la que pusieron el nombre de Ana, Ana de Bretaña, que, como su propio nombre indica, fue dueña y señora de este ducado. Conste, pues, que la Bretaña es francesa porque el rey galo Carlos VIII se empecinó en casarse con la duquesa Ana. Por el interés te quiero Andrés. El rey matrimonió con Ana de Bretaña para que a Francia no le faltara en el mapa el pico de arriba a la izquierda.

Pero el rey Carlos VIII fue más allá, porque obligó a Ana de Bretaña a firmar un acuerdo por el que, en caso de que él se muriera antes y sin heredero, quedaba obligada a casarse con el siguiente rey de Francia para que la Bretaña siguiera siendo francesa. Qué líos me llevaban entonces. Pero así ocurrió. A Ana de Bretaña y Carlos VIII se les malograron los hijos y encima el rey se murió de forma imprevista y bastante estúpida, porque arrearse contra el dintel de una puerta por no agacharse lo suficiente y quedarse en el sitio por el golpe es una forma muy tonta de morir. Qué velocidad llevaría este hombre.

Ana de Bretaña dejó de ser reina, pero sólo un rato, porque al año siguiente de enviudar tuvo que casarse con el siguiente rey, Luis XII. Así que otra vez se sentó en el trono y otra vez la quisieron por el interés, para que la Bretaña no se desgajara de Francia. Y además de estas idas y venidas con la Bretaña, ¿por qué otros asuntos se recuerda a la reina Ana? Por sus innovaciones en la moda de la realeza y por el protocolo.

Ana de Bretaña fue la primera de las reinas francesas que cambió el luto blanco por el luto negro tras la muerte de Carlos VIII, y también la primera en poner de moda el armiño blanco entre los monarcas. Pero hizo más cosas que no se habían hecho nunca. Por ejemplo, tener siempre a su lado lo que entonces se llamaban las «hijas de calidad»; denominadas luego «hijas de honor de la reina», después «damas de palacio» y que luego se quedaron con «damas de honor», a secas. Esas que comenzaron bailándole el agua a las reinas y han terminado en bañador flanqueando a las *misses*.

El baño de Fraga en Palomares

Han pasado más de cuarenta años desde que Manuel Fraga se calzara aquel bañador infame para darse su mediático baño en la playa de Palomares (Almería). Ocurrió el 7 de marzo de 1966 y formaba parte de un *show* que se montaron Fraga y el embajador estadounidense en España, Angier Bidle Duke, para demostrar a los futuros turistas que las aguas de Almería no eran radiactivas y que los salmonetes y los meros seguían siendo tan buenos como siempre. Allí abajo había una bomba de hidrógeno mil veces más potente que la que destruyó Hiroshima, pero de algo había que morir.

Está claro que la bomba que había caído al mar y que aún no se había localizado cuando se bañaron aquellos dos valientes no liberó su carga de plutonio, uranio y americio, porque el embajador acabó muriendo a los setenta y nueve años, atropellado por un coche mientras patinaba, y de Fraga… en fin, nada que decir. Ahí sigue en el momento de rematar estas líneas.

Pero en aquel espectáculo televisivo faltó alguien que estuvo en un tris de ir para darse también el baño oportuno. Lo que pasa es que si hubiera ido ella, ni el embajador ni Fraga habrían acaparado la misma atención. Anne Baxter, la que fue Eva al desnudo, la que se llevó el Oscar por *El filo de la navaja*, estaba rodando un «spaghetti western» en el desierto de Tabernas, en el interior de la provincia almeriense, y cuando se enteró de la que había montada en Palomares dijo que se presentaba allí con unas chicas y así todas se bañaban con Fraga y el embajador.

Anne Baxter rodaba en aquellos momentos una película más infame aún que el bañador de Fraga, *Las 7 magníficas*, y se supone que la actriz, metida en su papel de heroína del Oeste, quiso probar las aguas a trece grados de temperatura. Anne Baxter pidió permiso a Fraga, y Fraga le dijo que sí, que se fuera con sus chicas porque cuanta más gente, mejor. Pero se enteró el embajador y dijo que de eso nada. Aquel golpe de efecto estaba perfectamente medido y la presencia de la actriz lo convertiría en un espectáculo hollywoodiense. Como allí los que mandaban eran los yanquis, Anne Baxter se quedó vestida de vaquera rodando su «spaghetti western» y Fraga, compuesto y sin chicas. Con lo bien que hubiera quedado en el NO-DO.

Comienza el juicio de la UMD

La mañana del 8 de marzo de 1976 comenzó el consejo de guerra contra nueve militares españoles que pretendieron reinstaurar la democracia en España poniendo su grano de arena desde dentro del ejército. Ahí es nada. Porque declararte demócrata con Franco vivo, y encima siendo oficial, significaba tenerlos muy bien puestos y estar para que te encierren. Y eso hicieron, encerrarlos.

Eran los «úmedos», los fundadores de la UMD, la Unión Militar Democrática. Este país aún no ha agradecido lo suficiente aquella intentona.

Lo que movió a aquel puñado de militares a fundar la UMD en 1974 fue el triunfo de la Revolución de los Claveles en la vecina Portugal. Aquella en la que el ejército se echó a la calle empujado por capitanes y tenientes y que acabó con la dictadura de cuarenta y dos años del maléfico Salazar. Las libertades volvieron a Portugal, y, mientras, en España muchos ciudadanos se preguntaban dónde estaban nuestros capitanes. Pues haberlos, habíalos, como las meigas, y los capitanes se organizaron.

Elaboraron un ideario en el que se mencionaba a la bicha: soberanía popular, elecciones libres, libertad de asociación... Todo ello dejando claro que no habría ningún intento golpista... que la democracia había que conseguirla desde dentro y por las buenas.

Militares demócratas a Franco... venga hombre. Los pillaron, y aquellos oficiales comenzaron a visitar distintos encierros en castillos militares hasta que comenzó el juicio aquel 8 de marzo del 76. Y menos mal que para entonces Franco ya había pasado a peor vida y la democracia se sospechaba en el horizonte, porque si no las penas no hubieran sido la cárcel y la expulsión del ejército.

Aquellos militares demócratas vieron su vida y su carrera partida por la mitad, y ni siquiera con la democracia instaurada vieron reconocidos sus méritos. Se legalizó hasta el PCE, pero no hubo el suficiente valor de reconocer públicamente y desde el poder político que un puñado de capitanes rebeldes había intentado lo más difícil: promover un ejército y una sociedad democrática. Los «úmedos» ahora son, con la ley en la mano, memoria histórica, pero, sobre todo, son un grato recuerdo de libertad.

El fin de María Antonieta

María Antonieta Juana Sofía de Habsburgo Lorena, conocida por los franceses como la Austriaca tuvo un mal día aquel 16 de octubre de 1793. La guillotinaron por su mala cabeza. Sus caprichos, sus lujos, su especial habilidad para mirar hacia el lado opuesto a la miseria y la frivolidad en su modo de vida provocaron que fuera una de los tres mil decapitados que dejó la época del Terror francés. Está muy bien esa leyenda que dice que el molde de un pecho de María Antonieta sirvió para fabricar la primera copa de champán, pero es injusto que anécdotas como ésta hayan reducido al personaje a la mínima expresión. Casquivana, frívola, trivial, ligona... todo es verdad, pero no es menos cierto que la reina pasó de los palacios a las mazmorras con una dignidad que ya hubieran querido los nobles que la condenaron.

María Antonieta no era tan tonta, porque si no, no hubiera sabido cómo cometer alta traición y revelar al extranjero los planes militares franceses. Y también supo cómo plantar cara a los cortesanos parisinos para acabar con una serie de etiquetas que a ella le aburrían terriblemente. Cuando encima se largó a Versalles para disfrutar de un mundo a su medida, en París no quedó sólo un pueblo descontento, sino también unos nobles cabreados. No necesitaba más enemigos porque ya los tenía todos.

Fue de mañanita cuando aquel 16 de octubre le anunciaron a María Antonieta que fuera preparándose. Le ordenaron quitarse el luto que guardaba desde la ejecución de su marido, Luis XVI, para evitar que la plebe se impresionara. Le cortaron el pelo, le ataron las manos a la espalda, la subieron a un carro y un cura al que ella ignoró le fue dando la tabarra todo el trayecto para que se arrepintiera de sus pecados. Su cabeza se clavó luego en una pica, su cuerpo fue al muladar y se acabó la Austriaca.

La reina francesa volvió a estar de moda en octubre de 2006 gracias al cine, cuando se estrenó la película de título tan rebuscado como *María Antonieta*. A decir de la mayoría de los críticos, la película es tan mala que el pueblo volvió a pedir la cabeza de María Antonieta porque hubiera estado feo pedir la de Sofia Coppola, su directora.

Los chanchullos de Edward Kennedy

La cacareada maldición que pesa sobre la saga de los Kennedy añadió el 18 de julio de 1969 un nuevo capítulo, quizás el menos difundido por ser uno de los más vergonzosos. Lo escribió Ted Kennedy y fue el día en que sufrió un accidente de tráfico en el que murió su joven acompañante. Ted salió por pies del lugar huyendo del escándalo, pero el escándalo le alcanzó. La familia de la fallecida dice que ésta es la historia mejor tapada de todos los tiempos, pero que al menos sirvió para frenar las aspiraciones presidenciales del pequeño de los Kennedy.

Sucedió en la isla de Chappaquidick, en Massachussets. Ted Kennedy regresaba por la noche de una fiesta en honor de las secretarias que habían participado en la campaña presidencial de su hermano Robert. Le acompañaba en el coche una de ellas, Mary Jo. ¿Su amante? Una mala maniobra, un despiste por quitar las manos del volante… quizás el alcohol… o quién sabe si todo junto provocó que el coche acabara en el río. Ted salió del vehículo, abandonó a su acompañante, se fue a su hotel, se duchó, se cambió de ropa, llamó a su abogado y sólo al día siguiente avisó a la policía. Mary Jo llevaba horas sumergida en el río y había muerto ahogada.

Ted Kennedy vendió la publicación de sus memorias en 2007 por ocho millones de dólares. ¿Recordará Teddy, el bueno de Teddy, aquella noche de 1969? ¿Desvelará si conducía borracho? ¿Explicará por qué dejó abandonada a Mary Jo mientras él corría a cambiarse de traje? ¿Recordará por qué llamó de inmediato a su abogado, pero se le olvidó el número de emergencias? ¿Explicará por qué se fue al hotel y sólo al día siguiente, duchado y afeitado, avisó a la policía del accidente? A lo mejor, de todo esto no se acuerda y puede que sus memorias sólo sean frívolos recuerdos embriagados.

Ted Kennedy, tras aquel accidente, nunca pasó de senador y tuvo que hacer frente a una condena de dos meses de cárcel. Pero no los cumplió, porque la justicia suspendió la sentencia. ¿Un Kennedy en la cárcel? Por Dios, menudo despropósito. Eso sí, su carrera presidencial se fue al garete. Y su matrimonio, también.

Nasser nacionaliza el Canal de Suez

La tarde del 26 de julio de 1956 debía de hacer un calor sofocante en Alejandría, pero esto es irrelevante, porque los egipcios están acostumbrados. Sin embargo, en la plaza Mohamed Alí subió la temperatura de golpe cuando Gamal Abdel Nasser, presidente de Egipto, en mitad de un discurso aparentemente intrascendente, soltó un bombazo. Dijo Nasser: «Yo, hoy, en nombre del pueblo, tomo el Canal de Suez. A partir de esta tarde el Canal será egipcio y estará dirigido por egipcios». La que se montó fue de órdago a la grande.

A Gran Bretaña y Francia, propietarias de la compañía del Canal, les dio un pasmo. Nasser les acababa de birlar el Canal de Suez, ese próspero negocio que consistía en cobrar una pasta a cada barco que pasara del Mediterráneo al mar Rojo sin necesidad de rodear África. El mundo se puso de los nervios, porque se dio por hecho que si los egipcios gestionaban el Canal de Suez, el tráfico de barcos quedaría bajo mínimos y se produciría un desabastecimiento petrolífero. Nada de eso ocurrió.

Es más, en los planes posteriores de Nasser estaba alcanzar un acuerdo con Gran Bretaña y Francia para indemnizarles hasta que expiraran los derechos de explotación del Canal, pero con una condición: los barcos israelíes no podrían pasar. Ellos tendrían que dar la vuelta a África. El desarrollo de aquella crisis de 1956 es de imposible resumen, porque el mundo estuvo al borde de una tercera guerra mundial. Menos mal que, al final, Eisenhower, recién elegido presidente estadounidense, paró los pies a Israel bajo amenazas muy serias, porque los judíos, aprovechando la crisis, intentaron convencer a Europa y Estados Unidos de que había que derrocar a Nasser y reorganizar el reparto de Oriente Próximo. Y en ese nuevo reparto, Israel se anexionaba Cisjordania, el sur del Líbano y toda la península del Sinaí. Pero el mundo le dijo a Israel que no aprovechara que el Pisuerga pasa por Valladolid para hacer otra de las suyas. Le dijeron, mira, te damos una central nuclear, mil millones de dólares, te vendemos armas y te estás quieto.

Nasser salió reforzado de aquella crisis, a Israel se le vio el plumero y nacieron los cascos azules.

Un emperador marxista

Al último emperador de China le tocó vivir una mala época. Elemental, porque si no no hubiera sido el último. Pasó de emperador a presidiario para terminar siendo jardinero. Ocupó el trono del Dragón con la misma soltura que luego empleó en reintegrarse a la vida civil como el camarada Pu Yi. Fue primero monarca y después marxista convencido. Se puede creer o no, pero es que no le quedaba otra. El 17 de octubre de 1967 murió en Pekín un buen jardinero, casualmente, el último emperador.

Casi todos conocemos la historia del último emperador porque nos la acercó el cine de la mano de Bernardo Bertolucci. La peli era buena. Nueve Oscar. Y fiel, porque estaba basada en la autobiografía que escribió Pu Yi, la que tituló *Yo fui emperador de China*. La figura del último emperador a estas alturas despierta ternura y, eso seguro, no se puede decir que tuviera una vida envidiable. Tuvo la vida que le tocó. Nació en la corte imperial, fue coronado emperador con dos añitos y luego se lo llevó por delante el vendaval rojo. Fue encarcelado en la Unión Soviética para limpiarle la mente de toda idea capitalista y diez años después pudo ser excarcelado y reinsertado a la vida civil porque se volvió más comunista que Mao Tse Tung.

Pu Yi, simplemente, fue dócil y supo adaptarse. Sabía que no había más vuelta de hoja, así que aprovechó bien las sesiones de autocrítica y de enseñanza ideológica. Al menos funcionó para recuperar la libertad. En una ocasión, el jefe de Gobierno soviético Alexei Kosyguin realizó una visita oficial a Pekín a mediados de los sesenta, y durante un paseo por el Jardín Botánico observó que algunas personas se inclinaban ante un anciano que arreglaba uno de los jardines. Cuando preguntó por qué reverenciaban a aquel obrero, le contestaron que en consideración a su antigua posición. Era el último emperador de China.

ILUSTRES, CADA UNO A SU MANERA

Padre Coloma: un ratón para un rey

Además de los Reyes Magos, hay otro personaje al que no hay forma de pillar in fraganti. Muchos críos, cada mañana, siguen recogiendo la moneda que un roedor con lentes de oro, sombrero de paja, zapatos de lienzo y cartera roja a la espalda les deja bajo la almohada a cambio de sus dientes de leche. El ratón Pérez nació de la pluma del jesuita jerezano Luis Coloma Roldán, y el padre Coloma nació el 9 de enero de 1851 para fortuna de todos los que, gracias a él, pudimos llenar, diente a diente, nuestra primera hucha en previsión de futuros implantes.

La vocación de Luis Coloma era la literatura, pero acabó vistiendo los hábitos por una promesa: rozó la muerte cuando, limpiando su pistola, se disparó un tiro en el pecho. Salir de aquel trance casi mortal le animó a seguir una vida religiosa. Luis Coloma quizás no estaría muy feliz de saber que casi toda su carrera literaria se ha visto eclipsada por culpa de un ratón miope, y que pocos le recuerdan como autor de novelas como *Pequeñeces*, una obra que levantó tremenda polvareda porque en ella sermoneaba a las clases pudientes madrileñas. La protagonizaba una aristócrata de vida disoluta, y todas las nobles de la capital se dieron por aludidas. Quien se pica, ajos come.

Calmados los ánimos, el padre Coloma abandonó la sátira social y optó por argumentos odontológicos. Nació entonces el ratón Pérez. Fue la reina regente María Cristina quien pidió al padre Coloma que escribiera un cuento para su hijo Bubi, que acababa de perder su primer diente y andaba el muchacho deprimido por los salones de palacio. Bubi no era otro que el futuro Alfonso XIII. Así que, el padre Coloma se cuadró y escribió la historia de un ratón que vivía con su familia en una caja de galletas de una confitería de la calle del Arenal. Si pasan frente al número 8 de esta calle madrileña, a escasos metros de la Puerta del Sol, levanten la vista y verán la placa que recuerda la pastelería imaginada por el padre Coloma, desde donde todas las noches salía un roedor esquivando los gatos que andaban al acecho. Aún hoy hace su diaria recogida de dientes, pero hubo un tiempo en que, en vez de esquivar felinos, sorteaba obras y palas excavadoras con las que sembró la capital el alcalde Ruiz Gallardón. Alguna que otra noche hubo que rescatarle de una zanja.

Alexander Selkirk

En el Pacífico Sur, frente a las costas de Chile, hay un archipiélago que se llama Juan Fernández. Una de las islas de este archipiélago fue bautizada en pleno siglo XX como Robinson Crusoe y otra, como Alejandro Selkirk. Está claro que un nombre procede de la ficción pero el otro, no, porque Alexander Selkirk fue un escocés que hace tres siglos, el 2 de febrero de 1709, fue rescatado después de pasar cinco años sobreviviendo en solitario. Él fue el auténtico Robinson Crusoe y el que inspiró la novela a Daniel Defoe.

Alexander Selkirk, en realidad, no naufragó, lo abandonaron en una isla desierta porque se puso chulo. Era contramaestre en un barco corsario inglés y acabó a la greña con el capitán. El barco estaba hecho polvo y, mientras el capitán se empeñaba en continuar, Selkirk le discutía que, de seguir navegando, acabarían haciéndoles compañía a los peces. Y tanto se enconó la bronca que Selkirk le dijo, pues me bajas en la siguiente isla que yo no sigo. Y el capitán lo bajó. El contramaestre contaba con que la tripulación secundara el motín, pero cuando el resto de marineros vio la isla dijeron aquí te quedas tú solo. La chulería de Alexander Selkirk, en realidad, le salvó la vida, porque, efectivamente, el barco se hundió.

Y allí se quedó el marinero, en una isla donde los huracanes estaban empadronados y por donde no pasaba ni Dios. Dejó de hablar, porque los cangrejos no le contestaban, pero poco a poco se reconcilió con su soledad, aprendió a vestirse, a cazar y a pensar en sobrevivir. Se puso ciego a marisco, a sopa de tortuga y a cabrito asado. Y su dieta la completó con muchas verduras, porque en el interior de su isla crecían los huertos que habían dejado los españoles años atrás. Así que, no nos engañemos, cuando lo rescataron, Alexander Selkirk estaba bastante rollizo. Luego llegó Daniel Defoe, se inspiró y nos contó todo esto en su libro *Vida y extraordinarias y portentosas aventuras de Robinson Crusoe de York, navegante*. Pero quede claro que aquel escocés se salvó gracias a las cabras y las verduras que dejamos los españoles.

Fray Juan Gil trapicheando en Argel

La nomenclatura de media vida cultural española gira en torno a Cervantes. Calles, plazas, cines, teatros, premios, colegios, institutos e instituciones llevan a Cervantes en el apellido. Sólo nos falta un club de fútbol en Primera con el nombre de Cervantes. Pero nada de esto hubiera cuajado sin el *Quijote*, y menos hubiera cuajado el *Quijote* si un tipo que atendía por fray Juan Gil no hubiera liberado de su cautiverio de Argel a Miguel de Cervantes.

> En la ciudad de Argel, a diecinueve días del mes de septiembre de 1580. En presencia de mí, notario, el muy reverendo padre fray Juan Gil rescató a Miguel de Cervantes, natural de Alcalá de Henares, vecino de Madrid, mediano de cuerpo, bien barbado, estropeado el brazo y mano izquierda, cautivo en la galera del Sol yendo de Nápoles a España. Costó su rescate quinientos escudos de oro, en oro.

Así se escribió su acta de redención.

Volvía Cervantes a España, con una mano inútil pero más contento que unas pascuas por el triunfo de Lepanto, cuando unos corsarios berberiscos y bellacos le trastocaron sus planes de llegar a oficial de los tercios españoles. Durante cinco años y un mes permaneció el futuro escritor entre mazmorras y cadenas, hasta que el susodicho fray Juan Gil, con paciencia de santo y empeño de pedigüeño, reunió los cientos de escudos que permitieron a Cervantes salir por pies.

Fray Juan Gil era monje trinitario y el pobre sudó tinta para reunir el dinero del rescate en tiempo récord, porque si no se daba prisa, a Cervantes se lo llevaban a Constantinopla aquel mismo 19 de septiembre. Su dueño era el rey Hazán Bajá, que estuvo mareando la perdiz con el precio con tal de no soltar a don Miguel. Primero pidió mil ducados; luego rebajó a quinientos, pero en oro, de los de curso legal en España. Fray Juan Gil sólo llevaba moneda en doblas, así que además de tener que andar trapicheando con el cambio en Argel, la devaluación le haría perder parte del dinero previsto. Era como pasar de dólares a euros, pero de doblas a ducados. Llegó por los pelos, pero aún tuvo que rascarse el bolsillo para pagar a los oficiales de la galera que le trasladarían a él y a su liberado a España. Otras nueve doblas. Estaba carísimo rescatar escritores en el siglo XVI.

Agustina la Bella

Decir que el día 19 de diciembre de 1868 nació en un pueblo de Pontevedra Agustina Otero Iglesias es como no decir nada. Si añadimos que fue una de las divas más admiradas en el París de la *belle époque*, una *vedette* de las de quitar el hipo y que se movía por la alta sociedad europea y neoyorquina como Perico por su casa, ya es decir mucho más. La niña Agustina se convirtió en la Bella Otero.

Otras fuentes sitúan su nacimiento el 4 de noviembre, pero es que ella no lo dejó nunca claro. Además, un mes arriba o abajo no cambia la ajetreada historia vital de esta mujer de bandera, mucho menos teniendo en cuenta que murió con noventa y seis años. Tuvo que echarle mucho arrojo la Bella Otero para bandearse por el mundo, porque huyó de su pueblo y su mísera familia con apenas trece años, después de sufrir una salvaje violación.

La dejaron medio desangrada en un camino, con la pelvis rota y estéril para los restos. Esa niña, en aquella aldea, quedó marcada como una mujer inservible. Y se buscó su propia suerte. Dejó atrás el hambre y los harapos, y se largó a París para triunfar como bailarina, y, ya que le habían arrancado de golpe y sin preguntar la inocencia y la decencia, decidió que a partir de entonces los límites los marcaría ella. Y se puso muy pocos, justo los que no le impidieran triunfar.

Era guapetona, con un tipazo de escándalo, cuello de cisne, cintura de avispa... y sabía explotar al máximo su erotismo sobre el escenario. Se convirtió en la española más famosa del mundo, de aquel mundo de *glamour*, joyas y ligues millonarios que la agasajaron hasta extremos escandalosos con tal de casarse con ella. Dicen que hasta siete pretendientes se suicidaron por el rechazo de la Bella Otero, una mujer que nació mísera, vivió a granel y a quien el juego desenfrenado, al final, la devolvió a la pobreza más absoluta. Pero nadie le pudo quitar lo bailado. La forma de sus pechos aún se puede adivinar en las cúpulas del hotel Carlton de Cannes. El arquitecto que construyó el hotel bebió los vientos por ella.

Pío Baroja, un respondón con boina

Ha pasado más de medio siglo sin Pío Baroja. Murió el 30 de octubre de 1956, y aún sigue quieto donde lo dejaron, en el cementerio Civil de Madrid, aunque infinidad de actos con ocasión del quincuagésimo aniversario de su fallecimiento nos recordaron que la obra rebelde de este escritor respondón sigue viva. Como a don Pío le encantaba meter el dedo en el ojo de la tradición religiosa, dejó muy clarito antes de morir que quería ser enterrado como un ateo. O sea, que nada de cristianas sepulturas, ni esquelas de esas de «descansa en el Señor» y nada que oliera a práctica cristiana. Su sobrino Julio Caro Baroja estuvo veinticuatro horas esquivando presiones para enterrarlo en sagrado... y lo logró. A Franco se le escapó otro escritor.

El cementerio Civil de Madrid guarda la tumba de Pío Baroja. Allí se le preparó una sepultura sobria que aún hoy conserva toda su sobriedad. Sólo una lápida de granito con la inscripción Pío Baroja. Sin fechas, ni epitafios. Nunca hay flores y sólo una enredadera, cuando llega la primavera, se extiende sobre el granito y abraza la tumba. Don Pío se queda entonces en el anonimato más absoluto hasta que llega la época de poda. El día del entierro, el 31 de octubre, llovía a cántaros en Madrid, y el que peor llevó el aguacero fue Camilo José Cela, uno de los que cargaron con el féretro. Se quejó Cela de que el ataúd era tan barato que con la lluvia que caía destiñó y le puso el traje perdido. También fueron hasta el cementerio John Doss Passos, Juan Benet, Vicente Aleixandre, Dámaso Alonso... Menudo escándalo. Toda la intelectualidad enterrando a un ateo.

Pero hubo más desafíos en aquel entierro. Por ejemplo, que se trajera tierra guipuzcoana para mezclarla con la de Madrid y que Baroja pudiera agitarse en contacto con lo que más quiso. Años después, cuando murió su sobrino Julio Caro Baroja, el proceso se hizo al revés. Fue enterrado en Vera de Bidasoa y en su tumba se mezcló tierra de Madrid. El único fallo en aquel funeral tan medido es que a don Pío lo enterraron sin boina. Estuvo el hombre cincuenta años sin quitársela y van y lo entierran sin ella.

El previsor Severo Ochoa

Morirse un 1 de noviembre parece que viene a cuento, pero no. Nunca viene a cuento morirse. La única ventaja es que como estos días los cementerios están muy concurridos, los entierros son más animados y los recintos están más floridos. El Nobel Severo Ochoa fue uno de los que corrió la mala suerte de morir el 1 de noviembre de 1993. Afortunadamente, antes había dejado los deberes hechos: aisló una enzima que luego resultó fundamental para descifrar el código genético. Por eso le dieron el Nobel de Fisiología y Medicina. La enzima se llama polinucleotidofosforilasa, que tiene más letras que esternocleidomastoideo y menos que supercalifragilisticoespialidoso.

Severo Ochoa esperaba su muerte desde hacía tiempo, y tan meticuloso como lo era en su laboratorio, lo fue con sus asuntos funerarios. Dejó instrucciones muy precisas. El lugar de entierro no podía ser otro que el de su nacimiento: Luarca, en el cementerio más bonito de Asturias y uno de los más bellos de España. Y, por supuesto, tenía que ser en la tumba donde ya estaba su mujer, Carmen.

La esposa de Severo Ochoa murió siete años antes que él, en 1986, y aquello le dejó tocado. Y tanto pensó desde entonces en su propia muerte, que el profesor dejó por escrito el epitafio que debería grabarse en la tumba cuando fuera a reunirse con Carmen. Lo escribió en un papel y se lo entregó a su amigo y biógrafo Marino Gómez Santos. Pero Severo Ochoa quizás desconfió de que su deseo fuera a cumplirse y decidió actuar por su cuenta. Un día, el científico se presentó en casa de su sobrino Joaquín y le entregó un paquete muy pesado.

Le dijo que lo abriera cuando él ya no estuviera, y que entonces sabría qué hacer con él. En el paquete había una plancha de mármol blanco con la siguiente inscripción: «Aquí yacen Carmen y Severo Ochoa, unidos toda una vida por el amor. Ahora, eternamente vinculados por la muerte». El día 1 murió Severo Ochoa en la Clínica de la Concepción de Madrid. El día 3, ya estaba otra vez junto a su mujer. Pasen a saludarle sin van por Luarca, porque allí está enterrado un genio. Y díganle, de paso, que gracias en parte a su enzima de nombre interminable, el genoma humano ha sido un éxito.

François, el ilustrado

Casi todos tenemos la obligación de saber quién era Voltaire, porque sin saberlo no había forma de aprobar filosofía y literatura del bachillerato. Ahora sabemos que Voltaire fue un gran pensador, un gran escritor y un gran especialista en incordiar a nobles y eclesiales; uno de los que abrió el siglo XVIII a las luces de la Ilustración. Pero el 21 de noviembre de 1694 Voltaire no era nada de eso… acababa de nacer.

Voltaire no se llamaba así. Sus padres le pusieron François para que no cupiera la menor duda de que era francés. Pero él, en cuanto le dio la ventolera de la escritura se lo cambió por Voltaire, igual de francés, pero más exclusivo.

Los estudiosos aún no se ponen de acuerdo en concluir por qué François pasó a llamarse Voltaire y, como este filósofo escribir, escribía mucho pero casi nunca sobre él, ahí sigue la duda. François, de ingenio maligno y lengua ácida desde pequeñito, no dejó títere con cabeza, porque se empeñó en revisar la historia y contar las cosas tal como eran, no como los mandamases querían que fueran y para lo que contaban con historiadores prácticamente a sueldo que sólo cantaban alabanzas.

Fue Voltaire el que dijo aquello de que la verdadera utilidad de la historia es prevenir nuevas calamidades, y si para eso había que revolcar a reyes, papas y pueblos... si había que separar las fábulas de la realidad y si había que dejar en ridículo a los historiadores franceses que sólo peloteaban al poder, lo hacía. El coste fue estar entrando y saliendo de la cárcel cada dos por tres.

No es que Voltaire no metiera la pata, porque la metió, a veces hasta el corvejón, pero puso los cimientos de la historia moderna y defendió ante todo la razón humana sobre la divina. Su frase favorita era: «Ni supongo, ni propongo: expongo». Pero insisto en que todo esto fue posterior, porque el 21 de noviembre de 1694 el arrapiezo François sólo daba gritos ilustrados.

Poliintelectual Jovellanos

Asturias no ha dado un tipo más listo que Jovellanos. Fue de todo y casi todo lo hizo bien: magistrado, ministro, literato, orador, poeta, jurisconsulto, filósofo, economista... En resumen, un ilustrado, un pozo de sabiduría, una enciclopedia con patas. Los padres le destinaron al sacerdocio, pero Jovellanos no podía encerrar su inquietud intelectual en un monasterio y se echó al mundo para aprender, para enseñar y para compartir. El 27 de noviembre de 1811 una pulmonía mató a Baltasar Melchor Gaspar María de Jovellanos, un hombre bautizado con los tres nombres de los Reyes Magos porque nació el 5 de enero. Se desconoce por qué extraña razón las enciclopedias siempre obvian el nombre del negro.

Jovellanos tuvo una cabeza privilegiada. Tan pronto reformaba la ley agraria como fomentaba la marina o promovía el libre ejercicio de las artes. Aconsejaba cómo impulsar la minería de una provincia a la vez que pegaba la nariz al suelo para estudiar con entusiasmo la botánica de una zona aprovechando que le habían desterrado. Cada minuto de su vida lo empleó en aprender y en promover la cultura en beneficio del país.

Su legado escrito aún lo tenemos, pero se nos ha perdido el artístico. Verán cuándo y por qué: poco antes de la Guerra Civil, el Colegio de los Jesuitas de Gijón guardaba el famoso legado artístico de Jovellanos, ahora de un valor incalculable porque estaba compuesto por unos setecientos bocetos de Rembrandt, Goya, El Greco y Velázquez.

Durante la guerra, el Colegio de los Jesuitas se reconvirtió en cuartel del ejército de tierra, el famoso cuartel de Simancas, que acabó incendiado y destruido. Desde entonces se desconoce qué ocurrió con el legado artístico de Jovellanos. Hace cinco años hubo una falsa alarma porque un anónimo aseguraba que ese legado estaba oculto en un nicho del cementerio de Ceares, en Gijón, y la que se montó fue considerable.

Hubo que contratar seguridad privada en el cementerio para evitar que alguien se sintiera tentado por el jugoso botín, exhumar al ocupante del nicho y comprobar que allí no había nada. Jovellanos duerme su sueño ilustrado en la capilla de los Remedios de Gijón y la sabiduría que nos dejó es tan suculenta que el legado material da exactamente igual.

Galileo: el precio de la sabiduría

Hubo un tiempo en el que todos estaban convencidos de que la Tierra estaba inmóvil en el centro del universo. Algunos insensatos defendieron que no, que la Tierra giraba sobre sí misma y que el único centro universal era el Sol. Entre aquellos insensatos estaba Galileo Galilei, que el 8 de enero de 1642 abandonó este mundo aburrido de tanto ignorante con sotana. Tuvo que renegar de su propia teoría para salvar el cuello, y admitir que si las Sagradas Escrituras decían que la Tierra era el ombligo del universo, eso iba a misa. Pero Galileo dijo sólo lo que la Iglesia quería oír. ¿Que la Tierra es el centro de la creación? Pues muy bien. ¿Que no gira? Pues también. Pero Galileo murió en posesión de una verdad más grande que una catedral.

El geocentrismo era una verdad religiosa indiscutible, luego afirmar que eso era una patraña se convirtió en herejía. El hereje Galileo defendió la teoría de Nicolás Copérnico, la que decía que el centro del universo era el Sol y que los terrícolas, incluidos los que habitaban el Vaticano, dábamos vueltas a su alrededor como todo hijo de vecino de cualquier otro planeta. Esta afirmación de Galileo, argumentada y calculada, sentó fatal a la Iglesia, especialmente a unos chivatos inquisidores que la tomaron con Galileo y lo denunciaron al Santo Oficio. Estos acusicas gustaban de llamarse dominicos, del latín *domini canes*, que traducido viene a ser «los perros del Señor».

Pese a que el matemático acabó dando la razón a cardenales, inquisidores y papas... pese a que demostró ser un fiel cristiano... pese a que suplicó benevolencia y perdón, Galileo murió cumpliendo su pena y no fue rehabilitado por la Iglesia hasta tres siglos después de su muerte. En 1992, Juan Pablo II reconoció en una solemne declaración oficial que Galileo fue un físico genial; que tenía razón, caray, que la Tierra no está quieta y no es el centro del universo conocido, aunque disculpó a los teólogos cazurros que lo condenaron porque lo hicieron sin mala fe. Menos mal. Trescientos cincuenta años tardaron en reconocer que Galileo tenía razón y sólo entonces Roma comenzó a girar alrededor del Sol. El Vaticano, sin embargo, se mueve.

Carlo Broschi, sin un par

Carlo Broschi nació el 24 de enero de 1705. Y cómo chillaba el condenado niño, qué pulmones. Nació con todos sus atributos, con un par, pero no se hizo famoso hasta que los perdió a cambio de quedarse para los restos con voz de soprano. Lo rebautizaron como Farinelli *il castrato*, porque era un protegido de los hermanos Farina. Este hombre sin testosterona fue el más famoso de los *castrati*, de los castrados, unos señores a quienes les cortaban los testículos cuando eran niños para que continuaran conservando una voz delgada. Mi ignorancia me decía que eso de cantar dependía de la garganta. Pero no. Resulta que la voz sale de otro sitio.

La historia de los *castrati* es de sobra conocida. Y también sobradamente cruel. Extirpar a un niño de seis, siete u ocho años los testículos para educar su voz como la de una soprano e intentar hacerle famoso en los escenarios operísticos era una práctica muy extendida. En los siglos XVII y XVIII llegaron a castrarse a cuatro mil niños al año, y encima sólo triunfaba el 10 por ciento. Las consecuencias físicas eran tremendas. Se volvían gordos o muy larguiruchos, pero, además, se les satinaba la piel, les desaparecía el vello, se les retraía el pene (es de suponer que porque se habían llevado a sus dos mejores amigos), sufrían enfermedades vasculares, sabañones... En fin, una calamidad. Y a todo esto hay que añadir que mucha gente los trataba con desprecio. Les llamaban capones, huevazos, elefantes sonoros...

Farinelli, al menos, fue uno de los que triunfó. También en España, donde fue contratado por la reina Isabel de Farnesio, segunda esposa de Felipe V, para curar la melancolía del rey. Cuentan que la primera vez que Felipe V oyó la voz de Farinelli, lloró a moco tendido; o sea, que la melancolía no se le curó, pero a cambio consiguió un gran amigo. Pero es que si la pérdida testicular de Carlo Broschi ya no tenía remedio, menos aún lo tenía el trastorno bipolar de Felipe V.

El sambenito de Sade

No hay nada peor que pasar a la historia con mala fama. No hay forma de sacudírsela de encima. El marqués de Sade no es que fuera un bendito, pero tan, tan, tan malo, tampoco. Era un crápula viciosillo, pero no peor que muchos de sus colegas de época, lo que pasa es que unos cardaban la lana y el marqués de Sade se llevó la fama. Sea como fuere, el 2 de diciembre de 1814 el marqués de Sade murió y legó al mundo un sinónimo de perversión sexual: sadismo. Menudo sambenito le cayó encima.

Se llamaba Donatien Alphonse François, y Sade era el apellido. El panorama que se le presentó en la vida fue el siguiente: el padre tan pronto estaba corriendo tras las faldas de madame de Pompadour, como le tiraba los tejos al mismísimo Voltaire; la madre se desentendió del crío; el tío, encargado de su educación, era sacerdote, pero impartía misa por la mañana con el mismo desparpajo que utilizaba por la noche para montarse juergas con las parroquianas. La esposa del marqués era una puritana y la suegra cumplía todos los tópicos: era más mala que un dolor, así que se la juró a su yerno y usó todas las influencias de la corte para no dejarle a sol ni a sombra. Con un ambiente familiar tan sugerente, el marqués se dio a las orgías y, como era muy imaginativo, se lio de más.

Pero el marqués de Sade también fue un gran escritor, buen dramaturgo y aceptable actor. No hacía nada que no estuviera de moda en la época entre los nobles, el clero, los profesionales de alto *standing* y los varones de alta alcurnia: frecuentar los prostíbulos parisinos con señoritas especializadas en prácticas... eso, especiales. Pero el foco se centró en él y fue él quien se largó a la tumba con cargo de conciencia por haber sido un mal bicho. Por eso escribió que sobre su tumba se plantaran semillas para que la espesura la tapara y se borrara entre los hombres el recuerdo de su existencia. Pobre, no era tan malo.

Madame Pimentón

Les hablo de un personaje muy desconocido ahora, pero que dio mucho juego en el Madrid castizo de principios del siglo XX. Al parecer se llamaba Timotea Conde, pero esto es lo de menos porque todo Madrid la conocía como madame Pimentón. Era un ejemplar castizo y estrafalario, admirado por escritores de la época y recurrente en las crónicas periodísticas, que murió el 6 de febrero de 1918. ¿Su currículum? Ex prostituta, mendiga, borracha conocida más que alcohólica anónima y con la única habilidad de cantar a los transeúntes y frente a las terrazas retazos de conocidas óperas y zarzuelas con la mano extendida. Un personaje tan pinturero, que la intelectualidad de la época celebró un banquete en su honor.

Poco o nada se sabía de madame Pimentón. Salvo eso, que cantaba ópera, seguramente mal, que era una excéntrica vestida del color del pimentón de los pies a la cabeza, que no hacía daño a nadie y que malvivía de las monedas que le daban por sus gorgoritos. En el año 1910, el cotarro periodístico y literario del momento decidió que madame Pimentón, a su manera, era un personaje de éxito, y en aquella época era habitual celebrar banquetes para testimoniar admiración. madame Pimentón era más conocida que la Chelito, y justo era que tuviera su homenaje con discurso a los postres.

Escuchen los versos que leyó el escritor José López Silva al final del banquete homenaje a madame Pimentón:

Deja que tu mano estreche,
fenómeno de mujer,
y ojalá que te aproveche
la ensalada de escabeche
que te acabas de comer.

Aquel reconocimiento era merecido, porque madame Pimentón inspiró a muchos escritores costumbristas, incluso años después de fallecer. Camilo José Cela, por ejemplo, menciona a madame Pimentón en *La colmena*. Los trinos de la madame se apagaron cuando cumplió los setenta y cuatro años, pero al menos tuvo donde caerse muerta. Una actriz se ocupó de arreglarle el entierro para evitar que sus huesos fueran a una tumba de caridad aquel frío febrero. Ya se acabaron los personajes pintorescos. Sólo nos quedan *frikis* que venden sus miserias en televisión y encima no se saben ni un párrafo de *Doña Francisquita*.

Monsieur Parmentier

La ONU declaró 2008 como el año internacional de la patata y apenas alguien hizo puñetero caso a ese tubérculo tan socorrido. Así que, como sentido homenaje a la patata, recordar que el 17 de diciembre de 1813 murió el principal impulsor de las papas para el consumo humano, Antoine-Augustin Parmentier. Si no llega a ser por él, aún estábamos echándoselas a los cerdos.

La patata la trajimos los españoles de América, pero allí ya llevaban consumiéndola los peruanos desde hacía ocho mil años. Aquí en Europa, como éramos muy finolis, decidimos que, como mucho, la patata servía para dar de comer al ganado y a los pobres. Y en este plan estuvimos tres o cuatro siglos, hasta que, llegados al XIX, a la academia de la ciudad francesa de Besançon se le ocurrió hacer un concurso de ideas para saber cuáles eran los vegetales más nutritivos en tiempos de hambruna. Varios presentaron la patata, aunque esto no era nuevo, porque miles de pobres habían confirmado a lo largo de siglos que la patata quitaba el hambre.

Pero fue Antoine Parmentier quien presentó la tesis más convincente y el que demostró no sólo que la patata era apta para el consumo humano más allá de estómagos necesitados, sino que con ellas se podían hacer verdaderas virguerías en la cocina.

Cuando los gastrónomos se percataron del filón que tenían en sus fogones, ya está, la patata se convirtió en la reina, sola o en compañía de otros. Por servir, sirve hasta para salir sonrientes en las fotos siempre y cuando se diga patata, no *pomme de terre*, que es como la llaman los franceses. Y más rebuscados fueron los alemanes, que la llamaron falsa trufa y de ahí derivó a *kartofel*. Huevos fritos con *kartofel*. Suena raro pero saben bien.

Todo este lío armó Parmentier. Adivinen qué tipo de ofrendas dejan en su tumba los estómagos agradecidos que pasan por el cementerio Père-Lachaise de París. Eso mismo. *Pommes de terre.*

José Rodríguez Losada

José Rodríguez Losada, puede que así, a bote pronto, no suene a nadie digno de mención. Pero gracias a este leonés nos tomamos puntualmente las uvas con las campanadas de fin de año que retransmite Televisión Española. El 6 de marzo de 1870 moría en Londres José Rodríguez Losada, probablemente el mejor relojero del siglo XIX. No sólo construyó el reloj de la Puerta del Sol, también hizo el de la catedral de Málaga y el del Ayuntamiento de Sevilla. Pero, sobre todo, era un maestro requerido por reyes, ministros, marinos, generales y ricachones europeos para fabricar relojes de sobremesa, de bolsillo, de viaje, de bitácora, cronómetros de marina, reguladores astronómicos... Fabricó 6.275 relojes.

La especialidad de Rodríguez Losada eran los cronómetros para la marina, porque la precisión aquí es fundamental. Con que un cronómetro de marina atrasase un segundo en aquel siglo XIX, ya la habíamos liado, porque suponía una desviación en la longitud geográfica de casi medio kilómetro. El relojero Losada acabó desarrollando su profesión en Londres, porque tuvo que salir por pies de España por sus ideas liberales. Vamos, que Fernando VII se la tenía jurada.

Su huida de España fue curiosa. Sucedió en 1828. El superintendente de Madrid tenía como distracción favorita disfrazarse de lo que fuera y colarse en reuniones clandestinas de liberales para espiarlos y denunciarlos. Pero los liberales le tenían perfectamente fichado, así que un día que el superintendente acudió disfrazado de fraile, le cogieron y le obligaron a firmar un salvoconducto que permitiera salir del país a Rodríguez Losada.

Todo este episodio lo contó el dramaturgo José Zorrilla. Lo sabía de buena tinta porque el superintendente era su padre. El relojero consiguió huir a Francia, donde estuvo dos años, y luego se instaló en Londres, ciudad en la que se casó, se hizo rico y famoso, y murió. Fue desaparecer Rodríguez Losada de la escuela de relojería británica y empezar a hacerse famosos los suizos. Si no, de qué.

Divino Newton

La noche del 20 de marzo de 1727 fallecía en mitad de un cólico nefrítico y frenético uno de los más grandes científicos que ha dado la historia, sir Isaac Newton. Listo como él solo, despistado como no ha habido otro... y también vanidoso y tirando a antipático, pero tan lúcido en sus deducciones y tan observador que no ha habido nadie que hiciera tal cantidad de aportaciones a la ciencia. Lo que pasa es que la fecha de su muerte tiene trampa, porque Inglaterra se regía por el calendario juliano; o sea, que el 20 de marzo inglés era en realidad 31 de marzo en España. Quiere esto decir que a los ingleses se les murió once días antes que a nosotros. Chincha.

Newton trabajó todos los campos posibles: la óptica, la dinámica, la teología, la alquimia, las matemáticas, la geometría, la filosofía y la astronomía. Allá donde hubiera algo incomprensible, allá estaba él para intentar descifrarlo. Hasta se metió en política, probablemente el político más callado que también ha dado la historia. Jamás intervino en el Parlamento, y un día que pidió la palabra fue para rogar que alguien cerrara una ventana porque había corriente. Como buen científico, Isaac Newton fue un obsesivo de la experimentación, y experimentaba con todo, hasta con un huevo para dar con el punto exacto de cocción. Precisamente el experimento con un huevo dio lugar a uno de sus más famosos despistes: con el reloj en una mano y el huevo en la otra, puso a cocer el reloj y se quedó mirando el huevo.

Pero si algo dejó Newton fueron dos cosas: la famosa ley de la gravitación universal y un interminable epitafio en su tumba de la Abadía de Westminster, en Londres, ante el que cualquier humano que lo contemple se siente a la altura del betún. Lo resumo mucho: «Aquí descansa sir Isaac Newton, caballero que con fuerza mental casi divina demostró el primero, con su resplandeciente matemática, los movimientos y figuras de los planetas, los senderos de los cometas y el flujo y reflujo del océano. Dad las gracias, mortales, al que ha existido así, y tan grandemente como adorno de la raza humana». El que lo escribió se quedó a gusto.

Maltratado Maquiavelo

Nicolás Maquiavelo es ese señor que cuando nos obligan a estudiarlo en la escuela resulta ser un peñazo insufrible. Por eso a Maquiavelo se le coge mucha manía desde el principio, mucha más cuando su apellido encima ha quedado para definir a la gente retorcida, astuta y con mala leche. Maquiavélicos los llamamos. Pobre Maquiavelo, si sólo fue un adelantado a su tiempo, un gran político de la época y un cerebrito de ideas muy claras. Hasta que las ideas se le secaron el 22 de junio de 1527. Se murió sin ver publicada la obra que le dio cruel fama mundial, *El Príncipe*.

Lo cierto es que Nicolás Maquiavelo fue un tipo muy listo, que sabía cómo funcionaba y cómo había que manejar la política en la Europa de los siglos XV y XVI. Lo que no se puede hacer, evidentemente, es aplicar aquellos métodos ahora, porque ni existe el contexto, ni mandan los Medici, ni viven los Borgia, ni la Iglesia domina el mundo. Bueno, un poco sí. En la Italia de Maquiavelo se jugaba con las cartas disponibles o no se jugaba.

La mala fama la arrastra Maquiavelo por su más libro más célebre, *El Príncipe*. Como los tipos más poderosos de la tierra aseguraban que éste era el libro que inspiraba sus gobiernos, pues le hemos cargado a Maquiavelo ser el culpable de las doctrinas que seguían Hitler o Napoleón. Todos nos hemos quedado con la frasecita «el fin justifica los medios», y se nos olvida que lo dijo refiriéndose a que si un gobernante quiere alcanzar un fin bueno para su pueblo, queda excusado de los medios empleados para conseguirlo.

Hace casi quinientos años que murió Maquiavelo, y que levante el dedo quien crea que su principal máxima es mentira: si un gobernante sólo se dirige por la prudencia, la justicia, la clemencia y la lealtad, nunca conservará el poder, porque a su alrededor siempre habrá injustos, imprudentes, desleales y crueles. O sea, que hay que aprender a ser un poco malo, a tener peor talante, para que no te tomen por el pito del sereno.

Si pasan por la Santa Croce de Florencia, saluden a Maquiavelo en su magnífico sepulcro. Por aquel entonces no era malo, era realista.

Nostradamus se murió sin avisar

La peor publicidad para un adivino es morirse sin haber avisado de que lo iba a hacer. Y eso le ocurrió a Michele de Notredame (más conocido por su nombre latino de Nostradamus) el 2 de julio de 1566, que se murió sin avisar. Cada vez que el mundo está pendiente de un acontecimiento trascendental o sufre un suceso grave, siempre se descuelga alguien diciendo que Nostradamus ya lo advirtió. Nostradamus sólo fue un hombre del Renacimiento más listo que el hambre.

Nostradamus era un buen médico, avanzado a su tiempo, pero descubrió que hacer horóscopos para nobles era más rentable que curar a la plebe. La fama le llegó a Nostradamus cuando publicó las famosas *Profecías* y algunos quisieron ver que sus pronósticos se cumplían. Una de las más convencidas fue la reina de Francia Catalina de Medici, y, claro, al tener a la reina como principal cliente, lo demás le vino rodado. El truco de Nostradamus estaba en escribir sus supuestas profecías con un estilo enrevesado, incomprensible, construyendo mal las frases y comiéndose los verbos, de tal forma que su dificultosa lectura da lugar a infinidad de interpretaciones.

Escrutando sus textos del derecho y del revés muchos han llegado a ver que predijo el atentado a las Torres Gemelas, la guerra de Yugoslavia, el nacimiento de Hitler... Pero es que es muy recurrente buscar acontecimientos en quinientos años de historia, luego irse a una profecía de Nostradamus y decir, ¡albricias!, ¡coincide!

Lo gracioso es que la reina de Francia Catalina de Medici intentó usar a Nostradamus contra Felipe II para amedrentarle justo antes de que se produjese la batalla de San Quintín. La reina encargó a su profeta la carta astral de Felipe II y ordenó que se la entregaran en mano. Felipe, que no era tonto, supuso que allí dentro irían malos augurios para acobardarle e intentar hacerle desistir de plantear batalla, así que directamente la quemó sin mirarla. Y aquí se supone que Nostradamus patinó estrepitosamente, porque Felipe II ganó en San Quintín por goleada.

Muere Houdini

El 31 de octubre de 1926 moría en Estados Unidos el inigualable, el sorprendente, el más hábil de los escapistas: Harry Houdini. Del único sitio donde, al parecer, no ha podido escaparse es de la magnífica tumba que le custodia en el cementerio del barrio neoyorquino de Queens. Murió con sólo cincuenta y dos años, de una supuesta peritonitis; supuesta, porque nunca se demostró, y no se demostró porque no se hizo autopsia. El certificado de defunción se firmó veinte días después de haber sido enterrado. Raro, raro, raro...

Y tantas dudas hay en torno a la muerte de Houdini que no es extraño que parte de sus descendientes haya pedido la exhumación para estudiar los restos y determinar si se murió solo o le echaron una mano. Hay serias sospechas de que fue envenenado por espiritistas, porque Houdini les desmontaba su farsa cada dos por tres. Houdini fue un genio de la magia, pero él defendía que lo que hacía era eso, magia, que no había nada paranormal en el asunto.

Les tenía declarada la guerra a los espiritistas y a sus supuestas comunicaciones con los muertos, les puso pruebas que jamás pudieron superar y les tendía trampas en las que caían como pipiolos. En resumidas cuentas, que se la tenían jurada porque el espiritismo estaba en boga por aquel principio del siglo XX, reportaba mucho dinero y Houdini les tiraba el negocio abajo cada vez que podía. Le amenazaron directamente, diciéndole que estaba acosando a los espíritus inmortales y que eso traería consigo «inevitables y terribles consecuencias». ¿Fue, pues, casualidad que muriera la noche de Halloween?

La causa oficial de la muerte del mago fue una peritonitis, producto a su vez de una apendicitis provocada, supuestamente, por un puñetazo en el estómago que recibió voluntariamente durante la realización de uno de sus espectáculos. Pero como fue enterrado muy rápidamente, cualquier evidencia de un posible asesinato fue sepultada con él. Si Houdini será o no finalmente exhumado aún no se sabe, pero estaría bien que cuando abrieran la tumba, Houdini, el gran escapista, no estuviera.

Catedrática Curie

La noche anterior a aquel 15 de noviembre de 1906, María Curie no haría más que dar vueltas en la cama por la responsabilidad que la esperaba al día siguiente: sería la primera mujer en la historia docente de la Sorbona que pisaría un aula como catedrática. Meses antes, el consejo de la Facultad de Ciencias acordó que ya era hora de que las mujeres pudieran dar clases en la universidad, y la primera no podía ser otra que madame Curie.

María Curie habría sacrificado de mil amores el honor de ser la primera profesora universitaria de Francia, la primera catedrática de Física, a cambio de que su esposo Pierre continuara vivo. Porque era él el titular de la cátedra, pero un mal día de abril de aquel mismo año de 1906, un pesado coche de caballos lo arrolló y lo mató en una calle de París. La Facultad de Ciencias tenía que sustituirle, y no era fácil encontrar a alguien de la altura de todo un premio Nobel de Física. A no ser que tuvieran a mano a otro premio Nobel de Física. Y lo tenían: María Curie. Porque la Academia sueca entregó el premio a los dos, al matrimonio, luego tanto montaba uno como otro.

El día que la catedrática ingresó en su clase por primera vez, la expectación era descomunal. El aula estaba a rebosar, con estudiantes sentados por los pasillos, por la escalera, con la puerta abierta porque no entraban todos, pero todos querían estar en la primera lección de la descubridora del radio. ¿Cómo empezaría su clase? Ésa era la gran pregunta.

La costumbre exigía agradecer la distinción de la cátedra al ministro de Educación, al consejo de la Sorbona y a todo mandamás académico. A la una y media de la tarde la nueva catedrática entró en clase. Miró al frente, esperó que callaran los aplausos y dijo: «Cuando consideramos los progresos logrados en los dominios de la física durante los diez años últimos, nos sorprende el gran avance de nuestras ideas en lo concerniente a la electricidad y a la materia». María Curie había comenzado su clase con la frase exacta que pronunció su marido cuando dio por terminada su última lección, sólo minutos antes de que le arrollara aquel carruaje en París.

Echegaray, un Nobel discutido

Pocas veces la concesión de un Nobel de Literatura fue tan criticada como cuando se le otorgó a José Echegaray, el primer español que conseguía el galardón sueco de las letras. El 12 de diciembre de 1904 la Academia de Estocolmo anunciaba que el dramaturgo español recibiría el premio, compartido con el francés Frederic Mistral. Aquello cayó muy bien entre la oficialidad española, pero fatal en los círculos literarios. La generación del 98 le puso la proa.

Lo raro es que a Echegaray le dieran el Nobel de Literatura, porque distaba mucho de ser un dramaturgo de calidad excepcional. El de Matemáticas hubiera sido más acorde, porque como matemático no tenía rival. A no ser que sea cierto lo que se dijo en su momento: que la Academia sueca se vio obligada a cambiar su inicial veredicto por presiones del gobierno español, porque el galardonado elegido había sido Ángel Guimerá, el máximo exponente del resurgimiento de las letras catalanas.

Aquel premio trajo mucha cola, pero también mucho anecdotario. Lo más divertido que ha quedado para la historia literaria es la guerra que Valle-Inclán le declaró a Echegaray. Sólo por eso mereció la pena. El escritor gallego desplegó la mejor de sus retrancas contra el Nobel y no perdió oportunidad de provocarle y reventarle el estreno de sus obras. En el teatro Fontalba de Madrid, durante la representación de *El hijo del diablo*, con Margarita Xirgu en el principal papel, Valle-Inclán se levantó de su butaca en mitad de la ovación y gritó por tres veces: «¡Muy mal!». Un policía que había cerca intentó parar los improperios, Valle se resistió y acabó detenido. Salió del teatro gritando una frase que ha quedado para la historia: «¡Arreste a los que aplauden!».

Pero hay otra anécdota que ilustra mejor la inquina que tenía al Nobel: cuando Valle Inclán, a la espera de una transfusión sanguínea en un hospital, fue informado por el médico de que José Echegaray había ido a donar sangre para salvarle la vida. Valle se incorporó como pudo y dijo: «No quiero la sangre de ése… la tiene llena de gerundios».

Indulto a Dostoievski

Cómo se le debe quedar el cuerpo a uno cuando, ante un pelotón de fusilamiento, espera oír los disparos de los fusiles y lo que escucha es que le acaban de indultar. Exactamente esto le ocurrió al escritor ruso Fiodor Dostoievski el 22 de diciembre de 1849. Con la capucha de los condenados puesta y hecho un flan, supo que el zar Nicolás I había conmutado su pena de muerte por la de trabajos forzados en Siberia. A Dostoievski sí que le tocó el gordo.

Dostoievski consiguió un gran éxito literario con su primera novela, *Pobres gentes*, pero las siguientes recibieron unas críticas demoledoras. Se deprimió y buscó salida a su inconformismo social y personal en unas reuniones clandestinas de jóvenes intelectuales rusos. En una de aquellas reuniones se les coló un topo y se cayeron con todo el equipo. Dostoievski, un joven de veintiocho años, delgaducho, desgarbado y pecoso, se vio envuelto en un proceso que le condenó a él y a sus amigos a la pena de muerte.

Aquel 22 de diciembre, el grupo de condenados llegó escoltado por los cosacos. A los tres primeros, entre los que estaba Dostoievski, les ataron a tres postes y justo antes de que les vendaran los ojos tuvieron tiempo de ver, apilados en un carro, los ataúdes que esperaban inquilino. Cuentan que el escritor murmuró al compañero condenado: «No me puedo creer que me vayan a fusilar». Y tenía razón, porque en ese instante irrumpió un cosaco a caballo con la orden del zar que conmutaba las penas de muerte por cuatro años de trabajos en Siberia. Al escritor le dio allí mismo un ataque epiléptico, una enfermedad que ya no le abandonaría el resto de su vida.

Pero hasta con epilepsia incluida, Fiodor Dostoievski se convirtió en uno de los más grandes escritores del siglo XIX. Y menos mal que la sentencia de muerte no se cumplió, porque con Dostoievski habrían muerto fusilados el joven Raskolnikov de *Crimen y castigo*; el príncipe Myshkin de *El idiota*, todos los hermanos Karamazov y cientos de personajes más que aún estaban por salir de su atormentada pluma. A ellos también los indultó el zar Nicolás I, pero fue sin querer.

El celosón Lope de Vega

Mala Nochevieja la que pasó Lope de Vega aquel año de 1587, porque sólo un par de días antes, el 29 de diciembre, y mientras asistía a una representación teatral en el Corral de la Cruz, fue detenido y tomó camino del penal de la Villa y Corte. De allí no saldría hasta meses después, y sólo para iniciar un destierro de varios años bajo amenaza de muerte si incumplía la sentencia. ¿Qué había hecho el Fénix de los Ingenios para merecer tal condena? Pues ser un bocazas.

Lope de Vega se metía en líos de faldas cada vez que podía, y si esas faldas eran de dama no casadera sino casada, tanto mejor. El escritor le echó el ojo a Elena Osorio, una joven muy mona, hija del famoso empresario teatral Jerónimo Velázquez. En el siglo XVI, ninguna familia decente quería un escritor para su hija, pero los padres de Elena Osorio consintieron la relación con dos condiciones: que el escritor siguiera facilitando comedias que el empresario pudiera estrenar en su teatro y que Lope no se opusiera a que la niña se casara con un noble o alguien de posibles si se presentaba la ocasión.

Y la ocasión se presentó. Elena Osorio inició tratos de matrimonio con el sobrino de un cardenal, y Lope de Vega comenzó a soltar de todo por su boca en forma de soneto:

Una dama se vende a quien la quiera
en almoneda está. ¿Quieren compralla?
Su padre es quien la vende, que, aunque calla,
su madre la sirvió de pregonera.

Esta y otras lindezas poéticas comenzaron a circular por Madrid, y nadie dejó de enterarse de los amoríos de Lope con la joven, de los de la joven con el sobrino del cardenal y de los tejemanejes familiares para casar a la niña. Jerónimo Velázquez denunció a Lope de Vega por difamación, la justicia condenó al escritor y el escritor, camino del destierro, aún tuvo tiempo de buscarse nuevos líos y secuestrar a la que sería su primera esposa.

Luego vendrían más casamientos y muchos más amoríos extramatrimoniales, y hasta tuvo tiempo Lope de Vega, entre esposa y amante, de ordenarse sacerdote. Aquel trueno vestido de nazareno.

Calderón, el ilustre gamberro

No hay que fiarse de ese aspecto tan formal con el que siempre aparece don Pedro Calderón de la Barca en sus retratos. No se dejen engañar por los hábitos franciscanos o por ese pedazo de cruz de Santiago estampada en su pecho... Calderón fue un libertino, un pendenciero. Se bebió la mitad de la herencia de su padre y la otra mitad se la jugó, pero esto es lo de menos. Lo de más es que el 17 de enero del año 1600, para fortuna de las letras españolas, vino al mundo en Madrid el que iba a ser la última gran figura del Siglo de Oro. Un dramaturgo excepcional. Gamberro, pero excepcional.

Llevar la cuenta de los años con Calderón de la Barca es muy fácil. Como nació en 1600 y murió en 1681, está claro que fue longevo. Conoció tres reinados, porque vio la luz durante el de Felipe III, vivió y triunfó en el de Felipe IV y murió con el de Carlos II. A Calderón le impuso su padre ser sacerdote, pero de mozo le gustaba echar antes mano de la espada y el vino que de los Santos Evangelios, así que la carrera religiosa la dejó para la madurez, casi la ancianidad, y antes se dedicó a vivir, a escribir, a luchar en cien batallas y a recolectar laureles literarios en plena juventud que otros sólo disfrutaban cuando ya peinaban canas. Hasta tuvo tiempo de entrar y salir de la cárcel, de verse envuelto en un homicidio, de enemistarse con Lope de Vega...

Para Calderón, toda su vida fue un frenesí, y ni siquiera a punto de alcanzar su definitivo sueño soltó la pluma. Estaba escribiendo los últimos pliegos de *La divina Filotea* cuando murió, y dada la ajetreada vida que había llevado, lógico es que tuviera una muerte igual de activa. Siete entierros tuvo el autor de *La vida es sueño* en los siguientes doscientos años, y en uno de estos cambios de tumba tuvo Calderón el honor de inaugurar el Viaducto de Madrid. Pero con tanto ir y venir, con tanto trajín, se entiende que en una de éstas los huesos acabaran en paradero desconocido.

De haber podido, Calderón habría rematado su extensísima obra, cinco veces superior a la de Shakespeare, con un último drama titulado *El alcalde me zarandea.*

Arthur Conan Doyle, más allá de lo elemental

Sir Arthur Conan Doyle fue a lo largo de toda su vida un culo inquieto, y ese culete recibió el 22 de mayo de 1859 sus primeros azotes. Nació en Edimburgo, Escocia, en una familia de artistas. De casta le viene al galgo. El padre de Arturito era el menos artista de todos, el único que no prosperó, porque sólo demostró mucho arte para empinar el codo. Pero esto no fue un inconveniente para que le saliera una lumbrera de hijo: polifacético, emprendedor, aventurero, patriota y padre del más famoso detective de ficción de la historia: Sherlock Holmes.

Rara vez la vida discurre por donde uno la planea, esto es elemental, y sir Arthur Conan Doyle tampoco consiguió su meta. Él quería ser autor de novela histórica, pero el triunfo le vino con el género que más odiaba: el policíaco. Acabó tomándole tanta manía a su criatura, a Sherlock, que llegó un momento en que decidió acabar con él, aunque ocho años después tuvo que resucitarlo en *El sabueso de los Baskerville* para que dejaran de darle la tabarra sus incondicionales y su madre.

Pero, al fin y al cabo, Sherlock Holmes sólo fue un agradable accidente en la vida del escritor, porque Conan Doyle fue mucho más allá y tuvo una vida desmesuradamente variopinta: fue médico, hizo incursiones en política, impulsó la creación de clubes de boxeo, se interesó por la aeronáutica, el automovilismo y la navegación, contribuyó a introducir el esquí en Suiza, viajó al Ártico y a África, y, además de cavilar las historias del detective y su fiel Watson, escribió también muchos cuentos, ensayos y novelas alejadas de la investigación.

En los huecos que le dejaba tan frenética actividad le dio tiempo a lo más excéntrico de todo: se hizo espiritista y pasó los treinta últimos años de su vida convencido y convenciendo de que se puede comunicar con el espíritu de los muertos. Y, hombre, no es por quitar mérito a sir Arthur Conan Doyle, pero se le dio mucho mejor trenzar tramas para luego desenredarlas a golpe de deducción científica que hablar con los espíritus. No le contestó ni uno.

Isadora Duncan, esa genial excéntrica

El 27 de mayo de 1878 vino al mundo en California (Estados Unidos) uno de esos personajes que merecerían haber nacido un siglo más tarde, aunque bien es cierto que quizás haya pasado a la historia precisamente por su anacronismo. Nació Dora Ángela Duncan, la gran Isadora Duncan, la que vivió como quiso, bailó como nadie e hizo lo que le vino en gana... Pero también hubo malas noticias: vio morir a sus tres hijos y su propia vida se le quedó corta, ahogada por un delicado y traicionero fular de seda.

Isadora Duncan revolucionó el baile como ninguna otra. Mandó a freír espárragos los tutús, las zapatillas de puntas y las reglas de la danza clásica, con sus posturitas tan tiesas y sus delicados brinquitos. Ella bailaba de forma libre, dejando que fluyera el movimiento y la expresión corporal, cubriendo su cuerpo sólo con velos transparentes y evolucionando descalza. Así aprendió a bailar de niña, imitando el movimiento de las olas de la bahía de San Francisco, y ese peculiar arte danzarín fue el que mostró en los escenarios. Por supuesto, para el público no dejaba de ser una excéntrica, pero esa extravagancia fue la que la llevó a la cúspide de la danza.

Y con el mismo descaro que atacó el baile, atacó también su vida, saltándose de brinco en brinco la moral y los convencionalismos. Se guiaba por impulsos y amaba tanto a hombres como a mujeres. Jamás se casó porque jamás quiso casarse y tuvo hasta tres hijos de tres padres distintos. Su mayor golpe fue perder a dos de los críos ahogados cuando el carruaje que los llevaba cayó al río Sena, en París, y dar a luz a un tercero que murió a las pocas horas.

Isadora Duncan, que había nacido para bailar, acabó bailando para sobrevivir, aunque la vida nocturna, el alcohol y sus peculiares amantes no la ayudaron a centrar su vida. Una vida que terminó arrastrada por una carretera de la Costa Azul francesa, cuando un extremo de su chalina de seda se enredó en los radios de la rueda trasera del coche en el que viajaba, estrangulándola y arrancándola de su asiento. Isadora quedó desmadejada sobre el asfalto cincuenta años, tres meses y veintiún días después de haber nacido para la danza.

Malaventuras

Zarpa el *Titanic*

El puerto de Southampton, al sur de Inglaterra, vivía el 10 de abril de 1912 una fiesta sin precedentes. Prensa y fotógrafos no perdían ripio del embarque de cientos de personas, entre ellas ricachones, emigrantes y Leonardo di Caprio, en el más gigantesco e indestructible transatlántico jamás construido. El *Titanic* iniciaba su viaje inaugural y era el más lujoso, el más rápido y el más grande... tenía todo lo más, pero no hace falta describirlo porque todos hemos estado a bordo. Lo único que no tenía de más eran botes salvavidas. Sólo pusieron dieciséis en lugar de los cuarenta y ocho necesarios. Total, como aquello era imposible que se hundiera...

La compañía propietaria del *Titanic* se propuso batir dos plusmarcas: la de velocidad y la de mayor número de pasajeros. Había que llegar a Nueva York más rápido que nadie y con el pasaje hasta los topes. Incluso se robaron viajeros a otros buques para cumplir este segundo objetivo. En total: 2.224 personas. Se trataba de ser noticia de primera plana en todos los periódicos del mundo, y desde luego que lo fue. El *Titanic* no ha dejado de ser noticia en un siglo.

El buque partió de Southampton con destino a Cherburgo, en el norte de Francia; de allí, a Queenstown, en Irlanda, y tras esta segunda escala comenzó la fiesta y la verdadera travesía de aquel majestuoso transatlántico. Todo perfecto durante tres días. Sólo atentos por si en el Atlántico Norte aparecía alguno de los témpanos que anunciaba el radiotelégrafo. El capitán Edward John Smith ordenó desviar el curso del *Titanic* un poco hacia el sur, dobló la vigilancia y se fue a dormir tranquilo. Tampoco podría hacer mucho daño a aquel coloso un pedrusco de hielo flotando en el mar. A las doce menos cuarto de la noche del 14 de abril, el *Titanic* crujió. Dos horas y media más tarde, crujieron 1.517 almas. Días después aún se pavoneaba por el Atlántico Norte un iceberg más alto que el *Titanic* y con marcas de pintura. El iceberg más grande, más elegante y más majestuoso de la historia de la navegación. Y sin prisas por llegar a ninguna parte.

La niña de Vietnam

Visualicen esta imagen: Vietnam, una niña desnuda corre por una carretera, con la cara desencajada por el llanto y los brazos abiertos. Corre hacia un fotógrafo que plasmó aquella imagen el 8 de junio de 1972. Aquel gráfico cambió con su foto la percepción de la lucha en Vietnam, porque por vez primera se veía el verdadero horror de la guerra. Ni soldados disparando ni aviones bombardeando. Una niña desnuda y aterrorizada dijo mucho más. Después de tomar la imagen, el fotógrafo colgó su cámara del cuello, agarró a la niña e inició una carrera desenfrenada hacia el hospital.

Aquella niña tenía nueve años, se llamaba Kim Phuc y vivía en una aldea de Vietnam del Norte. El 8 de junio, un responsable militar estadounidense coordinó el ataque que debían llevar a cabo aviones survietnamitas, y el plan incluyó el bombardeo de la aldea de la niña porque por allí pasaba una estratégica carretera que era la principal ruta de aprovisionamiento del enemigo. Pero no se lanzaron bombas convencionales, se lanzó napalm, una sustancia química cuatro veces más tóxica de lo que se dijo entonces. Pero, sobre todo, era muy difícil de apagar y causaba inimaginables sufrimientos. La niña de Vietnam ardió, pero echó a correr mientras sus ropas se iban consumiendo. Quedó desnuda, pero siguió corriendo. Su piel ardía, pero siguió corriendo. Hasta que se dio de bruces con el fotógrafo.

En el hospital no dieron ni un duro por su vida, porque la niña llevaba quemado el 65 por ciento de su cuerpo, pero el fotógrafo les convenció para que lo intentaran. El segundo problema fue distribuir la foto, porque no estaba bien visto mostrar un desnudo frontal y menos de una niña. Todos los periódicos del mundo la publicaron. Era la imagen del horror y había que verla. El fotógrafo de la agencia Associated Press recibió el Premio Pulitzer, y aquella niña de nueve años hoy es una mujer que ya disfruta de la cuarentena. Vive en Canadá con todo su cuerpo marcado por el fuego y hoy vuelca todos sus esfuerzos desde la UNESCO en ayudar a los niños víctimas de la guerra.

Real Carlos contra *San Hermenegildo*

El episodio ocurrido en aguas de Algeciras entre dos navíos españoles el 12 de julio de 1801 es de esos que mejor tachar de los libros de historia, aunque sólo sea por vergüenza torera. Porque aquella madrugada, dos barcos de la armada española, el *Real Carlos* y el *San Hermenegildo* estuvieron disparándose mutuamente como descosidos creyendo que el otro era el enemigo inglés. Cuando amaneció y vieron que habían estado cañoneándose entre colegas, no daban crédito.

El *Real Carlos* y el *San Hermenegildo* eran buques gemelos, de unos 60 metros de eslora y con 112 cañones cada uno. Los más grandes construidos por la marina española. Discurrían ellos en paralelo por aguas de Algeciras la noche de aquel 12 de julio con otros buques, cuando una fragata inglesa que navegaba sin luces se coló entre las líneas de nuestra gloriosa armada. El barco inglés lanzó una andanada por babor y otra por estribor, e inmediatamente salió pitando sin que nadie lo viera.

El *San Hermenegildo,* uno de los acometidos, contraatacó en la dirección de la que procedían los disparos, pero como la fragata inglesa ya había hecho mutis por el foro, al único que dio fue a otro buque español, al *Real Carlos*. Éste, al recibir el primer cañonazo, respondió a su vez, y disparó al *San Hermenegildo* creyendo que atacaba al enemigo inglés. Y así se pasaron la madrugada, hasta que llegó la clarita del día y los dos descubrieron que el supuesto enemigo era en realidad un colega.

Cuando los capitanes Ezquerra y Emparán se percataron de que habían estado disparándose recíprocamente, ya era tarde. Los barcos estaban para el arrastre. El capitán navarro José Ezquerra voló su navío, y el capitán guipuzcoano Manuel Emparán vio cómo las llamas consumían el suyo. La historia hubiera dado para un monólogo telefónico de los de Gila, del tipo «¿está el enemigo?, que se ponga», si no hubiera sido porque en aquel gran error murieron dos mil hombres. Un desastre naval en el que ni siquiera quedó el consuelo de echarle la culpa al enemigo.

Rescatados los náufragos de la *Medusa*

Hay un cuadro muy famoso, muy trágico, colgado en el museo parisino del Louvre. Se titula *La balsa de la Medusa* y lo pintó Gericault, que se hizo célebre sólo por este cuadro. La pintura se convirtió en emblema del Romanticismo, pero no sólo por la calidad de la obra, sino por el drama real que encerraba la imagen: la odisea de la balsa en la que intentaron sobrevivir ciento cincuenta náufragos de la fragata *Medusa*, una fatal aventura que duró trece días y que terminó el 17 de julio de 1816. De aquellos ciento cincuenta infortunados sobrevivieron sólo diez.

La fragata francesa *Medusa* embarrancó en aguas poco profundas de la bahía de Arguin, a la altura de Mauritania, con cuatrocientas personas a bordo. El barco no llevaba botes salvavidas para todos, así que se decidió construir una gran balsa que sería remolcada por los botes hasta llegar a la costa. En la balsa se hacinaron ciento cincuenta personas, mientras que oficiales y viajeros de alto postín se acoplaron en los botes. Pasados sólo unos días, cuando el hambre y la sed apretaron, los que iban en los botes comenzaron a ponerse nerviosos. Arrastrar la balsa era un lastre para alcanzar pronto la costa y, además, temían que los balseros se amotinaran y acabaran asaltando los botes. Solución, cortar las cuerdas y abandonar la balsa a su suerte. La orden la dio el propio capitán.

Trece días tardaron en encontrar la balsa. Trece días en los que se sucedieron a bordo los suicidios, los asesinatos y el canibalismo. Sólo encontraron a quince náufragos y cinco de ellos murieron días después. Los otros ciento treinta y cinco fueron arrojados al mar o devorados.

Se descubrió con posterioridad que el capitán era un navegante sin ninguna experiencia, pero su irresponsabilidad le costó sólo tres años de prisión. El naufragio de la balsa de la *Medusa* se convirtió en la obsesión de un pintor llamado Gericault, porque en aquella pintura plasmó no sólo el drama de ciento cincuenta náufragos. El lienzo iba cargado de simbolismo por el nefasto momento político que vivía su país entre el loco Napoleón y el arbitrario Luis XVIII: aquella balsa era Francia y Francia iba a la deriva.

Moriscos, pero españoles

Una de las mayores tragedias humanas, demográficas y económicas que ha vivido España fue la expulsión de los moriscos, de los musulmanes bautizados. Comenzó en 1609 y se prolongó durante cinco años, pero el 12 de enero de 1610 se produjo una de las más masivas y dramáticas. Se cumplía así la real orden de Felipe III, una decisión que no se atrevieron a tomar los anteriores monarcas, porque supieron calcular mejor las nefastas consecuencias que tendría la expulsión de cientos de miles de españoles. La historia tiene un principio: la capitulación de Granada.

En 1492 los Reyes Católicos aceptaron en las capitulaciones de Santa Fe respetar la forma de vida de los mahometanos, pero lo hicieron por las prisas de anexionarse Granada, no porque tuvieran intención de respetar los acuerdos. Se los saltaron a la primera de cambio y la Inquisición obligó a conversiones masivas. O eso, o abandonaban el país.

Los musulmanes aceptaron bautizarse porque ésta era su patria, la única que conocían desde hacía ochocientos años. Muchos moriscos mantuvieron a escondidas las normas musulmanas, a otros les daba exactamente igual Alá o Dios Padre, y otros se convirtieron en cristianos convencidos. Pero dio igual. Al final fue Felipe III el que metió a todos en el mismo saco y en las mismas galeras camino del exilio.

España, que apenas contaba con 5 millones de habitantes, perdió de golpe entre 500.000 y 900.000 ciudadanos. El país quedó despoblado; los campos, sin brazos; los comercios, cerrados; los nobles, sin criados. La economía se hundió. Con los moriscos nunca quedó claro qué fue antes, si el huevo o la gallina. Los expulsaron por ser enemigos o acabaron siendo enemigos por las constantes amenazas de expulsión.

Diego Clemencín lo definió muy bien: «Como forzados, fueron malos cristianos; como malos cristianos, perseguidos; como perseguidos, se hicieron enemigos, y como enemigos, se les exterminó». Luego, llegó la paradoja. España no les quiso por ser malos cristianos y Berbería los rechazó por estar bautizados y proceder de la España cristiana. Enhorabuena Felipe III. Ya lo dijo tu padre, el segundo de los Felipes: «Dios, que me ha dado tantos reinos, me ha negado un hijo capaz de gobernarlos».

Santa María de Iquique

Chile conmemoró el 21 de diciembre de 2007 uno de los episodios más vergonzosos de su último siglo. Habían pasado cien años desde que miles de obreros con sus hijos y esposas fueron masacrados por el ejército chileno cumpliendo órdenes del nefasto presidente Pedro Montt. Los trabajadores estaban en huelga, en lucha contra unas condiciones de trabajo infrahumanas a cambio prácticamente de nada. Murieron más de tres mil personas. Fue la matanza de la escuela de Santa María de Iquique.

Los salitreros que trabajaban en la zona norte del país, una región desértica de donde se extrae el famoso nitrato de Chile, ya no podían con su alma. El trabajo era insano, agotador y mal pagado. En Iquique se concentraron miles de obreros que arrastraron con ellos a sus familias, y allí, en las salitrerías, trabajaban, sobrevivían y morían a cambio de un sueldo mísero. Tan mísero, que ni siquiera era un sueldo. Les pagaban con fichas de cambio que sólo podían gastarse en los comercios de las propias compañías salitreras, y así no había familia que ahorrara ni un peso. En diciembre de aquel año 1907 el vaso se colmó y se produjo la primera y más grande reivindicación obrera de Chile.

Los salitreros iniciaron una huelga... primero en una mina... luego en otra... y en otra... y en otra. Hasta que la manufactura se paró. Las empresas salitreras eran inglesas, apoyadas sin condiciones por el gobierno de Pedro Montt. Cuando las compañías vieron disminuir la producción, pidieron ayuda al presidente y el presidente no lo dudó. Envió al ejército con orden de disparar a quien se negara a volver a su puesto de trabajo. Por eso mataron a tres mil. Porque los obreros, sus esposas y sus hijos, atrincherados en la escuela de Santa María de Iquique, se negaron a moverse de allí. Ahora, un siglo después, todavía los arqueólogos buscan las fosas que ocultaron aquella matanza para devolver a Chile parte de su memoria obrera. Una memoria vergonzosa, pero a la que los chilenos del siglo XXI no están dispuestos a renunciar.

Hundimiento del *Santa Isabel*

Las bravas aguas gallegas tienen un largo historial de naufragios, porque cuando el Atlántico se enfurruña no para en prendas. El 2 de enero de 1921 se produjo uno de esos desastres que ya casi nadie guarda en la memoria. Se hundió el buque *Santa Isabel* y se llevó con él la vida de 213 pasajeros y tripulantes. En la noche de aquel nefasto principio de año, el capitán Esteban García Muñiz intentaba con desesperación alcanzar el puerto de Villagarcía en mitad de un fuerte temporal. No pudo ser. A la una y media de la madrugada, en la entrada de la ría de Arosa, una roca truncó el rumbo.

En aquella última travesía, el *Santa Isabel* regresaba de Bilbao haciendo varias paradas en los puertos del norte para recoger a emigrantes que luego embarcarían en Cádiz camino del sueño americano. En Villagarcía debían embarcar los últimos pasajeros, pero un viento y una lluvia de mil demonios impidieron que el buque llegara a puerto. En la isla de Sálvora, a la entrada de la ría de Arosa, el barco encalló en una roca y quedó recostado de estribor. El capitán ordenó que se desalojara el barco y que los telegrafistas comunicaran la posición, pero en apenas quince minutos el barco quedó a oscuras, se desató el pánico y la radio enmudeció.

Las últimas palabras de auxilio del radiotelegrafista Ángel González Campos decían «estamos en Sálvo...», y ahí se cortó la comunicación. Algunos entendieron que ese «salvo» indicaba que el barco no corría peligro, pero la realidad fue que el tripulante no pudo rematar la palabra Sálvora. Otros buques, pese a la falta de datos sobre su posición intentaron localizar al *Santa Isabel*, pero el temporal del suroeste impidió cualquier intento.

Las cincuenta y seis personas que pudieron salvar la vida lo hicieron alcanzando a nado la isla de Sálvora y, sobre todo, ayudadas por tres mujeres que vivían en aquella aldea y que se hicieron a la mar en una pequeña barca para remolcar los botes salvavidas. Aquellas tres gallegas salvaron a cuarenta y ocho personas. Se llamaban Josefa, Cipriana y María, y fueron las heroínas de la tragedia del *Santa Isabel*.

El oro de Moscú

Todavía algunos dudan de que existiera el famoso oro de Moscú, aquel que sacó del Banco de España el gobierno de la República para, según unos, ponerlo a salvo de los franquistas y, según otros, para pagar la ayuda de la Unión Soviética a las tropas republicanas. Para una u otra cosa, existir, existió. En 2006, el Banco de España, en la exposición que conmemoraba sus ciento cincuenta años de existencia, mostró por primera vez el acta por la que se aprobó la salida del oro. Quinientas y pico toneladas de reluciente metal salieron del puerto de Cartagena el 26 de octubre de 1936 en cuatro buques soviéticos. Llegaron a Odessa el 2 de noviembre. Empezaron a contarlo a primeros de diciembre de 1936 y terminaron a finales de enero de 1937.

Stalin, tan contento, porque se encontró con dieciséis clases de monedas en oro: desde pesetas, que eran lo de menos, hasta francos franceses, belgas y suizos; marcos, florines, pesos mexicanos, argentinos y chilenos; libras esterlinas y una extraordinaria cantidad de dólares. Monedas que, al ser en oro, tenían más valor que el de curso legal. Aquel oro valdría ahora, más o menos, 8.200 millones de euros, pero mejor no echar cuentas.

La orden la dio el ministro de Hacienda, Juan Negrín, considerado un buen gestor hasta que este asunto le puso en la picota. Aquel dinero en manos de Stalin no iba a regresar, mucho menos cuando Franco avanzaba imparable. La Unión Soviética se cobró con aquel oro todos los envíos de material para ayudar a los republicanos. O sea, que lo que primero estuvo disfrazado de apoyo desinteresado para combatir al fascismo tuvo un precio. A finales de 1938 Stalin había cuadrado perfectamente las cuentas y ya no quedaba ni un céntimo. Tanto por los tanques… tanto por los víveres… tanto por esto… tanto por lo otro… Si por él hubiera sido, hasta le deberíamos dinero.

Cuando Franco ganó y abrió los sótanos del Banco de España se los encontró vacíos, así que tuvo que comprar oro a los nazis para rellenarlos; el mismo oro que tuvo que vender luego a Nueva York para afrontar los créditos contraídos con Estados Unidos tras la Guerra Civil. ¿Que dónde está el oro de Moscú? En Moscú. ¿Y el oro nazi? En Nueva York. Empate a uno.

Terremoto de San Francisco

En la madrugada del 18 de abril de 1906 los californianos de San Francisco se arrebujaban entre sábanas ajenos a la que se estaba fraguando en el subsuelo. En apenas unos minutos, un terremoto y los incendios posteriores les destruyeron más de media ciudad, les mataron a tres mil ciudadanos, dejaron a doscientos y pico mil sin sus casas y les metió un miedo en el cuerpo que todavía no se les ha ido. No hay día que no piensen en la que se les vendrá encima con el Big One.

El terremoto de San Francisco tuvo una magnitud calculada entre 7 y 8; no se pudo precisar en aquel momento porque el tipo que luego definió la famosa escala de Richter, y que casualmente se llamaba igual, sólo tenía seis años. Es más, en aquel 1906, ni sabían lo que era la magnitud, ni que por debajo de San Francisco pasa una de las fallas más activas del mundo, a la que luego pusieron nombre de apóstol, San Andrés; y ni mucho menos sabían qué era aquello de la tectónica de placas.

Al menos para eso sirvió el terremoto, porque aquel cataclismo fue el punto de partida para el estudio de las causas de los seísmos. Y las causas ya las tienen claras, y mucho más las consecuencias, pero la asignatura que aún está por aprobar es la de la predicción. Predecir un terremoto es, hoy por hoy, ciencia ficción.

Lo peor del terremoto de San Francisco no fue la sucesión de temblores, sino los incendios que se desataron y que estuvieron devorando la ciudad durante cuatro días. El cálculo de muertos fue muy optimista al principio. Cuatrocientos y pico, dijeron, pero es que se habían olvidado de contar a los cientos y cientos de víctimas de los barrios chinos. Las cifras revisadas en 2005 hablan de tres mil muertos, y lo peor es que murió mucha más gente en los incendios que por el terremoto. Porque al final resulta que los terremotos son prácticamente inofensivos. Hasta el más fuerte de los registrados, si nos pillara en mitad de un campo, como mucho nos sentaría de culo. Ya lo dicen los geólogos, el terremoto no mata, matan los edificios. De hecho, la falla de San Andrés provoca diez mil terremotos al año y ni se enteran.

Tlatelolco

El 2 de octubre de 1968 se produjo la irracional matanza en la plaza de las Tres Culturas de Ciudad de México. La plaza de Tlatelolco, si prefieren el nombre azteca. ¿Cifras oficiales? Pues nada, que murieron veintinueve y otros ochenta salieron descalabrados. ¿Datos reales? No menos de trescientos cincuenta muertos, miles de heridos y cientos de desaparecidos. El ejército mexicano no ha levantado cabeza desde entonces y el PRI, el Partido Revolucionario Institucional, inició un lento, lentísimo declive, que le hizo perder el poder en el año 2000, después de siete décadas gobernando a sus anchas.

El presidente Gustavo Díaz Ordaz gobernaba el país. Aunque, más que gobernarlo, es que se lo había quedado. Controlaba absolutamente todo, desde lo más obvio hasta medios de comunicación, sindicatos, patronales... todo. Pero como dicen las historietas de Astérix, ¿todo? Nooo... Una universidad poblada por irreductibles estudiantes resistía al PRI. No aceptaban que el 80 por ciento de la riqueza de México estuviera en manos de un 10 por ciento de la población.

Pero México y sus gobernantes eran en aquel año 1968, gracias a la inmediata celebración de los Juegos Olímpicos, un escaparate al mundo para mostrar la paz social del país y la bonanza económica conseguidas por el PRI. Así que, no iban a permitir que unos cuantos miles de estudiantes les aguaran la fiesta.

Los universitarios, que ya habían sufrido en septiembre ataques del ejército en el propio campus, convocaron una manifestación pacífica en la plaza de las Tres Culturas, pero no calcularon que los accesos eran muy fáciles de bloquear. Allí había concentradas entre cinco mil y doce mil personas cuando el encargado de arengar con el primer discurso no tuvo tiempo ni de dar las buenas tardes. Vehículos blindados, helicópteros, tropas uniformadas y unidades especiales del ejército abrieron fuego indiscriminado contra estudiantes, familias con niños y simples civiles que habían acudido a la protesta.

Al día siguiente la sangre se borró con agua, el presidente le dijo al mundo «aquí no pasa nada», los Juegos Olímpicos se inauguraron una semana después y España no se trajo ni una de bronce.

Primero de Mayo

Primero de Mayo, Día Internacional de los Trabajadores y casi siempre, puente. El origen de la fiesta se remonta ciento y pico años atrás, cuando el 1 de mayo de 1886 las organizaciones sindicales de Estados Unidos convocaron una huelga general para que se cumplieran las ocho horas de trabajo que estipulaba la ley y que los empresarios se saltaban a la torera un día sí y otro también. El lema de aquella primera manifestación fue «ocho horas de trabajo, ocho horas de descanso, ocho horas de educación».

Porque, efectivamente, existía una ley que marcaba una jornada laboral de ocho horas, la Ley Ingersoll, pero en los contratos laborales, los empresarios añadían una letra pequeña que obligaba a los obreros a trabajar catorce o dieciséis horas si la empresa lo requería. Y lo requería a diario. Los trabajadores se inflaron, especialmente los de Chicago, la ciudad que sufría condiciones laborales más duras. Y fue en Chicago donde los obreros se llevaron la del pulpo, en concreto los de la empresa McCormick, que continuaron con la huelga durante los siguientes días al primero de mayo y que acabaron masacrados por la policía. Cinco de ellos, incluso, ejecutados meses después tras una pantomima de juicio.

La prensa puso su magistral granito de arena en apoyo de los trabajadores; los llamó «lunáticos antipatriotas», «rufianes rojos comunistas», «truhanes» y «brutos asesinos». Pasados tres años de aquellos sucesos, la Segunda Internacional Socialista, la de 1889, instituyó el Primero de Mayo como jornada para perpetuar la memoria de aquellos trabajadores, y desde entonces hasta hoy no hay comienzo de mayo sin manifestación en casi todo el mundo. Salvo, por supuesto, en Estados Unidos, lugar del sucedido, porque como a ellos les gusta ir por su cuenta, celebran el Día del Trabajo, no de los Trabajadores, el primer lunes de septiembre. Y, por cierto, si usted, lector, disfruta de una jornada laboral máxima de siete u ocho horas mondas y lirondas, felicidades.

La boda de sangre de Alfonso XIII

En la noche del 30 de mayo de 1906 un joven de veintiséis años se revolvía en su cama sin poder conciliar el sueño. Tenía una misión importante que cumplir la jornada siguiente: matar al rey Alfonso XIII. Pero cumplió malamente su tarea, porque dejó decenas de víctimas, pero al rey no le hizo un rasguño. Era Mateo Morral, el anarquista que arrojó una bomba camuflada en un ramo de flores al paso del carruaje que llevaba a los recién casados Alfonso XIII y Victoria Eugenia por la calle Mayor de Madrid.

Mateo Morral había llegado procedente de Barcelona un par de semanas antes de la boda real. En el propio tren encontró el anuncio que buscaba en las páginas de *El Imparcial*: «Cedo habitación para estas fiestas. Calle Mayor, 88. Cuarto derecha». Perfecto. Frente al balcón de esa habitación pasaría la comitiva con los recién casados. Lo malo es que la habitación ya había sido alquilada, pero Mateo Morral ofreció veinticinco pesetas diarias y pagando por adelantado a cambio de quedársela. Una pasta para el casero en aquel tiempo.

Los días previos al atentado Mateo Morral dejó todo organizado: compró el material necesario en una ferretería, preparó la bomba, encargó el ramo de flores... y en la víspera de la boda se acercó a tomar una horchata a la Puerta del Sol. Se sentó justo al lado de donde tenían su habitual tertulia Pío Baroja, Azorín, Valle Inclán y Gómez de la Serna. Estos cuatro grandes de la generación del 98 presenciaron la agarrada que tuvieron Mateo Morral y el pintor Leandro Oroz a cuenta del anarquismo. Oroz llamó, más o menos, muertos de hambre a los anarquistas, y Morral reaccionó de forma violenta. Se identificó como anarquista y remató la discusión diciendo a Oroz: «Usted se calla si no quiere que le rompa la cabeza». Y se fue. Nada más se sabe de él, salvo que durmió hasta las once de la mañana de aquel 31 de mayo. Después... Bum...

Veinticuatro muertos fue el saldo de aquellas bodas de sangre. Dos días después el propio Morral se descerrajaba un tiro en el pecho al ser descubierto por la Guardia Civil. Pero esto es otra historia.

Matanza de Tiananmen

Recuerden a aquel estudiante de camisa blanca y pantalón oscuro. Recuerden que llevaba un par de bolsas de plástico en las manos y que se plantó delante de una columna de tanques dispuesto a morir aplastado. Pero el primer carro de combate paró en seco a 2 metros de arrollarle. El tanque giró a la derecha y el estudiante volvió a ponerse en su camino. El tanque giró de nuevo a la izquierda y otra vez el joven volvió a cruzarse. Ocurrió el 4 de junio de 1989, y sólo era el principio de lo que se avecinaba: la masacre de Tiananmen.

Porque en aquella ocasión los tanques pararon, pero no lo hicieron horas después, cuando pasaron por encima de cientos de estudiantes acampados en la famosa plaza de Pekín, la más grande del mundo. Los concentrados en Tiananmen llevaban dos meses de protesta pacífica pidiendo, solamente, un poco más de libertad. Hasta que al gobierno chino se le inflaron las narices con tanta tontería demócrata.

Según las autoridades, hubo un puñado de muertos antipatriotas, necesarios según ellos para mantener el orden establecido. Fuentes menos frívolas, sin embargo, han cifrado en dos mil los estudiantes asesinados, sin contar a los ejecutados con posterioridad.

Por el chico del tanque, no pregunten. Nadie sabe qué fue de él. Tras protagonizar su plante, subirse al tanque y pedirle al conductor que diera la vuelta y no matara a estudiantes, fue sacado de la carretera por un grupo de civiles que se lo llevaron disimulado entre la multitud. Los testigos aseguran que eran miembros del ejército vestidos de paisano y que aquel joven de diecinueve años fue ejecutado en los días posteriores.

Lo único que se llevó de este mundo fueron aquellos tres minutos de maldita gloria y que la revista *Time* lo incluyera entre las cien personas más influyentes del siglo XX. Pero ahí lo tienen, el gobierno chino sigue diciendo que lo hecho bien hecho está y ha borrado del calendario aquel 4 de junio del 89. La única fecha que contaba para ellos fue el 8 del 8 de 2008, el día en que comenzaron los Juegos Olímpicos, organizados con el mismo arte y la misma diligencia que organizaron la masacre de Tiananmen.

Cólera

Tremendo alboroto el que se montó en Madrid el 21 de junio de 1885. La Dirección General de Sanidad declaró oficialmente el cólera en la capital y, en consecuencia, el Círculo de la Unión Mercantil ordenó el cierre de comercios, bares y tabernas. Si a eso se añade que antes se habían cerrado talleres y fábricas y que el comercio y las transacciones se habían paralizado, los vecinos de Madrid, encolerizados, hambrientos y sin trabajo, se amotinaron y se echaron a la calle a montar bulla.

La culpable de todo era una bacteria muy puñetera y viajera llamada *vibrio cholerae*, un bicho que salta de humano en humano con una facilidad pasmosa, siempre que el humano sea pobre. Una bestia microscópica que meses antes había desembarcado en Alicante procedente de Argelia. Por el Levante andaban segadores y arrieros que habían ido a recoger las cosechas y que luego se trasladaron a Castilla, Aragón y Andalucía para buscar nuevos tajos en otras recolecciones. Y con ellos viajó la bacteria, que fue empadronándose a la chita callando en una cuarta parte de los municipios españoles. Las cuarentenas en las poblaciones provocaron el cierre de las fábricas y el aumento del desempleo, y, como dos y dos son cuatro, llegaron también el hambre y la desesperación.

La provincia de Madrid no fue de las más castigadas. Al fin y al cabo sólo murieron tres mil y pico en la epidemia de 1885, y la mayoría fuera de la capital. Pero a los castizos se les cruzaron los cables cuando les cerraron lo último que quedaba por cerrar, bares y tabernas. Ni siquiera podían ahogar las penas con un chato de vino.

Encima, el cólera no atacaba a todas las clases sociales, sólo a las más bajas, con lo cual llovía sobre mojado. Además de pobres y hambrientos, enfermos. El cólera y la cólera hicieron buenas migas y los madrileños organizaron la marimorena en las calles. Durante todo aquel 21 de junio se sucedieron las cargas de la Guardia Civil, pero la cosa no se calmó hasta que apareció el general Pavía con el ejército para repartir candela. Amotinados al general Pavía... si era el mismo que había dado el golpe de Estado para acabar con la Primera República.

Teatro Novedades

El director Cayo Vela gobernaba con la batuta los compases que el maestro Alonso había compuesto para el sainete *La mejor del puerto*. Novecientos espectadores seguían el ritmillo con los pies desde el patio de butacas cuando a las nueve menos cinco de la noche del 23 de septiembre de 1928 un farolillo comenzó a arder. El tramoyista gritó fuego, se desató el pánico y ya no hubo escapatoria. El teatro Novedades de Madrid ardió y dejó entre las llamas sesenta y siete muertos.

Aquel viernes de hace ocho décadas, noche de comedia, acabó en drama, porque las condiciones del teatro y la escenografía ayudaron lo suyo. Cuando se inició el incendio había sobre las tablas un barco de madera adornado con luces. Un cortocircuito provocó que uno de los farolillos prendiera, las llamas alcanzaron el techo y, para remate, el fuego impidió llegar hasta el manubrio de madera que accionaba el telón metálico para separar el escenario del patio de butacas.

Surgió entonces el sálvese quien pueda, y las desesperadas carreras de espectadores provocaron que las muletas de uno de ellos atascaran las escaleras. Ni siquiera la orquesta, que en mitad del incendio intentaba calmar los ánimos tocando *Las lagartera-*

nas, transmitió un poco de cordura. Este hecho recuerda a la orquesta del *Titanic* tocando a Vivaldi mientras el transatlántico se iba a pique.

Mentes supersticiosas dicen que ése era el destino del teatro Novedades por haberse inaugurado un día 13, y lenguas viperinas añaden que el mal fario lo llevó Isabel II por ser la encargada de inaugurarlo. Pero la verdadera razón del incendio fue que el teatro estaba mal construido y con nulas medidas de seguridad. Al menos sirvió para que, a raíz de la desdicha, se aprobara la primera medida contra incendios en locales de pública concurrencia. Como en tantas ocasiones, la tragedia llegó antes que la norma.

Presa de Tous

A primeras horas de la mañana del 20 de octubre de 1982 los vecinos de las poblaciones ribereñas del río Júcar, en Valencia, amanecieron con el corazón en un puño. Sabían que el infierno estaba a punto de instalarse allí, y de hecho se instaló aquella tarde cuando el muro de contención de la presa de Tous cedió a la fuerza de las aguas. Fue la pantanada de Tous, y el resultado treinta y ocho muertos, cien mil evacuados, cosechas de cítricos y arroz inutilizadas, casas arrasadas, más de cincuenta pueblos devastados y trescientos millones de euros en pérdidas.

Después de la tempestad no vino la calma. Vino la indignación, la rabia, el entierro de los muertos, la búsqueda de los desaparecidos... La paradoja, la gran broma de la naturaleza, es que en 1982 el embalse de Tous ahogó a una comarca de 100.000 almas y en 2006 estuvo a punto de matarla de sed, porque llegó al 11 por ciento de su capacidad. Asomaba hasta el campanario de la iglesia de uno de los pueblos que fueron anegados para su construcción.

Hasta el lugar del desastre fueron los reyes, fue el presidente Calvo Sotelo, fueron ministros, gobernadores civiles; fue Felipe González, al que sólo le quedaban ocho días para alcanzar la presidencia del Gobierno; fue Carrillo, fue Fraga... Fue medio mundo, pero nadie llevaba la solución en el bolsillo. Después de un desbarajuste judicial que se dilató a lo largo de veinte años, con juicios que se suspendían, con jueces que renunciaban y con los afectados buscando culpables, por las vías penales unos y por la civil otros, al final se declaró al Estado responsable civil subsidiario.

Se han pagado en indemnizaciones unos doscientos cincuenta millones de euros, una cifra que se aproxima mucho a los trescientos en los que se valoraron los daños causados y que hubieran dejado satisfechos a los afectados de haberse pagado meses después de la catástrofe. Pero, claro, los euros de ahora no son las pesetas de entonces, y ahí está el IPC anual que puntualmente nos recuerda que lo que antes valía uno ahora vale cuatro.

Mamarrachadas

Hitler, Nobel de la Paz

La historieta que nos ocupa es propia del 28 de diciembre, porque en sí misma es una inocentada. Pero no. El 1 de febrero de 1939 un insensato parlamentario sueco que había propuesto a Hitler como candidato al Nobel de la Paz intentó borrar todo vestigio de su petición en la Academia sueca para que no quedaran pruebas de su estupidez. Para evitar precisamente lo que estamos haciendo ahora, sospechar que aquel político llamado Erik Brandt se ganó su escaño en una tómbola.

La cosa fue como sigue, porque tener, tiene explicación. En 1938, cuando las potencias europeas simplemente mantenían las distancias con Hitler, sin pasar a mayores, se firmaron los pactos de Múnich para poner fin a la crisis de los Sudetes. Por un lado, Gran Bretaña y Francia, y, por otro, Alemania. Como mediador, Mussolini. Tiene guasa, pero lo que acordaron no tiene nombre: Hitler recibió el beneplácito para invadir Checoslovaquia a cambio de dejar en paz al resto de sus vecinos. Increíble, cuatro países firmaron unos acuerdos que afectaban directamente a un quinto, a Checoslovaquia, que jamás fue invitado a esas reuniones. Aquello fue vergonzoso, pero las potencias europeas se quedaron tan convencidas de que aquello había evitado la guerra.

Y en éstas estábamos, con todos contentos menos los checoslovacos, que fueron invadidos de inmediato por los nazis, cuando el parlamentario socialdemócrata sueco Brandt, no se sabe si fumado o bebido, hizo su propuesta a la Academia: Hitler, candidato al Nobel de la Paz. La Academia recogió la propuesta porque ésa es su obligación, pero meses después la desestimó porque Hitler no recibió más apoyos.

Brandt, cuando se percató de la que había liado, intentó retirar a su candidato y que la documentación donde apareciera su nombre fuera destruida. No pudo ser, porque los estatutos de la Academia sueca prohíben tales escamoteos. Los descendientes de aquel político sueco puede que vivan estigmatizados, pero no es para tanto. Peor ha sido lo de Al Gore, porque a éste se lo dieron de verdad.

Estados Unidos se queda Guantánamo

¿Qué pintan los yanquis instalados tan cómodamente en el feudo de Fidel Castro, en Guantánamo, sin que nadie les tosa? El origen está en el 23 de febrero de 1903. Hace más de un siglo Cuba firmó un acuerdo con Estados Unidos por el que le otorgaba el derecho perpetuo a mantener una base naval en la bahía de Guantánamo. Tiene guasa que la canción cubana más célebre (*Guantanamera*) se refiera a la provincia ocupada por los estadounidenses. La historia une a extraños compañeros de viaje.

La manita que les echaron los estadounidenses a los cubanos para independizarse de España tuvo un precio: instalarse ellos. Fue algo así como quítate tú que me pongo yo. Lo cierto es que los cubanos estuvieron tontos, porque ya nos tenían ganada la guerra sin necesidad de que interviniera Estados Unidos, pero los yanquis se les colaron por una rendija y, cuando ya estaban acomodados, comenzaron a poner condiciones. Estados Unidos reconoció la soberanía de Cuba, pero previo pago de los servicios prestados. Y el precio era que la primera Constitución cubana incluyera un apéndice conocido como la enmienda Platt.

Constaba de ocho artículos. El primero prohibía al gobierno de Cuba concertar tratados con otros países que menoscabaran su independencia y que implicaran la cesión de parte de su territorio. Pero es que el artículo séptimo obligaba a Cuba a ceder porciones de suelo cubano para la ubicación de estaciones navales o carboneras norteamericanas. Qué gracioso, lo que prohibía el primer artículo lo contradecía el séptimo.

Estados Unidos le echó el ojo a la bahía de Guantánamo, una importante escala en la ruta marítima entre el imperio y el Canal de Panamá. Aquel 23 de febrero de 1903 se hizo efectivo el acuerdo de la cesión del terrenito a los estadounidenses como base naval y, tiempo después, en 1934, el acuerdo se sustituyó por un tratado que arrendaba para los restos el emplazamiento de la base.

Estados Unidos paga 4.000 dólares al año por el arrendamiento de Guantánamo, dinero que Cuba se niega a recibir, pero que no por ello los yanquis dejan de pagar. Puntualmente lo ingresan en un banco suizo a nombre del gobierno cubano. Es de chiste.

Napoleón y la prensa

Napoleón Bonaparte dejó a toda Francia y a medio mundo boquiabiertos el 1 de marzo de 1815. Desembarcaba en la Costa Azul francesa, después de huir de su encierro mediterráneo en la isla de Elba, dispuesto a llegar a París, recuperar su trono imperial y volver a hacer la puñeta a los ingleses. Era el último coletazo del Bonaparte, capaz aún de arrastrar a sus antiguas tropas a la que sería su última batalla, la de Waterloo.

Napoleón no sólo tenía hasta el gorro a toda Europa, también resultaba cansino hasta para los franceses, hartos ya de batallar en Egipto, invadir España y morirse de frío en Rusia. Pero también es cierto que le tenían mucho miedo, y esto lo ilustra muy bien un episodio que se dio en la prensa francesa cuando se conoció la huida de Napoleón de Elba. Ocurrió lo siguiente: Napoleón tardó veinte días en llegar a París desde que desembarcó en la Costa Azul aquel primero de marzo, y nadie pudo imaginar que consiguiera tantos apoyos en su camino hacia la capital.

Atentos a la evolución de los titulares de un periódico parisino, *El Monitor*, a lo largo de aquellos días. Cuando Napoleón huyó de Elba, el titular fue: «El ogro sanguinario de Córcega ha abandonado su prisión». Cuando desembarcó en la costa francesa, titularon algo así como «El bandido corso desembarca en Francia». Días después, «El monstruo ha pasado la noche en Grenoble». Poco más tarde el titular decía: «El tirano ha pasado por Lyon» y, más adelante: «El usurpador se halla a cuarenta leguas de la capital». El siguiente titular decía: «Bonaparte continúa su avance triunfal»; y el de un día después: «Napoleón estará mañana al pie de nuestras murallas». Pasó un día más y el titular fue: «El emperador ha llegado a Fontainebleau». La última cabecera fue de traca: «Su majestad imperial llega a la capital de sus Estados en medio de sus fieles súbditos».

Napoleón había pasado en un mes de ser un ogro sanguinario, un tirano, un bandido y un usurpador a majestad imperial. Comenzaba el histórico imperio de los Cien Días, los últimos cien días de gloria del Bonaparte.

El cinismo de la esclavitud

Si en algún momento de la historia de este país quedó patente la doble moral de los gobernantes españoles fue el 29 de marzo de 1836: quedó abolida la esclavitud en España. En la España peninsular, porque en las colonias continuaba siendo legal y amparada por la corona. Dicho más claro, en España no se podían tener esclavos porque estaba mal visto de cara a Europa, pero los españoles de Cuba podían tener todos los esclavos que les diera la gana.

Qué decisión tan absurda. Pero es que, más que absurda, era interesada. Por aquel entonces regentaba el país María Cristina de Borbón, viuda de Fernando VII, mamá de Isabel II y reina corrupta donde las haya. Esta reina regente y su nuevo marido —uno de sus escoltas, al que luego regaló el título de duque para darle un poco de postín— tenían intereses en empresas que se dedicaban al comercio de esclavos. Es más, tenían plantaciones en Cuba con cientos de esclavos como mano de obra y si la reina hacía extensiva a las colonias su real orden para prohibir la esclavitud en España, se le caía el negocio abajo.

Pero a María Cristina de Borbón también le preocupaba el qué dirán, y como en Europa ya estaba muy mal visto tener a seres humanos cautivos y rascándote la espalda, la reina abolió la esclavitud en la Península porque perjudicaba las costumbres sociales europeas.

El tráfico de negros en América continuó durante casi todo el siglo XIX, hasta hace nada, y allí se forjaron inmensas fortunas de militares, nobles y gobernadores españoles gracias al comercio y la explotación de los esclavos. Por eso los miembros de gobiernos conservadores que se sucedieron en el siglo XIX se negaban a abolir la esclavitud en colonias, porque les tocaba el bolsillo directamente.

Para quien tenga una imagen humana y bondadosa del conservador Cánovas del Castillo, el que se empeñó y logró restaurar la monarquía en España, allá va esta perla: «Todos quienes conocen a los negros os dirán que son perezosos, salvajes, inclinados a actuar mal, y que es preciso conducirlos con autoridad y firmeza para obtener algo de ellos». Y se murió convencido de que tenía razón.

Las inexistentes brujas de Salem

Recurrir a una efeméride del delirante episodio de las brujas de Salem se complica sobremanera, porque no hubo día de 1692 en que no se produjera una acusación, un interrogatorio o una ejecución. Por ejemplo, el día 19 de abril de aquel año se celebró uno de los muchos juicios de Salem. Cuatro mujeres fueron juzgadas por brujería y una de ellas fue la primera ejecutada del proceso de Salem. No pararon hasta ahorcar a diecinueve personas más. Las pruebas se basaban en «evidencias espectrales».

Lo más extravagante del proceso a las brujas de Salem es que las acusaciones las hacían niñas. Primero, fueron dos, casualmente la hija y la sobrina de un nuevo reverendo llegado a Salem. Luego, el juego se extendió y hasta quince chicas más encontraron muy divertido hacerse las hechizadas y acusar hasta a doscientos ciudadanos de practicar brujería.

Pero las primeras acusaciones no eran casuales. El reverendo del que hablo llegó a Salem procedente de Boston, y precisamente en Boston había sido muy sonado un caso conocido como el de «las niñas Goodwin», cuatro crías que señalaron a una criada irlandesa como hechicera. Aquel asunto despertó mucho fervor entre los creyentes y el reverendo decidió importar la idea a Salem. Un truco religioso para atraer clientela.

Acusar era muy fácil: bastaba señalar a alguien que te cayera mal y simular unas cuantas convulsiones. Si encima el acusado faltaba de vez en cuando a misa, la condena estaba asegurada. Muchos acababan confesando, porque las torturas eran terribles, y el que se resistía a admitir ser hechicero también acababa condenado porque se suponía que la fuerza de su resistencia provenía del diablo. O sea, que no había por dónde escaparse.

Muchas familias de Salem, ciudad ahora en el Estado de Massachusetts (Estados Unidos), quedaron marcadas para los restos. Hasta el extremo de que en el año 2001 la gobernadora tuvo que proclamar oficialmente la inocencia de todos los procesados en 1692. Los jueces que los condenaron y los acusadores, con el reverendo a la cabeza, se supone que andarán por el infierno, si es que existe.

Lo dijo Shakespeare: hereje no es el que muere en la hoguera. Hereje es el que la enciende.

San Petersburgo

Es difícil encontrar una ciudad en el mundo a la que le hayan cambiado más veces el nombre que a San Petersburgo. El 26 de enero de 1924 se dio uno de esos cambios. Pasó a llamarse Leningrado y es fácil imaginar en honor de quién, de Lenin, porque hacía cinco días que se había muerto y quisieron hacerle la gracia. Pero entre los nombres de San Petersburgo y Leningrado hubo otro, Petrogrado. Los rusos, que ya pasan de tanto cambio, han decidido llamarla «Piter».

San Petersburgo nació a partir de la fortaleza de San Pedro y San Pablo, situada en mitad de un islote, y el zar Pedro I el Grande se empeñó en 1703 en crear en aquel mar de fango una ciudad que no pudiera envidiar a Ámsterdam. Costó lo suyo, sobre todo vidas, porque los trabajadores murieron por miles. Se trasladó a la fuerza a campesinos, a albañiles de toda Rusia, a arquitectos, a infinidad de presidiarios... Hasta se prohibió que se usara la piedra para construir casas en todo el país porque el zar la quería toda para levantar San Petersburgo. Fue Dostoievsky el que definió la ciudad como «la más abstracta y premeditada del mundo». Pero les quedó muy bonita, la verdad.

El nombre de San Petersburgo duró hasta 1914, cuando otro zar, Nicolás II, lo cambió por Petrogrado. ¿Por qué este primer cambio? Porque el nombre de San Petersburgo era de origen alemán y, como Rusia entró en guerra con Alemania, Nicolás II se negó a tener nada en Rusia que oliera a germano. Por eso le puso Petrogrado. El nuevo nombre duró diez años, hasta que, lo dicho, se murió Lenin.

Pero en 1991 se hizo un referéndum entre los ciudadanos y se votó mayoritariamente recuperar el nombre histórico de San Petersburgo. Entre tantas idas y venidas de nomenclaturas se fueron muriendo los zares, y casi todos están allí enterrados. Pero no se lo pierdan, porque Lenin, que permanece más tieso que la mojama en su mausoleo de la plaza Roja de Moscú, pidió también ser enterrado en San Petersburgo, porque allí están sepultados su madre y su hermano. Al final, la muerte acabará reuniendo a bolcheviques y zares en San Petersburgo, Leningrado, Petrogrado o Piter. Tanto da.

Calendario republicano

¿Por qué al mes de enero se le llama enero y al de septiembre, septiembre? Porque así lo decidieron los romanos y los demás no hemos puesto inconveniente. Pero a los revolucionarios franceses no les gustaba que el año estuviera definido con nombres de meses que hacían referencia a dioses, emperadores y nomenclatura de la antigua Roma. Así que, el 1 de vendimiario del primer año de la República la Asamblea Nacional impuso el calendario republicano francés. Para el resto del mundo seguía siendo 22 de septiembre de 1792.

En aquella época quedar con un francés era un lío, porque si te citaba el 2 de pluvioso tenías que andar calculando que en realidad era el 21 de enero. Y si quedaba el 5 de frimario, más valía ir el 25 de noviembre si querías verle. Los republicanos bautizaron sus meses según el paso natural de las estaciones y siguiendo los consejos de un poeta que se llamaba, cómo no, François, aunque firmaba Fabre d'Eglantine. Y como era eso, poeta, decidió que los tres meses de verano terminaran todos en «or» (mesidor, termidor y fructidor); los tres de otoño, en «ario» (vendimiario, brumario y frimario); los tres de invierno, en «oso» (nivoso, pluvioso y ventoso); y los tres de primavera, en «al» (germinal, floreal y pradial). Es lo que tiene dejar estas cosas en manos de un trovador.

Pero, claro, estos meses les servían a los franceses entonces, pero no al resto del mundo, porque en Cádiz se tirarían medio año en el mes de ventoso y en el trópico se moverían sólo entre germinal, floreal y pluvioso. Es más, actualmente, con el cambio climático, el calendario republicano francés no les hubiera servido ni a ellos.

La iniciativa tenía el futuro contado, y duró lo que duró, hasta que llegó Napoleón en 1804, mucho más prosaico él, y decidió recuperar el calendario de toda la vida de Dios. Y, por cierto, al poeta que discurrió los nombres de los meses lo guillotinaron el 16 de germinal del tercer año de la República. Mucho tardaron.

La maléfica ley Volstead

En menudo berenjenal se metió Estados Unidos el 16 de enero de 1920. Entró en vigor la ley Volstead, más conocida como la ley seca, la que decretaba la prohibición de toda clase de bebidas que contuvieran el 0,5 por ciento de alcohol. No se podía tomar ni una cerveza, ni un vaso de sidra… ni mucho menos una copa de vino. Y digo lo del berenjenal, porque lo único que consiguió Estados Unidos con una ley tan moralista fue tender un puente de plata al mundo del hampa. Los gánsteres daban palmas con las orejas sin estar borrachos.

Es una pena que casi nadie conozca la ley seca por el nombre de la lumbrera que la promovió, el congresista republicano Andrew Volstead. Vean lo que dijo para anunciar la puesta en marcha de la ley: «Esta noche, un minuto después de las doce, nacerá una nueva nación. El demonio de la bebida hace testamento, se inicia una era de ideas claras y limpios modales. Los barrios bajos serán pronto cosa del pasado. Las cárceles y correccionales quedarán vacíos; todos los hombres volverán a caminar erguidos, sonreirán todas las mujeres y reirán todos los niños. Se cerrarán para siempre las puertas del infierno». Desde luego, lo clavó.

La pregunta es quién dejó que un tipo como éste se metiera a político y por qué nadie lo encarceló de inmediato. La ley Volstead promovió e instaló de forma permanente el crimen organizado en Estados Unidos y provocó que el país atravesara una de sus etapas más negras y corruptas. La ley permitió hacer colosales negocios, por un lado, a los fabricantes de bebidas gaseosas no alcohólicas (con la Coca-Cola se forraron) y, por otro, a los fabricantes clandestinos de alcohol, que se hicieron de oro destilando whisky por su cuenta.

Cómo sería de lucrativo el negocio, que en un solo año la policía descubrió 172.000 alambiques ilegales; o sea, que es fácil imaginar los que no descubrieron. Allí el que no bebía era porque no quería. Trece años después de su aprobación, en 1933, Estados Unidos derogó la ley tras considerarla un completo fracaso. De Andrew Volstead, nunca más se supo. Seguramente se dio a la bebida.

Búfalo Bill por las Ramblas

Se llamaba William Frederick Cody y era el prototipo del vaquero americano; perteneció al Séptimo de Caballería, luchó contra los indios —aunque luego se hicieron colegas— y cazaba búfalos como nadie. Por supuesto, para no desentonar de todos estos datos, su lugar de nacimiento fue Iowa. Era Búfalo Bill un personaje de leyenda que el 21 de diciembre de 1890 llegó a Barcelona con su espectáculo «Salvaje Oeste». Fue uno de los mayores acontecimientos de la época, porque traía indios de verdad... y búfalos de verdad... y los Winchester disparaban de verdad. Una pena que ese mismo año de 1890 se muriera Toro Sentado, porque, si no, también habría ido a Barcelona. Y Toro Sentado por las Ramblas no hubiera tenido desperdicio.

Búfalo Bill había contratado al jefe sioux Toro Sentado, más conocido en su tienda como Tatanka Yotaka, diez años antes, en 1880. El indio vivía en una reserva y como Búfalo quería mejorar su espectáculo, le propuso incorporarse al circo «Salvaje Oeste». Le ofreció a cambio mantas, collares, diversos utensilios, whisky... en fin, todas esas cosas con las que se convencía a los pieles rojas. Toro Sentado, por supuesto, rechazó la oferta. Le dijo a Búfalo que se dejara de tonterías. Que actuaría a cambio de 40 dólares semanales, todos los gastos pagados, alojamiento en los mejores hoteles y seguro de accidentes. Era Toro Sentado, no Toro Imbécil.

El jefe sioux no llegó a Barcelona, pero sí el resto de indios que integraba el espectáculo. Lamentablemente, no todos regresaron. Durante las cinco semanas que duró el *show* de «Salvaje Oeste», parte del personal artístico y técnico enfermó de cólera o gripe. Nunca se supo exactamente qué los mató, pero el caso es que diez indios de Dakota murieron y fueron enterrados en Barcelona.

Los contratiempos del espectáculo no acabaron aquí. Búfalo Bill elevó una seria protesta a las autoridades barcelonesas porque, tras la desaparición de dos niñas en el barrio de Gracia, precisamente donde estaba instalado el *show*, los vecinos acusaron a los indios de habérselas comido. Búfalo se enfadó mucho, porque sus indios eran seres civilizados que no comían carne humana. Como mucho, habían arrancado algún cuero cabelludo, pero de eso hacía muchos años. Antes de alojarse en hoteles de lujo y montar a caballo con seguro contra accidentes.

Revoltosos

Valero Ripoll

Si van a Calatayud no pregunten por la Dolores, que está feo, pregunten por Valero Ripoll, a ver si tienen la suerte de que alguien les dé señas de él. Valero Ripoll fue un paisano que el 19 de diciembre de 1808, en plena invasión napoleónica, engañó a un destacamento de cien franceses diciéndoles que o se rendían y abandonaban Calatayud, o la guerrilla que tenía a su mando les haría fosfatina. Dado que los franceses ya tuvieron noticias durante el primer sitio de Zaragoza de una tal Agustina de Aragón y de cómo se las gastaban los guerrilleros maños, se rindieron sin plantar cara. Pero Valero Ripoll ni tenía guerrilla ni nada parecido. Se tiró un farol y le salió redondo.

Los franceses habían tenido que levantar su primer sitio a Zaragoza, el que se produjo entre el 15 de junio y el 15 de agosto, tras perder Napoleón la batalla de Bailén. Pero no estaban dispuestos a renunciar a la toma de la capital porque era imprescindible para abrirse paso hacia el Levante, así que volvieron a la carga para hacer capitular la ciudad. Las tropas napoleónicas fueron tomando varios pueblos en su acercamiento a Zaragoza. En Calatayud se instaló un destacamento francés de ciento diez hombres hasta el que se acercó el chocolatero Valero Ripoll acompañado de un amigo. Nadie sabe cómo ni con qué artes, ni mucho menos en qué idioma, Valero Ripoll convenció a los galos de que muy cerca de allí tenía a su mando tres mil guerrilleros aragoneses muy cabreados y dispuestos a atacar al destacamento francés si no se entregaba.

Ripoll no tenía a nadie de apoyo, aunque bien es cierto que no muy lejos de allí andaban los hombres de Juan Biec, un guerrillero conocido. Es decir, lo que hizo el chocolatero Valero fue engatusar a los franceses, que se acongojaron ante tanto supuesto maño, rindieron las armas y fueron conducidos a Zaragoza por los dos amigos y una docena de paisanos que se les sumaron en el camino. Es de suponer que éste es uno de los episodios más ridículos de las tropas francesas durante la invasión española. Valero Ripoll llegó a Zaragoza con su botín de cien franceses, se los entregó a Palafox y el general, claro está, lo condecoró. Pero dio igual. Dos días después comenzó el segundo y cruento sitio de Zaragoza. Y aquí no valieron trampas.

Rosa Parks

Rosa Parks era una mujer negra de cuarenta y dos años que trabajaba de costurera y que el 1 de diciembre de 1955, sin planearlo, puso Estados Unidos del revés. ¿Qué ocurrió aquel 1 de diciembre? Pues que Rosa Parks se subió a su habitual autobús en Montgomery, en Alabama, y se sentó en la quinta fila, porque las cuatro primeras estaban reservadas a los blancos. El autobús se llenó, y un rostro pálido se dirigió a Rosa y le dijo que se levantara. Rosa dijo que no, que estaba en la zona para negros y ahí se quedaba. El blanco la denunció, la policía la detuvo y, en ese mismo instante, saltó la chispa que inició la lucha por los derechos civiles que acabaría con la segregación racial en Estados Unidos. La primera vez que Martin Luther King alzó la voz fue en defensa de Rosa Parks.

Cuando Rosa Parks fue detenida, un joven de nombre Martin Luther King impulsó un boicot contra la empresa de autobuses de Montgomery, y la respuesta fue asombrosa. Los ciudadanos comenzaron a usar bicicletas, a coger taxis para negros que bajaron sus tarifas, a organizarse en coches particulares... hicieron lo que fuera con tal de no coger los autobuses. Un año después la empresa quebró, porque sus clientes eran negros en un 75 por ciento hasta el momento de la detención de Rosa Parks. Dos meses más tarde, el Tribunal Supremo de Estados Unidos sentenció que la segregación racial en los autobuses violaba la Constitución. Es que antes no habían caído en la cuenta de una cosa tan tonta.

Aquello fue sólo el principio, porque se siguieron arañando derechos para los negros poco a poco, pero, sobre todo, muerto a muerto. Hasta los dejaron ir a la universidad y les permitieron entrar al cine por la misma puerta que los blancos, e incluso ver la película sentados. Los blancos, en el fondo eran tan buenos que, en 1999, a Rosa Parks le dieron la Medalla de Honor del Congreso. Pero hay más. Porque Rosa murió en 2005, a los noventa y dos años, y su capilla ardiente estuvo instalada en el Capitolio de Washington, reservado a presidentes y héroes de guerra. Ahora viene el chiste.

Rosa Parks fue enterrada en el cementerio de Detroit, y el precio de los nichos cercanos se ha triplicado porque ahora hay tortas entre los blancos para enterrarse al lado de la costurera negra que se negó a ceder su asiento a un blanco. No tienen remedio.

Juana de Arco

En el siglo XV, los ingleses tenían frita a Francia. La invadían cada dos por tres y, por supuesto, querían sentar en el trono francés a un inglés. A verlas venir estaban dos herederos franceses, uno de Borgoña y otro de Orleans, pero la guerra contra el inglés y las luchas entre ellos tenían el país sin gobierno. Y en éstas andaban, jugando a la silla para ver quién se sentaba en el trono en cuanto parara la música, cuando una jovencita muy mona llamada Juana se plantó el 8 de marzo de 1429, Día de la Mujer Trabajadora, ante Carlos, el delfín de Orleans, y le dijo: Oye, que yo hablo con Dios, y me ha dicho que tengo que salvar a Francia y hacerte rey. Por si acaso era verdad, Juana de Arco acabó al frente de las tropas.

Era la época en que Francia estaba inmersa en la Guerra de los Cien Años, que, como su propio nombre indica, duró ciento dieciséis. Juana de Arco consiguió unir a Francia en torno al futuro rey Carlos VII y echó a los ingleses de Orleans. Cuando el rey le dijo que se estuviera quieta, Juana siguió batallando por su cuenta, porque Dios le insistía en que había que hacer fosfatina a los ingleses. Como la doncella tenía mucho tirón, el ejército la siguió, pero a Juana la cogieron los de Borgoña, cabreados como estaban por haber hecho rey a su enemigo de Orleans. Los borgoñones la entregaron a los ingleses y se le hizo un juicio, primero, por hablar con Dios sin que intermediara la Iglesia y, segundo, por vestir pantalones en vez de faldas.

La declararon hereje y marimacho, pero, como Juana al final flaqueó y se arrepintió de sus pecados, le perdonaron la vida a cambio de que dejara de decir tonterías y comenzara a vestir como una señorita. Pero no lo hizo. Volvió a ponerse pantalones y a tener charlas con Dios. La condenaron a la hoguera por relapsa; o sea, por herética reincidente. Veinticinco años después de su muerte la Iglesia revisó su caso y determinó que, hombre, hereje no era y lo de la vestimenta tampoco era tan grave. Tuvieron que pasar casi quinientos años para verla canonizada y como patrona de Francia. La única santa patrona con pantalones.

Guillermo Tell

Éstas son las fechas, y sigue sin estar claro si la magnífica hazaña de Guillermo Tell fue cierta. En Suiza todo el mundo la da por buena y aseguran que sucedió el 18 de noviembre de 1307. Anda que no hace años que arreó el flechazo a la manzana sobre la cabeza de su hijo. Todo pueblo necesita sus mitos y sus héroes, y Guillermo Tell es uno de ellos. En Suiza se le atribuye, además del episodio de la manzana, el haber iniciado con esta gesta la lucha por la independencia frente a Austria. Conviene aceptarlo, porque los suizos no están tan sobrados de héroes como para desinflarles una leyenda.

La hazaña de Guillermo Tell, aquella que luego puso sobre el papel Friedrich Schiller en forma de drama y Antonio Rossini en plan ópera, fue como sigue. Iba Vilhelm Tell —porque Guillermo lo llamamos aquí, pero en Suiza era Vilhelm—, iba, digo, con su hijo aquel 18 de noviembre paseando por la plaza mayor de Altdorf, una ciudad en el centro del país, cuando se negó a reverenciar a un austriaco invasor.

Austria se había anexionado Suiza y tenía fritos a los ciudadanos. El mandamás austriaco paró los pies de Guillermo Tell, de quien había oído sus habilidades con la ballesta, y para escarmentarle por su desaire exigió que demostrara su puntería atravesando una manzana colocada en la cabeza de su hijo. Si lo conseguía, le dejaría ir.

Guillermo Tell tomó dos flechas, las colocó en su ballesta y disparó una a la manzana. Hizo blanco, pero cuando el austriaco le preguntó por qué había puesto dos flechas si sólo tenía que lanzar una, Guillermo Tell no se calló y le dijo que la segunda iba destinada a él en caso de que hubiera fallado y matado a su hijo.

El austriaco se mosqueó, detuvo al arquero, el arquero se escapó, luego mató al austriaco, y aquello fue el chispazo que encendió la lucha de varios cantones suizos para independizarse de Austria. Y colorín colorado.

María Pita

La historia guerrera española registra muchas y variadas heroínas: Casta Álvarez y Agustina en Aragón, María Bellido en Bailén, Clara del Rey y Manuela Malasaña en Madrid, Mariana Pineda en Granada... Pues en Galicia, en A Coruña, no hay más heroína que María Pita, porque el 14 de mayo de 1589, al grito de «el que tenga honra que me siga», hizo retroceder a los invasores ingleses cuando la ciudad estaba prácticamente rendida. Sir Francis Drake volvió con el rabo entre las piernas a Inglaterra y murió sin explicarse cómo una mujer hizo retroceder a veinte mil hombres.

Pues porque María Pita se cabreó. Y verán por qué. Isabel de Inglaterra estaba mosqueada con Felipe II por haberle enviado a la Armada Invencible. Aunque Inglaterra ganó y los elementos se merendaron a la famosa Armada, la reina envió al año siguiente a sir Francis Drake, aquél que comenzó su carrera siendo corsario y la terminó como almirante, a invadir España.

Así que, 142 navíos se plantaron frente a las costas de Coruña, pero como Felipe II estaba ya entretenido con sus tercios en Flandes, Galicia estaba desasistida. Los ingleses desembarcaron, y los paisanos coruñeses tuvieron que plantar cara en ayuda de las pocas tropas que tenían.

Un alférez al mando, Gregorio de Recamonde, segundo esposo de María Pita, cayó muerto de un tiro de arcabuz, y su mujer se encendió. Coruña estaba a punto de rendirse, pero María Pita agarró la espada de su esposo, se puso al frente y se fue a por un inglés que avanzaba con el estandarte de su país. Le arreó un espadazo, le quitó la bandera inglesa, la alzó y aquel gesto provocó que los coruñeses sacaran fuerzas de donde no tenían. Los ingleses se acongojaron, comenzaron a retroceder y acabaron huyendo a sus barcos. Cuando sir Francis Drake los vio volver, no podía creerlo.

Cinco días después de la heroicidad de María Pita la escuadra del almirante inglés se perdió en el horizonte camino de Inglaterra. Cuando la reina Isabel preguntó qué había pasado para perder una guerra ganada, sir Francis Drake debió de responder algo así como «es que María Pita nos quito el banderín».

Vivian Malone

El 11 de junio de 1963, una tremenda calorina caía sobre Tuscaloosa, una ciudad de Alabama, cuando dos estudiantes negros pisaban con escolta política y policial, por primera vez, una universidad de blancos en Estados Unidos. Eran un chico y una chica, James Hood y Viviane Malone. Sólo querían estudiar en el mismo pupitre que los blancos, con los mismos libros que los blancos para sacarse el mismo título que los blancos. Pero los blancos no querían. Aunque no lo parezca, aquel paseo primaveral de camino a las aulas, atravesando un camino flanqueado por estudiantes rubios de ojos azules abucheando a los dos compañeros negros, fue uno de los mayores triunfos de los derechos civiles.

Una sentencia de la Corte Suprema de Estados Unidos había dejado claro que los afroamericanos tenían derecho como ciudadanos a cursar estudios universitarios. Y los dos primeros que se tiraron a la piscina fueron James y Vivian. Se matricularon con la ley en la mano y se fueron el primer día de clase guapos y aseados en busca de su sueño estudiantil. Pero tuvieron que esperar encerrados en un coche cuatro horas, porque todo el campus estaba soliviantado y porque hasta el propio gobernador del Estado de Alabama dijo que se plantaría en la puerta para impedir la entrada de dos negros. El presidente Kennedy tuvo que llamarle para que se reportara y ordenó a la Guardia Nacional que asegurara la entrada de los jóvenes.

Vivian entró segura y con la cabeza alta. James, no tanto. A cada insulto se hacían más fuertes, a cada paso aplastaban el orgullo blanco y con cada zancada hacia las aulas aseguraban el camino de miles de jóvenes negros que hasta ese momento tenían prohibido estudiar.

Los años de carrera fueron muy duros. Tanto, que James Hood no soportó la presión y tuvo que abandonar. Pero Vivian, no. Vivian continuó entrando cada mañana a clase, resistiendo ante la humillación y esquivando insultos. Hasta que tres años después salió orgullosa con su título de empresariales bajo el brazo. Tiempo después se llevó otra satisfacción: el gobernador de Alabama la llamó en su lecho de muerte para pedirle perdón. Vivian aceptó sus disculpas.

Eulalia de Borbón

Eulalia de Borbón fue la hermana pequeña de Alfonso XII. Hija confirmada de Isabel II y sólo supuesta de Francisco de Asís, el rey consorte que gustaba de usar encajes en sus camisones. La infanta Eulalia salió rana a la familia real, porque era lista, respondona, feminista y divorciada. El 4 de diciembre de 1911 una imprenta de París escupía un libro firmado por la infanta Eulalia titulado *Au fil de la vie* (A lo largo de la vida), una obra escandalosa en la que defendía el divorcio, la independencia de la mujer y otra serie de asuntos que pusieron los pelos de punta a su sobrino Alfonso XIII, que ya reinaba por estos lares. El rey aplicó censura y prohibió la difusión del libro en España. Consecuencia inmediata: la obra llegó de contrabando y fue un éxito de ventas.

El nombre completo de la infanta era, tengan paciencia, María Eulalia Francisca de Asís Margarita Roberta Isabel Francisca de Paula Cristina María de la Piedad. Su problema, además del nombre, fue que pensaba por su cuenta, tenía ideas propias y, la muy insensata, las publicaba. Su inaceptable progresismo la convirtió en la oveja negra de la familia, porque ella rechazaba las apariencias, cuando las apariencias eran precisamente lo único que se mantenía en casa. María Eulalia de Borbón supo de la homosexualidad de su padre, el rey Francisco, y del gusto de su madre por alcobas ajenas. Y no es que lo supiera ella, es que lo sabía toda España.

La infanta Eulalia intentó evitar su matrimonio impuesto con Antonio de Orleans, un auténtico inútil salvo para dilapidar dinero y picar de burdel en taberna. En contra de su familia, consiguió divorciarse de él y se negó a hacer lo que hicieron sus padres: una separación disimulada.

El divorcio sentó fatal a Alfonso XIII y mucho peor le cayó la publicación del libro. La infanta continuó escribiendo y publicando en el extranjero sin que se le permitiera vender sus libros en España. Lo cierto es que la infanta fue consecuente hasta el final de sus días, y también lo fue Alfonso XIII, que vivió separado de su mujer, la reina Victoria, pero jamás se divorció. Su desprecio mutuo lo arrastraron hasta el mismo día de la muerte del rey en Roma, pero cristianamente casados. Olé.

Motín de Esquilache

La que se lio en Madrid el 23 de marzo de 1766 fue de órdago. El motín de Esquilache, esa revuelta popular producto del cabreo contra el gobierno de Carlos III por obligar a los hombres a cambiar la capa larga por la corta y el sombrero de ala ancha por uno de tres picos. Pero esto sólo fue la gota que colmó el vaso. El cambio de vestimenta reventó el ánimo popular, pero podría haberlo exacerbado cualquier otra cosa. El problema venía de antes y el marqués de Esquilache estaba en el punto de mira. Menos mal que no estaba en casa cuando fueron a por él.

Los españoles llevaban meses soliviantados contra Carlos III. Demasiados extranjeros en el gobierno y demasiadas reformas en muy poco tiempo. A la plebe no le gustaba que le tocaran sus costumbres y le subieran el pan; y a la nobleza y al clero les gustaba aún menos que les tocaran sus privilegios. Encima, los productos de primera necesidad estaban por las nubes. Había hambre y todos culpaban a un solo hombre de los males, al ministro Esquilache, al de Hacienda. Un día que Isabel de Farnesio, la madre del rey, entró con su carruaje en Madrid, se vio asaltada por un tumulto que reclamaba comida. La madre se fue muy sofocada a los brazos de su hijo, el rey la emprendió contra Esquilache, y Esquilache le dijo a Carlos III que no podía hacer más encaje de bolillos con los presupuestos generales del Estado... que las arcas estaban tiritando.

Meses después de este incidente, el gobierno tomó la medida de prohibir la capa larga y el sombrero de ala ancha para evitar que los ciudadanos fueran embozados y con la cara oculta. Fue el colmo, y todos señalaron a Esquilache como el culpable. Asaltaron su residencia, la casa de la Siete Chimeneas, hoy sede del Ministerio de Cultura, y si lo llegan a encontrar no sale vivo de allí.

Los motines se extendieron a toda España y las consecuencias fueron de lo más variadas: Carlos III se escondió en Aranjuez, su madre murió de los disgustos, Esquilache acabó exiliado y los jesuitas expulsados. Y todo por culpa de la moda.

Agustina de Aragón

Agustina de Aragón, que, como muy bien recoge su apellido, era catalana, se convirtió en la heroína por excelencia de la Guerra de la Independencia, en el símbolo de la resistencia contra la invasión napoleónica. Murió el 29 de mayo de 1857, ya mayorcita, con mucho vivido y lejos de la tierra que le dio fama. Así que, tenemos a Agustina, curiosamente apellidada Zaragoza, nacida en Cataluña, heroína en Aragón y muerta y enterrada en Ceuta. Qué mujer más inquieta.

La heroicidad le vino un poco de chiripa, aunque sin restar mérito a su valentía; una valentía que, por otra parte, demostraron todas las mujeres de Zaragoza en aquella guerra de 1808. Estaba Agustina, como todas, ayudando en lo que podía: con la munición, con los sacos terreros, llevando agua y comida, haciendo de enfermera... cuando allí mismo, a su lado, en el Portillo de San Agustín, los franceses se cargaron al último artillero que defendía aquella posición. Como no había nadie más para disparar el cañón, ella prendió la mecha y tumbó de golpe a un montón de franceses. A lo mejor cerró los ojos y miró para otro lado, pero el caso es que apuntó bien.

La fama le vino de golpe, fue condecorada por el general Palafox y Agustina le cogió el gustillo a la guerra. Participó en muchas batallas y se hizo tremendamente popular. Tanto, que Fernando VII la premió con el grado de subteniente de infantería. Si hubiera sido hombre seguro que la hubieran nombrado directamente teniente, sin el sub. Francisco de Goya también quedó impresionado, porque la inmortalizó en uno de sus grabados... y Lord Byron, que se acordó de ella en uno de sus escritos.

Pero a Agustina se le acabó la juerga en Ceuta con setenta y un años. Allí fue enterrada, en el cementerio de Santa Catalina, en el nicho número uno del departamento de San Cayetano, aunque sólo descansó durante veinte años. Los restos de Agustina volvieron a Zaragoza, a la iglesia de Nuestra Señora del Portillo, muy cerca de donde tumbó a los franceses. El propio Alfonso XIII fue a rendirle honores. No tengo a mano su discurso, pero le dijo algo así como, hija, cuánto vales.

El motín del *Potemkin*

El motín a bordo del acorazado ruso *Potemkin* y el uso que de él hizo la posterior Revolución bolchevique nos ha dejado a casi todos los profanos en historia un pastel mental que no nos deja diferenciar entre la realidad y lo que luego nos enseñó el cine de la mano del magistral y desmesurado Eisenstein. Fue el 14 de junio de 1905 cuando se inició el amotinamiento de la tripulación del *Potemkin*. Está más o menos aceptado, pero no confirmado a ciencia cierta, que el origen fue el hambre. Los soldados se negaron a comer un guiso de carne con gusanos. Con lo proteínicos que son.

¿Por qué derivó esto en una masacre en la ciudad de Odessa, que acabó con mil muertos y cuatro mil heridos? Pues, por nada, porque no derivó. Fueron hechos coincidentes que el cine reunió muy hábilmente. Es decir, si el *Potemkin* no hubiera llegado a Odessa, quizás los heridos y los muertos hubieran sido los mismos.

Después del amotinamiento en el *Potemkin*, que navegaba por el mar Negro, el acorazado llegó a la ciudad de Odessa, donde, vaya por Dios, había una huelga general y estaban a tiros los ciudadanos y huelguistas contra el ejército del zar. Se juntaron el hambre con las ganas de comer. Los amotinados del *Potemkin*, por un lado, y la huelga de Odessa, por otro.

Según el cine, el *Potemkin*, ya que estaba metido en faena, se unió a la lucha del pueblo contra los cosacos. Pero según los historiadores, los huelguistas pidieron ayuda a la marinería del acorazado, que lo máximo que hicieron fue disparar unos cuantos cañonazos sin mayores consecuencias contra el teatro donde estaban reunidas las autoridades militares zaristas. Después de esto, el *Potemkin*, cuando supo que venía por el mar Negro una flota para reducirlo, se largó de Odessa. Al parecer hubo una guerra silenciosa en el mar entre el *Potemkin* y la flota que fue a por él, pero no se disparó ni un tiro porque todos se consideraban camaradas marineros.

Al final, el *Potemkin* puso rumbo al puerto de Constanza, en Rumanía, donde se rindió a las autoridades. Pero, ojo, que todo esto no quita que la película de Eisenstein sea una obra magistral. El cine es el cine.

Comuneros respondones

Que los comuneros y Carlos V no hicieron buenas migas ya es sabido. Que los comuneros lo intentaron y Carlos V pasó de ellos, también. Y fue el 20 de octubre de 1520 cuando los comuneros hicieron una última intentona para acabar con las tiranteces: enviaron dos mensajeros a Bruselas para entrevistarse con el rey y explicarle sus peticiones. Pero el rey los echó con cajas destempladas sin ni siquiera escucharlos. Porque cuando los emisarios llegaron, el rey acababa de ser coronado emperador y a un emperador no se le tose.

Castilla se levantó contra Carlos I de España y V del Sacro Imperio Romano Germánico porque el rey le estaba echando un poco de rostro al gobierno de la nación. No vivía en el país, no hablaba español, les tenía fritos a impuestos, casi vació las arcas para financiar su postulado al imperio, y España estaba gobernada por flamencos que ni siquiera sabían arrancarse por bulerías. Flamencos de los de Flandes.

El cabreo en el país era general, pero los castellanos fueron los más batalladores. Puesto que el rey estaba más preocupado de su imperio germánico que de sus reinos españoles, los comuneros hicieron sus peticiones: que las Cortes fueran la primera institución del reino, que actuaran al margen del poder real y que los procuradores fueran elegidos por las ciudades, no por el rey. Lo que pasa es que esto no cuadraba con los planes de Carlos V.

Pero, sobre todo, pedían que el dinero que saliera de los castellanos se quedara en Castilla, que no se fuera a Alemania. Y que si el rey era rey de España, que viviera en el país, no a 2.000 kilómetros. Porque Carlos V se largó y dejó al frente del gobierno a Adriano de Utrecht, que encima era cardenal, con lo cual también manejaba la Iglesia. El gobernador se portó tan bien, fue tan obediente, que al final Carlos V lo enchufó para que acabara siendo papa, el papa Adriano VI. La lucha comunera no triunfó y ya sabemos todos dónde fueron a parar las cabezas de sus líderes Padilla, Bravo y Maldonado. Ya lo dijo Miguel Hernández: «Castellanos de alma, labrados como la tierra y airosos como las alas».

José María Torrijos

El 5 de diciembre de 1831 pagaron caros sus gritos el general José María Torrijos y cincuenta y dos de sus valientes. Fueron apresados por las tropas realistas de Fernando VII por empeñarse en derrocar el absolutismo. Les quedaban seis días de vida.

Andaba Torrijos dando guerra al absolutismo por Gibraltar, cuando, un supuesto amigo le atrajo con engaños hacia las costas de Málaga. Su falso aliado resultó ser el gobernador de la ciudad, que le tendió una trampa para capturarle aprovechando que habían sido antiguos compañeros en el ejército. Torrijos y los suyos se escabulleron como pudieron por Fuengirola, huyeron por Mijas y llegaron a Alhaurín de la Torre. Y aquí les pillaron. Se los llevaron a Málaga y allí estuvieron encarcelados cuatro días, hasta que el 9 de diciembre, el rey Fernando VII hizo llegar un mensaje de puño y letra que decía: «Que los fusilen a todos. Yo, el rey». Las cosas de palacio iban despacio, menos cuando se trataba de fusilar liberales.

El 11 de diciembre, sobre las arenas de la playa malagueña de San Andrés, cayeron Torrijos y los suyos al grito de: «¡Viva la libertad!». El general, más chulo que un ocho de canto, pidió una última voluntad: morir sin venda en los ojos y dar él mismo la orden de disparar. Este último deseo no se lo concedieron, porque si Torrijos llega a dar la orden, no hubiera sido una ejecución, habría sido un suicidio. Torrijos era listo, pero el jefe del pelotón lo era más.

Y viene al pelo recordar una situación graciosamente embarazosa que se dio durante la apertura de la ampliación del Museo del Prado. Allí estaba colgado el gigantesco cuadro que pintó Antonio Gisbert representando el fusilamiento de Torrijos. El rey Juan Carlos I inauguró el nuevo Prado y los reporteros gráficos que cubrieron el evento no pararon hasta que le captaron con sus cámaras delante del cuadro en el que Torrijos está a punto de morir por orden de un Borbón. Es lo que tiene la memoria.

Cristina de Suecia

Cristina de Suecia, qué mujer esta. El 7 de diciembre de 1626 llegaba al mundo en Estocolmo la que se suponía que debía ser la futura reina sueca. Sus padres querían un chico, pero, como no atinaron, no les quedó otra que conformarse con la niña como heredera. Eso sí, ya que el rey no había podido tener un varón, educó a la niña como si lo fuera. Y en aquel siglo XVII era harto arriesgado meter los conocimientos destinados a un hombre en el cerebro de una mujer.

Con trece años hablaba siete idiomas, era una estupenda amazona, sabía de estrategia militar, manejaba la espada como nadie y leía a los clásicos. Suecia acabó teniendo una reina más lista que el hambre; tan lista, que cuando cumplió los veintiocho dijo que reine otro, que la vida es bella. Más o menos. Abdicó en su primo y se largó del país. A partir de aquí se dedicó a hacer lo que le vino en gana y a vivir sin importarle las acusaciones sobre sus gustos sexuales.

Dedicó su vida a lo que le gustaba: a charlar con filósofos, a ligar con quien le apetecía y a defender las bellas artes. Pese a inclinaciones tan ilustradas y a gozos sexuales tan veletas, Cristina logró meterse a tres papas en el bolsillo. Pero es que jugó muy bien sus cartas: Suecia era en aquel siglo XVII el mayor protectorado del luteranismo. La reina Cristina decidió abrazar la fe católica y aquella conversión, además de causar un revuelo impresionante en el mundo protestante, despertó las simpatías de Roma. Cristina de Suecia no fue santa ni de lejos, pero sirvió muy bien a los intereses católicos de la época, por eso los papas miraban para otro lado cuando ella se disipaba. Y si no, a ver de cuándo a esta parte iban a aguantar que una mujer dijera en el siglo XVII una frase como «no tener que obedecer a nadie es dicha mayor que mandar en toda la Tierra». Por mucho menos te mandaban a la hoguera y, por supuesto, no pisabas el Vaticano ni muerta. Salvo ella, porque es una de las cuatro mujeres que están enterradas en las grutas vaticanas. Con los papas y entre los papas.

El Timbaler del Bruc

No hubo día de 2008 en que no se conmemorara algo que ensalzara el bicentenario de la ocupación napoleónica. Cada pueblo escenario de alguna batalla o acontecimiento organizó algún festejo, y El Bruc, en la comarca de Anoia (Barcelona), no iba a ser menos, porque allí guardan en la memoria a un personaje ajeno para la mayoría, pero muy aplaudido en su pueblo. Un personaje que, para humillación gabacha, nació el 14 de marzo de 1791. Se llamó Isidro Llussá, pero la historia, con sus justas dosis de leyenda, lo ha colocado entre los héroes de la guerra contra el francés como el Timbaler del Bruc.

Cuentan que el Timbaler del Bruc, un chaval que sabía tocar el timbal y criado en Santpedor, cerca de Manresa, consiguió poner en fuga al francés en lo que se convirtió en la primera victoria española. Todo comenzó cuando los manresanos, cabreados por la llegada de papel timbrado francés, organizaron con él una hoguera y encima emitieron un bando presumiendo de la hazaña. Al mando de aquella zona estaba el general Schwartz, quien se dispuso a hacer pagar cara la chulería de los catalanes y se fue a por ellos con 3.800 soldados.

Se produjo el primer tiroteo, pero el Timbaler, subido en el risco del Bruc y aprovechando la resonancia de las montañas de Montserrat, le dio al timbal imitando el toque del ejército regular. Los franceses creyeron que más que enfrentarse a un puñado de paisanos y unos pocos soldados, lo que había emboscado en aquellas montañas era todo un ejército, así que, pensaron, mejor volverse a Barcelona.

Hasta aquí la leyenda con una importante dosis de realidad, aunque merece ser creída porque los bicentenarios sin tradiciones románticas dejan mucho que desear. Una revisión más moderna de la historia, sin embargo, habla de que fueron no uno, sino dos timbalers y un trompeta los que animaron a los aldeanos a crecerse ante los franceses. Pero fue el constante repique de campanas de todas las iglesias de la zona lo que terminó de poner en fuga al general Schwartz, que se temió un alzamiento aún mayor del que le habían hecho creer. Fue la primera derrota francesa y una excusa perfecta para que El Bruc, en la comarca de Anoia, celebre cada año la derrota enemiga y se tomen unos vinos a la salud del Timbaler.

John Scopes

Creacionismo o evolucionismo, he ahí la cuestión. Hace siglo y medio que Darwin enunció su teoría de la evolución y todavía muchos se ponen de los nervios cuando oyen que descendemos del mono. Darwin nunca se posicionó contra Dios, pero muchos se empeñan en que Dios se posicione contra Darwin, y esta situación se manifestó a las claras el 10 de julio de 1925; el día en que el Estado de Tennessee (Estados Unidos) sentó en el banquillo a un profesor de ciencias por enseñar en clase la evolución de las especies. Comenzaba el «juicio del mono».

Las leyes de Tennessee prohibían la enseñanza de la evolución. Lo único admitido era que los maestros transmitieran que el hombre se plantó en el mundo cuando Dios hizo a Adán con barro y a Eva con una costilla de Adán; luego vendría lo de la serpiente, la manzanita y demás leyendas paradisíacas. Pero John Scopes, un profesor de ciencias de veinticuatro años, sin quitar mérito a Dios, enseñó a sus alumnos la teoría de la evolución.

El profesor sólo explicó en clase que la historia bíblica no debía ser tomada de forma literal, porque la vida animal sobre la tierra había evolucionado a través de un largo y complejo proceso de desarrollo celular. Claro, decir esto en la América profunda, repleta de granjeros ignorantes y dirigentes cristianos fundamentalistas era una blasfemia como la copa de un pino, así que le acusaron por menoscabar «la paz y la dignidad del Estado». El que redactó esta acusación no descendía del mono, sino de un mosquito zoquete.

Tardaron menos que nada en llevar al profesor ante los tribunales en lo que se llamó «el juicio del mono», un proceso que atrajo a periodistas de todo el mundo y que acabó celebrándose en la calle porque las tres mil personas que lo querían seguir en directo no entraban ni de canto en el palacio de Justicia. El profesor perdió el juicio y fue multado con cien dólares, aunque al final la Corte Suprema le dio la razón. Algunos fundamentalistas han dicho que aquella sentencia fue un torpedo a la línea de flotación de ese gran transatlántico que es la Biblia. Vale, pero un transatlántico lleno de monos evolucionados.

Aranjuez, un motín calculado al milímetro

El año 2008 nos regaló una ristra de aniversarios del bicentenario de la Guerra de la Independencia que arrancó con uno de los importantes: el 18 de marzo de 1808, apenas pasados unos minutos de la medianoche, una muchedumbre aparentemente desordenada se fue a casa del ministro Manuel Godoy para cantarle las cuarenta, darle un vapuleo y obligarle a abandonar el poder. Fue el motín de Aranjuez, pero aquello de espontáneo tenía menos que nada.

Por qué en Aranjuez, por qué a por Godoy y quién orquestó aquella farsa de motín perfectamente calculado. Pues primero hay que entender en qué situación se encontraba España: el ejército, descontento; la Iglesia, mosqueada con las desamortizaciones; la alta nobleza, harta de que el advenedizo ministro Godoy fuera tan poderoso a cuenta de sus amoríos con la reina; Carlos IV, el rey, a por uvas; el príncipe Fernando, el heredero, el séptimo, intrigando para quitarle el trono a su padre; y los franceses, mientras, invadiendo disimuladamente España por el norte con la excusa de que sólo pasaban por aquí para llegar a Portugal.

Godoy estaba al tanto de todo esto y sabía también que el principal emboscado era el príncipe Fernando, capaz de conchabarse hasta con el Pato Donald con tal de conseguir el trono. Godoy intentó convencer a Carlos IV, instalado en Aranjuez, para que huyera hacia el sur... para que se alejara del avance francés, pero el rey no aceptó. Los partidarios del príncipe lograron, sin embargo, convencer a las masas con pasquines y falsos rumores de que, efectivamente, el rey iba a huir de España animado por Godoy. Así que, esas mismas masas se fueron a por él.

En los primeros minutos de aquel 18 de marzo, una multitud asaltó y saqueó el palacio de Godoy en el Real Sitio con intención de apresar al valido, pero no lo encontraron. Un criado lo escondió en la zona del servicio, de donde al final salió y se entregó cuando la sed y el hambre apretaron. El final del cuento, ya lo saben. Godoy, al exilio; Carlos IV, destronado; Fernando VII, proclamado rey; luego, obligado a devolverle la corona a su padre; su padre, a su vez, se la dio a Napoleón; Napoleón, a su hermano; y nosotros no hablamos francés de chiripa. *Mon Dieu...*

Acerca de la autora

Nieves Concostrina (Madrid, 1961) se forjó profesionalmente en el desaparecido *Diario 16* entre 1982 y 1997, en las secciones de Cultura y Televisión, Economía, Deportes, Opinión, Sociedad y Edición. Trabajó posteriormente en Antena 3 con Jesús Hermida y Mercedes Milá, y en Vía Digital con Pepe Navarro. Ha colaborado en varias revistas y en suplementos dominicales de diarios nacionales. Redactora jefe de la revista *Adiós* desde 1996, en noviembre de 2003 Radio 5 Todo Noticias comenzó a emitir diariamente el espacio «Polvo eres». También colabora los fines de semana en RNE (Radio 1), en el programa *No es un día cualquiera* dirigido por Pepa Fernández, con el espacio «El acabose», y ofrece una peculiar visión de la Historia refiriéndose a la efeméride del día en el informativo 24 horas de Raúl Heitzmann.

En 2005 fue galardonada con el premio Andalucía de Periodismo, en su modalidad de Radio, concedido por la Junta de Andalucía y en febrero de 2010 con el Premio Internacional Rey de España de Radio por un programa sobre el Quijote.